KiWi
1644

Das Buch

Sommer 1747. Friedrich II. schickt sein versponnenes Mathematik-genie Leonhard Euler in die Wildnis, um Natur zu berechnen – doch ein Mord und eine Frau namens Oda, die Euler in den Weiten des Sumpfes kennenlernt, werfen die Gleichung des ehrgeizigen Königs über den Haufen.

Friedrich II. will das unwegsame, von aufsässigen wendischen Fischern bewohnte Oderbruch trockenlegen. Wo noch Fische, Schildkröten und Wasservögel in überwältigender Artenvielfalt leben, sollen Kühe grasen und die Kartoffel wachsen. Als die Leiche des Ingenieurs für den neuen Kanal am Ufer der Faulen See angetrieben wird, steht Leonhard Euler in der urtümlichen Sumpflandschaft, die dem Untergang geweiht ist, sich aber mithilfe von Oda mit allen Mitteln wehrt, vor einer Herausforderung, die ihn und das aufklärerische Denken selbst an eine Grenze bringt.

Der Autor

Norman Ohler, 1970 geboren, Besuch der Hamburger Journalistenschule, Arbeiten für *Spiegel*, *Stern* und *Geo*. Sein erster Roman »Die Quotenmaschine« erschien 1995, mit Hyperlinks versehen, im Netz. »Die Quotenmaschine« gilt als weltweit erster Online-Roman und wurde 1996 als Hardcover veröffentlicht. Ohlers zweiter Roman: »Mitte« (2001) ist eine Geistergeschichte über die zunehmende Kommerzialisierung von Berlin. 2002 erschien Ohlers dritter Roman »Stadt des Goldes«, der in Johannesburg spielt und den Abschluss seiner Metropolentrilogie bildet. Er schrieb zusammen mit Wim Wenders das Drehbuch des Spielfilms »Palermo Shooting« (Premiere in Cannes 2008) und führte zwei Jahre später Regie bei seinem ersten Kurzfilm »natural«, mit Henry Hopper in der Hauptrolle. 2015 ist Ohlers erstes Sachbuch »Der totale Rausch« (KiWi 1544) über die bisher kaum aufgearbeitete Rolle von Drogen im Dritten Reich erschienen. Es wurde von Presse und Wissenschaft gefeiert, in mehr als 30 Sprachen übersetzt und stand auf der New-York-Times-Bestsellerliste.

Norman Ohler

DIE GLEICHUNG
DES LEBENS

Roman

Kiepenheuer
& Witsch

4. Auflage 2022

© 2017, 2019, Verlag Kiepenheuer & Witsch, Köln

Umschlaggestaltung: Barbara Thoben, Köln
Umschlagmotiv: © akg-images
Karten: © bpk-Bildagentur/Geheimes Staatsarchiv
Preußischer Kulturbesitz, Berlin, GStA PK, XI. HA
Karten, Allgemeine Kartensammlung, A 50695a
(Cover, S. 116, 148, 268), C 50386 (Umschlaginnenseite vorne, S. 10),
C 50737 (Umschlaginnenseite hinten, S. 328)
Gesetzt aus der Aldus
Satz: Buch-Werkstatt GmbH, Bad Aibling
Druck und Bindung: CPI books GmbH, Leck
ISBN 978-3-462-05285-5

INHALT

I. TEIL: LAND

11

II. TEIL: FLUSS

117

III. TEIL: SUMPF

149

IV. TEIL: STADT

269

V. TEIL: FLUT

329

Für Nuri, Wassergeist,
und Demian, den Feuergeborenen

VERZEICHNIS
DER
HANDELNDEN PERSONEN

Die Berliner Gesellschaft

Leonhard Euler	Mathematikgenie
Katharina Euler	Leonhards Gattin
Friedrich II.	König
Fredersdorf	Königlicher Kämmerer
Rumi	Schreiber des Königs
Wilhelm von Schmettau	Königlicher Kammerdirektor
Simon von Haerlem	Deichbaumeister
Samuel von Marschall	Staatsminister
Marian Caroline von Marschall	Samuels Gattin
Sigismund Marggraf	Apotheker und Freund Eulers

Die Brücher

Radomeer Maltschau	das Oberhaupt der größten Familie
Oda Maltschau	Radomeers Tochter
Veit Maltschau	Radomeers Sohn
Bartok der Heiler	Radomeers ältester Freund
Sten	Bartoks Sohn
Kopp (Koppek)	Rivale Radomeers aus Reetz
Lukas Koppek	Kahnbauer, Kopps Sohn
Mecki	Kopps rechte Hand

Die Wrietzener

Lulu	die Wirtin des *Goldenen Löwen*
Gloria	ihre beste Freundin
Raule	Betreiber des *Goldenen Löwen*
Wilhelm Fritze	Bürgermeister
Kurtz	Aufseher des Fischmarktes

Außerdem

F. K. Mahistre	ein französischer Ingenieur, tot
Markgraf Karl von Brandenburg	Herrenmeister der Johanniter
Kümmerle	Vorarbeiter am Krummen Ort
Ein großer weißer Wels	

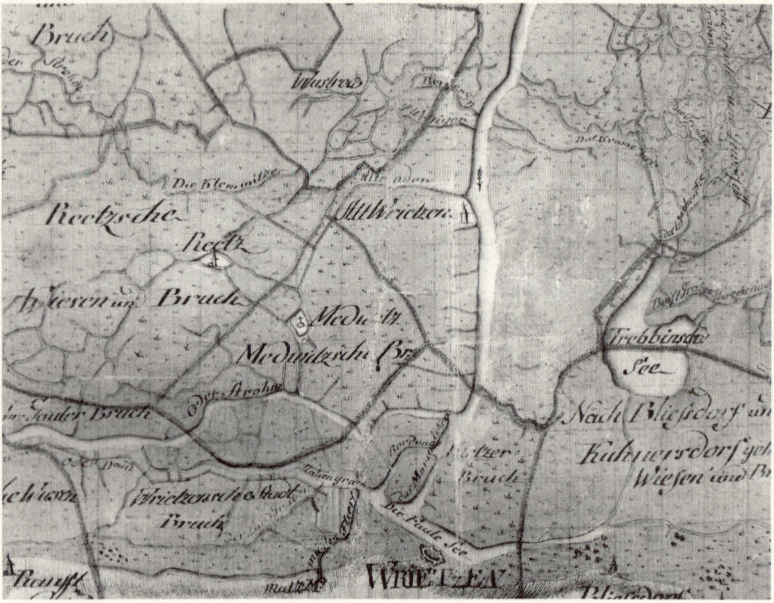

Bruch
Die Klemnitz
Reetzsche
Reetz
Bruch
Medewitz
Trebbinsche
See
Nach Bliesdorf
Wiesen und
Bruch
Bruch

I. TEIL
LAND

»Die Karte ist nicht die Landschaft.«

Lawrence Sterne

DIE LUFT WAR FEUCHT, aber bereits drückend warm, die Oder roch nach Seetang, Fisch, Algen, Erde und Meer. Frühnebel hing über dem Bruch. Als Kurtz, der mit allen Wassern gewaschene Aufseher des großen Fischmarktes von Wrietzen, in den frühsten Stunden dieses hochsommerlichen 7. Juli 1747 und noch ohne seinen *teutschen Caffee* getrunken zu haben, die routinemäßige Kontrollfahrt entlang der Ufer der Faulen See unternahm, stieß er auf etwas ganz und gar Ungewöhnliches. Seine Augen, die sonst so tief in den Höhlen lagen, dass sie komplett darin verschwanden, wenn er lachte, traten weit heraus. Schrecken sprach daraus und Angst, obwohl er sonst ein Mann war, der andere das Fürchten lehrte. Nein, er war kein zimperlicher Mensch. In Wrietzen und im gesamten Bruch kannte man ihn als einen, vor dem man sich in Acht nehmen musste, denn ihm war zur Durchsetzung der Regeln seines Machtbereiches – des Fischhandels bis hoch nach Freyenwalde, Oderberg und sogar Schwedt – so gut wie jedes Mittel recht. Stets führte er in seiner Stiefeltasche das rechte Fischmaß bei sich, eine

Eisenstange von der Länge eines Unterarms, und wenn Hechte oder andere Herrenfische *unter* dieser Größe zum Verkauf angeboten wurden, scheute er sich nicht, mit ebendiesem Maß die Prügel gleich selbst auszuteilen, wie es Wrietzens Bürgermeister Fritze ja auch von ihm verlangte.

Wenn Kurtz, ausgestattet mit einem exzellenten Ruderstil und zwei kräftigen Oberarmen, in seinem wendigen Nachen um eine Biegung schnellte und die Bewohner des Bruches dabei erwischte, wie sie illegal gerissenen Hecht abschlugen, kannte er keine Gnade. Auch im Pranger sah er kein überholtes Instrument aus vergangenen finsteren Zeiten, das in der Ära der Aufklärung, jenem hell strahlenden 18. Jahrhundert, nichts mehr zu suchen gehabt hätte, sondern betrachtete diesen als ein noch immer effizientes Strafwerkzeug mit der gewünschten abschreckenden Wirkung. Er handelte übrigens nicht so, weil er seine Freude an der Gewalt gehabt hätte, sondern schlicht aus Loyalität zu ebenjenem Fritze, dem er ergeben diente, einfach weil er glaubte, das gehöre sich so.

Auch wenn er nicht so aussah: Im Grunde war Kurtz ein weicher Mann, und für Momente gelang es seinem noch schläfrigen Bewusstsein sogar, das, was er da an diesem ungewöhnlich heißen Morgen sehen musste, dem Reich der Träume zuzuweisen, das er erst wenige Minuten zuvor, selig neben seiner Frau Elska erwachend und an nichts Böses denkend, hatte verlassen müssen. Ja, für eine kurze Zeit spielte er sich vor, noch immer in dieser Zone der Irrealität zu verweilen und in einen Albdruck geraten zu sein, aus dem er gleich erwachen würde. Doch war er bereits wach, und als er dies begriff, schlug sein Schrecken in blankes Entsetzen um.

In einer ersten Abwehrreaktion bleckte Kurtz die Zähne. Wie ein Leichnam aussah, war nichts Neues für ihn. Doch dieser von Aalen und Raubfischen zerfressene, von Schwimmfarn zum Teil bedeckte Körper nahm ihm den Atem, und es war vor allem das Gesicht, das ihn so bestürzte, denn der Mund des Toten stand weit offen, geradeso wie bei einem Schrei. »Sumpf«, murmelte Kurtz, »Sumpf.«

Dann begann sein Hirn zu arbeiten. Wer immer der Verstorbene war – ganz bestimmt einer der Wenden aus dem moorigen Bruch –, war es nicht seine Pflicht, sich um ihn zu kümmern? Musste er ihn nicht bergen? Noch während er mit diesen Fragen rang, entdeckte er etwas Blinkendes in der bräunlich-grünlichen Masse. Er nahm sich zusammen, überwand seinen Ekel und beugte sich nach unten, ohne in das zerstörte Gesicht des Toten zu schauen. Mit spitzen Fingern griff er zu und zog den Gegenstand aus der glitschigen Substanz heraus. Eine vergoldete Taschenuhr. Ungläubig schüttelte Kurtz seinen Schädel. Eine solche Kostbarkeit gab es doch sicher in dem ganzen armseligen Bruch nicht. Erstaunt wischte er mit seinem Taschentuch allen Dreck und Schlamm beiseite. Tatsächlich, auf der Rückseite war ein Name eingraviert: *F. K. Mahistre.*

Der Ingenieur für den neuen Kanal! Jener wilde Draufgänger, der auf seinem schwarzen Ross aus der Hauptstadt gekommen war. Vor drei Tagen hatte er ihn noch fröhlich zechend in der *Roten Lilie* gesehen. Erschrocken ließ Kurtz die Uhr in seine Tasche gleiten. Dann hievte

15

er die Leiche in den Nachen und stieß sich ab. So schnell er konnte, ruderte er mit seiner verstörenden Fracht nach Wrietzen zurück.

Hitze

An ebendiesem 7. Juli 1747, einem Freitag, war es heiß auch in Berlin. Die Damen, auf dem Weg in die nachmittäglichen Lesezirkel, schwitzten und wedelten mit ihren Fächern. Der von märkischen Sandkörnern durchsetzte Wind blies zerrissenes Journalpapier den Rinnstein entlang. Fuhrwerke und Kaleschen rollten durch den dampfenden Staub; die vorgespannten Pferde keuchten und schnaubten. Erregt sangen die Lerchen in den Alleebäumen. Hin und wieder segelte ein gelb gewordenes, verdorrtes Blatt auf den trockenen Boden, in dem sich die Stiefelabdrücke der Herren verloren, die von der *Académie Royale des Sciences et Belles-Lettres*, deren Backsteingebäude sommerdurchglüht leuchtete, zu ihren Salons stiefelten. Um 16 Uhr öffneten diese ihre Türen. Dort debattierte man dann über die transzendenten Ansätze des Philosophen Wolff, der in einer Weiterführung von Leibniz' Ansichten seine aufsehenerregende Lehre entwickelt hatte, wonach nicht starre, unteilbare Atome das waren, was die Welt im Innersten zusammenhielt, sondern animierte, unendlich teilbare Energiepunkte.

Für Leonhard Euler würde es ein solches Debattieren nicht geben, aber das wusste er zu diesem Zeitpunkt noch nicht. Im Augenblick beglückwünschte er sich lediglich zu seiner Starrköpfigkeit, niemals eines jener Haarmöbel, verharmlosend »Perücke« genannt, aufzusetzen, sondern nur ein luftiges Kopfgewand zu tragen, das ihm seine Frau Katharina aus hellblauer Seide gebunden hatte. Mit dieser Haube auf dem Kopf, die einen Kontrast zu seinen dichten, nachdenklich gewölbten dunklen Brauen bildete, stand er vor dem Eingang des großen neuen Akademiegebäudes, das er gerade verlassen hatte. Sehnsüchtig dachte er an seinen Schreibtisch, an dem man ihn stets in Ruhe ließ. Er schaute auf die Turmuhr der französischen Friedrichstadtkirche, verglich sie mit seiner Taschenuhr. In vier Stunden fand das Diner im etwa ebenso weit entfernten Potsdam statt, und er musste sich noch umziehen. Ein abendlicher Termin in Sanssouci – das hatte ihm gerade noch gefehlt. Bis auf einen Besuch in der Planungsphase des Schlosses hatte er seine Anwesenheit dort bislang vermeiden können und war auch nicht zur Einweihung vor ein paar Wochen erschienen. Doch hatte der Bote ausdrücklich erwähnt, dass der König dieses Mal keine Ausflüchte akzeptiere. Auf Eulers Frage, was der Grund für die so dringlich vorgebrachte Einladung sein könne, hatte er jedoch keine Antwort erhalten.

Weshalb diese kindische Geheimniskrämerei? Er schloss sein linkes Auge, durchsuchte seine dunkelblaue Seidenweste, klopfte die Taschen der schwarzen, knapp übers Knie gehenden Leinenhose ab, fand seinen Tabak und stopfte eine Pfeife, die Augenblicke später seinen Mund mit der Außenwelt verband. In der Kutsche würde an Arbeit natürlich nicht zu denken sein, zumal zwischen Berlin und Potsdam noch immer keine ordentliche

Chaussee gebaut war. Was ihn hier erwartete, war Sand, tiefer märkischer Sand, der die Räder eines jeglichen Fuhrwerkes ständig blockieren musste, was zu einem andauernden Anfahren und Wieder-Steckenbleiben führte und die Konzentration auf die höhere Mathematik unmöglich machte. Wusste der große Friedrich denn nicht: Jede Stunde des Nichtrechnens kostete eine unbekannte Anzahl an Erkenntnissen, und da die Jahre begrenzt waren und man nicht wusste, wie viele Erkenntnisse man im Leben überhaupt haben konnte … Die Arbeiten Newtons, die Verfeinerungen Bernoullis hatten das Feld der Mathematik und der Physik weit geöffnet, *täglich* standen neue Entdeckungen ins Haus – ach, dass der König dies alles in keinster Weise verstand!

Euler steckte die mit einem Hirschen bemalte Tabaksdose zurück, zündete an und warf das ausglühende Flammholz, das eine hellgraue Rauchfahne aussandte, aufs Pflaster. Er hatte sich vorgenommen, nur in Ausnahmefällen zu rauchen – nur dann, wenn die Herstellung eines ausgeglichenen Gemüts aus rein geistiger Kraft nicht mehr möglich war. Ja, er rauchte häufig! Nein, er würde nicht hingehen am Abend, so viel stand fest. Arbeitete er nicht gerade an seinem bahnbrechenden Werk, der *Introductio*, die für alle Zeiten das Modell und der Grundstein jeglicher mathematischer Textbuchliteratur sein würde, und hatte ergo für eine Reise nach Potsdam durchaus keine Zeit? Doch, das tat er. Nein, die hatte er nicht.

Es war jetzt so heiß, dass er das weiße Jabot lockern musste, das in seinem Kragen steckte. Auch unter seiner Augenklappe hatte sich kitzelnd der Schweiß gesammelt, und er hob sie kurz an, wischte mit dem Zeigefinger über die Augenhöhle. Er hatte dieses rechte Auge vor ein paar Jahren verloren, beim Rechnen, als er über dem Entwurf einer Landkarte von Russland gebrütet hatte – immerhin das größte Land der Welt und somit die größte Landkarte. Mehrere Wochen waren für diese Aufgabe vorgesehen gewesen, doch er hatte sie an einem einzigen langen, schlaflosen Petersburger Wochenende vollführt, an dem die Sonne nicht untergegangen war, hatte sich dabei eine Erschöpfungskrankheit nebst starkem Fieber zugezogen, die zu einem Abszess im rechten Auge geführt hatte, wodurch er dieses verlor und nur mehr eine leere Höhle zurückblieb.

Dies betrübte Euler im Übrigen nur in Maßen. Was ihn an seiner auffälligen Physiognomie allerdings störte – zumal angesichts der Augenklappe, die etwas Verwegenes hatte –, war genau jene Auffälligkeit. Zwar war es ihm im Grunde egal, wie die eigenen Augen aussahen: Er selbst sah sie ja nicht, doch wurde durch seine Einäugigkeit, über die zumal am Hof gerne geredet wurde, eine Verschrobenheit betont, die zwar vorliegen mochte, die er aber gerne weniger akzentuiert gesehen hätte. Aufmerksamkeit wurde auf ihn gelenkt, wo er lieber unsichtbar geblieben wäre. Denn im Unsichtbaren rechnete es sich am besten.

Etwas zu hastig sog Euler an seiner Pfeife. Er war in Gedanken abgeschweift – der Fluch der abendlichen Einladung nagte bereits an seiner Konzentration. Auch musste er jetzt rasch nach Hause, um sich umzuziehen und alsbald in Bewegung zu setzen, und aufgezwungene Eile behagte ihm gar nicht. Unglücklich lief er die Steinfassade der Akademie entlang, schüttelte den Kopf und bog in die Windmachergasse ein. Nach ein paar Minuten erreichte er die Spree, deren grünes Wasser in der unerträglichen Wärme des Tages immerhin etwas Erfrischung versprach. Ein gutes Dutzend Lastkähne lagen an den von Seilereien, Tuchmachern, Gastwirtschaften, Spelunken und Bordellen gesäumten Ufern und warteten vor dem Mühlendamm auf Schleusung.

Leonhard Euler kam gerne hier vorbei, war in Schiffe vernarrt wie ein Kind und hatte vor, in der Hydromechanik mit einer zweibändigen Studie zur Schiffswissenschaft ein maßgebendes Werk zu publizieren, das die wissenschaftliche Grundlage des Schiffsbaus formulieren und sogar eine Antriebsart mittels einer Schraube entwickeln sollte, wenngleich die zur Realisierung notwendigen Energien noch fehlten. Keine Frage, dachte er wie so häufig, während er seine Pfeife nun gemächlich zu Ende rauchte: Um dieses Herz herum, jene Schleuse, die die Wasserstände regulierte, entwickelte sich die Stadt, breitete sich aus. Die Flüsse bildeten die Arterien des Staates, und je mehr man sie in schnurgerade Bahnen mit konstanter Fließgeschwindigkeit verwandelte, desto rascher flossen die Ströme: desto mehr pulsierte das Leben. Genüsslich sah er sich um, labte sich am Fortschritt. Überall wurde hier Handel getrieben: Ein Reeper trug mit seinen Gehilfen ein aufgerolltes dickes Tau zu einem Kahn, ein Binnenkapitän legte eine Münze auf den Tisch vor dem Schleusenkrug, Arbeiter hoben die Grube für eine neue, deutlich größere Schleusenkammer aus. Da fiel ein Schatten über ihn. Überrascht drehte Euler sich um, doch war es nur ein Kran, dessen Arm von zwei halb nackten, muskelbepackten Männern hochgekurbelt wurde, um die in groben Leinensäcken verpackte Ladung eines Kaffenkahns zu löschen. Eine Frau kam auf ihn zu, lächelte kokett. Sie trug ihre Bluse noch offener als ihre dunkelbraunen Haare. In ihrem Mund war kaum noch ein Zahn. »Ich weiß genau, was der Herr jetzt denken«, sprach sie ihn an. »Aber stimmt es auch? Oder darf ich den Herrn überraschen?«

Etwas irritiert, schüttelte Euler dennoch freundlich den Kopf, wandte sich mit Bestimmtheit ab und brach zur Behrenstraße auf, in Richtung seines unweit entfernten Hauses. Er fragte sich, ob die Frau wirklich wusste, was er dachte. Häufig kam ihm nämlich genau dieser Gedanke: Manchmal hatte er tatsächlich das Gefühl, als seien seine Überlegungen nicht privat, sondern öffentlich, Allgemeingut.

Er bog um die Ecke, schon tauchte vor ihm die schmucke Fassade seines Zuhauses auf. Ein veritables Anwesen, da hatte sich die Administration nicht lumpen lassen, das war schon nicht schlecht. Da hatten sie sich wirklich Mühe gegeben. Häufig dachte er so, auch wenn ihm bewusst war, dass das Haus ihn nur beruhigen solle, und tatsächlich tat es das auch. Ja, dieses solide, geräumige zweistöckige Gebäude erlaubte es ihm, sein Leben auf höchst angenehme Weise zu führen, weshalb er auch, trotz all seiner Unzufriedenheit, noch immer nicht Akademiepräsident zu sein, gern in Berlin verweilte. An einem anderen Ort hätte er in puncto Lebensführung womöglich Abstriche machen müssen, selbst in Petersburg; ein Gedanke, der ihm nicht behagte, da er diese äußerlichen Sicherheiten, wo es ihm schon an inneren mangelte, wie er glaubte, dringend benötigte. Schließlich stand man einer Familie vor, und zudem war man Schweizer, also grundsolide. Ja, er konnte mit seiner Berliner Existenz wirklich zufrieden sein, redete er sich zu. Eine gute Frau hatte er, bereits drei Kinder sowie ein Salär von 1200 Talern im Jahr. Wieso gab es überhaupt Zweifel? Und woran eigentlich?

Gerade als er an seiner eigenen Tür klingelte, lief ein ungewaschener Mann an ihm vorbei, etwa in seinem Alter, also Ende dreißig, starrte ihn mit weißen, erloschenen Augen an. Zwischen fauligen Zähnen stieß er hervor, wobei er heftig den Kopf mit dem ungekämmten, verfilzten Haar schüttelte: »Nee, Sie können mir nicht helfen! Niemand kann mir helfen. Hören Sie doch auf: Sie können mir nicht helfen!« Euler starrte den Blinden an und fragte ihn, was mit ihm geschehen sei, woraufhin dieser entgegnete, er könne nicht Tag von Nacht unterscheiden, weil er als Kind über eine Stunde in der Eiseskälte auf offenem Schlitten zu seiner Taufe gefahren worden sei, wobei seine Augen erfroren waren. Euler griff in seine Weste, um ein Geldstück hervorzuholen, doch entweder bemerkte der Bettler dies nicht, oder er verweigerte das Almosen, denn schon lief er weiter, stieß noch einmal sein »Niemand kann mir helfen« aus und »Ich habe viel bezahlt für das Privileg, Christ zu sein«.

Euler blickte dem Blinden einen Moment lang hinterher. Instinktiv spürte er, dass der Mann recht hatte. Das machte ihn traurig, und er bedauerte ihn. Er würde ihm selbstverständlich nicht helfen können, auch wenn alle immer behaupteten, das sei doch die logische Folge, wenn man sich um den Fortschritt verdient mache, der sich nachgerade definiere als die stete Verbesserung der Lebensumstände eines jeden einzelnen Menschen. Er, Leonhard Euler, wusste ja nicht einmal, ob die Mathematik die Probleme überhaupt löste oder nur mehr von ihnen schuf. Das sagte er vorsorglich niemandem. Denn war es nicht wahrscheinlich, dass die große Gleichung – auch die große Gesellschaftsgleichung – am Ende entgegen allen Erwartungen doch nicht aufging? Dass es etwas gab, das tiefer war als der Tag mit seinen scheinbar so gut funktionierenden Offensichtlichkeiten …

In solche und ähnliche, ihn stets peinigende, aber auch wohltuend herausfordernde Gedanken verstrickt, trat er zur Tür ein, die Liliana, die dralle elsässische Haushaltshilfe der Eulers, für ihn geöffnet hatte, legte die Haube an der Garderobe ab, strich sich gewohnheitsmäßig über das kurze dunkelblonde Haar und sah sich dabei wie immer im Spiegel an. Sein linkes Auge wirkte leicht entzündet; er musste sich hüten und durfte sich nicht zu sehr über alles erregen. Er durchquerte die untere Etage seines Hauses, welche aus zwei kleinen, geschmackvoll mit Sesseln, Chaiselongues und Tischen aus Mahagoni eingerichteten ineinander übergehenden Teezimmern bestand, stieg die geschwungene Freitreppe nach oben und betrat über einen Flur, in dem die Familienporträts hingen, sein mit Teppich ausgelegtes Schlafzimmer. Die Wände hier waren lindgrün tapeziert, das Bett hatte Liliana frisch gemacht. Wie stets sah er unter diesem nach, ob dort jemand lag und sich versteckte – wie stets war dort niemand. Die Türen des üppig verzierten Dielenschrankes in der Manier des 17. Jahrhunderts, der ihm zum Abschied aus Petersburg mitgegeben worden war, damit, wie es geheißen hatte, sein Mantel auch weiterhin in russischen Gefilden hänge, standen weit offen. Eine Weile lang verharrte er davor und überlegte, wie er sich für den Abend zu kleiden hatte. Vor ihm hingen die Röcke frisch gebügelt, die Hosen. Diese Ordnung hatte er seiner Frau zu verdanken. Häufig stand er vor diesem weit geöffneten Schrank und betrachtete voller Erstaunen die Reihen darin und wie gepflegt alles war.

Euler ging in sein Arbeitszimmer, seinen liebsten Raum. Zum Fenster hin stand ein Schreibtisch aus sibirischem Lärchenholz, dahinter ein mit Pferdeleder überzogener Sessel, in den er sich fallen ließ. Er schaute nach draußen und spürte wie stets die Genugtuung über den seiner Meinung nach perfekten Ausblick, der aus nichts bestand als einer Brandmauer, die keine zwei Meter entfernt stand. Äußerste Reduzierung visueller Anreize: *gut*. Er hatte diese Mauer von Anfang an als eine der Hauptattraktionen seines häuslichen Arbeitszimmers betrachtet, da sie tagsüber jegliche Sicht blockierte, die ihn vom Nachdenken abgelenkt hätte, zum Abend hingegen, wenn er sich zu entspannen versuchte, ein jedes Mal anderes faszinierend abstraktes Bild der ihn umgebenden, im raschen Wachstum begriffenen Stadt lieferte. Zwar verhinderten die Backsteine auch im Dunkeln jeglichen direkten Ausblick, ließen aber die kontinuierlich sich wandelnden Lichtwerte der Fackeln und Lampen von Wirtshäusern und Restaurationen, von Straßenlaternen am oberen Mauerrand vorbei- und in seine Kammer flimmern. Dort überzogen sie die Wände mit einem unruhigen Film aus flackernden Streifen und Flecken, den er stundenlang von seinem Schreibtisch aus einsog, da er ihm ein besonders lebendiges Bild des Fortschritts verschaffte.

Er musste an den blinden Bettler denken, spürte, wie sich wieder einer dieser Anfälle ankündigte, und zog die unterste Schublade seines Schreibtisches auf. Darin lag das Laudanum: opiumhaltiger Wein. Jetzt war es nur noch eine Frage der Zeit, ob der Trank zuerst wirken würde oder die Melancholia schneller die Oberhand gewann. Er nahm das Fläschchen hervor, schraubte es auf, setzte an. Er wusste: Jeder gute Schluck kostete ihn etwa eine Stunde Rechenzeit. Doch wenn er einen seelischen Zusammenbruch hatte, setzte ihn das manchmal einen ganzen Tag lang außer Gefecht.

In funkelnagelneuen und blitzblanken schwarzledernen Schuhen, dunkelroten Pluderhosen und weißem Leinenhemd mit blauem Halstuch, in der Hand eine dunkelgraue Mütze mit Schirm, die Lippen zusammengepresst, kam sein Sohn Johann zur Tür herein.

»Was willst du?«, fragte Euler, einigermaßen rau, und verstaute das Laudanum im Schrank. Ob er nicht sehen könne, dass er arbeite? Euler wusste: Es musste einen triftigen Grund geben; ansonsten hätte Johann es nie gewagt, ihn in diesem Raum zu stören.

»Ich habe entschieden, was ich mit meinem Leben anfangen will.«

»Das freut mich. Es ist hoffentlich nicht die Wissenschaft.«

»Genau die ist es.« Johann senkte den Kopf. Er würde jeden Moment in Tränen ausbrechen; beide wussten das.

»Ich habe dies nur im Scherz gesagt. Doch muss man höllisch aufpassen.«

»Worauf?«

»Auf *wen*, muss die Frage lauten.«

»Ja, auf wen denn?« Johann schaute ihn mit großen, schönen Augen an, um die sein Vater ihn sehr beneidete.

»Auf jene, in deren Diensten man steht, denn der Wissenschaftler steht immer im Dienste.«

»Gibt es auch Berufe, die nicht im Dienste eines anderen stehen?«, wollte Johann nun wissen.

»Den des wahren Künstlers«, sagte Euler.

»Dann will ich ein wahrer Künstler werden.«

Euler lächelte. Er schüttelte den Kopf. Sein Sohn würde Wissenschaftler werden. Er wusste dies, da er zum einen mitunter in die Zukunft sehen konnte, zum anderen sein Einfluss groß genug war, Johann bereits in jungen Jahren in die Akademie aufnehmen zu lassen; ein Ruf, dem sich niemand verweigerte.

»Nun geh«, sagte er zu seinem Sohn, stand auf, streichelte ihm den Hinterkopf und schickte ihn hinaus.

Aus ihrem eigenen, etwas kleineren Schlafraum kam in diesem Augenblick Katharina. Sie war so alt wie ihr Gatte, also siebenunddreißig, hatte ein nicht unhübsches, wenn auch etwas puppenhaftes Gesicht, aus dem sie die blonden Haare streng herausband, weil ihr das mehr Würde verlieh. Vor allem aber war sie wieder einmal schwanger, und zwar im sechsten Monat, trug einen weiten himmelblauen Umstandsrock, darüber ein ebenso blaues, vorne offenes, die fischbeinverstärkte Schnürbrust akzentuierendes Hauskleid mit tief eingelegten Falten vorn und hinten, die ab Schulterhöhe aufsprangen. Sie hatte leichte Kopfschmerzen und nicht sonderlich gut geschlafen.

»Den König immer aussprechen lassen«, sagte sie statt einer Begrüßung, näherte sich, verengte ihre ohnehin schmalen hellblauen Augen, um schärfer zu sehen, griff an Eulers rechtes Ohr und legte die dort abstehenden Haare hinter jenes. Gleichzeitig, wobei sie noch immer ein dickes Buch in ihre Armbeuge geklemmt hielt, glättete sie mit der anderen Hand die gesamte Frisur ihres Gatten, um ihr mehr Form zu verleihen. Zufrieden mit diesen Adjustierungen, widmete sie sich dem offenen Kleiderschrank und zog nach kurzer Abwägung eine dunkelblaue Kattunknopfhose heraus und hieß ihn, nacheinander die Füße zu heben, um in diese zu steigen.

»Was für ein Buch schleppst du herum?« Er konnte ihr Jasminparfüm riechen, und es gefiel ihm.

»Den Cervantes. Hast du ihn ebenso verschlungen?«

Er schüttelte den Kopf. »Und das werde ich auch nicht. Das Romanfieber greift um sich, doch ich bin nicht Teil davon. Nachschlagewerke, auf die man früher immer wieder zurückgegriffen hat, verlieren dadurch an Bedeutung. Das passt mir nicht recht, da ich genau solche herstelle. Die Leute ziehen sich in Fantasiewelten zurück, dabei bricht das Zeitalter der Rationalität an – zumal ich einer der Hauptprotagonisten dabei bin.«

»Tatsächlich?« Katharina stützte sich an seiner Brust ab und sah ihn prüfend an. »Da sich das Leben in den hiesigen Gefilden eher im Kleinen abspielt, Zeitalter der Rationalität hin oder her, ist es doch keine Überraschung, dass die Leute sich in, wie du sagst, Fantasiewelten flüchten, nicht?

»Im Kleinen?« Euler lächelte. »Dies ist immerhin eines der kommenden Machtzentren des Kontinents, und ich fungiere de facto als Leiter der Akademie der Wissenschaften und bin für den heutigen Abend ins königliche Schloss geladen. Das ist doch alles nicht klein.«

»Leiter der Akademie ist Maupertuis«, korrigierte ihn Katharina. »Du bist nur Direktor der Mathematischen Klasse – auch wenn du die ganze Arbeit hast. Und ich selbst habe von deinem Abendessen bei diesem merkwürdigen König wenig, von dem es heißt, dass er am liebsten Marzipantorte mit Schokolade und Sauerkirschen verspeist. Außerdem: Preußen ein Machtzentrum? Da bin ich aus Russland andere Dimensionen gewöhnt.« Katharina schloss seinen obersten Hosenknopf.

»Alles deutet darauf hin, dass es mit diesem Staat aufwärts- und nach vorne geht«, entgegnete Euler ungerührt, um sich selbst Mut zuzusprechen: »Dies ist nicht mehr nur eine knospende, dies ist bereits eine blühende Macht, und die Früchte versprechen, märchenhaft zu sein. Der König ist in den besten Jahren: Er wird es weit bringen, das ist seit der Einnahme Schlesiens offenkundig. An einer glanzvollen Zukunft ist nicht zu zweifeln und an meinem Anteil daran wohl auch nicht.« Zufrieden mit dieser Darstellung betrachtete er sich im Kristallspiegel, der in der Schranktür eingelassen war. So etwas gab es kein zweites Mal in Berlin, einen solchen in eine Schranktür eingelassenen Kristallspiegel. Er rückte die Augenklappe zurecht. »Mit der Wissenschaft geht es jedenfalls in großen Schritten voran«, murmelte er, »und das lässt die gesamte Gesellschaft prosperieren und hebt sie auf ein neues Niveau.«

»Neues Niveau?«, Katharina zuckte mit den Achseln. »Bislang hat der König vor allem durch Kriegszüge dieses Niveau zu erzielen versucht.«

»Ich will mich nicht länger streiten.« Leonhard Euler fasste seine Gattin liebevoll am Unterarm. Dann neigte er seinen Kopf, denn sie war deutlich kleiner als er, und sah ihr ins Gesicht. Er küsste sie auf den Mund. »Ich finde es ja auch schade, dass du nicht geladen bist«, sagte er leise. »Der König … er duldet nun einmal keine *Frauenzimmer*, wie er das nennt, in seinem neuen Landhausschloss. Selbst seine eigene Gattin ist wohl nur ein einziges Mal dort gewesen, und zwar in seiner Abwesenheit.«

»Ich habe davon gehört«, antwortete Katharina und blickte ihren Gatten mit ihren intensiven hellblauen Augen an. »Immerhin steht es mir zu, dich zu beneiden. Wir sind schon seit Jahren in Berlin, und ich selbst habe den König noch nicht zu Gesicht bekommen – auch da bin ich aus Russland andere Sitten gewohnt.«

»Und mir graut regelrecht davor, ihn nun zum ersten Mal tatsächlich zu sehen.«

»Wieso das?«

»Weil sie mich nicht mögen am Hof. Friedrich nennt mich einen Rechenzyklopen.«

»Ach, Schatz«, sie streichelte seine linke Wange.

»Aber ich muss nun mal hin.«

»Das stimmt«, sagte sie sanft. »Die Leute munkeln bereits.«

»So, was munkeln sie denn?«

»Dass du einige Gelegenheiten, den König zu treffen, hast verstreichen lassen.«

»Aber, ich …«, wollte Euler beginnen, doch Katharina legte ihm den Zeigefinger auf den Mund: »Es spielt keine Rolle, wie du zu Friedrich stehst. Es spielt einzig eine Rolle, was man am Hof darüber denkt und erzählt. Und wenn du deine Chance wahrnehmen willst, trotz deiner bürgerlichen Herkunft in irgendeiner Zukunft die Nachfolge von Maupertuis anzutreten, was deinem Ehrgeiz und Können entspräche, dann musst du eben … *diplomatisch* sein. Eine Schweizer Spezialität, nicht?«

»Deshalb gehe ich ja auch. Obwohl ich zu rechnen hätte. Du bist eine vortreffliche Gattin.«

»Und wann habe ich dich zurück?«

»Da es sich um ein Diner handelt, muss ich wohl in Potsdam nächtigen, wodurch bei einer Weckung selbst um sechs Uhr in der Früh und einer Abreise eine Stunde später mit Rückkunft nach Berlin nicht vor zwölf Uhr gerechnet werden kann. Woraufhin ich sofort in die Akademie muss, um die verlorene Zeit aufzuholen, sodass du mich zu einem späten Abendessen am morgigen Tage rückerwarten kannst.«

Katharina seufzte. »Denke bitte daran, Leonhard: den König immer aussprechen lassen«, wiederholte sie ihren Rat, »sogar, wenn du glaubst, im Recht zu sein – was du ja stets bist. Sei einfach etwas weniger trotzig als sonst. Und erzähle vor allen Dingen nichts von der Mathematik. Es interessiert keinen.« Sie wandte sich dem offenen Eibenholzschrank zu und suchte passendes Strumpfwerk für ihren Gatten heraus.

Im Heim der Hechtreißer

Am Abend dieses 7. Juli, die Luft war noch warm, und die Nacht würde köstlich sein, trafen sich die Männer des Bruchs in Lewin, wo besonders gut hechten war. Mit seinen beiden Brunnen, dem aus Findlingssteinen gebauten

Krug mit Malz- und Brauhaus, dem Dorfplatz, in dessen Mitte die Schweineställe standen, und seinen vierzehn kleinen, aus Erde und Lehm errichteten Häusern für die Freileute, die keinen Hof besaßen, seinen Feuchtwiesen und Viehweiden lag dieses uralte Rundlingsdorf nördlich des Raschen Fließes an der Wuckenitze. Manchmal aber auch an der Volzine, so behaupteten andere Karten – das kam wohl auf das Jahr an und auf den Weg, den die Flut sich bahnte. Selten lag Lewin sogar am Zusammenfluss von Mallacke und Leinengraben. Mitunter vernachlässigte man aus Bequemlichkeitsgründen schlicht die Namen der Gewässer, die einmal so, dann wieder so vorbeimäanderten. Reisenden, die sich nicht davon abhalten ließen, Lewin aufzusuchen, wurde empfohlen, vom Blutigen Graben her kommend südwärts in Richtung der Untersten Ratze zu fahren, bis man beinahe zur Trebbinschen See gelangte, welche allerdings nicht mit der Faulen See zu verwechseln war. Um die Verwirrung komplett zu machen, nannten manche Karten jenes Gewässer die *Große* See, während man als *Faule* See die Verdickung der Oder oberhalb von Wrietzen bezeichnete, gespeist vom Morinichen und der Bardaune. Aber das machte alles nichts, denn jedem war klar, dass inmitten dieses Gewirrs von Wasser, Gestrüpp und Strauchwerk, dort eben, wo der Boden etwas anstieg, das Dorf Lewin mit seinen Fachwerkgehöften lag, deren Giebel alle zum Dorfplatz zeigten. Und dessen Mittelpunkt wiederum bildete das Haus der Maltschaus, da es den größten Fischkessel aufwies, ein Prunkstück aus Messing, das Oda, die dunkelhaarige, grünäugige, als launisch bekannte Tochter des alten, starrköpfigen Radomeer, regelmäßig polierte.

Nicht weit vom Anwesen der Maltschaus entfernt, dessen von Korn bewachsenes Schilfdach so weit herabragte, dass man es mit Händen greifen konnte, stand die Reißscheune, auch *Heim der Hechtreißer* genannt. Diese nutzten die Fischer des Niederbruchs (und so gut wie alle Männer hier waren Fischer), um ihren Fang zu verarbeiten und alles Wichtige zu besprechen, gerne bis spät in die Nacht, im Sommer auch draußen, unter einem häufig gar wunderbaren Himmel. Da ging es um spektakuläre Exemplare, die ins Netz gegangen waren, um mögliche Ausbesserungen der primitiven Eindeichungen des Flusses oder vielleicht um die Errichtung eines größeren Bootshauses an der Trebbinschen See, wo viel Aal herkam. Meist einigten sich die Brücher. Doch wenn die Leute ihre Meinungsverschiedenheiten nicht klären konnten, erhielt Radomeer Maltschau das Wort, das Oberhaupt der ältesten Familie. Angeblich gingen die Maltschaus direkt auf den *Bog* zurück, den Urahn, der einst aus dem fernen Südosten gekommen war und von dessen Lenden angeblich sämtliche Brücher stammten.

Alles an diesem Radomeer – der jeden Tag ein Glas Bier trank, aber nicht mehr, sich ausschließlich von Fisch und Gemüse ernährte, nur guten Tabak rauchte, stets an der frischen Luft war und dessen Alter niemand kannte – war üppig, sein dichter schwarzer Bart vor allem, der nur an den Kinnbacken eine leichte graue Einfärbung zeigte. Er hatte dunkle Brauen über weit auseinanderliegenden braunen Augen, die sein Gegenüber immer direkt ansahen, und eine ebenso dunkle Mähne, die einen Kopf bedeckte, der im Vergleich zum gedrungenen, starken Körperbau zu groß ausgefallen war. Über seiner Nasenwurzel gruben sich zwei tiefe, durch häufiges Stirnrunzeln entstandene Hautfurchen senkrecht nach oben. Vor vielen, vielen Fluten hatte Radomeer seine Frau Wolna verloren und seitdem, auch wenn es an Gelegenheiten nicht gemangelt hätte, nie wieder geheiratet, was ihm wachsenden Respekt einbrachte. Aus der Ehe mit Wolna waren zweieiige Zwillinge hervorgegangen: die schöne, eigenwillige Oda – genannt die *Hechtin* – und der wankelmütige Veit, zu dem seine Freunde (nicht aber Radomeer) auch *Wolf* sagten. Veit, über den manche unkten, dass er aufgrund seiner Unfähigkeit, Entscheidungen zu treffen, niemals in die Fußstapfen seines Vaters treten könnte, war mit Magdalena verheiratet, einem Vollweib aus dem alten Zeckericker Geblüt der Janys. Sie stand kurz vor dem Gebären ihres ersten Kindes, was nicht nur Veit, sondern auch Radomeer in heilige Aufregung versetzte, zumal die zur Melancholie neigende Oda noch immer alleine blieb.

Doch auch wenn alles an Radomeer, den man den *Wels* hieß, im Überfluss vorhanden war: Seine Stimme hielt er meist leise, da er wusste, dass ihm dann alle umso aufmerksamer zuhörten. Und tatsächlich sprach Radomeer oft. Weil er einer im Vergleich nur kleinen Familie vorstand, blieb ihm umso mehr Zeit, sich um das Wohl der Gemeinschaft zu kümmern, und in dieser Funktion ging der Mann ganz auf. Kam es zu Streitigkeiten, schlichtete er. Ging es darum, sich lange zurückliegender Vorkommnisse zu erinnern, kamen alle auf Radomeer zurück, der, ausgestattet mit einem guten Gespür sowie einer üppigen Fantasie, verantwortlich dafür war, die gültige Geschichte über dies oder jenes zu erzählen.

Denn ließ man Radomeer des Abends vom Bruch reden, bis die Augen seiner Zuhörer glänzten, hatte er tatsächlich Unglaubliches in Hülle und Fülle zu berichten, und nach einer Weile wähnten sich alle im Paradies. Selbst über lang zurückliegende Zeiten wusste er Bescheid, sprach von Auerochsen, Wollnashörnern, Wisenten, Mammuts und Waldelefanten, die einst hier gelebt hatten, erzählte von Prozessen, die sich abrupt vollzogen sowie über Tausende von Jahren verteilt hatten, beschränkte sich nicht auf die Würzigkeit der kräutergesättigten Luft, den Fischreichtum der Seen und die mannigfaltigen Läufe des Flusses, nicht auf die wohlschmeckenden Krebse, die man nach Rückzug der Flut aus den Apfelbäumen schütteln konnte wie reife Früchte. Immer erzählte er auch von jener besonderen Liebe, die die Menschen und ihn selbst mit diesem Bruch verband: einer Liebe, wie es sie nur selten gab und die zurückreichte über unzählige Generationen und eine kaum schätzbar lange Zeit.

Um die Versammlung im *Heim der Hechtreißer* an diesem besonders heißen Freitag zu beginnen, läutete Radomeer, der einen schwarztuchenen, knielangen Rock mit einer Reihe silberner, dicht aneinandergesetzter Knöpfe trug, die Glocke aus Messing. Sie hing an der Stirnseite des Raumes direkt neben dem von zwei roten Balken durchkreuzten Konterfei des verhassten Wrietzener Fischereiaufsehers Kurtz, des behördlich eingesetzten *Pritzstabels*, wie seine offizielle Position lautete. An zwei langen Eichenbalken saßen die Männer. Vor ihnen auf dem blanken Holz, auf dem sonst der Fang gerissen wurde und das vom eingesickerten Hechtblut dunkel und mineralisch schimmerte, standen die tönernen Krüge voller Selbstgebrautem, da ein jeder auf das Bier seines Kietzes schwor und sich auf nichts anderes verließ. Mit dem Tabak, der in langen schwarzen Holzpfeifen geraucht wurde, stand es ebenso.

»Männer«, begann Radomeer mit ruhiger Stimme, und alle Gespräche verstummten. »Wir haben gehört, was heute Morgen am Ufer der Faulen See passiert ist. Eine Leiche wurde gefunden, ein Mann des Königs, und man sagt, er ist nicht einfach so krepiert, sondern dass da jemand nachgeholfen hat. Wir müssen uns wappnen und mit dem Schlimmsten rechnen: Die Rache wird fürchterlich sein, ob nun einer von uns verantwortlich ist oder nicht.«

»Was heißt denn hier *oder nicht*?« Erregt stand Mecki auf, die rechte Hand von Koppek, Radomeers großem Rivalen aus dem Dorf Reetz. Unter seiner engen Lederkappe sah Meckis stets ein wenig spöttisch schauendes, breitknochiges Gesicht wie das eines zu rasch gealterten Kleinkindes aus. »Wer soll es sonst gewesen sein? Seit Monaten sprichst du davon, gegen die Pläne des Königs mit aller Gewalt vorzugehen. Das weiß man auch in Wrietzen. Dort sind wir jetzt als Mörder verschrien. Eine Katastrophe für das gesamte Bruch!« Einige der Fischer – nämlich sämtliche Anhänger von Koppek – murmelten ihre Zustimmung oder nickten. »Also sag schon, Radomeer«, fuhr Mecki fort, »wer war es? Dein Sohn vielleicht, von dem man nie genau weiß, was er denkt und macht?!«

»Sprich nicht schlecht von Veit, der gerade bei seiner Frau ist, die kurz vor der Geburt steht«, entgegnete Radomeer gelassen. »Mein Sohn handelt manchmal unüberlegt, aber wenn du ihn noch einmal einen Mörder nennst, bekommst du es hiermit zu tun.« Er zog sein Reißmesser aus dem Gürtel, bewegte es langsam hin und her und zog die Brauen zusammen. »Sieht es nicht ganz so aus, als sei diese Sache passiert, um sie uns unterzuschieben und unseren gerechten Kampf in ein schlechtes Licht zu rücken? Nein, Veit bringt niemanden um. Und auch sonst tut das von uns keiner. Dass wir uns trotzdem wehren gegen die, die unsere Welt zerstören wollen, ist was ganz anderes.«

»Nur weil sich was tut in unserer Gegend, zerstört das noch lange nicht unsere Welt«, sagte Mecki in gereiztem Ton.

»Veit war gestern am Krummen Ort«, entgegnete Radomeer. »Dort haben sich bereits Hunderte der Fremden eingenistet. Sie hausen in Zelten und graben auf Geheiß Friedrichs in unserer Erde. Wir alle wissen: Am Krummen Ort sind die Findlinge aus der Urzeit, die wir als Grabhügel unserer Ahnen verehren. Das nehmen wir nicht hin. Oder, Männer?!«

Viele der Fischer hoben ihre Fäuste und brüllten ihren Protest heraus. Doch etwas weniger als die Hälfte blieb still und blickte Radomeer regungslos an.

»Was mautschst du für einen Quatsch?« Meckis Stimme kippte ins Schrille: »Das sind die früheren Grabhügel *deiner* Ahnen vielleicht. Männer, wir sollten froh sein, dass sich das Bruch entwickelt. Was hier gebaut wird, also dieser Kanal, ist ein Meisterwerk. Durchgeführt von den brillantesten Geistern des Königs, der auch unser König ist, vergessen wir das nicht. Und geschützt wird das alles von einem neuen Deich, der unsere Wälle aus Kuhmist bei Weitem übertrifft. Dann leben wir endlich in Sicherheit.«

»Aber wer kontrolliert diesen Deich?« Radomeer schüttelte seinen Schädel. »Ich werd's euch sagen: Die, die ihn bauen. Folglich begeben wir uns in *deren* Schutz, anstatt wie bisher auf uns selbst aufzupassen. Dann ist's endgültig vorbei mit unsrer Freiheit. Lasst uns lieber auf die eigenen Kräfte vertrauen. Wir wissen alle: Der Strom kann mächtig mit den Ketten rasseln. Ein Deich kann *immer* brechen und der teuer erkaufte fremde Schutz uns schlagartig verlassen … *Dann* kommt die Flut, und wir sind nicht vorbereitet. Lasst uns auch weiterhin die Berge nie aus den Augen verlieren, sondern immer wissen, ob's viel Schnee gegeben hat und wann der schmilzt und zu uns runterkommt. Mit dem Wasser werden wir selbst fertig. Mehr sag ich nicht.« Radomeer sah in die Runde und spürte, dass die Männer ihn verstanden.

Doch Mecki widersprach sofort: »Erinnert euch, Leute, als vor elf Jahren das letzte Mal *unser* Deich gebrochen ist und das ganze Bruch ein einziger See war und die ganze Gegend unter Wasser. Einige haben aus Verzweiflung sogar versucht, im Brühtrog über ihren Hof zu fahren, wisst ihr das noch? Aber wer so 'n Ding bestiegen hat, den schlug's wieder um! Unsere Häuser hat's geflutet, das Vieh mussten wir aus den Ställen retten – erinnert ihr euch, wie die Ochsen bis zum Leib im Wasser gestanden haben und gezittert haben vor Angst?« Mecki wischte sich mit dem Ärmel den Schweiß von der Stirn. Seine Worte erregten ihn stark, und es kam ihm so vor, als erlebe er das alles erneut. »Habt ihr nicht mehr das Jammern in den Ohren, das Brüllen vom Vieh und wie die Pferde panisch gewiehert haben und das Kläffen der Köter? Die Wasservögel sind in unsere Dörfer gekommen, haben sie regelrecht eingenommen. Hört ihr's nicht mehr, ihr lautes Geschrei? Und als wir die angeschwemmten toten Fische gegessen haben, waren die nicht zum Besten, sondern stinkend und faul, und manche von uns haben böses, lange anhaltendes Fieber bekommen, andere starken Ausschlag und üblen Geruch. Unsere Hände und Füße, wenn sie das scharfe Wasser berührt haben, sind grindig geworden. Zwischen den Fingern und Zehen sind Geschwüre gewachsen, wie die Krätze hat's um sich gefressen. Die Haut ist vielen abgegangen, und wir hatten nichts außer Teer oder Wagenschmier mit Schlick, um's draufzutun – wisst ihr noch, wie ekelhaft das war? Leute, wenn ein neuer Kanal gegraben wird, haben wir endlich Ruhe vor alldem. Und außerdem werden wir reich.«

»Reich?« Radomeer kniff die Augen zusammen, wodurch seine Brauen einen doppelten Bogen bildeten. Streng blickte er über die Köpfe der Hechtreißer hinweg. »Wer *irgendwann* reich werden will, ist *jetzt* arm, und zwar arm an der Seele, und das, liebe Männer, sind wir doch nicht.« Er nahm einen kräftigen Schluck von seinem Bier. »Lasst mich euch so viel sagen: Gier ist eine Sünde. Sie passt nicht zu uns.«

»Ach, Radomeer, immer sachteken«, sagte Mecki. »Was ist so schlimm dran, bisschen mehr zu verdienen? Für gutes Geld kann man sich gutes Zeug kaufen, nämlich das, was wir selbst nicht herstellen können: Werkzeuge, schöne Kleider für unsere schönen Frauen, gute Töpfe, auch für die schönen Frauen.«

»Nee, dann werden wir wie *die*«, entgegnete der alte

Fährmann Kummerowski von der Schiffmühle, ein enger Verbündeter der Maltschaus. Würdevoll stand er auf, in seinem fußlangen Rock aus blau gefärbtem Leinen, und überblickte die Runde: »Radomeer hat recht. Die Fremden sind wie die Neunaugen. Saugen sich mit ihren hungrigen Mündern fest und trinken uns das Blut aus. Wenn wir jetzt nicht achtgeben, verlieren wir all unsere Kraft. Dann ist's mit unserer schönen Gegend und unserer ruhigen Art zu leben bald vorbei.« Der Fährmann sah sich im Raum um und schüttelte den Kopf. »Es fällt nicht leicht, einem Toten schlecht nachzusprechen, aber wir haben alle von diesem Franzosen gehört. Er ist auf seinem schwarzen Ross sogar über die Jedutenhügel geritten und hat mit Geld um sich geworfen und Frauen dafür bezahlt, ohne Kopfbedeckung durch Güstebiese zu laufen. Im *Feuchten Willi* sind die Blusen sogar schon in der Wirtschaft gefallen, wenn er dazu eingeladen hat. Männer, habt Ehrfurcht.« Kummerowski setzte sich wieder, und zunächst sagte niemand etwas, da seine letzte Behauptung alle im *Heim der Hechtreißer* erschüttert hatte.

»Ach was, seien wir doch nicht so scheinheilig.« Mit einem Ruck stellte sich Koppek – den aufgrund seines riesigen Schädels, der mindestens ebenso groß war wie jener von Radomeer, alle *den Kopp* nannten – auf seine kräftigen Beine und schaute sich mit blitzenden Augen um. Er trug die traditionell weiß-blau gestreifte Fischerkutte, die lediglich ein ungefärbter, grober Leinengürtel hielt, auch wenn er sich eine Reihe Messingknöpfe hätte leisten können. Seit vielen Jahren galt er als einer der einflussreichsten Fischer im Bruch, besaß mehr als ein Dutzend Barken und riss die meisten Hechte. Langsam, während sich die

Aufmerksamkeit auf ihn konzentrierte, strich er sich mit der Hand über seine Bürste aus silbernen Stoppeln: »Und woher weißt du so genau, Kummerowski, was im *Feuchten Willi* passiert? Weil du selbst so oft dort einkehrst?« Einige im Raum lachten. »Nein, Männer, verbauen wir uns nicht die Zukunft, weil wir Angst vor was Neuem haben. Lasst uns mutig sein. Wir in Reetz verlieren durch den geplanten Kanal unsere besten Wiesen. Aber jammern wir? Nein, weil das zahlt sich auf andere Weise dutzendmal aus.« Er setzte sich wieder, und zustimmendes, aber auch beunruhigtes Gemurmel füllte den Raum.

Radomeer erhob sich. Wieder sprach er leise, und alle mussten ihre Ohren spitzen, um ihn zu verstehen: »Ich sag nur eins, Leute. Wenn wir jetzt nicht aufpassen, gehen wir unter. Dann überschülpern sie uns. Ich weiß es. Und gegen diese Art von Gefahr hilft kein Deich. Nur eine Überzeugung, Männer, stimmt das nicht?«

Schweigen im Raum. Bartok stand auf, ein Kerl mit untersetzter Gestalt, der mit seiner Frau Anna die im Familienbesitz befindliche Pfahlmühle am Zusammenfluss von Tremmitze und Löckeritz betrieb. Er hatte zwei Töchter mit Namen Alena und Hana, einen Sohn namens Sten und galt als bester Freund Radomeers, besaß ein weiches Gemüt, das sich rasch entflammen konnte, aber ebenso schnell wieder zur Ruhe kam, was seinem natürlichen Drang entsprach, Harmonie zu stiften. Mit seiner permanent rötlichen Gesichtshaut und seinem feuerfarbenen Bart und Schopf ähnelte er einem Fliegenpilz. Er wurde im Allgemeinen der *Heiler* genannt, da er sich mit Kräutern auskannte, Dämonen vertrieb und auch nicht davor zurückschreckte, gebrochene Knochen zu richten. Über die Grenzen des Bruches hinaus hatte er sich damit einen Ruf erworben. Aus Gründen, an die sich niemand mehr erinnerte, und wohl aufgrund seiner engen Freundschaft zu Radomeer genoss er bei den Treffen der Hechtreißer, auch wenn er selbst kein ausgemachter Fischer war, Gastrecht, von dem er regelmäßigen Gebrauch machte, um sich hier ungestört dem Biere zu widmen. »Dieser Todesfall des Fremden ist doch nur der Anfang und ein Zeichen, dass etwas Schreckliches passieren wird. Und es hat ja auch schon andere Zeichen gegeben«, sagte er mit seiner ewig heiseren, schwer verständlichen Stimme.

»So? Was für andere Zeichen?«, fragte Mecki. »Sag schon, Bartok: Was soll uns davon abhalten, mehr zu verdienen und unsere Familien besser zu ernähren? Dir mit deiner Mölle dort oben an der Löckeritz geht's gut, das weiß ich.«

Bartok schaute zu Radomeer, und als dieser ihm aufmunternd zunickte, berichtete der *Heiler* von drei ineinander verschlungenen Aalen, die am Morgen vor der Kate des alten Bowitz am Welpischen Rund gelegen hätten. Und obwohl die Aale tot gewesen waren, sei noch bis zum Mittag weißer Rauch aus ihren Leibern gestiegen. Und letzte Woche, da sei ein Mann aus Quartschen zu ihm geeilt und habe ihm von lila- und blaufarbenen Sumpflichtern erzählt, die ihn beim nächtlichen Reusenfischen in der Nähe von Liepe verwirrt und in die Irre geleitet hätten. »Zudem habe ich selbst beobachtet«, schloss Bartok, »wie gestern Abend zwei Spatzen bei mir zu Hause vom Möllrad gefallen sind. Einfach so. Tot! Und meine Martina, also meine Hündin« – einige der Männer lachten –, »ich konnte sie nicht mehr zurückhalten: Wie verrückt ist sie auf diese Spatzen drauf. Hat sie in einem Happs verschlungen. Und hinterher hat sie ganz seltsam gebellt. Vollkommen seltsam, Männer.«

Die Hechtreißer schwiegen. Einige nahmen einen Schluck zur Kräftigung.

»Ach, hört doch auf, solche Flüchte zu knabbern! Das ist doch alles Quatsch.« Koppeks feste Stimme füllte den niedrigen Raum. »Wirklich. Ich bitte euch. Vertraut auf Gott. Er hat uns Reichtum geschenkt. Nutzen wir ihn. Er hat uns Nachbarn gegeben, mit denen wir Handel treiben können. Diese Nachbarn mögen uns fremd sein. Doch haben wir keine Angst vor ihnen. Wenn sie einen Kanal planen, dann wird der sicher enorm. Dann müssen wir den Reichtum nur uffrapen. Dafür hat Gott uns die Potschen doch gegeben.« Er zeigte seine großen Hände, dann fuhr er fort: »Und bedenkt, wir leben hier mit dem Sumpf, mit den Überschwemmungen. Deshalb sollten wir auch den Reichtum unserer Gegend voll ausnutzen. Oder wollt ihr bis in alle Ewigkeit in eurer verrußten Kate hocken und allem nur hinterherschlöpern und spärlich Hirsebrei aus dem Kumm kratzen?«

Bedächtig und unter dem zustimmenden Gemurmel seiner Anhänger setzte der *Kopp* sich wieder, nicht ohne einen Seitenblick auf Radomeer, der diesen ungerührt an sich abprallen ließ. Für einen Moment war der *Wels* ohnehin mit etwas anderem beschäftigt, da seine Gedanken zu seinem Sohn Veit und Magdalena abschweiften. Zwar war die Geburt von der Hebfrau erst für die Zeit nach der Flut vorhergesagt worden, doch Radomeer spürte, dass etwas im Gange war. Just in diesem Augenblick öffnete sich die Holztür der Scheune, und ein kleines Mädchen, die Tochter der Hebfrau, stürzte herein. Ohne sich im Geringsten um die Aufmerksamkeit zu scheren, die sie erregte, lief sie zu Radomeer, winkte sein Ohr zu ihrem Mund und sprach etwas hinein.

Radomeer wandte sich von ihr ab und den Fischern zu. »Liebe Männer!« Er breitete die Arme aus, um etwas zu verkünden, das ihm buchstäblich die Sinne raubte. Das Glück durchflutete ihn, und sein Gesicht wurde von einem breiten Lächeln erobert. »Es ist ein Sohn. Mein Sohn Veit, also seine Frau – sie hat einen Sohn gekriegt!«

Geradeso als beträfe die gute Nachricht sie selbst, brachen die Hechtreißer in Jubel aus. Alle hoben ihre Humpen und schrien ihre Freude in den Raum, riefen Radomeer Glückwünsche zu. Viele standen auf, liefen zu ihm hin und gratulierten, auch Mecki und der *Kopp*. Rasch wurde die Glasflasche geholt, in die alle ihren Namen hatten einschleifen lassen und die sonst zur Besiegelung wichtiger Absprachen im Dienste stand. Radomeer füllte sie mit Rispenschnaps, schon ging sie reihum.

Tief in dieser Nacht

Oda trug eine Kappe aus dunklem Hirschleder, eine Kette aus großen Bernsteinperlen und als Ohrschmuck große silberne Knöpfe, in die Muschelformen eingestanzt waren. Radomeer hatte sich in einen langen dunkelgrünen Leinenrock gehüllt, den ein Gürtel mit großer Messingschnalle in Form eines Welskopfes hielt. Vater und Tochter waren erschöpft, aber glücklich. Die letzten Stunden

43

hatten sie mit dem jüngsten Spross der Familie in der Stube des alten Hauses verbracht. Dem frischgebackenen Großvater waren die Tränen gekommen, als das rosa Kindchen mit dem schwarzen Flaum auf dem auffällig großen Kopf zum ersten Mal auf seinen Pranken gelegen hatte. Danach hatte er seinen Sohn Veit umarmt, der vor Freude kaum mehr sprechen konnte.

»Wie soll er bloß heißen?«, brach Oda das Schweigen, nahm ihr langes Messer aus der Schlaufe am Gürtel und schlug den herabhängenden Ast einer Weide ab, sodass ihr Vater passieren konnte. Sie liefen an der langen Reihe der mit Ochsenblut gestrichenen Backöfen vorbei, die wegen Feuergefahr in sicherem Abstand zum Dorf errichtet waren und wie riesige Maulwurfshügel wirkten.

»Er ist sehr groß. Obwohl er zu früh gekommen ist. Er konnte nicht warten. Er wird ein Großer sein.« Radomeer sah über die stille Wasseroberfläche hinweg, in der sich die Sterne spiegelten. »Sein Bauch sieht aus wie ein runder Kürbis. Er steht einmal der Familie vor. Und das muss er auch.«

»Du meinst anstelle von Veit?«

Radomeer nickte. »Ja, so leid es mir tut. Anstelle von Veit. Ihm fehlt die Umsicht. Die du im Übrigen hast. Du wirst meine Rolle zunächst ausfüllen, wenn ich nicht mehr bin.« Nachdenklich nahm er seine Tochter am weiten am Ellbogen umgeschlagenen Ärmel ihres weißen Leinenhemdes, das ihr bis an die Taille reichte. Das schöne, von ungewöhnlich kurzen braunen Haaren umrahmte, im Sternenschimmer leuchtende Gesicht seiner Tochter zu sehen, in dieser wunderbar friedlichen Nacht, die der Familie einen solchen Reichtum beschert hatte, berei-

tete ihm einen tiefen, jede Faser seines Wesens beglücken-
den Eindruck. »Warum heiratest *du* eigentlich nicht? Triff
doch mal eine Entscheidung. Gibt es niemanden?«

»Hast du Geschmack an Enkeln bekommen? Ich hatte
gehofft, das neue Kind reicht dir für den Augenblick. Du
weißt doch, dass ich erst verliebt sein will.«

»Ach, *verliebt*, was soll das sein? Gehst du deshalb immer drei Dörfer weiter und bleibst ganze Nächte lang
weg?«

Oda sah ihn mit erzürntem Blick an, sagte aber nichts,
und Radomeer fuhr fort: »*Verliebt*, das ist eine Mode, die
kommt und wieder geht, wie das Wasser. Daran hält man
sich nicht fest. Ein Partner, der bleibt, das ist was anderes.«

Sie hatten einen Ausfluss der Trebbinschen See erreicht. Der Trampelpfad aus fester brauner Erde endete in
einem Schilfgürtel. Da glitt, ohne dass sie seinen Anflug
gehört hatten, von hinten und nur wenige Meter hoch
in der Luft ein schwarzer Schwan über ihre Köpfe hinweg. Ganz leicht zuckte Oda zusammen, und auch Radomeer erschrak, da der Vogel keinerlei Geräusch verursacht
hatte und selbst das typische Singen der Schwanenflügel
merkwürdigerweise ausgeblieben war.

»Ich mag die Männer zunächst, das weißt du. Aber nach
ein paar Treffen missfallen sie mir. Und zwar alle.«

»Aber du missfällst ihnen nicht.«

»Viele wollen mich zur Frau nehmen, das stimmt. Aber
sobald ich sie prüfe, spüre ich, es geht Ihnen nicht um
mich, sondern um unsere Familie. Ich bin eine gute Par-
tie, deshalb wollen sie mich. Mein wahres Wesen finden alle unerträglich. Und dass ich Bücher lese, ist jedem
suspekt.«

»Oda, das kannst du nicht trennen: du, die Familie ... du bist die klügste Frau im Bruch. Alle bewundern dich.«

»Glaubst du wirklich, dass die Männer das wollen: meinen Geist? Der nichts anderes tut, als Pläne auszutüfteln, wie wir das Eindringen dieses schrecklichen Königs verhindern können? Meinst du, mit solch einer Frau können die Männer hier umgehen? Für ein paar Nächte, ja. Ein paarmal Nachtfischen. Aber im Grunde fürchten sich alle vor mir. Sie glauben, ich bin verrückt und unberechenbar. Und das stimmt ja auch.«

Radomeer seufzte. »Dein Verstand ist ausgeklügelt. Deshalb spielt er dir manchmal Streiche. Aber vor allem hast du ein gutes Herz. Eines ohne Falltüren. Auch bist du so sanft mit Kindern. Das weiß und bewundert jeder. Wie du zum Beispiel mit dem armen Sten umgehst. Wie eine zweite Mutter bist du zu ihm, hat Bartok mir gesagt. Obwohl der Junge schwierig ist.«

»Sten ist nicht schwierig. Er denkt nur außergewöhnlich. Deshalb wird er im Dorf als Idiot abgestempelt und zum Gänsehüten verdonnert. Ein Glück, dass Lukas sich seiner angenommen hat.«

»Sag, Oda, gibt es wirklich keinen, der dir gefällt?«

»Doch, einen vielleicht. Aber er würde dir nicht zusagen. Obgleich er eine gute Figur macht. Braune Locken, schulterlang. Keine Haare im Gesicht. Gerade sprach ich von ihm ...«

»Lukas, der Sohn des *Kopp*?!«

»Genau der.«

»Aber der ist Kahnbauer.«

»Na und? Meinst du, Männer, die Boote bauen, haben für ihre Frauen keine Zeit?«

46

»Alle Aufmerksamkeit geht dann in die Kähne, genau. Und ein Koppek, das kann nicht dein Ernst sein.«

»Ich brauche einfach ein wenig Liebe.« Sie strich ihren drellen Rock glatt, der über den Knien auf der Innenseite durch eine umlaufende Schnur eng zusammengehalten wurde, was ihre Beine vorteilhaft betonte. »Aber ganz ehrlich, Vater, ich glaube nicht, dass Lukas der Richtige ist. Ich habe ihm deshalb bislang keinerlei Hoffnungen gemacht. Was ihn allerdings umso mehr reizt.« Sie schüttelte den Kopf und lächelte in sich hinein. Dabei griff sie Radomeer am Unterarm und hakte sich bei ihm unter: »Wenn du immer davon sprichst, dass ich mich verbinden soll, dann nur mit diesem hier.« Sie deutete mit ihrem Kinn in Richtung Wasser. »Das reicht mir, Vater. Das ist *alles* und viel mehr, als ein einzelner Mann mir bieten kann.«

Radomeer nickte. Er verstand sie sehr gut.

»Etwas sollst du noch wissen«, sagte Oda. »Als Lukas letztens wieder um mich warb, während ich in Wrietzen auf dem Markt war, hat er mir etwas gesagt, wohl, um mir zu imponieren: *Königlicher Kahnbauer* wird er bald sein.«

Radomeer drehte den Kopf zu ihr hin. »Erzähl mir mehr.«

»Er hat einen neuen Auftrag. Aus der Hauptstadt. Er arbeitet schon eine ganze Weile daran. Mehr wollte er mir aber noch nicht verraten.«

Radomeer dachte nach. »Er baut einen Kahn für den König? Zu gerne wüsste ich, was diese Teufel so alles vorhaben.«

»Noch etwas hat Lukas mir gesagt. Es geht um den toten Franzosen. Er soll an einer Speerwunde gestorben sein.

Das weiß Lukas von Kurtz.« Oda sah ihren Vater an: »Es war ein Neunaugenspeer.«

»Ein Neunaugenspeer? So einen haben doch nur noch zwei Familien im Bruch: wir und die Koppeks.«

»Ich weiß.« Odas Augen folgten einer Sternschnuppe, die über den funkelnden Himmel stob. »Hast du einen Verdacht?«

»Es muss ein Koppek gewesen sein«, sagte Radomeer. »Eine andere Möglichkeit gibt es nicht. Veit tut so etwas nicht. Er weiß ja gar nicht, was sie eurer Mutter im *Grünen Hut* angetan haben. Er denkt noch, sie hat eure Geburt nicht überlebt.« Er legte seinen Arm um Oda.

»Ich glaube aber nicht, dass es die Koppeks waren«, sagte sie. »Wieso würden sie so etwas tun? Wir wissen alle, dass sie mit den Fremden paktieren.«

»*Kopp* hat es selbst gesagt«, entgegnete Radomeer. »Sie verlieren durch den geplanten Kanal ihre besten Wiesen. Und in Reetz hängt viel von diesen Wiesen ab. Außerdem – ich traue ihnen alles zu. Auch, dass sie uns die Sache anhängen wollen: Damit es Lewin an den Kragen geht und sie aus Reetz heraus stark dastehen und das ganze Bruch bald ihnen gehört.«

Sanssouci

Bei seinem zurückliegenden Besuch vor exakt drei Jahren – einzig um den Einbau der Wasserinstallationen zu überprüfen – war das Schloss eine wüste Baustelle gewesen und ein einziges Kommen und Gehen jener Zahllosen, die die ehrgeizigen Vorgaben des Regenten zu erfüllen versucht hatten. Als Euler nun den Empfangsraum betrat, erschrak er zunächst. So anders war die Stimmung, die innerhalb dieser Mauern jetzt waltete. Von der emsigen Geschäftigkeit der Bauphase war nichts mehr zu spüren; kein Mensch weit und breit. Weich fiel eine milde Abendsonne durch die drei hohen Fenster. Alles war neu – nur etwas Staub hing in der Luft, wodurch die vier rostroten Säulen, die das baldachinartige Dach trugen, wie fein gepudert wirkten. Kein einziges Möbel befand sich in dem großen, halbrunden Raum. Mit einem Male erklang, von Wänden gedämpft, ganz entfernt die himmlischste, auf einem Spinett gespielte Musik. Im gleichen Moment öffnete sich die Terrassentür, und der jung wirkende König trat von draußen herein.

Frisch wirkte Friedrich, rank und schlank und wie aus dem Ei gepellt. Er trug eine Seidenuniform ganz in Gold und Silber, mit Bändern, einer Schärpe und Federn geschmückt. Trotz der Wärme des sommerlichen Abends waren seine rosafarbenen Seidenstrümpfe über die Knie gerollt und mit goldenen Strumpfbändern fixiert. Seine Schuhe hatten rote Absätze und waren mit übergroßen Diamantschnallen besetzt. Ohne einen Ton zu sagen, streckte er seine zu weißen Hände aus, an denen unüberschaubar viele Ringe steckten, und umgriff die Finger seines Gastes, welcher sich verneigte.

Als Euler den Kopf hob, bemerkte er, dass der König ihn nicht direkt ansah, sondern einen Punkt zwischen seinen Brauen fixierte, geradeso als blicke er in weite Ferne und jedenfalls über ihn hinweg. Euler kannte diesen Trick aus Riehen, dem Bauerndorf in der Nähe von Basel, wo er mit

Gänsen aufgewachsen war. Nie durfte man diesem forschen Federvieh in die Augen sehen, da es sonst die Angst vor einem verlor und aggressiv wurde. Man musste leicht über den Gänsescheitel hinwegschauen, dann verstanden die Tiere, man war größer als sie, und kuschten. Friedrich verstärkte diesen einschüchternden Effekt, indem er seine wasserblauen Augen etwas hervorstehen ließ wie ein Kurzsichtiger, die Lider ein wenig zurückzog und leicht spöttisch schaute, was auf Euler allerdings nicht den kalkulierten Eindruck machte, da dieser sich, gänzlich unerwartet, der Lösung eines Gleichungsproblems, mit dem er seit ein paar Tagen kämpfte, näher gekommen glaubte. Selig lächelte er. Der König sah ihn mit einer gewissen Neugierde an. Noch immer war kein Wort zwischen ihnen gefallen. Und noch immer erklang diese sphärisch-abstrakte, nie zuvor gehörte Musik.

»Ich heiße Euch in meinem bescheidenen Landhaus willkommen, das nicht zuletzt dank Eurer praktischen Tätigkeiten mir den täglichen Dienst am Staat ermöglicht«, sagte der König in seinem geschliffenen Französisch, das eine Spur mechanisch klang, trat zwei Schritte zur Seite und bat seinen Gast, ihm nach draußen zu folgen.

Vor ihnen fiel terrassenartig der Schlosspark ab. In der Ferne schimmerte dunkelsilbern die Havel im Abendlicht. Boote und größere Kähne fuhren darauf. Noch immer war es warm, und der Rokokopark mit seinem Wein, den hinter Glas gedeihenden Feigen-, Zitronen- und Orangenbäumen vermittelte das wohlige Gefühl, sich inmitten eines künstlich geschaffenen Arkadiens zu befinden.

»Herrschaft über das Wasser«, sagte der König. »Das ist es, was ich mir vorgenommen habe für meine Regentschaft. Der Mensch mag zwar aus jenem kommen, wie Voltaire geäußert hat, jetzt ist er jedenfalls am Land. Deshalb liebe ich auch mein Potsdam: eine Wasserkulturlandschaft. Kommt!« Er griff seinen Gast am Ärmel, drehte ihn dahin, wo der Schein von Fackeln den dunkelnden Horizont bogenförmig erhellte: »Essen wir eine Kleinigkeit. Trinken wir!«

Nachdem sie einige Schritte gegangen waren, vernahm Euler die Fetzen gedämpfter Konversation und erblickte eine Tafel, an der die anderen, ihm sämtlich unbekannten Gäste bereits Platz genommen hatten und sich nun, ihr Gespräch unterbrechend, erhoben. Für Euler war der Sessel rechts neben dem König frei gehalten, der Ehrenplatz, wie er mit Verwunderung bemerkte, auch wenn ihm nicht wohl dabei war, da er nicht mit dem Rücken zur Wand sitzen konnte: Dieses Privileg war dem König vorbehalten. Euler überlegte, ob er erbitten sollte, die Sitzordnung zu ändern, erinnerte sich aber an Katharinas Worte, sich bei Hofe stets zurückzuhalten.

Der königliche Kämmerer Michael Gabriel Fredersdorf, ein untersetzter, fistelstimmiger Geselle in weißem Rock, langen Strümpfen und Halbschuhen, scharwenzelte um den Tisch herum, rückte den Gästen die Stühle zurecht und stellte vor. Euler machte zunächst die Bekanntschaft des hünenhaften Freiherrn Simon von Haerlem. In Farbabstimmung zu seiner ausufernden Perücke aus parallelen blaugrauen Lockenrollen war dieser in dunkelvioletten Damast gekleidet, sein überbreiter Mittelscheitel als Kontrast weiß gepudert. Haerlem, dessen Lächeln krokodilhaft wirkte, entstammte einer niederländischen Familie, die seit dem 16. Jahrhundert in deutschen Gefilden lebte, und war seines Zeichens Kriegs- und Domänenrat – sowie Deich-Oberinspektor, einer der höchsten Beamten des Königs, wie der Kämmerer ebenso staatstragend wie fistelnd erklärte.

Der zweite Herr war ein schlanker, etwas düster dreinschauender, jedenfalls seriös wirkender Mittvierziger mit sauber gebundenem, pomadisiertem Pferdeschwanz. Seine auffallend bleiche Gesichtshaut war leblos und wächsern, da er sie, in dem Glauben, dies sei gesund, mit Quecksilberpuder eingerieben hatte. Seine Augen wirkten wie festgenähte schwarze Knöpfe darin. Er trug einen neumodisch von oben bis unten mit Stahlknöpfen verschlossenen, kragenlosen engen Gehrock, und neben ihm auf dem Tisch lag eine jener modernen Aktentaschen, die ihn als Mann der Zukunft auswies. Ihn stellte der Kämmerer als den Königlichen Kammerdirektor Heinrich Wilhelm von Schmettau vor.

Neben Schmettau saß der in bordeauxfarbenen Brokat gewickelte Wilhelm Fritze, welcher als Bürgermeister von Wrietzen fungierte, eine imposante Goldkette mit den Insignien seiner Stadt um den Wanst gespannt trug, ansonsten aber unbedeutend und krötenhaft wirkte, seine Statur, die eine Fettschicht umlagerte, sowie seine Kopfform betreffend, was allerdings zum ebenfalls krötenhaften, durch tiefe Pockennarben nicht eben verschönerten Gesicht nebst feuerrotem feistem Nacken auf beinahe harmonische Weise passte. Fritze trug, der neusten Mode der Oderland-Provinzen entsprechend – so denn Mode hier das richtige Wort war –, seine Locken links und rechts über dem Ohr breitkrempig aufgewickelt.

In zweiter Reihe an seinem eigenen kleinen Tisch saß

ein junger Mann mit dunklem Teint. Dichte schwarze Locken quollen unter seiner hohen Uniformmütze hervor. Vor ihm lagen ein Bogen Hadernpapier und ein Gänsekiel, daneben stand ein Tintenfässchen sowie ein Schachbrett mit aufgestellten Figuren. Der Schreiber des Königs, wie Euler vermutete.

Vier Diener kamen aus allen Himmelsrichtungen, schenkten simultan Tokaier ein. Der König erhob sich, und auch seine Gäste standen auf. Er begrüße sie alle recht herzlich, sagte Friedrich, und er verspreche einen Abend voller Überraschungen und Gehalt, wofür – hier machte er eine Pause und ließ seinen Blick wie verloren in die Ferne schweifen – der *Erdapfel* garantiere, den er nicht nur am heutigen Abend servieren lasse, sondern zum Hauptspeisemittel dieser Lande zu küren gedenke. Er führte eine vage Winkbewegung aus, und erneut kamen die Diener geeilt, stellten Schüsseln, Saucieren, Anrichtplatten auf den Tisch, teilten dampfende hellgelbe Suppe aus.

Erstaunt blickte Schmettau aus seinem weiß getünchten Gesicht auf den Teller. Kundig in Agrar- und Ernährungsfragen, hatte er von der Knolle aus Amerika gehört, sie aber noch nie zu Gesicht bekommen, geschweige denn gekostet. Und was hatte der König mit dem kühnen Satz gemeint, diese Rarität zu einem *Hauptspeisemittel* zu machen? Außerhalb des Hofes waren die Erdtuffeln kaum bekannt und galten als äußerst kostbar.

»Sprechen Eure Durchlaucht von Tantoffeln?« Haerlem presste die Worte durch die geschlossenen Zähne hervor und blickte dabei so blasiert er nur irgend konnte, da er glaubte, dass ihn dies abgeklärt wirken ließ. »Ich kann vor selbigen im Übrigen nur warnen. Ich habe mich einmal an einem Salat des Kartoffelkrautes durchaus vergiftet und nehme seitdem auch von der Knolle Abstand.«

»Die Knollen sind vorzüglich«, entgegnete der Kämmerer streng und begann, einen Deckel nach dem nächsten zu lupfen. »Eine Gefahr für die Gesundheit besteht durchaus nicht.«

Alle, bis auf den König, beäugten die unbekannten Speisen mit einer Mischung aus Überraschung und Verunsicherung. »Für jedermann Erdtoffeln«, sagte Friedrich gut gelaunt. »Es mag Euch verwundern, doch sind diese neuartigen und uns exotisch anmutenden Früchte nicht nur schmack-, sondern auch nahrhaft. Sowie der Anbau günstiger als bei anderen Lebensmittelpflanzen. Tatsächlich liegt der Mengenertrag mehr als zehnmal höher als bei Getreide. Was genau der Grund ist, weshalb ich intendiere, sie bei meinen Kindern beliebt zu machen, zumal ich künftig mehr Kinder haben werde und es einen Ernährungsengpass zu vermeiden gilt.«

»Mehr Kinder?«, entfuhr es Euler, der an seine stets schwangere Katharina dachte.

»Sehr viel mehr«, bestätigte Friedrich. »Denn ich öffne Preußen einem großen Menschenstrom aus dem Süden, mit einer ganz neuen Peuplierungspolitik.« Friedrich spießte eine mit Rosmarin ornamentierte Rosella auf. »Und die Pomme de terre wird dabei helfen, dieses große Vorhaben umzusetzen. Denn in ihr liegt nicht nur Verführung und Kraft, sondern eben auch ein ökonomischer Wert ohnegleichen. Also esst, meine Herren. Ja, auch Ihr, Haerlem! Ich mag Männer um mich her mit munterem Wesen und gut Fett auf den Rippen. Eierköpfe mit hungrigem Ausdruck im Gesicht, die sind mir suspekt. *Maître!*«

Aus dem Hintergrund erschien in dunkelblauer Offiziersuniform und schneeweißer Mütze der Koch und gab reihum in Butter ausgebackene Kartoffeln auf die Teller. Der König bediente sich, und das Mahl begann.

Zufrieden blickte Euler nach einigen Minuten schweigsamen Speisens über den Tisch. So ein einfacher, ehrlicher Geschmack. Bodenständig, aber auch betörend. Genau wie die Mathematik. Er deutete auf eine schneeweiße Porzellanschüssel mit goldenem Rand und einem Häuflein karamellisierter purpurner Kartoffeln darin. Augenblicklich wurden ihm welche gereicht, er spießte eine auf, führte sie zur Nase und inhalierte den märchenhaften Duft. Dass es mehrere Sorten dieser Erdfrüchte sowie eine Vielzahl von Zubereitungsmöglichkeiten gab, hatte er nicht gewusst. Vorsichtig, geradeso als wolle er sie nicht verletzen, steckte er die Speise in den Mund und schloss sein linkes Auge. Seine Zähne mahlten das mehlige Fleisch. Göttlich in der Konsistenz. Und im Geschmack so fein und feist wie die Trüffel. Was damit wohl alles anzustellen war? Könnte man sie vielleicht sogar mit heißem Käse übergießen?

Als Zwischengang gab es ein Erdtoffelsorbet, und Euler, dessen Appetit keine Grenzen kannte und der gerne so lange aß, bis man ihm bedeutete, dass das Mahl beendet sei, winkte eine gehörige Portion heran. Sicher konnte es nicht verkehrt sein, dem Gehirn diese unbekannte Nahrung in Fülle zur Verfügung zu stellen, da sie diesem eventuell auch unbekannte Gedanken ermöglichte.

Fritze, der Euler schräg gegenübersaß, hatte seinen Stuhl etwas von der Tafel abgerückt, um Platz zu schaffen für seinen Bauch nebst gespannter Goldkette. Selig rollte er mit den Augen, nicht ohne selbstvergessen eine weitere Forke der gebratenen Erdäpfel im Schacht seines Mundes zu versenken. Erwartungsvoll blickte er bereits auf das Dessert, das auf einem Beistellwagen wartete, eine süße, ausgebackene Mixtur von Pell-Erdtuffeln mit Quark. Sein Gesicht hatte sich vom Hell- ins Dunkelrote verfärbt, das Essen bereitete ihm Vergnügen und Mühe zugleich, er warf den Kopf in den Nacken und rang nach Luft. Seine Leibspeise waren ansonsten Sumpfschildkröten, die er in der Suppe nahm, und er hatte, ohne dies zu wissen, eine Eiweißsucht kultiviert. Doch diese Tantoffeln mit ihrem ungekannten Stärkeanteil befriedigten ihn ebenfalls. Für Momente hatte er sogar seine Sorgen bezüglich der Leiche vergessen, die seit dem Morgen im Keller seines Amtssitzes lag.

Auch bei Friedrich hinterließ die ungewohnt hohe Konzentration an Kohlehydraten ihre Spuren und führte zu einem Überschuss an Aminosäure in der Leber, was starke, wenngleich wenig filigrane Emotionen auslöste. Er dachte an Ordnung, an Expansion und an den Staat, den er durch das große Vorhaben, um das es an diesem Abend ging, konsolidieren würde. Erneut ließ er seine großen blauen Augen leicht hervorstehen, schaute möglichst geistvoll von links nach rechts. Er legte sein Besteck zur Seite, machte ein einladendes Zeichen, erhob sich und ging, gefolgt von seinen Gästen, einige Schritte bis zum Ende des lang gezogenen einstöckigen Schlosses.

»Wir werden nun die Spannung lösen, was den Anlass unseres heutigen Diners betrifft. Tretet einen Schritt näher und schaut. Hier, genau hier …«, der König deutete zum sandigen Boden, »wird einst sein mein Grab.«

Erneut musste Wrietzens Bürgermeister husten, dieses Mal vor Schreck.

»Hier will ich mit meinen Windspielen ruhen, und die Menschen sollen sich an mich erinnern als jenen, der unnütze Wildnis in nutzvolle Äcker, unwirtliche Moore in lukrative Kulturlandschaften verwandelt hat. Und sie sollen keine Blumen auf die Steinplatte mit meinem Namen werfen, sondern die Äpfel der Erde dahinlegen«, schloss der König seine kurze Ansprache, schon ging es zur Tafel zurück.

»Und nun, Bürgermeister«, fuhr Friedrich fort, als sie wieder Platz genommen hatten, »wollen wir etwas von Ihm zum Thema hören. Wir haben Ihn schließlich nicht umsonst hierhergebracht.«

Der dicke Wrietzener Bürgermeister blickte bestürzt, seine Glupschaugen weiteten sich vor Furcht. Angestrengt überlegte er, was der König von ihm erwartete. Doch sein Magen beanspruchte jegliche Aufmerksamkeit, und es fiel ihm schlichtweg nichts ein.

»Sprich Er schon«, drängte Friedrich. »Ob wir also in der Lage sind, die Gegenden südöstlich von Wrietzen mit diesen vorzüglichen Erdäpfeln zu bestücken, damit sie die dort anzusiedelnden Einwanderer nähren können?«

»Südöstliche Gegenden?« Schnaufend wischte sich Fritze die schweißbedeckte Stirn mit seinem Taschentuch ab. Er rückte seinen Stuhl noch weiter nach hinten und umfasste mit beiden Händen den schweren, bis zum Rand gefüllten Bauch. »In den südöstlichen Gegenden, da, da würden die absaufen, die Tantoffeln. Genauso wie irgendwelche Einwanderer. Dort ist doch das Bruch. Unnützer Sumpf. Dort leben nur widerspenstige Quertreiber. Es ist ja gar kein Ackerland.«

»Haerlem!«, donnerte der König: »Erzählt dem Bürgermeister, was Ihr uns zu erzählen beliebtet. Das Landschaftsbild, Haerlem. Das große Landschaftsbild.«

»Das große Landschaftsbild ...« Der Deich-Oberinspektor hatte die Lippen unter seiner ebenso langen wie breiten Nase zu scheinbar ewiger Selbstzufriedenheit gekräuselt. Nun nahm er, um den Eindruck der Abgeklärtheit weiterhin zu verstärken, sein gelblich weißes Porzellangebiss heraus und reinigte es in aller Gemütsruhe mit seiner fliederfarbenen Serviette. Dabei berichtete er, dass in seiner stets bescheidenen, einst großen und überall auf dem Erdball Kolonien unterhaltenden, sich künftig aber gerne unterordnenden niederländischen Heimat der Kartoffelacker bereits zu ebenjenem Landschaftsbild gehöre, das man durch vorbildlichen Deichbau dem Meere abgetrotzt habe, was insgesamt einen ansehnlichen Profit abwerfe. Er blickte unter hängenden Lidern in Richtung König.

»Hat der Bürgermeister dies verstanden?«, fragte Friedrich.

»Das habe ich«, antwortete Fritze kleinlaut. »Nur ... gibt es bei uns kein Meer.«

»Aber Wasser!«, rief Friedrich spitz. Für Momente war er außer sich, weil sich erneut und so augenscheinlich zeigte, dass er sich für die Durchsetzung seiner großen Ziele mit Leuten herumschlagen musste, die bei Weitem nicht sein Niveau erreichten.

»Es geht der durchlauchten königlichen Majestät um das sumpfichte, immer wieder überschwemmte Gebiet südöstlich von Oderbergk, Freyenwalde und Wrietzen, diesen von rechtschaffenen Menschen und umliegenden

Höhenbewohnern gemiedenen Schlupfwinkel für unzivilisierte Gestalten und wilde Tiere«, schaltete Schmettau sich ein. »Wenn wir uns nicht täuschen, obliegt selbige Gegend, die gleichsam im Herzen unseres Landes liegt, *Ihrer* Verwaltung.«

»Ja«, entgegnete der Wrietzener Bürgermeister. »Sicher. Aber …«

»Ich bin ein Landmann.« Friedrich hob seine Stimme und machte sie gleichzeitig schneidender: »Wasser ist für Aale, Flundern, Enten. Auf solchen Flecken, wo jetzt einige Angler ihre Nahrung nehmen, kann künftig eine Kuh erhalten werden. Wo derzeit nur Schilf wächst, muss der Erdtoffel empfänglicher Boden bereitet werden. Der Deutsche soll kein unberechenbarer Fischer sein, sondern ein ehrlicher Bauer. Landwirtschaft ist die höchste aller Künste.« Friedrich hielt inne, da er einen Stich unterhalb des Zwerchfells verspürte. Ob das schon wieder eine Kolik war?

»Kühe sind Fischen durchaus vorzuziehen.« Haerlem zeigte sein Krokodilsgrinsen: »Eine Kuh ist ein effizienter Apparat, welcher Gras in Fleisch und Milch verwandelt. Und zwar ein Apparat, der nicht einmal gesondert hergestellt werden muss, das tut die Kuh von ganz allein. Wobei auch die Haltung wenig kostspielig ist und keine besonders spezialisierte Arbeitskraft verlangt. Ich will es nicht verheimlichen: Ich habe vor, eine Rinderzucht in ebenjenem Bruch in die Wege zu leiten. Man fühlt sich wohl unter Kühen und sollte sie mehren. Denn im Gegensatz zu den Fischen können sie auch etwas ziehen. Und werden sie einmal unbrauchbar, kann man die übrig bleibenden Reste komplett verwerten, sogar die Außenhülle, als Leder.« Um seinen Worten Schwere zu verleihen, nickte der Deichbauer gravitätisch mit dem Kopf, wodurch seine ausufernde Lockenrollenperücke einen Windhauch produzierte, der die Kerzenflammen in den beiden Silberkandelabern in Unruhe versetzte.

Friedrich nickte Haerlem wohlwollend zu, dann blickte er zu seinem Kämmerer, woraufhin Fredersdorf einen Wink tat, und die Diener platzierten Ähren und Eichenlaub auf dem Tisch, gossen blutroten Bergerac ein. Die Sonne war mittlerweile untergegangen, und ein klarer Nachthimmel überspannte die Tafel.

Der König, dessen großer Moment näher rückte, sah zu seinem Schreiber hin, um sich zu vergewissern, dass dieser bereit war. Dann sagte er mit leicht pompöser Stimme, die ihm selbst allerdings überhaupt nicht so vorkam: »Nach der erfolgreich geführten Auseinandersetzung um Schlesien wollen wir nun keiner Fliege mehr etwas zuleide tun, sondern unser Augenmerk richten auf Eroberungen ganz anderer Art. Man gewinnt die Welt nicht mehr alleine durch Waffengewalt, sondern indem man Nutzpflanzen einführt und den Boden verändert, ihn fruchtbar macht. Außerhalb von Paris oder London blühen die Landschaften bereits. Nur Berlin ist umgeben von Sumpf, und jene Gegend, die mit Vorbildfunktion dazu auserkoren ist, eine solche Wandlung zu durchlaufen, ist das Oderbruch, das wiederkehrend von unschönen Überschwemmungen heimgesucht wird. Eine neue Welt wird dort entstehen, wenn das Wasser erst gebändigt ist.« Triumphierend blickte Friedrich sich um, bevor er fortfuhr: »Dies mag nur ein *Diner* sein. Doch ist es in Wahrheit ein Gründungsmoment. Ich will Ordnung und Eintracht. Der Sumpf hingegen strebt nach Chaos und Zwietracht.

Wollen wir einmal sehen, wer gewinnt.« Friedrich präsentierte seinen Kelch. »Lasst uns darauf trinken, meine Herren: *mehr Land!*«

In loco

»Informiert nun bitte unsere Runde über die bisherige Arbeit der Oderbruch-Commission, die ich für diesen Zweck ins Leben gerufen habe«, sagte Friedrich zu Schmettau, nachdem alle angestoßen hatten.

Der Kammerdirektor verbeugte sich. »Den Vorsitz der besagten Commission führt Staatsminister Samuel von Marschall. Er kann heute Abend leider nicht bei uns sein, da er auf seinem Gut Ranfft, das am Rande des Oderbruches liegt, die Deiche instand setzen muss, bevor in wenigen Tagen die Johanni-Flut kommt. Des Weiteren zählt der Pariser Ingenieur Mahistre zur Commission. Er wollte zu dieser Stunde eigentlich bei uns sein«, Schmettau warf Bürgermeister Fritze einen kurzen Blick zu, »zwingende Gründe verhindern dies allerdings. Am sogenannten Krummen Ort haben die Grabungsarbeiten für ein neues Oderbett, das all das Wasser des Bruches zentral aufnehmen soll, erfolgreich begonnen. Deich-Oberinspektor, möchten Sie uns vom Stand der Dinge dort in Kenntnis setzen?«

Euler, der erneut einen Schluck von dem vorzüglichen Wein genommen hatte und immer besser in Stimmung kam, fiel auf, wie sich die Miene Haerlems verändert hatte. Seit der Name Mahistre gefallen war, war dessen vormalige Blasiertheit einem grüblerischen, beinahe finsteren Ausdruck gewichen. Der Deich-Oberinspektor räusperte sich und drehte seinen Perückenlockenkopf zweimal von links nach rechts, um sich Luft zu verschaffen. »Wie der Commission aktenkundig ist, belief sich mein Vorschlag für ein neues Bett für die Oder auf einen überschaubaren Graben von dem Ort Neuenhagen bis Oderbergk. Dafür habe ich lediglich 57 000 Reichstaler veranschlagt. Der Ingenieur Mahistre allerdings konnte sich mit seiner concurrierenden Idee durchsetzen, die einen wesentlich größeren Kanal vorsieht, nämlich von dem Dorf Güstebiese am Krummen Ort vorbei bis nach Hohensaaten. Diesen bauen wir jetzt.«

»Ich bin stets ein Freund der großen Lösungen«, unterbrach ihn Friedrich. »Wie lautet dafür die Kalkulation?«

»235 000 Reichstaler«, antwortete Haerlem.

Friedrich spitzte die Lippen. »Das ist allerdings mehr als das Vierfache. Bringt es auch mehr als viermal so viel Land?«

»Genau die Frage, die ich auch gestellt habe«, antwortete Haerlem und sah zu Schmettau hin, der mit einem verärgerten Zusammenziehen seiner Brauen reagierte. »Vergessen wir nie, dass der Ingenieur Mahistre als Baumeister von der erweiterten Maßnahme am direktesten profitiert.«

Schmettau öffnete seine Aktentasche und nahm einige Unterlagen heraus. »Wir gehen von der Rentabilität der Unternehmung, wie Mahistre sie visioniert hat, in jedem Falle aus. Deshalb unser Entschluss, noch in diesem Jahr so weit als möglich mit den Arbeiten fortzuschreiten, um das gute Wetter zu nutzen.«

»Vergessen wir bitte nicht, dass der Markgraf Karl von Brandenburg-Schwedt, seines Zeichens Herrenmeister des Johanniter-Ordens, den Plan von Mahistre scharf opponiert«, wandte Haerlem ein. »Das macht die Sache diffizil. Immerhin gehört dem Markgrafen ein Viertel des gesamten Bruchs inklusive einiger Ortschaften. Er befürchtet finanzielle Einbußen, da der projektierte Kanal durch sein bestes Weideland führen soll. Außerdem sagt er, es ist alles technisch nicht durchführbar und wird zu größeren Überschwemmungen führen als bisher.«

»Ausgerechnet mein Vetter Karl macht nun Ärger, der ehrlichste und nobelste Mensch auf der Welt.« Friedrich schüttelte den Kopf, presste seine schlechten Zähne aufeinander und weitete die Lippen zu einem maskenhaften Lächeln, um sich seinen Ärger nicht so sehr anmerken zu lassen. Dann beugte er sich in Eulers Richtung: »*Mon professeur*, versteht Ihr mittlerweile, wie gut es ist, dass Ihr in dieser Sache zu uns gestoßen seid? Da es sich um eine äußerst kostspielige Unternehmung handelt, benötigen wir eine bis aufs Komma präzise Rechnung, ob die Trockenlegung eines solch riesigen Sumpfgebietes auch funktioniert. Nur so werden wir die Kritiker, deren Unterstützung wir brauchen, überzeugen.«

»Ich nehme mich der Aufgabe selbstverständlich an. Lassen Sie alle Unterlagen zu mir in die Akademie bringen, damit ich mich ohne Zeitverzögerung darüberbeuge.«

»Mein lieber Euler, ich wusste, dass Ihr das sagt«, entgegnete Friedrich und fuhr in schmeichelndem Ton fort, »Ihr könnt Euch gar nicht vorstellen, welche Freude es mir immer wieder bereitet, eine Kapazität, wie Ihr sie darstellt, für unsere Akademie gewonnen zu haben. Ihr seid eine dorische Säule unseres Staates, und ich liebe Euch als einen Mann, der sich aller Aufgaben annimmt und nicht überfordert werden kann. Euer Name ist groß und wird bereits in einem Atemzug mit Newton genannt. Eine hübsche Ausgangsbasis, will ich meinen. Unsere Regentschaft ist noch in jungen Jahren, und wenn rückblickend mein Name genannt wird, soll der Eure stets ebenso hörbar sein. Und da ich die Geschichtsschreibung meiner Zeit selbst besorge – denn niemand weiß besser von ihr –, will ich persönlich darauf achten, dass Ihr als jener einzigartige Mathematiker vor der gesamten Weltmenschheit dasteht, der nicht nur in der Theorie Bahnbrechendes leistete, sondern auch in der Praxis tätig war und einen ganzen Kontinent ummodelte. Was Euch, Professor, noch fehlt, ist der fallende Apfel. Das ändert sich jetzt.«

»Der fallende Apfel?« Euler hob die linke Braue. Er spürte, dass er auf der Hut sein musste, und bemerkte, wie der Schreiber ihn aus dem Hintergrund aufmerksam beobachtete.

»Das populäre Hauptwerk«, erläuterte Friedrich: »Die Signatur, an der man Euch erkennt. Das *Je pense, donc je suis*.«

»Ich arbeite gerade an meiner *Introductio*. Sie wird das Standard…«

»*Introductio*?«, unterbrach ihn der König ungeduldig: »Allein der Titel klingt hölzern, nicht? Nein, nein, lieber Euler, das ist kein Werk, das eine Karriere für die Nachwelt mit dem Glanzanstrich des Ruhmes überzieht. Ich habe Größeres mit Euch vor.« Friedrich legte seine Hand auf die von Euler. »Sagt, ist es nicht so, dass ein Körper aufgrund seiner Trägheit bleibt, wo er ist? Bis ihn eine Kraft in Bewegung versetzt? Habe ich die Physik so weit verstanden?«

»Das ist die Prämisse, richtig.«

»Also werde ich in diesem Fall die Kraft sein, die den Körper bewegt, und nämlich den Euren vom Schreibtisch hinwegbefördern.« Friedrich wies mit dem Kinn in Richtung Ferne. »Ich basiere die Urbarmachung des Ostens, die Trockenlegung des widerspenstigen Sumpfes, auf *Eure* präzisen Berechnungen. Und zwar vorgenommen *in loco*.«

Euler verneigte sich. Dass er sich in jenes Sumpfgebiet begab, war natürlich undenkbar, also sagte er: »Da sich die Theorie aus den sichersten und unangreifbarsten Prinzipien ableitet, kann ein Zweifel, ob sie in der Praxis besteht, in keiner Weise aufgeworfen werden. Wenn ich eine gute Karte des Gebietes erhalte, wird mir die Berechnung einer jeden Maßnahme von meinem Zimmer in der Akademie aus nicht nur möglich, sondern *besser* möglich sein, als wenn ich mich vor Ort begebe und durch Anschauung der tatsächlichen Phänomene aufgrund eines sinnlichen Eindrucks unter Umständen abgelenkt werde.«

Das spitzbübische Lächeln verschwand von Friedrichs Lippen. »*Mon professeur*, auch ich habe beim Kriegszuge selbstverständlich in vorderster Reihe gestanden. Ein großer Mann muss mehr tun als vom Schreibtisch her zu exzellieren. Hier gibt es eine Aufgabe, deren Dimension sich erst erschließt, wenn sie im Feld wahrgenommen wird.«

»Ich kann unserer königlichen Hoheit nur zustimmen.« Schmettau sah Euler mit einem sonderbaren Ausdruck an. »Man darf die Sache nicht auf die leichte Schulter nehmen.

Es geht ein gefährlicher Widersacher umher auf unsrer Flur. Ein wässriger, dunkler, schwer einschätzbarer Feind. Stellen wir uns ihm mit den Mitteln der Ratio – dort, wo er ist.«

Euler schaute über die Tafel hinweg und in die im flackernden Licht der Kandelaber gespensterhaft wirkenden Gesichter der anderen hinein. In diesem Moment trat der Kämmerer zu Friedrich heran: »Herr Bach würde Eurer königlichen Hoheit nun gerne das *Musikalische Opfer* vorspielen. Sowie sei daran erinnert, dass noch in der Nacht Abreise nach Ruppin angesetzt ist, zur Musterung in der dortigen Garnison.«

Prompt erhob sich der König, nickte seinen Gästen zu, die sich vor ihm verneigten. Noch einmal wandte er sich an Euler und sagte in jener bewusst gelassenen Stimme, die keinen Widerspruch duldete: »Nach welchem Wissenschaftler ist schon ein ganzer Landstrich benannt? Hört sich das nicht klingend an, das *Eulerbruch*? Ihr könnt in die Sprache der Menschen eingehen, höheren Ruhm gibt es nicht: Etwas *eulern*, das könnte künftig bedeuten, Land zu gewinnen. Zudem haben wir noch eine weitere Überraschung parat. Sobald Ihr am Bruchrand eingetroffen seid, steht dort ein vortrefflich ausgestattetes, zur Bereisung des Überschwemmungsgebietes speziell hergestelltes Bateau, ein veritables schwimmendes Labor, für Euch bereit.«

Erstaunt blickte Euler den König an. »Ein Boot – ganz für mich allein?«

Der Name

Noch am Tag der Taufe, dem 8. Juli, hatte niemand den Namen des Neugeborenen gehört, und die Frauen und Männer, die mit den Maltschaus bekannt waren, gingen davon aus, dass es sich um einen alten wendischen Namen handeln würde, der ihre lange Tradition weitertrug. Am frühen Mittag trudelten die ersten Gäste in ihren geschmückten Booten ein, kamen aus allen Richtungen gerudert, gingen unter lautem Trillern, Pfeifen und fröhlichen Rufen in ihrer festlichen Tracht an Land: die Frauen mit großen Ohrringen und dicken Ketten um den Hals, Kopftüchern aus dunkelblauem Leinen, die sie über der Stirn verknotet hatten, und alle in ihren drellen Oberröcken, deren Wollstoff plissiert war. Die Männer trugen ebenfalls Sommerrock, der meist aus grauem Leinenstoff gewirkt war und bis zu den Knöcheln reichte. Darüber trugen sie Westen aus demselben Tuch, die mit zweireihig angenähten blanken Knöpfen versehen waren.

Bald schon riss der Strom der Kähne nicht mehr ab. Es kamen mehr Gäste als sonst – geradeso als ob viele Brücher befürchteten, dass es solche Zusammenkünfte vielleicht schon bald nicht mehr geben würde. Aus dem nördlichen Ritzenluch reisten sie an, aus der Gegend um Cüstrinichen, von der Hechtsee und den Lustrow-Schleifen, aus Medewitz, dem Zeckericker Bruch, Alt-Wrietzen, Wustrow, Rüdnitz und Reetz. Vor dem Anwesen der Maltschaus drängten sich bald die Menschen an den Tischen, der erste Bierbottich wurde unter lautstarkem Lachen und Rufen gelöchert und binnen einer halben Stunde geleert.

Schnell war die Stimmung ausgelassen, die Sonne schien mild, lautes Zuprosten und improvisierte Reden hallten über das Wasser und lockten weitere Gäste an.

Das Kind wurde der Sitte gemäß noch nicht gezeigt, sondern lag mit Magdalena und Veit in der Kammer. Dann landete der hagere, an Körpergröße alle überragende Pfarrer Bubotz an, ein knochiger Mann mit gestutztem dunkelbraunem Bart und meist skeptischem Blick, da viele Schäfchen seiner Gemeinde den Christenglauben munter mit alten heidnischen Überlieferungen mischten. Bubotz war für seine Strenge bekannt und lehnte die wendischen Götzen, die die Zeiten überdauert hatten, in Bausch und Bogen ab. Dennoch war ihm klar, dass vor allem die Maltschaus sowie der in seinen Augen etwas verrückte Bartok noch immer Jedute verehrten, diese mal männliche, mal weibliche Gottheit, die angeblich dabei half, die Heimat gegen Eindringlinge zu verteidigen.

Der Pfarrer, für den Jedute ebenso wie der slawische Kriegsgott Triglaf nichts weiter als kindischen Aberglauben darstellten, lebte in einer von seinem Urgroßvater gebauten Schiffskirche mit floßartigem Unterbau. Sie war im Niederbruch bei der Trebbinschen See, nämlich an der Wucheritze, festgemacht und konnte auf den von Gott geschickten Fluten schwimmen, sank in Zeiten der Trockenheit ab und stand auf festem Grund. Bei Überschwemmungen hielt er seine Predigten, egal wo er sich befand, auch direkt vom Kahn aus ab.

Direkt nach seiner Ankunft erkundigte sich Bubotz bei Magdalena, die neue Holzschuhe trug, nach dem Befinden des Täuflings, dabei betrachtete er mit einem Auge missbilligend durch das offene Fenster seine bereits feiernde

Gemeinde. Wenn er etwas noch mehr verachtete als die aufgrund ihrer weltlichen Tätigkeiten nicht mehr recht an den Herrn glaubenden Menschen in Wrietzen und noch weiter entfernten Orten wie dem gottlosen Berlin, dann waren es die eigenen Schäfchen, die am helllichten Tag gemäß einem heidnischen Fruchtbarkeitskult dem Bier frönten, anstatt, wie er es beliebte, am Abend einen Becher roten Weines zu genießen und sich der Bedeutung dieses kostbaren Saftes inne zu sein.

Draußen tat Oda derweil auf, unterstützt von Radomeer, der seine mit rotem Fries bestückten Ärmelumschläge aufgekrempelt hatte und unaufhörlich mit Tuch bedeckte Schüsseln von der Küche zu den Holztischen trug. Den ganzen Morgen hatten sie gemeinsam in der Küche geackert; einige Fischküchlein waren bereits enthüllt worden und prompt verschwunden. Dann ging alles ganz rasch. Die Gäste wurden aufgefordert, sich zu erheben und an den von Kannenkraut bewachsenen Uferrand zu treten. Schon kam Bubotz, in schwarzem Ornat, sowie Magdalena mit dem Kind ins Freie. Der Priester baute sich vor seiner Gemeinde auf, lärmte einige Male mit der Schlafklapper, um sich der Aufmerksamkeit sicher zu sein, sprach eine Begrüßung, um dann unverzüglich die Taufe vorzunehmen. Als er an die Stelle kam, an welcher der Name des Neugeborenen zu nennen und weihen war, schaute er die Angehörigen an. Rasch trat Veit vor und flüsterte dem Priester etwas zu, der daraufhin lächelnd weitermachte und sich langsam, den Knaben auf dem Arm, dem Wasser näherte.

»*Effata!*« Bubotz strich über die Augen und Ohren des Kindes: »*Öffne dich*. Ich taufe dich auf den Namen …

Karl!« Bubotz sprach das Wort so triumphierend aus, dass einige der Anwesenden zusammenzuckten. Überrascht blickte Oda erst zu Veit, dann zu Radomeer, der regungslos am Ufer stand. Eben noch eine Wolke an Feierlichkeit, waren seine Brauen derart zusammengezogen, dass sie sich in der Mitte berührten. Wütend schob er die Pfeife in seine linke Zahnlücke und klemmte sie darin fest. Nun tauchte der Priester das Kind, bislang ein Schatz an Zufriedenheit, mit dem Kopf in die kühlen Fluten, um es zu reinigen und ihm einen frischen Anfang zu ermöglichen. Unmittelbar zerriss lautes Geschrei die laue Luft. In diesem Augenblick flog ein großer weißer Kormoran über die Menge hinweg. Bubotz reichte den Täufling an Magdalena zurück, die ihn an ihren Busen hielt, woraufhin der kleine Karl verstummte.

Auf ein Zeichen Odas begaben sich alle zu den Tischen, in deren Mitte der schimmernde Fischkessel stand – jener mit der eingravierten Odernixe, die ihren gekrümmten Fischschwanz über den Arm geschlagen hielt. In diesem Kessel, den Buchenholzscheite befeuerten, köchelte Odas Zandereintopf mit Kerbelrahm, von dem sich nun jeder nahm. Während Veit und Radomeer einen gebutterten Wels herbeitrugen, der mit seinem Duft alle betörte, ging Oda in die Küche, um einen Kumm mit Schildkrötensuppe zu holen. Kurz verharrte sie unter dem schwarzen Mantelschornstein, der sich über die gesamte Grundfläche des Raumes erhob. Sie dachte an den Namen, den Veit ausgesucht hatte. Zorn stieg in ihr auf, gepaart mit Verständnislosigkeit. Sie würde ihn darauf ansprechen müssen. Rasch stieg sie in den Keller und griff nach dem verschlossenen Krug mit Mohnsaft, den sie dort hinter dem eingeweckten Kohl versteckte. Sie wusste genau, wie viel sie davon trinken musste, um ihre Nerven zu beruhigen, schüttelte sich wie stets wegen des bitteren Geschmacks, dann ging sie nach oben zurück.

Es wurde ein großer Tag für das Bruch und auch für Radomeer, obgleich er Veit wegen des Namens für den Sprössling weiter vergrummelte Blicke zuwarf und im Laufe des Abends das Mundstück seiner Pfeife beinahe durchbiss. *Karl,* das war jedenfalls kein alter wendischer Name. Doch das festliche Essen stimmte auch den Alten milde, vor allem als die Welsbräter aus Reetz aufgetragen wurden, die fein waren und ohne jene Knorpelstückchen, die die Brücher *Krabben* nannten. Ja, die Gäste waren beschäftigt und ließen sich ablenken von den Barbenstreifen mit Gurken in Senf, von Odas berühmten Hechtklößen auf Dillschmand, roten Zibula und Radieschentatar, den Muscheln in Sanddornsaft, der quadratisch geschnittenen Sülze aus schwarzen, blauen und gelben Krebsen in Wirsinghülle. So wurde zunächst wenig geredet über die Taufe selbst, und auch über den weißen Kormoran fiel kaum ein Wort, von dem Bartok später meinte, er sei ein Zeichen gewesen für all das kommende Unglück.

Dann aber blieb es nicht aus, dass die Gespräche doch wieder aufflammten und sich dem Toten widmeten sowie dem Aushub am Krummen Ort. In mehreren Dörfern war mittlerweile von Pritzstabel Kurtz ein Aushang angebracht worden, wonach der König dringend Arbeitskräfte suche, und es wurden fünf Groschen pro Tag versprochen: kein schlechter Lohn. Koppek, der mit seiner ausufernden Sippe den größten Tisch in Anspruch nahm, sprach sich erneut dafür aus, in vollem Umfang zu kooperieren. Wer am Krummen Ort mit anpacken wolle, der solle das doch tun. Immer wieder setzte er zusätzliche Arbeit mit zusätzlichem Wohlstand gleich und prostete dem frischgebackenen Elternpaar aufmunternd zu. Ohnehin war der *Kopp* bester Dinge, trug seinen Festtagsrock, dessen zwanzig Knöpfe, die in einer Reihe auf der Vorderseite saßen, aus reinem Silber waren, und ließ sich die Köstlichkeiten schmecken. Nur dass sein Sohn Lukas noch nicht aus Wrietzen erschienen war, missfiel ihm, da er von dieser Feierlichkeit erhoffte, dass sie seinen Ältesten näher an die zwar schwierige, aber jedenfalls begehrenswerte Oda heranführen würde. So könnte man über die Liebe die beiden stärksten Familien endlich verbinden und unter der Vorherrschaft der Koppeks, die wohlhabender und zahlreicher waren, die Menschen im Bruch vereinen und gemeinsam in eine prosperierende Zukunft gehen. Wo Lukas bloß steckte?

Als Nächstes trugen Veit und Radomeer die Hechte herbei, den Höhepunkt des Mahls. Sie waren auf Porree gebettet, dazu gab es Räucheraalcreme und Eichblattsalat. Die Quaden (so nannte man die kleinen Kinder), an einem eigenen Tisch untergebracht, bekamen die frittierten Bäckchen der Hechte, die niemand so knusprig buk wie Oda. Hatten die einzelnen Familien zunächst zusammengesessen, mischte man sich nun und bildete eine große Runde. Als die Sonne sich neigte, wurden Kaffee und Kirschkuchen serviert, in den Oda mit dem Klemmkucheneisen Krebs- und Muschelformen eingedrückt hatte. Die Wurls aus Wustrow schenkten ihren milden Zwetschgenschnaps aus, und das Licht schien golden über das Wasser und verzauberte alles mit seinem Glanz. Nur ganz im Westen hatten sich Wolken zusammengezogen, manchmal grollte es auch wie Kanonendonner, und Regen hing dort wie ein grauer Schleier, der die Welt begrenzte, vom Himmel herab.

Radomeer setzte sich neben Koppek. »Na, wir alten Männer wollen den heutigen Anlass auch einmal nutzen, um uns auszutauschen, findest du nicht? Sag mir schon, was weißt du über diesen toten Franzosen? Ich hab gehört, es war ein Neunaugenspeer.«

Koppek weitete seine Augen vor Überraschung. »Aber so einen haben doch nur wir – und ihr.«

»Und wir haben mit dieser Sache nichts zu tun. Denn wir bringen gerade ein Leben *in* die Welt. Da nehmen wir nicht zur gleichen Zeit eines aus ihr heraus, das wäre Frevel. Außerdem habe ich mich vergewissert: Die Spitze unseres Speeres ist rostig und unbenutzt. Ich verwahre ihn persönlich auf, und niemand weiß, wo. Sag mir deshalb: Wie sieht es bei euch in Reetz aus?«

»Ich lasse unseren Speer nie aus den Augen«, antwortete der *Kopp* und erhob sich. »Komm mit, ich zeig ihn dir.« Schon lief er die Anhöhe zum Wasser hinab.

»Hier.« Als Koppek seinen Nachen erreicht hatte, schlug er eine schwere Decke zurück. Darunter lag ein Speer, beinahe genauso lang wie das Boot. Koppek nahm ihn zur Hand und zeigte Radomeer die Spitze, die in neun Zinken ausfächerte. Sie war rostig und offensichtlich seit langer Zeit nicht mehr benutzt worden. »Ich führe ihn nur mit, weil schon mein Vater ihn immer dabeigehabt hat. Er bringt uns Glück. Aber du weißt, zum Fischen nutzen wir Garn, Reusen und Wehre.«

»Wie kann es dann sein, dass der Franzose von so einem Speer getötet wurde?«

»Diese Frage gebe ich an dich weiter, denn ich kenne die Antwort nicht.« Ein Lächeln stahl sich auf Koppeks Lippen: »Aber sag du mir etwas, Radomeer. Wieso der Name *Karl*? Das passt nicht zu euch.«

»Das hat mein Sohn so entschieden.« Der *Wels* blickte über das Wasser auf die andere Uferseite, wo ein schwarzer Biber, so groß wie ein Junge, regungslos im Schilf hockte und zu ihnen herübersah. »Es sind seltsame Zeiten. Lass uns noch etwas trinken.«

Als die beiden zu den Tischen zurückkehrten, erhoben sich gerade einige der Gäste, um zum Aufbruch zu rüsten, und der alte Kummerowski rief mit seiner tiefen, wohltönenden Stimme in die Runde: »Wir alle haben den Kleinen gefeiert, wir haben gegessen und getrunken. Und ein weiser Mann wie auch ein weiser Gast kennt genau die Zeit, wann es richtig ist zu gehen. Sodass kein strenger Nachgeschmack bleibt.«

Radomeer hob die Hände: »Vermisst du es so sehr, das Wasser von *deinem* Haus aus anzusehen?« Alle lachten. »Bei uns hier gibt es einige große Feiern im Jahr. Aber lasst euch gesagt sein: Diese hier ist die größte, und ich erlaube keinerlei vorzeitige Abreise.«

Kummerowski schaute ihn an, grinste und setzte sich wieder.

Alle waren sie ausgelassen in dieser Nacht. Selbst die Alten und Kinder: Niemand ruhte, jeder stand mit jedem in Kontakt, und die Frauen, die sich anfangs zurückgehalten und bloß miteinander getratscht sowie immer wieder den neuen Spross betrachtet hatten, begannen zu singen.

Bald brachen alle Feiernden in Lieder aus. Weit trug ihr Gesang, und Radomeer bemerkte voller Ergriffenheit, mit welcher Inbrunst sie zugange waren, aber auch, welche Melancholie und Trauer in diesen Weisen mitschwang. Mitunter war es, als besängen sie eine noch größere Flut als jene, die bevorstand. Eine Flut, die unweigerlich kommen und dieses gute alte Leben überschwemmen und verschlingen würde.

Schließlich kam auch Lukas Koppek angerudert. Er trug zur Feier des Tages eine blaue Weste, die mit sechzehn zweireihig angenähten blanken Knöpfen versehen war. Nachdem er zunächst den Gastgeber Radomeer, dann seinen Vater, dann das Elternpaar und seinen besten Freund Veit begrüßt hatte, ging er auf Oda zu, gab ihr höflich die Hand und lächelte sie vor aller Augen an.

Da begann überraschend Veit ein Lied, und alle verstummten. Niemand hatte geahnt, wie schön der frischgebackene Vater, der seine Gefühle so selten zeigte, singen konnte. Selbst die Kinder hielten in ihren Spielen inne und gesellten sich zu den Erwachsenen in den Kreis, um nichts zu verpassen. Radomeer hielt die Augen geschlossen und lauschte. Der *Wels* spürte, wie sein Sohn, dessen Gesicht im Schein der Fackeln leuchtete, von einem wehmütigen Gefühl der Trauer und des Trotzes getragen wurde und dieses zum Ausdruck brachte mit seiner vollen, dunklen Stimme. Würde er die Brücher eines Tages doch anführen können? Als eine Pause zwischen zwei Liedern entstand, war es für Momente ganz still. Dann durchbrach laut ein Seufzer von Radomeer die Nacht, der wie aus aller Seelen kam, und die Menschen sahen sich mit glänzenden Gesichtern voller Ergriffenheit an. Bartok stand auf, riss die

Arme nach oben und begann ein fröhliches Liedchen über den Kürbis und die Dohle, und alle sangen sie mit, griffen nach ihren Humpen und tanzten.

Im Morgengrauen bestiegen die Menschen die Kähne. Nacheinander ruderten und stocherten sie davon, und noch lange erinnerte man sich der Taufe des kleinen Karl und dieser merkwürdig schönen, fröhlichen Nacht.

Der Traum von der Wildnis

Die Sonne stieg, weil sie nicht anders konnte, das noch taufeuchte Katzenkopfpflaster glänzte, obwohl es nicht neu war, und Euler trug einen sogenannten *Anzug*, in neumodischem britischem Schnitt, ein Geschenk aus London, vom Präsidenten der Royal Society (der ihn dorthin zu locken versuchte). Sein Reisegepäck hatte er in einem braunen Lederkoffer und zwei eisenbeschlagenen Holzkisten verstaut, die der Kutscher, ein junger Kerl mit zwei Tressen am Arm, auf dem Dach der dunkelblauen Journalière verstaute.

Erneut war es ein heißer, ein richtiger Sommertag, wie es ihn in seiner Kindheit in der Schweiz noch häufiger gegeben hatte, wie er aber bereits in seiner Jugend seltener geworden war. Begütigend klopfte Euler auf die Hälse der vier Rosse, die unablässig mit ihren Köpfen nickten und vor Abreise eine letzte Fuhre Hafer erhielten. Er gab dem Kutscher fünf Gute Groschen Schmiergeld, damit die Fahrt auch zügig verlaufe, verabschiedete sich von Katharina und Johann, stieg ein, klappte den Wagentritt in die

Höhe, öffnete das Fenster und schlug, weil der Kutscher bereits auf seinem Bock saß, selbst die Wagentür zu.

Katharina, in einem hellblauen französischen Sommerkleid, trat an sein Fenster. Sie wusste, dass es ihm nicht leichtfiel, die Arbeit an der *Introductio* zu unterbrechen, und suchte nach tröstenden Worten, aber wie sie es auch zu formulieren gedachte, glaubte sie, dass es ihn nur noch mehr schmerzen musste. Mit ihren wachen Augen sah sie ihn an. »Wir harren bereits in Vorfreude deiner Rückkehr. Und wünschen eine gute Reise mit neuer Erkenntnis.«

»Das wäre schön.« Er betrachtete sie voller Zuneigung. »Ich werde euch alle vermissen.«

Das Kommando zur Abfahrt wurde gegeben, und der Kutscher zog die Zügel an. Noch einmal winkte Leonhard Euler seiner Frau und seinem ältesten Sohn zu, wie sie da vor der Einfahrt des lang gestreckten Postfuhramtes standen, dessen Hof zur Frühstückszeit eingehüllt war vom wallenden Dampf der Wurstbraterei für die Postillone. Die Pferde zockelten los, und der Wagenkasten begann, auf den hohen Federn zu schaukeln. Euler lehnte sich nach draußen. Katharina winkte. Johann weinte.

Seufzend atmete der Professor aus. Im Innern der Journalière, die mit gelben Posamenten ausgeschlagen war, roch es modrig und etwas streng nach verbrannten Borsten, geradeso als habe man ein Schwein darin abgesengt. Draußen zog ruckelnd die Stadt vorbei. Als sie eine knappe Stunde später die Zollwächter am Landsberger Tor passierten, waren es bald die letzten bleich geschminkten Gesichter, die er sah, die letzten rougierten Wangen und seitlich getragenen Perückenhaarlocken, die letzten Kragentücher, die sich zu Brüsten hin wellten. Sie verließen

Berlin, und die gewohnte Welt verlor sich in neuen, vom Grün der Baumblätter bestimmten, flimmernden Bildern. In tief eingefahrenen Spuren, die das Fortkommen erschwerten, passierten sie die finalen Ausläufer der Stadt.

Zum frühen Nachmittag erreichten sie Werneuchen, einen öden Flecken mit Feldsteinkirche, einer Handvoll armseliger Gebäude, windschiefer Scheunen aus Lehm. Auf einer kalkigen, kreuz und quer mit Hufspuren bedeckten und von Wagenabdrücken durchzogenen Chaussee fuhren sie weiter gen Osten, wobei der Staub, der den Boden bedeckte, unter dem Getrappel der Hufe nach oben in die Kutsche stieg. Endlich ging es in kühleren, hellgrünen Nadelwald. Der Boden hier war mit groben Steinen bespickt, immer wieder sprang die Kutsche, doch allzu weit bis zur Wechselstation konnte es nun nicht mehr sein. Hinter den Wipfeln der Bäume taumelte die Sonne herab. Es ging einen aufgeweichten Pfad, der nach feuchtem Lehm roch, am Rande eines Alaunenbruchs entlang, dann erreichten sie eine Anhöhe. Dies musste die Bruchkante sein. Auf sein Klopfen hin hielt der Kutscher die heftig schnaufenden Pferde an. Euler nahm sein Fernrohr aus dem Lederkescher. Er hatte es selbst entwickeln und mit einer abschraubbaren achromatischen Linse versehen lassen, die es offiziell noch gar nicht gab und laut den Ansichten eines Herrn Newton auch niemals geben würde.

Leuchtend gelb blühende Ringelblumen sprossen aus der Erde; Abertausende von Küchenschellen mit ihren purpurfarbenen Blütenglocken. Erwartungsvoll ging er durch ein kleines Waldstück. Alte Wacholderbüsche, Schlehdorn, riesige Kiefern – eine Biene kreiselte vor seiner Nase, als ob sie ihm etwas mitteilen wolle, und er folgte ihr bis zur Kante.

Der Anblick des Bruches, das auf einen Schlag in der Tiefe vor ihm lag, hatte etwas Majestätisches. Unendlich weit sah er über das Urstromtal hinweg, das einst nach starker Erwärmung der Erde und dem Rückzug der Eiszeitgletscher entstanden war. Als habe Gott seinen Daumen in die Erde gedrückt, hatte sich eine Senke geformt, tiefer gelegen als alles ringsum. Ein Strom floss dort unten, mäanderte, fing die Strahlen der späten Sonne auf, glänzte fett wie ein trächtiger Aal. Euler entsteckte das Fernrohr, stellte sich mit leicht gespreizten Beinen hin. Eine Weile blieb alles dunkel. Dann machte er Strukturen aus, kapillare Verzweigungen: Das war die Oder, und er versuchte, ihrem Verlauf zu folgen, ihren Biegungen und Windungen, verlor sich aber rasch, bis er ein riesiges Loch erblickte. Das mussten die Bauarbeiten um den Krummen Ort herum sein. Dort wuselte es: Menschen. Er stellte das Fernrohr nach. Wie es aussah, wurde ein Damm aufgeschichtet, Männer standen im Wasser, schippten Erde in Eimer oder waren mit Äxten zugange, rodeten den Baumbestand. Überall lagen Stämme auf der Erde, an vielen Stellen war das Röhricht verschwunden, anderswo lag es in hohen Haufen. Hier war kein schlängelnder Fluss, sondern es gab Abzugskanäle, die wie Haken wirkten, die sich im rechten Winkel kreuzten.

Ein merkwürdiges säulenartiges Gebilde zog, einer Windhose ähnlich, über das riesige Sumpfgebiet hinweg. Weitere dieser Säulen traten in seinen Fokus, durchdrangen sich gegenseitig, zogen davon. Ein merkwürdiges melancholisches Trommeln begleitete sie. Dieses Geräusch kam aus den Säulen selbst, jede einzelne hatte ihren eigenen Rhythmus, und vereint besaß dieses Trommeln etwas Hypnotisches. Er veränderte die Scharfstellung der Linse. Flogen dort große Schwärme von Vögeln? Das Trommeln intensivierte sich und klang so, als rüste sich eine Armee zum Angriff. Erneut schob sich eine der Säulen in seinen Sichtkreis, füllte ihn aus. Eine Stimme riss ihn aus seiner Betrachtung: »Mörderisch …« Der Kutscher stand neben ihm und schüttelte seinen kurz geschorenen Kopf, auf dem der adlerwappengeschmückte Postillonshut in leichter Schräglage saß: »Die Mücken da unten. Wegen dem stehenden Wasser überall: wahres Paradies für die Viecher. Aber nicht mehr lange, wenn ich über Ihren Auftrag korrekt unterrichtet worden bin.«

Dann war es Nacht. Feuchte stieg von draußen in das Kutscheninnere, und aus allen Richtungen quakten Frösche. Hinter einem kleinen, aus einer Handvoll armseliger Hütten bestehenden Fischerkietz, der der Stadt Freyenwalde vorgelagert war, wurde der Weg morastiger und das bisher die Fahrt bestimmende Klappern durch ein lautes, in seiner Intensität variierendes Schmatzen ersetzt. Die Spurrinnen waren tief eingeschnitten, sodass die Kutsche schlingerte, zumal es bergab ging. Die ledernen Sitze ächzten unter den beiden Passagieren – in Freyenwalde, wo man die Pferde gewechselt hatte, war ein weiterer Fahrgast zugestiegen –, Matsch spritzte auf. Große Felssteine mitten im Weg verursachten angestoßene Rippen. Der Dampf von Pferdeatem zog an den Fenstern vorbei, und im flackernden Zwielicht des Fackelscheins verschmolzen die Umrisse der Eichen, Buchen und Fichten zu einer ein-

zigen dunklen Masse. Der bärtige Mann in Handwerks-
kluft, der Euler gegenübersaß, füllte eine klobige Wurzel-
pfeife mit Eichenborke, entzündete sie und paffte. »Stinkt
leider«, sagte er, »aber vertreibt die Stechmücken und die
Gnitzen. Gestatten: Kirschbaum, Ephraim. Böttcher. Hersteller von Fischkübeln und Brauzobern aller Art. Sowie
von Fässern.« Er reichte Euler seine kräftige Hand. »Und
von Särgen. Unterwegs nach Wrietzen, Eilauftrag. Soll bis
morgen Mittag fertig werden. Mit Adler im Deckel und
allem Zinnober. Das wird hektisch, aber ein Spaß.«

»Sie kennen die Stadt Wrietzen?« Euler entschnürte
das von seiner Haushälterin vorbereitete Diner-Paket, auf
das er sich schon seit Stunden freute: Polenta und eine
scharf gewürzte Lammpastete, die er besonders gerne aß.
Dazu hatte sie ihm einen Krug Molke und ein gutes Stück
Schinken eingepackt sowie eingelegten grünen Kohl und
ein Stück Apfelkuchen zum Dessert.

»Und ob. Steige im *Hotel Goldene Sonne* ab, wie immer. Gute Adresse.« Auch Kirschbaum wickelte sein
Abendbrot aus, eine am Stock geröstete, in Schinken gewickelte Lerche, und biss, da sie schön fett und voller Saft
war, freudig hinein. »Da gibt's Kaschemmen, in Wrietzen,
so was hat man selbst in Berlin noch nicht gesehen. Und
wo jetzt die Flut kommt und das Wasser keinen Halt mehr
hat: Ich sag's Ihnen, die Leute haben ihn auch nicht.« Mit
vollen Backen schüttelte der Böttcher amüsiert den Kopf.
Doch mit einem Male schaute er alarmiert nach draußen.
Lautes Geheul zerriss die Luft. Ein *Bbbrrr!* des Kutschers
war zu hören. Nur mit Mühe gelang es ihm, die Pferde,
die wild ausschlugen, zu bändigen.

Euler biss von dem Schinken ab und sah aus dem Fenster. »Was ist denn los?« Die Augen der Tiere hatten sich in Panik nach hinten verdreht und wirkten wie verhext. Aus dem Dickicht heulte es erneut.

»Wölfe!«, rief Kirschbaum. »Oh, *Ze'ev* … oh, *Ze'ev*…« Die Pferde wieherten laut und scharrten im Sand. Der Kutscher sprang ab, klopfte auf ihre Flanken, gab beiden etwas Hafer und sprach in ihre wild spielenden Ohren, wobei er mehrmals vom einen zum anderen lief. Nur unter großem Widerwillen zogen sie schließlich wieder an.

Der Weg wurde immer schlechter. Häufig drehten die Räder im Schlick ins Leere. Es war kein einziger Stern mehr zu sehen, der Himmel wirkte ungewöhnlich lichtlos und saugte die Blicke an, um sie in seine immense Leere laufen zu lassen. Immer öfter musste der Kutscher die Peitsche gebrauchen. Immer wieder auch waren die Wölfe zu hören. War ein Ausgleiten der Pferde, ein Umkippen der Journalière möglich? Mehrfach mussten sie anhalten, der Kutscher kletterte vom Bock und leuchtete mit seiner Fackel in alle Richtungen. Der Pfad war nicht mehr zu erkennen und der Grund so morastig, dass die Tiere bis zu den Fesseln im Schlamm versanken, der zu den Fenstern spritzte und diese mehr und mehr verkrustete. Dann, endlich, hatten sie ihr Zwischenziel erreicht.

»Ranfft!«, rief der Kutscher aus dem Dunkel heraus, kletterte von seinem Bock und öffnete den Verschlag. Es war jetzt kurz vor Mitternacht. »Eine Stunde Pause. Gäule müssen verschnaufen.«

Doch dass nicht die Pferde der Grund für den Stopp waren, wurde klar, als sich ein klein gewachsener, kräftig gebauter Mann mit tief in den Höhlen liegenden Augen der Kutsche näherte und Leonhard Euler mit Namen begrüßte. Er trug halblange Tageshosen aus schwarz gefärbtem Kattun, einen hohen Hut mit aufgeschlagener Krempe und stellte sich als Kurtz vor, Pritzstabel von Wrietzen, Aufseher des dortigen Fischmarkts. Man habe den Professor erwartet: Bevor es nach Wrietzen weitergehe, stehe eine dringliche Unterredung mit dem Hausherrn von Ranfft, dem Staatsminister Samuel von Marschall, sowie dem ihm bekannten Kammerdirektor Heinrich Wilhelm von Schmettau an.

Euler spürte die Fahrt in allen Gliedern, weshalb ihm die Unterbrechung mehr als gelegen kam. Auch der Ausblick, Schmettau wiederzusehen, bereitete ihm eine unerwartete Vorfreude. Zwar hatte er mit dem Beamten in Sanssouci kein persönliches Wort gewechselt, doch ihn hier in der Ferne anzutreffen und sich über die geplante Maßnahme auszutauschen und dabei womöglich ein gutes Glas Wein zu trinken, empfand er als angenehme Vorstellung. So schüttelte er kurz darauf herzlich dessen Hand, als der Kammerdirektor ihm im beleuchteten Eingang des Anwesens entgegentrat, die notorische Aktentasche unter den Arm geklemmt.

»Entschuldigen Sie bitte die Überrumpelung.« Schmettau sah ihn mit seinen Knopfaugen an. Er hatte den Pferdeschwanz in einen schwarzen Taftbeutel gesteckt und trug einen hochgeschlossenen, engen schwarzen Rock. »Wir müssen Sie über etwas in Kenntnis setzen. Über etwas nicht gerade Erfreuliches.« Sein gepudertes Gesicht wirkte noch bleicher als bei ihrem ersten Zusammentreffen im Schloss, ein Effekt, den das spärliche Kerzenlicht der Vorhalle des Gutes noch verstärkte.

»Worum geht es denn?«

»Kommen Sie erst einmal herein.« Schmettau führte mit leicht zitternden Fingern eine Zigarre zum Mund, inhalierte kräftig und ließ den Rauch über seine Schulter hinweg in die Nacht hinauswehen. Eine Eichenholztreppe passierend, die ins Obergeschoss führte, gelangten sie in den Gartensaal des Hauses, wo im Kamin trotz der lauen Temperaturen ein stark rauchendes Feuer brannte. Der dadurch nur mangelhaft beleuchtete Raum war dunkelgrün tapeziert und mit Bücherregalen vollgestellt. Ein etwa sechzig Jahre alter, nachlässig gekleideter Herr saß davor und sog an einem bereits zu kurz gerauchten Zigarrenstummel. Er trug seinen braunen Rock offen über den ebenso braunen Sansculotten, deren Knie ausgebeult waren, eine kurze schwarze Weste und ein senffarbenes, knittriges Seidenhemd. Seine schwarzen Stiefel waren an den Spitzen mit Erde bespritzt. Als Euler eintrat, erhob er sich. »Darf ich bekannt machen«, Schmettau führte die beiden zusammen, »der Hausherr und unser Gastgeber, Staatsminister Samuel von Marschall, zuständig für Handel und Wirtschaft und unseres durchlauchten Königs rechte Hand. Sowie haben wir hier …«

»... einen Mann, der keiner Vorstellung bedarf«, übernahm Marschall, dessen mittelgescheiteltes, ihm bis an die Ohrläppchen gehendes Haar vollständig ergraut war, schlug seine Ärmel zurück, wodurch seine stark behaarten Unterarme sichtbar wurden, und schüttelte seinem Gast die Hand. »In meinen Augen, lieber Professor Euler, sind Sie nicht nur der produktivste Gelehrte Berlins, sondern einer der größten Mathematiker aller Zeiten, vergleichbar nur mit Archimedes und Newton. Es ist mir eine Ehre, Sie in meinem Hause zu begrüßen.«

Euler verneigte sich. Ihm fiel auf, dass die beiden Gesichtshälften Marschalls, die eine lange krumme Nase sowie eine nach rechts ausgerichtete Zornesfalte zusammenhielten, asynchron waren.

»Eine partielle Gesichtslähmung«, sagte Marschall, der Eulers Blick bemerkt und es sich in solchen Fällen zur Gewohnheit gemacht hatte, diesen Eindruck sofort zu erklären. »Von meinem Vater geerbt.« Er nickte in Richtung eines im holländischen Stil gemalten Ölgemäldes neben dem Kamin. Auch bei dem dort Dargestellten waren die Gesichtshälften leicht gegeneinander verschoben. »Ich höre immer wieder von meinen Ärzten, mein unharmonisches Antlitz sei den Anstrengungen meiner mannigfaltigen Verpflichtungen geschuldet. Doch hat es mit äußeren Einflüssen gar nichts zu tun. Wir erben nun einmal Gutes ebenso wie weniger Vorteilhaftes.«

»Sie stammen aus Schottland?« Euler ging einen Schritt näher und schaute sich das Porträt von Marschalls Vater aufmerksam an. Die verschnörkelte Unterschrift im Rahmen lautete *Marishal de Clothoderick * 1643*. Nun streifte Eulers Blick eine handtellergroße goldene Sonne mit naivem Gesichtsausdruck, die neben dem Gemälde hing – ein Artefakt, das er keiner Epoche zuordnen konnte, und der einzige Lichtblick in dem bedrückenden Ambiente des Gartensaals.

»Meine Familie ist durch doppelte Anverwandtschaft mit dem Königlichen Haus Stuart verbunden und steht in guter Beziehung zum Earl of Dundee«, sagte Marschall. »Seit dem 11. Jahrhundert hat unser Geschlecht das Reichserbmarschall-Amt ununterbrochen bekleidet. Doch mein Vater war abenteuerlustig. Er trat als junger Kadett in brandenburgische Dienste und ehelichte meine Mutter, deren Geschlecht aus dem Holländischen stammt. Aber lassen Sie mich Ihnen einen Schluck zu trinken anbieten, bevor wir in Plaudereien geraten. Ich habe hier einen ausgezeichneten Zorndorfer.« Marschall ging zu einem Beistelltisch. Eine geschliffene Glaskaraffe mit einer klaren Flüssigkeit stand darauf, einige Gläser, ein Zigarrenkästchen sowie ein in Leder gebundenes Buch von Bernard Gui mit dem Titel *Tractatus de practica inquisitoris*. Marschall griff nach der Karaffe. »Ich kenne die Hersteller persönlich. Machen ein ordentliches Produkt. Darf ich?« Er drehte sich zu seinen Gästen um. »Sie auch noch einen, Kurtz?«

»Zu einem Kurzen sage ich nie Nein.« Kurtz bleckte die Zähne und reichte Marschall sein Glas.

»*Sie* können es in jedem Falle gebrauchen«, sagte Marschall zu Kurtz und goss erst Euler, dann dem Pritzstabel sowie Schmettau ein, während er selbst verzichtete. »Vielleicht eine Zigarre dazu?«, fragte er Euler. »Hilft gegen die vermaledeiten Mücken. So können wir dem Rauchgenuss einen utilitaristischen Wert zuschreiben.«

»Sehr gerne. Tabakrauch regt die kleinen grauen Zellen an und beruhigt die Nerven. Da sage ich prinzipiell nicht Nein.« Euler nahm sich aus dem Kästchen, das Marschall ihm hinhielt, eine Zigarre heraus sowie den Bohrer.

»Nehmen Sie bitte Platz.« Marschall wies auf einen mit dunklem Leder bespannten Stuhl und setzte sich in seinen Ohrenbackensessel vor dem Kamin. Schmettau und Kurtz blieben stehen, wobei Letzterer sich vor dem mittleren der drei Fenster platziert hatte und in die finstere Nacht hinaussah.

»Zunächst einmal gilt es, den Deich-Oberinspektor Haerlem zu entschuldigen. Er wollte Sie ja unbedingt bei Ihrer Bootsfahrt begleiten, musste aber aufgrund jener Sache, zu der ich gleich komme, dringend zum Krummen Ort. Dort sind über sechshundert Männer bereits am Schaufeln – und derzeit ohne Leitung …« Marschall blickte Schmettau an: »Möchten Sie vielleicht? Sie sind der Mann fürs Offizielle. Ich schweife womöglich ab und berichte Dinge mit mangelnder Relevanz.«

»Lassen wir den Professor erst seine Zigarre in Feuerung bringen. Das hat er sich nach der langen Reise verdient.« Schmettau entzündete einen Holzspan am Kamin und hielt ihn Euler hin, der das Ende seiner Zigarre langsam über der Flamme drehte, bis sich ein kleiner Aschering bildete. Dann presste er Luft durch die Zigarre, um die beim Anzünden entstehenden Bitterstoffe herauszublasen, und nahm den ersten Zug. Trotz einer ihm noch nicht erklärlichen Spannung, die im Raum lag, genoss er den bequemen Sessel, nahm den Rauch in die Mundhöhle auf, lehnte sich zurück und schaute zur Decke, deren vier Ecken im Dunkel versanken. »Wissen Sie, meine Herren«, sagte er und räkelte sich, »solange es mir möglich ist, diesen vorzüglichen Branntwein zu trinken und am Feuer dem Rauch zu frönen, können Sie mich mit dem angeblich so beunruhigenden Anlass für dieses Treffen kaum erschrecken.«

»Das sagen Sie so leicht«, entgegnete Schmettau. Dann erzählte er von der Kontrollfahrt des Pritzstabels, dem Fund der Leiche und wie Kurtz diese in seinem Kahn nach Wriezen zum Bürgermeister verbracht hatte. »Dort hat ein Arzt sie untersucht. Ein Jud, aber ein guter Mann: Dr. Süßapfel. Hat bei der Obduktion eine Speerwunde am Herzen festgestellt«, schloss Schmettau seinen Bericht.

Mit gehobener linker Braue saß Euler da und versuchte, das Gehörte zu verarbeiten. »Verstehe ich Sie richtig: Der Ingenieur des geplanten Kanalbettes wurde durch einen *Speer* getötet?«

»Und was für 'n Apparat«, antwortete Kurtz. »Mit neun Zinken. Also Neunaugenspeer. Sind seit 'ner Weile verboten, ist nix, was man zu Hause noch so bei sich rumstehen hat.«

»Wer mit einem solchen urtümlichen Instrument einen Menschen umbringt, will ein Zeichen setzen.« Schmettau strich sich über die Enden seines schwarzen Schnauzers, weil ihn das beruhigte. »Ich möchte betonen, dass es uns leidtut, Professor, Sie mit solchen Neuigkeiten überfallen zu müssen. Auch wenn Sie die Contenance bewahren, kann ich mir vorstellen, was diese Nachricht in Ihnen auslösen muss. Wir sind in heller Aufregung hier, und womöglich bürden wir Ihnen zu viel auf, wenn wir Sie bitten, uns bei der Aufklärung dieses mysteriösen Todesfalles behilflich zu sein.«

»Wo denken Sie hin? Ich bin Mathematiker, kein Gesetzeshüter. Außerdem habe ich mit der Vermessung des Bruches und den Berechnungen der Kosten und Arbeiten für den neuen Kanal nebst den Deichen genug zu tun.«

»Das habe ich dem Kammerdirektor genauso gesagt.« Marschall warf Schmettau einen kopfschüttelnden Blick zu.

»Nun, hier unterscheiden sich unsere Vorstellungen nun einmal, verehrter Minister«, entgegnete ihm Schmettau und drehte sich zu Euler hin. »Gerade *weil* Sie Mathematiker sind, bin ich so von dem Gedanken durchdrungen, Sie bei dieser Aufklärung involviert zu sehen. Wir sind ein moderner Staat, also greifen wir zu modernen Methoden. Stellen Sie sich den Fall um den armen Mahistre als ein mathematisches Problem vor. Als eine Gleichung, wenn Sie so wollen. Ebenso wie das Königsberger Brückenproblem oder die Frage des Rösselsprungs beim Schachspiel. Die haben Sie doch auch als mathematisch zu betrachtende Phänomene behandelt und somit zur Lösung gebracht. Lieber Professor, Sie sind es geradezu von Hause aus: *ein Hüter der Gesetze.*«

Euler schmeichelte die Erwähnung seiner Veröffentlichungen, die außerhalb von Fachkreisen sonst nie jemand zur Kenntnis nahm. »Ich bin mir noch nicht sicher, ob ich Sie richtig verstehe …«

»Ich möchte es Ihnen – und auch den anderen Herren – in aller Deutlichkeit vor Augen führen«, antwortete der Kammerdirektor. »Noch sind unsere staatlichen Ermittlungsmethoden strukturell unzureichend entwickelt. Ich verlange schon seit Jahren nach einer spezialisierten

Mordpolizey, doch bislang stoßen solche Rufe auf taube Ohren. Es gibt in einem Fall wie Mahistre – gehen wir davon aus, dass es sich wirklich um eine heimtückische, niederträchtige Tat handelt – keine eindeutige Kompetenz. Und sicher wollen wir die Sache nicht Wrietzens Bürgermeister überlassen.« Schmettau bedachte den Pritzstabel mit einem kurzen Seitenblick. »Der gute emsige Fritze würde nach alter Manier einen Schuldigen aus dem Hut zaubern und flugs an den Galgen bringen. Damit wäre die Öffentlichkeit beruhigt und der sogenannten Gerechtigkeit Genüge getan. Doch ist die große Maßnahme des Königs durch jene Tat möglicherweise in Gefahr. Um sie zu schützen, müssen wir den *wahren* Täter identifizieren und zur Strecke bringen. Wer, wenn nicht der größte lebende Kombinatoriker dieses Jahrhunderts, der scharfsinnigste Geist unserer Zeit, wäre für eine solche Aufgabe geeignet?«

»Mein lieber Schmettau, Ihre Huldigungen, was unseren Professor angeht, sind ebenso akkurat wie Ihre Befürchtungen übertrieben.« Marschall bemühte sich, durch gleichmäßige, ruhige Züge den Tabakrauch kühler zu bekommen, damit er sein Aroma besser entfaltete. »Die Trockenlegung des Oderbruchs ist von einem solchen Vorfall in keinster Weise gefährdet. Glauben Sie bitte nicht, dass unser großer Friedrich sich durch etwas Sand im Getriebe von seinem weitsichtigen Vorhaben abbringen lassen wird.«

»Die Sache steht auf wackligeren Füßen, als Sie vielleicht ahnen. Deshalb haben wir in Sanssouci nichts darüber verlauten lassen. Um den König nicht unnötig zu beunruhigen«, widersprach Schmettau und wandte sich erneut, dieses Mal beinahe flehentlich, an Euler: »Wir sind *alle* Hüter des Gesetzes. Alle, die hier zusammengekommen sind. Spricht nicht schon Platon in seiner *Politeia* von einem von Wissenschaftlern gelenkten Staat? Ja, wieso sollten nicht in dem unsrigen die Mathematiker die Aufklärung der kniffligsten Kriminalfälle übernehmen? *Sie*, werter Professor, stehen in dem Ruf, alle Probleme aufs Genauste zu analysieren und lösen zu können. Lassen Sie das Licht der Raison in dieses dunkle Rätsel dringen. Denn ein solches dunkles Rätsel stört doch sehr in unserer hell durchstrahlten Ära.«

Euler sog an seiner Zigarre. Rauchschwaden zogen langsam durch den Raum und vernebelten ihn immer mehr. »Ich stimme Ihnen insofern zu, lieber Kammerdirektor, dass es Gleichungen, die nicht aufgehen, nicht geben darf. Sie widersprächen unserer Vorstellung einer perfekten Welt, wie Gott sie geschaffen hat und wie die Menschen sie möglicherweise nur noch nicht in all ihren Einzelheiten begreifen. Doch um eine Gleichung aufzulösen, müssen sämtliche Faktoren in Kenntnis gebracht sein.«

»Wir wollen die ganze Wahrheit über den Tod von Mahistre. Nur eine solche Vorgehensweise entspricht dem Geist unserer Zeit«, sagte Schmettau.

Euler blickte ihn prüfend an. »So dem so ist, könnte ich mich der Sache vielleicht annehmen.« Dann sah er zu Marschall hin: »Wäre das auch in Ihrem Sinne, Herr Minister?«

Marschall ging zum Beistelltisch zurück, bevor er antwortete, und goss sich aus einer Teekanne in eine Tasse ein. Ein Geruch, der an Baumrinde erinnerte, hing für Momente im Raum. »Wenn Ihre eigentliche Aufgabe, für die der König Sie beauftragt hat, darunter nicht leidet …«

»Darüber müssten Sie sich keine Sorgen machen«, sagte Euler. »Mehrere Dinge auf einmal zu erledigen, ist sozusagen meine Spezialität. Was mir allerdings Kummer bereitet, ist der Wrietzener Bürgermeister. Ich kann diese Sache nur erfolgreich angehen, wenn er mich unterstützt und mir nicht in die Quere kommt.«

»Es wird ihm nicht schmecken, aber ich werde Fritze entsprechend anweisen«, sagte Schmettau. »Ansonsten schlage ich vor, dass Ihr Engagement in dieser Sache unter uns bleibt und in keinem Falle an die große Glocke gehängt wird. Auch der König braucht hiervon zunächst nichts zu erfahren. Wir müssen ihn mitunter vor zu viel Wissen schützen. Er regt sich zu sehr auf.«

Marschall goss Euler einen Zorndorfer ein und lief zu ihm hin. »Zunächst müssen wir die Wichtigkeit des Ingenieurs hinsichtlich der geplanten Maßnahme einschätzen.«

Euler nahm das Glas entgegen und drehte den Kopf: »Was meinen Sie, Kammerdirektor?«

»Ich habe nie einen fähigeren Mann gesehen als diesen Mahistre«, antwortete Schmettau. »Die mannigfaltigen Probleme, die dort draußen ständig und neu auftauchen, hatte er alle im Griff. Immer ist er ebenso pragmatisch wie zielorientiert vorgegangen.«

»Wer wird ihn ersetzen?«, fragte Euler.

»Sein Vormann am Krummen Ort heißt Kümmerle. Ein zäher Bursche. Ich halte große Stücke auf ihn.«

»Das ist gut zu hören«, schaltete Marschall sich ein.

»Aber er hat nicht das Format von Mahistre«, ergänzte

Schmettau. »Im Großen fällt dessen Rolle zunächst Haerlem zu. Ob er in solche Fußstapfen treten kann, muss er allerdings erst noch beweisen.«

Marschall hob die Brauen und nickte. Euler blies Rauch aus, dabei blickte er durch das mittlere der drei hohen, bis zum Boden reichenden Fenster. Draußen war nichts zu sehen, alles schwarze, undurchdringliche Nacht. »Nun zum Motiv«, sagte er: »Wer, meine Herren, könnte das größte Interesse daran haben, dass dieser Sumpf eben *nicht* trockengelegt wird?«

»Selbstverständlich die Brücher.« Marschall nahm einen Schluck von seinem Tee, wobei er kurz das ungleiche Gesicht verzog. »Die meisten von uns wissen über die Art, wie sie dort hausen, wenig. Überraschen darf uns ein möglicher Widerstand nicht. Das habe ich von Anfang an so gesagt und deshalb gefordert, dass wir mit Härte agieren. Schwäche wird von den Wenden sofort ausgenutzt. Überlegen wir einen Moment, was diese Menschen zu verlieren haben. Der Fischreichtum der Gegend ist legendär. Aus dem Bruch heraus wird die absatzstärkste Binnenfischerei in ganz Europa betrieben, und Fisch ist für Preußen-Brandenburg nach wie vor das wichtigste Handelsgut.«

»Das war mir nicht bekannt«, sagte Euler.

»Damit Sie die Größenordnung einschätzen können«, fuhr Marschall fort. »Es sind Millionen Fässer frischer wie gesalzener, gepökelter wie geräucherter oder auf andere Art haltbar gemachter Störe, Hechte, Zander, Forellen, Barsche und was sich noch so alles tummelt. Der Fang wird in die Lausitz, nach Sachsen, Thüringen, Schlesien, Böhmen und Bayern, in den Harz, nach Hamburg und bis ins Rheinland exportiert. Nicht zu zählende Mengen an Aalen und Krebsen werden jährlich verkauft, eine unvorstellbare Anzahl an Schildkröten als Fastenspeise in alle katholischen Länder Europas verschickt. Selbst Papst Benedikt ist reger Abnehmer. Ich glaube, wir können zumindest verstehen, dass die Leute da draußen Angst davor haben, dass ihnen durch eine Trockenlegung all dies verloren geht.«

»Vergessen Sie aber nicht, werter Staatsminister«, schaltete Schmettau sich ein: »Das Gros dieses Profits erreicht nicht die Brücher, sondern wird in Wrietzen durch die Hechtreißergilde gemacht. *Die* haben das Monopol auf die Verarbeitung, die Veredelung des Fisches. Das Bruch liefert lediglich den Rohstoff. Schauen Sie sich nur die prunkvoll verzierte Reißhalle am Marktplatz an, wo das florierende Geschäft seinen Ausgang nimmt. Wenn wir *so* argumentieren, müssten wir auch dort nach möglichen Verdächtigen Ausschau halten.« Der Kammerdirektor hatte sich den Kaminhaken gegriffen und stocherte in der Glut herum. »Bislang begreifen die Wrietzener nicht, dass sie sich in der Landwirtschaft neue, noch ertragreichere Einnahmequellen erschließen können. Ein gewisser Raule, ein harter Widersacher des Bürgermeisters, macht bereits mobil. Stimmt das nicht, Kurtz?«

»Ja, Raule ist ein schlimmer Störenfried«, bestätigte der Pritzstabel grimmig.

»Ich glaube, wir müssen hier etwas tiefer schauen.« Marschall drehte seine Zigarre am Rand des Aschenbechers, um die dunkle Asche abzustreichen. »Die Menschen im Bruch klammern sich an ihre Gebräuche und Gewohnheiten. Die Tradition gibt ihnen Halt. Erfahrungen werden über Generationen vermittelt. Sie verleihen ein Gefühl der Sicherheit. Nun soll sich alles ändern. Dabei wollen sie nichts mehr auf der Welt als in Ruhe gelassen werden. Machen wir uns nichts vor: Ihre gesamte Art und Weise zu leben ist dem Untergang geweiht. Und wer sich existenziell bedroht fühlt, schlägt um sich. Dem ist jedes Mittel recht.«

»Wir haben es hier offenbar mit einer recht komplexen Gleichung zu tun«, sagte Euler ruhig und wandte sich Kurtz zu: »Der Kammerdirektor berichtete vorhin, Sie hätten eine Taschenuhr bei dem Leichnam gefunden. Wo befindet sich dieses Stück?«

»Die Uhr wird bei mir verwahrt«, antwortete Marschall anstelle des Pritzstabels, nahm einen Zug von seiner Zigarre und blies den Rauch in Richtung Kamin, dessen Flammen sich in seinen ungleichen hellblauen Augen flackernd spiegelten. »Wir haben sie untersucht. Sie lässt keinerlei Rückschlüsse auf den Tathergang zu. Durch ihre Inschrift im Deckel bezeugt sie lediglich, dass sie einmal Monsieur Mahistre gehört hat.«

»Ich würde sie gerne sehen, falls dies keine Umstände macht.«

Marschall zuckte mit den Schultern, durchquerte den Raum und öffnete eine der vielen kleinen Schubladen eines Rokokoschreibtisches. Er nahm einen golden schimmernden Gegenstand heraus und reichte ihn weiter. »Hier, bitte sehr.«

»Vielen Dank.« Euler nahm die Uhr entgegen, zog seine achromatische Linse aus der Rocktasche und hielt sie vor das linke Auge, um die Taschenuhr von allen Seiten einer eingehenden Betrachtung zu unterziehen.

»Hier haben wir einige Auffälligkeiten, die möglicherweise einen wichtigen Teil unserer Gleichung ausmachen«, sagte er nach einer Weile wie zu sich selbst. Er blickte auf und musterte die Versammelten der Reihe nach durch die Linse, die sein linkes Auge grotesk vergrößert erscheinen ließ.

»Was, was haben Sie gesehen, Professor?«, fragte Schmettau, der trotz seines nüchternen Charakters seine Aufregung nicht verbergen konnte.

»Rund um die kleine Öffnung, in die zum Aufziehen der Uhrenschlüssel gesteckt wird, sind zahllose Stöße und Kratzer erkennbar. Sah Monsieur Mahistre schlecht?«

»Davon ist mir nichts bekannt«, antwortete Schmettau. »Im Gegenteil erinnere ich mich, wie wir uns eines Abends über die Konstruktionspläne gebeugt haben. Vor meinen Augen verschwammen sie bereits, doch er hat alles einwandfrei lesen können.«

Euler hielt die Uhr nach oben: »Das lässt darauf schließen, dass er aus anderen Gründen nicht immer in der Lage war, dies winzige Schlüsselloch zu treffen.«

»Nun, er trank gerne«, sagte Schmettau. »Da war er ganz Franzose.«

»Ja, das kann wohl sein, aber was sagt uns das?« Mit einer Mischung aus Ratlosigkeit und leichtem Spott sah Marschall in die Runde.

»Des Weiteren sind am Gehäuse – das doch einigen Wert hat – an mehreren Stellen Abstoßungen zu verzeichnen, wie von spitzen metallischen Gegenständen«, fuhr Euler fort. »Er hat seine kostbare Uhr offenbar in derselben Tasche getragen, in der er auch Münzen und Schlüssel aufbewahrt hat. Nun haben wir vorhin vom Kammerdirektor gehört, dass er seine professionellen Tätigkeiten sehr gewissenhaft ausübte. Seiner eigenen Person gegenüber hat er offenbar eine solche Sorgfalt nicht an den Tag gelegt. Der typische Fall eines Mannes, der sich opfert für seinen Dienst, aber auf die eigene Gesundheit und die Bewahrung der eigenen Werte wenig achtgibt. Unser Mahistre war ein etwas schludriger, nachlässiger Charakter, der das Leben genoss, gerne trank, sich aber gleichzeitig bis ins Letzte für seine Aufgaben einsetzte. Entspricht dies Ihrer Einschätzung von dem Mann?«

»Als hätten Sie ihn persönlich gekannt!«, rief Schmettau.

Kurtz stand mit offenem Mund im Raum. »Genauso war er. Ein Hallodri. Aber auf den war trotzdem Verlass.«

»Man könnte durchaus sagen«, fiel Marschall ein und nickte Euler zu, »dass er eine eher schwache, angegriffene Konstitution entwickelt hatte, die ihm die Existenz in dieser rauen Gegend sicher nicht einfacher gemacht hat. Sehr beeindruckend, Professor. Die entscheidende Frage aber lautet: Bringt es uns etwas für den Fall?«

»Das wird sich zeigen«, antwortete Euler. »Einige unserer Parameter links und rechts des Gleichheitszeichens lassen sich gegeneinander wegkürzen und werden verschwinden. Aber am Ende, das garantiere ich Ihnen, bleibt etwas stehen. Wo ist Mahistre zum letzten Mal lebend gesehen worden?«

»In Wrietzen«, antwortete Schmettau.

Bevor er weitersprechen konnte, öffnete sich die Tür, und ohne Ankündigung trat eine schlanke Gestalt in Arbeitsbekleidung zu ihnen herein. Sie trug eine unter dem Kinn fixierte Haube und hielt eine brennende Petroleumlampe in der linken Hand. Marschall und Schmettau erhoben sich. Es handelte sich um eine attraktive Frau um die vierzig. »Darf ich vorstellen«, sagte der Minister, »meine Gattin Marian Caroline. Sowie Professor Leonhard Euler von der Akademie der Wissenschaften. Er hat uns gerade eben mit einem Beweis der unvergleichlichen Schärfe seines Verstandes beeindruckt.«

Euler verneigte sich und wollte die Hand der Gattin seines Gastgebers küssen, doch war sie bereits zu den Fenstern geeilt und schaute hinaus. Dann drehte sie sich um und warf ihrem Mann aus großen dunkelbraunen Augen einen auffordernden Blick zu: »Hier sitzt und plaudert er in aller Seelenruhe, der große Minister, von dem die Geschichtsbücher behaupten werden, er habe das Bruch trockengelegt. Und derweil fressen sich die Biber durch unseren Hauptdeich. Was meinst du, Samuel, was bringt diese Biester dazu, stets vor der Flut unsere Befestigungen zu meucheln? Als wüssten sie, dass dies der für uns denkbar schlechteste Zeitpunkt ist.«

»Womöglich bevorzugen sie eine Wasserwelt.« Marschall ging ihr entgegen, fasste seine Frau an den Händen und sah sie mit liebevollem Blick an: »Wir vertratschen hier gewiss nicht unsere Zeit, sondern beratschlagen, wie nach Mahistres Tod zu verfahren ist.«

Frau von Marschall löste die Bänder unter ihrem Kinn und nahm die Haube ab. Sie hatte ihr prächtiges schwarzes Haar zum Hinterkopf hin stufenartig in drei Erhöhungen glatt aufgekämmt und mit einer goldenen Flechte zusammengeschlagen. »Professor Euler, ich habe Ihre Studien zur Hydromechanik mit dem größten Interesse gelesen. Sie haben mir sehr geholfen, die hiesigen Einpolderungsarbeiten mitsamt der Umwallung und dem Anlegen eines Abzugkanals vorzunehmen. Und was, glauben Sie, was wir zur Entfernung des Grundwassers einsetzten? Wasserschnecken.«

»Nämlich in der Form von Posthornschnecken«, fügte ihr Gatte hinzu. »Ich liebe diese Tierchen alleine schon aufgrund ihrer possierlichen Form. Weil ich ja auch Postminister bin. Es ist erstaunlich, was sie an Grundwasser aufnehmen und verstoffwechseln können.«

»Offenbar werden wissenschaftliche Erkenntnisse in diesem Hause gewinnbringend eingesetzt und theoretische Arbeiten in praktischen Nutzen überführt«, sagte Euler in Richtung des Ehepaars, das vor dem Feuer beieinanderstand. Das Kompliment bezüglich seines Grundlagenbuches der Hydromechanik, über das sonst nie jemand sprach, gefiel ihm, und er hatte seit dem Eintritt der Frau von Marschall etwas von dem beklemmenden Gefühl verloren, das das Rauchzimmer des Ministers in den Minuten zuvor auf ihn ausgeübt hatte.

»Und ich freue mich, dass es Menschen wie Sie gibt, die solche Werke verfassen, die es anderen ermöglichen, an Wissen teilzuhaben und ihre eigenen, unabhängigen Entscheidungen zu treffen.« Marian Caroline von Marschall lächelte ihn an. »Auf diese Weise war es uns erst möglich, dieses Gut vor den zweimal pro Jahr andrängenden Wassermassen zu sichern. Unser Ansatz ist es dabei im Übrigen«, sie streifte Schmettau mit einem Blick, wobei ihre dunklen Augen streitlustig aufblitzten, »der Verantwortung eines Grundbesitzers nachzukommen und auch ohne staatliche Vorgaben die nötigen Maßnahmen zu treffen.«

»Möchten Sie das erläutern?« Euler war nicht entgangen, wie sie während dieser Worte die Hand ihres Gatten ergriffen und kräftig gedrückt hatte.

»Selbstverständlich, Professor. Wir brauchen für die Trockenlegung unseres eigenen Landes keinen Plan aus Berlin. Und dass er jetzt tot ist, befreit diesen Ingenieur noch lange nicht von seinen Irrtümern. Hoffen wir nur, dass wir künftig vor Leuten bewahrt bleiben, die sich in unnötigen Details verlieren«, sagte sie und störte sich nicht an dem Blick, den ihr Gatte ihr zuwarf.

Euler wandte sich an Schmettau: »Widerspricht dies nicht, was Sie mir von Mahistres Kompetenz und seinem guten Überblick berichtet haben?«

»Der Ingenieur hat die horrende Summe von 55 000 Talern beiseitelegen lassen für die Entfernung von Findlingen und von Gebeinen. Seines Erachtens sollten sie vom Krummen Ort an einen sicheren Ort gebracht werden«, antwortete Frau von Marschall, noch bevor Schmettau zu Wort kam. »Wenn wir das Gesamtbudget betrachten, ist dies Irrsinn.«

»Gebeine, meine Dame?« Euler klopfte den hellen Aschezylinder seiner Zigarre vorsichtig in dem Tonbecher auf dem Kaminsims ab. Die Asche war steif und behielt auch nach dem Abstreifen ihre Form, was ihn zufrieden stimmte.

»Die Menschen im Bruch betrachten den Krummen Ort als heilig«, antwortete Caroline von Marschall und schüttelte ihren schönen, stolzen Kopf. »Sie behaupten, ihre Urahnen seien dort beerdigt. Die Arbeiter stoßen immer wieder auf solche Knochen. Bei aller Liebe und bei allem Verständnis, aber dies sind keine christlichen Gräber.

Dürfen solche heidnischen Stätten also den Fortschritt behindern?«

Euler sah Frau von Marschall prüfend an. Dann zog er seinen Schreibblock, in den ein Grafitstift eingesteckt war, aus der linken Seitentasche seiner Weste, um sich eine Notiz zu machen.

»Er hat alles getan, um die Unternehmung zu verkomplizieren und teuer für uns alle zu machen«, fuhr Frau von Marschall mit Leidenschaft fort, löste sich von ihrem Gatten und ging wieder vor die drei hohen Fenster, um nach draußen zu schauen. »Seine sogenannte *große* Lösung ist vor allem dies: ein *großer* Fehler.«

Eine Weile lang war es still im Raum. Schwer hingen die Rauchschwaden in der Luft. Nur das Feuer im Kamin knisterte. »Du hast recht, meine Liebe, dass wir auf diese unverschämten Biber derzeit besonders achtgeben müssen.« Marschall stellte sich neben seine Gattin. »Warum läufst du nicht zum Deich und fängst schon einmal mit dem Vertreiben dieser nächtlichen Störenfriede an? Ich führe den Professor über das Gut, bevor er gleich weiterreisen muss. Dann komme ich runter zu dir, und wir begutachten den Schaden zusammen.«

Irrlichter

Euler blickte zum Himmel. Schnell zogen die Wolken gen Osten, zerrissen in Fetzen und ließen immer mehr Sterne zum Vorschein kommen. Mit einem Mal war die vor ihnen liegende weite Sumpflandschaft zu erahnen. Silbern glitzerte der Oderstrom im nächtlichen Licht. Unweit entfernt war die Silhouette eines vertäuten Kahns zu erkennen, und bis auf das Quaken der Frösche und den gelegentlichen schreckhaften Ruf einer Rohrdommel war alles ruhig.

Als er sicher war, dass niemand sie hören konnte, sagte der Minister, der mit Euler nach draußen gegangen war: »Außer den Brüchern gibt es noch jemanden, der sich existenziell von der Trockenlegung bedroht fühlt. Ich wollte vor den anderen nicht darüber sprechen, weil es sich um eine hochgestellte Persönlichkeit handelt. Aber wenn Sie sich dieser Sache annehmen, müssen Sie davon unterrichtet sein.«

»Sie meinen den Markgrafen Karl von Brandenburg-Schwedt?«

Überrascht blickte Marschall ihn an. »Dies wurde in Sanssouci erwähnt? Wie hat der König reagiert … war er außer sich?«

»Er schien eine negative Haltung seines Cousins nicht erwartet zu haben. Können Sie mir etwas über die Motive des Markgrafen sagen? Haerlem meinte, am Schwedter Schloss befürchte man durch einen großen Kanal, wie er Mahistre vorschwebte, die Zerstörung kostbarer Weidegründe.«

Marschall nickte. »Das ist aber nicht alles. Der Johanniter-Orden, dem Karl als Herrenmeister dient, steckt finanziell in der Klemme. Man glaubt, sich die Investitionen nicht leisten zu können, die mit der Trockenlegung für alle Grundbesitzer – übrigens auch für mich – ins Haus stehen. Die Johanniter haben turmhohe Schulden bei den Maltesern. Karl muss auf jeden Groschen achten, will nicht er es sein, der den Sitz der Balley Brandenburg, das Schloss Sonnenburg bei Cüstrin, durch Zwangsverkauf verliert und den traditionsreichen Orden vernichtet. Sein Platz in den Geschichtsbüchern steht auf dem Spiel.«

»Das ist mehr als nur etwas Sand im Getriebe, von dem Sie vorhin sprachen.«

»Ich wollte Schmettau nicht noch mehr verunsichern. Sie haben sicher bemerkt, wie nervös er ist. Er hat sich im letzten Jahr etwas zuschulden kommen lassen und glaubt, wenn er *diese* Sache in trockene Tücher bekommt – ganz wörtlich gesagt –, wäre sein Ruf wiederhergestellt. Aber Sie haben recht: Tatsächlich ist für Friedrich der Widerstand seines eigenen Vetters äußerst heikel. Ein Eingreifen der königlichen Majestät in die Belange des tief verunsicherten Ordens der Johanniter wäre hochdelikat, zumal er Karl die Einnahme von Glogau im Schlesischen Krieg verdankt. Dort hat der Markgraf seine Einheiten selbstständig zum Sieg geführt, ebenso wie in den Schlachten bei Mollwitz und Chotusitz. Als Dank versucht Friedrich derzeit in Schlesien Druck auf die Malteser auszuüben. Er verspricht ihnen, ihren Besitz zu schützen, wenn sie ihrerseits die in ihren Augen abtrünnigen protestantischen Johanniter anerkennen und ihnen die Schulden erlassen. Zum einen rechnet Karl dies Friedrich hoch an. Zum anderen kämpft er dagegen, dass man ihm hier vor der Haustür den Hahn wieder zudreht. Die Commission hat ihm deshalb Ende Mai ein Schreiben zukommen lassen. Darin haben wir ihm eine Lokalbesichtigung vorgeschlagen, um ihn von der Rentabilität der Maßnahme zu überzeugen. Leider hat er nicht einmal darauf geantwortet.«

»Trauen Sie dem Markgrafen einen Mord zu?«

»Ihm nicht. Aber den Leuten im Bruch, mit denen er angeblich kollaboriert. Ich möchte Ihnen noch etwas anvertrauen, lieber Professor. Sprechen Sie bitte mit niemandem darüber, auch nicht mit Schmettau. Kann ich mich darauf verlassen?«

»Ich pflege nie den Austausch, solange ich mich im Prozess der Lösung eines Problems befinde. Die einzige Ausnahme stellt meine Frau dar, doch sie ist nicht hier und hat mit dieser Sache nichts zu tun.«

»Gut. Ich verlasse mich darauf. Also, vor ein paar Tagen, genauer gesagt letzten Montag, erhielt ich einen Brief von Mahistre. Und heute wieder. Beide waren sie vom Krummen Ort abgeschickt. Sie können sich vorstellen, wie merkwürdig es ist, die Zeilen eines frisch Verstorbenen zu lesen. Von diesem jüngsten Brief möchte ich Ihnen erzählen.«

»Lassen Sie bitte auch den anderen nicht aus«, sagte Euler. »Noch die kleinste Information müssen wir berücksichtigen.«

»Ich sehe, Sie gehen gründlich vor. Wie selten findet man in Berlin Männer, die diese Tugend noch besitzen. Also einverstanden. Wenngleich die Zeilen vom Montag wenig beitragen. Mahistre hat mir darin lediglich mitgeteilt, die bereits erwähnte Zahl von sechshundert Männern vor Ort zu haben, um die Landzunge zu durchgraben. Unserer Schätzung nach sind übrigens mindestens eintausend Arbeiter vonnöten, um durchschlagend erfolgreich zu sein. Aber auch darüber werden Ihre Berechnungen sicher ein genaues Bild abgeben.«

»Was schrieb Mahistre weiterhin?«

»Er teilte mir mit, dass die Arbeiten durch den heftigen Regen der vorigen Woche erschwert worden sind. Der

Wasserpegel ist wohl bedrohlich angestiegen und hat die Männer behindert. Dann hat er noch von einem Zwist mit Haerlem berichtet, der ihn mitten in der Nacht von einem Boten wecken ließ. Er notierte sogar die Uhrzeit, nämlich drei Uhr morgens. Per Eildepesche hat sich Haerlem darüber beschwert, dass Mahistre einige *seiner* Arbeiter von einer anderen Deichbaustelle Haerlems in der Altmark abgezogen hat. Haerlem hat gedroht, sich direkt an den König zu wenden wegen der Schwierigkeiten, die ihm dadurch entstehen.«

»Was halten Sie von unserem Deichbaumeister?«

»Haerlem will sich in diesen Gegenden als Viehzüchter etablieren und betrachtet die Melioration des Oderbruches als eine Art Lebensprojekt. Etwas zu gerne beruft er sich bei Friedrich darauf, dass bereits dessen Vater, der Soldatenkönig, ihn in Dienst genommen hat und mit dieser Aufgabe betrauen wollte. Doch fehlten die Mittel, und der alte Wilhelm hatte gemeint, er sei mit der Maßnahme überfordert und übertrage sie an seinen Sohn. Dass Haerlem damals schon als Leiter vorgesehen war, lässt seine Brust nicht unbedeutend anschwellen. Mitunter vergisst er dabei, dass niemand anderes als ich es gewesen bin, der ihn angeschleppt und mit dem allerersten Gutachten beauftragt hat. Und doch hat er es gewagt, mir erst vor Kurzem mitzuteilen, ich solle ungeheuerliche 65 000 Taler zahlen, damit *er* die Rodung meiner Wälder hier am Bruchrand veranlasse, um nach Trocknung darauf Kolonistenhäuser zu bauen.« Marschall schüttelte den Kopf und lachte kurz in sich hinein. »Da haben Sie Haerlems Selbstherrlichkeit in einer Nussschale. Und wissen Sie, was passieren wird: Ich rode einfach selbst und zahle nichts!«

»Was stand in Mahistres Brief, den Sie aktuell erhalten haben?«

»Ja, ja, das ist es, wovon ich Ihnen erzählen wollte. Er hat zunächst geschrieben, dass das Werk gut vorankommt und weitere einhundert Arbeiter – einige aus Berlin, einige aus Potsdam – eingetroffen sind. Die hat er auch alle bezahlen können. Er bestätigte die Ankunft von eintausend Reichstalern Lohn. Auf diese hatte er eine Weile warten müssen und bat dringlich, weiterhin dafür zu sorgen, dass jede Woche genügend neue Taler gesendet werden. Geld ist der nötige Magnet, um die Arbeiter zu halten, hat er geschrieben Allerdings sei dieses frisch eingetroffene Geld zur Hälfte in Silber, zur Hälfte in Louis d'or gewesen. Grundsätzlich sei er gerne bereit, auch Louis d'or anzunehmen ...« Marschall blickte Euler mit einem sonderbar angestrengten Ausdruck an: »Doch die meisten *dieser* Goldmünzen seien nicht schwer genug gewesen. Mahistre hat die zu leichten Münzen sofort erkannt. Er hat mir geschrieben, er habe für jeden Louis d'or noch zwei Gramm Silber hinzufügen müssen, um das Manko wettzumachen.«

»Ist es denkbar, dass diese leichteren Münzen eigens für die Maßnahme hergestellt wurden?«

»Dass in unseren Münzen mitunter nicht drin ist, was draufsteht, ist ein Problem, über das wir nicht weiter sprechen müssen. Ob diese spezielle Sendung wegen ihres speziellen Zwecks nicht sauber war, müssen wir untersuchen.«

»Eine Rückfrage: Waren wirklich beide Briefe vom Krummen Ort abgeschickt?«

Marschall dachte einen Moment lang nach, bevor er

antwortete. »An die Abstempelung des ersten erinnere ich mich, ich habe ihn selbst geöffnet. Den zweiten hat mir mein Diener ohne Umschlag überreicht.«

»Prüfen Sie bitte, ob der Umschlag noch vorhanden ist oder sich ein Hinweis auf dem Brief selbst befindet.«

»Ich lasse Ihnen die Antwort umgehend zukommen.«

»Vielen Dank. Wie lange dauert wohl die Postzustellung hier im Bruch?«

»Normalerweise geht das zum nächsten Tag. Von abgelegenen Gegenden wie dem Krummen Ort aus können es aber mal zwei werden, da wir auf Kähne angewiesen sind.«

»Sprechen wir noch einen Moment von Mahistre«, sagte Euler. »Dass er seine Arbeiter, denen die etwas leichteren Münzen vielleicht nicht aufgefallen wären, nicht übervorteilen wollte, zeugt von seiner Ehrenhaftigkeit. Haben Sie ihn als einen solchen Mann kennengelernt?«

»Meines Erachtens hat der Kammerdirektor, was die Fähigkeiten des Franzosen betrifft, etwas übertrieben. Sein Tod ist eine Tragödie, nicht zuletzt für seine Familie in Paris. Für die Melioration hat er aber sicher kaum Auswirkungen, das möchte ich noch einmal betonen. Dafür ist das Projekt viel zu groß und unaufhaltsam, und ein Ersatz *wird* gefunden werden. Was ich aber sofort unterschreibe: Ja, Mahistre war ein gewissenhafter Charakter, und ich habe ihm stets vertraut. Er schloss seinen Brief übrigens mit der Bemerkung, er könne garantieren, dass man rechtzeitig zum Ziel käme, wenn man ihn das Werk nach seiner Manier leiten ließe. Allerdings müsste dafür künftig das Gold schwer genug sein. Und es dürfe im Herbst nicht zu viel Niederschlag geben.«

»Können Sie zu seinem Schreibstil etwas sagen?«

»Zu seinem Schreibstil?« Marschall zuckte mit den Achseln. »Nun, man hat gemerkt, dass er kein Priester war. Aber er blieb stets verständlich. Allerdings muss ich bemerken, dass der Brief, den ich heute von ihm erhalten habe, unsauberer verfasst war und mit einigen orthografischen Fehlern, die er vorher nicht gemacht hatte.«

»Vielen Dank.« Euler hatte am Horizont etwas bemerkt und nahm die achromatische Linse aus der Rocktasche. In der Ferne zeigte sich ein schwach leuchtendes, orange zitterndes Licht. »Was ist das?«

Marschall kniff die Augen zusammen, um besser sehen zu können. »Nun, wenn Sie einen der Brücher fragen würden, bekämen Sie wahrscheinlich zu hören, dass es sich um ein Irrlicht handelt.«

»Ein Irrlicht?«

»Das Leuchten einer Seele, die im Moor verloren gegangen ist. Ja, womöglich sogar die Seele von Mahistre.«

»Und wenn ich *Sie* frage?«

»Nun, die Eindrücke, die man im Moor gewinnt, verwirren mitunter. Ich bin da ganz Naturwissenschaftler. Oft sind es lediglich Gase, die aus der Erde steigen, mit der Luft reagieren und dadurch eine Färbung gewinnen. Die menschliche Fantasie erledigt den Rest. Aber was wir *hier* gerade wahrnehmen«, Marschall nickte zum Horizont, »ist meines Erachtens der Krumme Ort. Er liegt genau in dieser Richtung. Womöglich haben die Arbeiter dort ein großes Feuer entzündet.«

»Über diese Distanz würden wir das mitbekommen?«

»Es ist gar nicht so weit. Und dazwischen liegt – nichts. Was mich eher verwundert, ist die Stille heute Abend.

Das ist vielleicht der fortgeschrittenen Uhrzeit geschuldet. Oder der Trauer um Mahistre. Häufig hören wir es hier, wenn zum Feierabend an der Baustelle lustige Lieder angestimmt werden. Der Sumpf transportiert den Schall erstaunlich weit. Aber lassen Sie mich noch etwas zu den Irrlichtern und dem Irrglauben sagen. Ich habe das Gefühl, dass Schmettau Sie noch nicht hinreichend vor den Gefahren Ihrer bevorstehenden Reise gewarnt hat. Ich habe es vorhin bereits erwähnt: Es war nie geplant, dass Sie alleine an Bord gehen, sondern nur gemeinsam mit Haerlem und Schmettau. Aber auch der Kammerdirektor ist nach dem Todesfall gebunden und muss morgen in der Früh direkt von hier aus los.«

Euler blickte noch immer in Richtung des orangefarbenen, flackernden Lichts. »Von welchen Gefahren sprechen Sie?«

»Man sagt im Bruch, dass die Oder in Zeiten großer Umbrüche Menschenleben fordert. Ich weiß, Professor, dass Sie wie ich ein furchtloser Mann sind, einzig von der Überzeugung geleitet, dass die Ratio sich in jedem Falle durchsetzt. Dennoch: Überlegen Sie es sich gut, ob Sie sich gerade zum jetzigen Zeitpunkt in diese Wildnis wagen müssen. So kurz vor der Flut. Nicht ohne Grund wird unser Oderbruch das Amazonien Preußens genannt.« Marschall legte seine Hand auf Eulers Unterarm, sah ihm in das linke Auge und fuhr mit Dringlichkeit fort: »Unser Staat braucht Sie, lieber Professor. Aber nicht, um Mordtaten aufzuklären und Halunken zu überführen. Wie meine Gattin gesagt hat: Es sind Ihre *wissenschaftlichen* Arbeiten, die unschätzbar und unersetzbar sind. Natürlich haben Sie recht, wenn Sie sagen, dass es lediglich gelte, die Parameter rechts und links des Gleichheitszeichens festzustellen, um die Aufgabe zu einem befriedigenden Ergebnis zu führen. Doch manche dieser Parameter sind irrational vorgehende, von dunklen Leidenschaften geführte Menschen mit einem ganz anderen Glauben. Ich kann Ihnen nichts vorschreiben, aber meine Empfehlung lautet: Bleiben Sie in Wrietzen. Sie sind dort nahe genug an der Sache dran, werden mit allen Informationen ausgestattet und können Ihren Berechnungen und Untersuchungen ungestört nachgehen.«

Euler blickte den Minister einige Augenblicke lang nachdenklich an. »Ich lasse mir Ihre warnenden Worte durch den Kopf gehen. Doch die Mitteilung, dass ich tatsächlich alleine unterwegs sein werde, sagt mir mehr zu, als Sie sich vielleicht vorstellen können. Nicht einmal der Teufel persönlich könnte mich davon abbringen, das für mich bereitgestellte Bateau zu besteigen und mich einige Tage ungestört meinen Überlegungen hinzugeben. Solch eine Chance gibt es nicht oft.«

Eine Weile lang war es still zwischen den beiden Männern. Auch das Froschkonzert war verstummt, und es ging nicht das leiseste Lüftchen in der noch immer warmen Nacht. Nur das orange Licht am sonst finsteren Horizont flackerte schwach. Dann war ein lautes Platschen zu hören, als sei irgendwo etwas ins Wasser gefallen. »Ein Raubfisch auf Jagd«, erklärte Marschall. Erneut schüttelte er den Kopf: »Sie planen also wirklich, trotz meiner gut gemeinten Worte in Wrietzen an Bord zu gehen? Nun gut, Ihre Entscheidung. Da Ihre Ankunft in der Bruchhauptstadt allerdings in den frühesten Morgenstunden liegen wird und bei mir leider alle Gästezimmer belegt sind, möchte ich Ihnen anbieten, zunächst ein Zimmer im Hotel *Goldener Löwe* zu nehmen. Die Commission hat dort für den Zeitraum der Melioration eine Unterkunft angemietet. Dieses steht zu Ihrer freien Verfügung. Da können Sie sich sammeln, frisch machen und in aller Ruhe über das, was ich Ihnen gesagt habe, nachdenken. Ich kann das Haus nur empfehlen. Vergleichen Sie es nicht mit den großen Hotels der Hauptstadt, aber für Wrietzen ist es gehobener Standard. Tun Sie mir den Gefallen, lieber Professor, und nehmen Sie diese von Herzen kommende Offerte an.«

»Es klingt vernünftig, Herr Minister. Gerne also.«

»Sehr schön. Und jetzt lassen Sie uns von Erfreulicherem als von merkwürdigen Todesfällen sprechen. Nämlich von der Wissenschaft. Sie ist es doch, die wahrlich unseren Fokus verdient«, sagte Marschall und ging mit seinem Gast einige Schritte in Richtung Oder. »Ist das übrigens, was Sie da vorhin so schön aus Ihrer Rocktasche gezaubert haben, eine *achromatische* Linse?«

»Sie kennen sich aus, Herr Minister.«

»Ich bin gerne selbst, wenn auch im Vergleich nur stümperhaft, wissenschaftlich tätig und versuche stets, mich auf dem Laufenden zu halten. Möchten Sie einen kurzen Blick in meine bescheidene Forschungseinrichtung werfen, bevor es bei Ihnen weitergeht? *Labor* wäre zu viel gesagt, aber hier wären wir schon.« Sie hatten den nachtschwarz strömenden Fluss erreicht, in dem die Sterne sich zitternd spiegelten. Direkt am Ufer war ein gedrungenes Wirtschaftsgebäude errichtet, das sich kaum merklich gegen den Himmel abhob. Über das flache Dach hingen die Äste einer riesigen Trauerweide.

»Ich hätte nicht geglaubt, dass Sie bei all Ihren Ämtern noch Zeit für die Wissenschaft erübrigen können.« Euler betrachtete den lang gezogenen, düsteren Schuppen.

»Mit je mehr Posten man mich betraut, desto resistenter werde ich gegen die Papierhuberei, die der Staat immer mehr zu seiner wahren Leidenschaft erkoren hat. In meinem Alter gehe ich verstärkt dem nach, was mich persönlich interessiert«, sagte Marschall und führte seinen Gast auf das im Dunkel schemenhaft erkennbare Häuschen zu. Er löste den eisernen Schließbolzen aus seinem Ring und schob die Tür zur Seite. Im matten Sternenlicht, das durch ein Fenster fiel, war wenig zu erkennen. Marschall ertastete eine Petroleumlampe auf dem Erdboden, stellte den Docht an einer Schraube höher und brachte die Lampe mithilfe eines Zündholzes, das er an seinem Lederstiefel anriss, zum Brennen. Euler erkannte eine Reihung von Holzkästen in dem niedrigen Raum. Ihre Oberseiten waren mit feinmaschigem Draht bespannt.

»Meine Brutstation«, erklärte Marschall stolz. »Mehr als das: meine Existenzberechtigung. Wissen Sie, den größten Tölpel kann der Stammbaum und eine Erbschaft mit Wohlstand und Position versehen. Doch sich die vordere Stellung zu *verdienen*, durch Erkenntnisse in Sachen Forschung und Weiterentwicklung der Kultur, ist eine andere Sache. Wenn Sie mich fragen: Auch der Adel muss etwas leisten, um seine Privilegien zu rechtfertigen. Dies würde seine Position insgesamt stärken, und glauben Sie ja nicht, diese ist in unserem Staat unantastbar. Doch Arbeit gilt bei vielen Blaublütlern ja als unfein.« Voller Energie sah er Euler mit seiner ungleichen Augenpartie an. »Lieber Professor, wenn wir uns das Bruch als ein Laboratorium vorstellen, in dem die künftige Entwicklung unseres Landes sich zeigt, haben wir es *hier* mit einer Keimzelle innerhalb dieser Versuchsanordnung zu tun.« Aufgeregt wie ein Kind winkte er seinen Gast an den ersten seiner Kästen heran. »Ich züchte hier eine verbesserte Form der Seidenraupe. Sie soll gesteigerten Ertrag aufweisen.«

»Das ist interessant.« Euler trat einen Schritt näher. »Als Direktor der mathematischen Klasse der Akademie bin ich auch für die Botanischen Gärten zuständig, und es obliegt mir, mich um die königliche Maulbeerplantage darin zu kümmern.«

»Das nenne ich Zufall.« Marschall zog eine schwere Schublade aus einem der dunklen Kästen heraus. »Hier ist unsere Brutlade. Darin entwickeln sich die Eier. Und dort … sehen Sie geschlüpfte Raupen. Ich habe zwei herrliche Maulbeerbäume auf meinem Anwesen. Ganz erstaunlich, wie viele Blätter diese Tierchen verschlingen können.«

»Und worum handelt es sich da drüben?« Euler deutete zur Querwand hin, in die ein Gitterkarree eingelassen war, das in einen weiteren Raum blicken ließ. Er war ebenso groß wie jener, in dem sie sich befanden, und mit hellblau bemalten Kacheln ausgekleidet und einer einfachen Holzbank versehen. Ein schwarzer Ofen stand in der Ecke.

»Oh, das ist mein Schwitzbad. Wenn Sie mich das nächste Mal besuchen und etwas mehr Zeit bleibt, müssen Sie es unbedingt probieren. Ich konsultiere es täglich, auch im Sommer – und danach gleich ein Bad in der Oder. Das hat verjüngenden Effekt. Gehen wir?« Marschall führte Euler wieder nach draußen, und sie spazierten in Richtung Herrenhaus zurück.

Noch immer war es tiefe Nacht. Auffällig schief ragte der Turm einer baufällig wirkenden Fachwerkkirche in den dunklen Himmel. In der Ausfahrt stand die Kutsche mit den vorgespannten Pferden. Ephraim Kirschbaum, der Böttcher, hatte es sich im Wagen bequem gemacht und schlief schnarchend. Schmettau und Kurtz traten aus der Eingangstür des großen Fachwerkhauses. »Ich hoffe, es stört Sie nicht, Professor, wenn ich Sie nach Wrietzen begleite«, sagte der Pritzstabel. »Morgen ist Fischmarkt, da werd' ich gebraucht.«

»Selbstverständlich freue ich mich über Ihre Gesellschaft.«

»Eine Sache noch, Professor.« Schmettau sah Euler intensiv an. »Ich habe Sorge getragen, dass Sie während Ihrer Reise durch die hiesigen Gewässer auf das Beste abgesichert sind. Was genau dies bedeutet, erfahren Sie beizeiten in Wrietzen. Verlassen Sie sich bitte ganz auf mich.«

Die Wege waren nun etwas besser als vorher, doch schlafen konnte Euler nicht mehr. Immer wieder ging er die Gespräche auf dem Rannffter Gut durch und führte sich die Personen vor Augen, die ihm begegnet waren. Es kam ihm so vor, als ob ihm etwas Entscheidendes entgangen war. Aber was? Als habe entweder Marschall, seine Gattin oder Schmettau oder vielleicht auch Kurtz etwas zu ihm gesagt, das er unbedingt begreifen musste. Er wusste nicht, weshalb er dies dachte, und erklärte es sich mit dem Gefühl der Beklemmung, das diese lange Nacht letztlich in ihm ausgelöst hatte. *Mord* – so es sich um einen handelte –, das war etwas für die Schaubühne, für ein antikes

Drama, nicht für das Zeitalter, in dem die Ratio ihren Siegeszug antrat.

Während Kurtz neben ihm und der Böttcher ihm gegenüber tief und fest schliefen, erreichten sie gegen Morgengrauen das Ufer eines breiten Gewässers, das im Schein des Mondes glitzerte, der still und silbern im Himmel schwamm. »Die Faule See«, rief der Kutscher nach hinten, um seine Fahrgäste zu wecken, »das Wrietzener Meer also. Jetzt ham wir's gleich.« Am anderen Ufer, von hohen schwarzen Bäumen zu Teilen verdeckt, brannten die Nachtlichter einer Stadt.

Wie ein riesiges Insekt streckte die Sonne ihre Fühler über den Horizont. Eine wässrige, mit den Dünsten feuchter Wiesengründe geschwängerte Luft drang in die Kutsche hinein, als sie, per Floß übersetzend, auf der anderen Seite Land erreichten. Von hier aus war es nur ein kurzes Stück Waldweg bis zur Stadtmauer. An einem Galgen verweste ein Gehängter. Seine weiß-blau gestreifte Kutte, die ihn als Fischer aus dem Bruch auswies, hing in Fetzen. Vor dem geschlossenen Tor daneben standen zwei Wächter und rauchten langstielige Pfeifen. Der Kutscher holte das Sperrgeld hervor, um zu dieser frühen Stunde eingelassen zu werden, und Leonhard Euler, Leiter der Mathematischen Klasse der Wissenschaftsakademie zu Berlin, hatte die Bruchhauptstadt Wrietzen, das Reich des Bürgermeisters Wilhelm Fritze, erreicht.

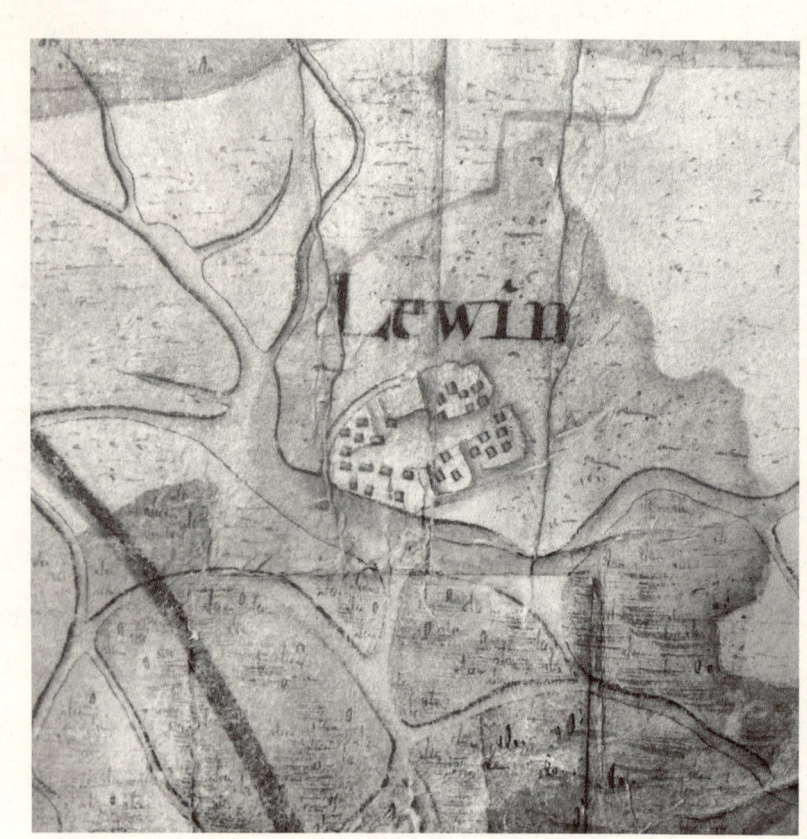

II. TEIL

FLUSS

»I grieve, when on the dark side
of this great change I look.«

William Wordsworth

FRÜH AM NÄCHSTEN MORGEN, es war der 9. Juli, ruderte Veit die Oder stromaufwärts, unterstützt von einem Südwestwind, der den Duft der Wasserminze trug und die in der aufgehenden Sonne hell leuchtenden Blätter der Purpurweiden, die die Ufer säumten, rascheln ließ. Sein Herz schlug schnell, was nicht allein der körperlichen Anstrengung geschuldet war: In weniger als einer Stunde würde der *Wolf* einer königlichen Hoheit begegnen, einem der einflussreichsten Prinzen zwischen Schlesien und der Ostsee.

Nein, Veit hatte seinen Erstgeborenen nicht ohne Hintersinn Karl genannt, und dass er den Grund dafür auch auf Nachfragen sowohl seines Vaters wie seiner Schwester nicht enthüllte, erschien ihm, während er die Ruderblätter in die blaugrünen Fluten tauchte, so kühn wie gewitzt. Tatsächlich war er es leid, von Radomeer und Oda nie den Respekt zu erhalten, der ihm gebührte. Schön singen zu können, das standen sie ihm zu. Aber die Gemeinschaft anzuführen, irgendwann Radomeer abzulösen, davon war in Lewin keine Rede. Doch wer sonst

119

sollte es tun? Radomeer tat zwar unsterblich, doch Veit hatte bemerkt, dass seinem Vater in letzter Zeit die Kräfte schwanden. Als sie für die Tauffeier gemeinsam zum Fischen ausgefahren waren, hatte dessen Arm beim Keschern gezittert, und mehrmals hatte er auch ins Leere gegriffen, was früher nie vorgekommen war. Keine Frage: Veit *musste* Verantwortung übernehmen, ganz besonders in diesen herausfordernden Zeiten. Er musste das Werk seines Vaters ehren und deshalb weiterführen. Er selbst betrat nun die Bühne der Geschichte und würde nicht länger zweite Geige hinter seiner Schwester spielen. Ab sofort würde er zeigen, was in ihm steckte. Er hatte vor, das Bruch zu retten, und dafür brauchte er kein Mandat. Er konnte für seine Familie sprechen und zur Not auch kaltblütig handeln, denn er war zu allem entschlossen. Planvoll würde er vorgehen, und dass er seinen Sohn Karl genannt hatte, war Teil dieses Plans.

Denn wie sein Vater war Veit überzeugt: Die Arbeiten am Krummen Ort verlangten eine rasche Reaktion. Durch den Tod des Ingenieurs war der Feind derzeit geschwächt. Man durfte nicht zu lange warten. Doch anders als Radomeer, der seit vielen Jahren, nämlich seit dem Tod seiner Frau, mehr redete denn handelte, wollte Veit strategisch operieren und setzte auf die Wirkungsmacht von Intrige und Politik. Als er vor einigen Tagen vom Bruder seiner Gattin, der in Zeckerick lebte und bei Karl von Brandenburg-Schwedt als Stallmeister arbeitete, gehört hatte, dass im Schwedter Schloss gegen die Pläne des Königs gewettert wurde, war Veit aktiv geworden. Mithilfe seines Schwagers hatte er ebenjenem Karl einen Brief zukommen lassen und darin um ein Treffen gebeten. Und

120

tatsächlich war Karl von Brandenburg, seines Zeichens Prinz in Preußen, auf den Vorschlag eingegangen.

Veit bemerkte, wie sich die entgegenkommende Strömung verstärkte, und drehte sich um. Die wenigen festen Gebäude von Güstebiese, wo der Oderstrom abknickte, lagen in Sichtweite. Eine halbe Stunde später kam er an, strich seinen Rock glatt und ging auf das in den Farben des Johanniter-Ordens rot und weiß getünchte Fachwerkhaus zu, das genau an jener Uferstelle stand, wo der Fluss seine auffällige Biegung nahm und sich ins Niederbruch wälzte. Hier war die Gaststube *Zum Feuchten Willi* untergebracht.

Karl von Brandenburg, ein gut aussehender, groß gewachsener Mann mit ebenmäßigen Gesichtszügen, einer schmalen, jedoch von einem kleinen Höcker gekrönten Nase, leuchtend dunkelblauen Augen und sinnlichen Lippen, war ganz in Schwarz gekleidet, trug ein silbernes Johanniter-Kreuz um den Hals, mit Zinnober gefärbte Perückenlocken und silberne Handschuhe aus Seide, die er, wenn er Fremde traf, nicht auszog. Er zählte zweiundvierzig Jahre, fühlte sich aber wie Mitte dreißig. Ungeduldig blickte er auf seine Sackuhr. Gleich würde es acht Uhr am Morgen schlagen. Von unten, aus dem Schankraum des *Feuchten Willis*, war trotz der frühen Stunde lautes Zechen zu hören. Aus Standesgründen betrat er diese Wirtsstube nie, obwohl sie ihm gehörte. Es reichte ihm schon, dass er sich den einzigen Abort des Hauses mit den Gästen teilen musste.

Er sah aus dem großen Fenster des Mansardraumes, den er sich als Geschäfts- und Aufenthaltszimmer hatte einrichten lassen, gen Südosten, auf die angeschwollenen Wassermassen der Oder, die ihm entgegenströmten. Nur der auffällige Knick des Flusses bewahrte ihn davor, mitsamt dem *Feuchten Willi* hinweggerissen zu werden, und er dachte: Gott hat diese Biegung nun einmal genau hier hingesetzt. Seines Zeichens Herrenmeister der Johanniter-Ritter, verstand er sich als Verteidiger des heiligen Glaubens in der Mark Brandenburg und war im Augenblick mit großen Herausforderungen konfrontiert. Seit siebenhundert Jahren hatten die Johanniter Bestand, hatten Hungersnöte, Religionswirren, Glaubenskriege überlebt, doch nie waren sie einem derartigen Druck durch die katholische Kirche ausgesetzt gewesen, nämlich einem finanziellen Druck. Dies war der einzige Grund, weshalb er sich auf das bevorstehende Treffen mit einem der *Hunde*, wie er die Brücher insgeheim nannte, eingelassen hatte.

Mit dem ersten Kirchschlag klopfte es an der Tür, und Karl wurde aus seinen Gedanken gerissen. Auf seine Aufforderung hin trat sein Besucher, sich tief verbeugend, zu ihm ein und küsste ihm die Hand. »Mein Vater, auf den alle im Bruch hören, sendet beste Grüße, Eure durchlauchte Hoheit«, sagte Veit, obwohl das gar nicht stimmte, da Radomeer von diesem Treffen keine Kenntnis hatte. Voller Ehrfurcht sah er den Prinzen an, der ihn kühl musterte.

»Ich danke für das Schreiben«, sagte Karl, dem der Mann aus dem Bruch unmittelbar gefiel. In dessen intensiven hellgrünen Augen entdeckte er eine versteckt glimmende Leidenschaft, wie man sie nur selten sah. Er ging zu einem gläsernen Kabinett, öffnete es und nahm eine Flasche Rotwein und zwei Gläser heraus. »Ich bin kein

Mann, der lange um den heißen Brei herumredet, denn dies kostet unnötig Zeit. Mein Vetter, der König, begreift dieses Land nur aus der Ferne. Er glaubt, es setzt sich lediglich aus stehenden Sümpfen zusammen, während wir beide wissen, dass das Wasser hier fließend ist und in dauernder Bewegung. Es ist eine vitale Gegend, bewohnt von einem eigengeprägten, sich selbst genügenden Menschenschlag.« Wohlwollend blickte er Veit an und schenkte großzügig ein. Es gefiel ihm, seinen Gast persönlich zu bewirten, zumal er sah, wie es die Achtung, die ihm entgegengebracht wurde, noch steigerte. »Die Männer hier haben ausdrucksvolle Gesichter und muskulöse Körper«, fuhr der Markgraf fort, »die Frauen gelten als ausgesprochen hübsch, mit ihren dunklen Augen voller Leben und Feuer. Und die alten Totenregister bezeugen es: Hier ist die Sterblichkeit geringer als an anderen Orten, selbst an solchen, die für sehr gesund gehalten werden.«

Veit nahm das gefüllte Glas entgegen und verbeugte sich erneut. Etwas verlegen blickte er nach draußen, wo die Oder in der steigenden Sonne gleißte.

»Sie müssen wissen, ich bin ein Bewahrer, ebenso wie Sie«, fuhr Karl fort. »Wir sind zu Experimenten, deren Ausgang ungewiss ist, nicht aufgelegt.«

»Was schlagen Eure Hoheit vor, um die Maßnahme zu verhindern? Was wäre der erste Schritt?« Veit kniff unwillkürlich die Augen zusammen. Der Wein hatte eine leicht bittere Note im Abgang, was ihn überraschte.

»Zunächst einmal: Niemand darf von unserer Zusammenarbeit erfahren. Sprechen Sie künftig selbst mit Ihrer Familie nicht darüber. Dies ist eine Sache ganz allein zwischen uns beiden. Auch werden wir sehr unterschiedlich vorgehen, und es wird nicht möglich sein – und ist auch besser so –, dass wir wechselseitig über all unsere Aktionen im Bilde sind. Doch das gemeinsame Ziel ist dieses: Wir müssen den Preis für Friedrich derart in die Höhe treiben, dass er seine Finger von unserem Oderland lässt.« Karl deutete ein feinsinniges Lächeln an. »Ich kenne meinen Vetter: Wenn etwas nicht so funktioniert, wie er es sich vorstellt, und zumal die Kosten außer Kontrolle geraten, verliert er schnell die Freude daran.«

»Sollen wir die Arbeiten am neuen Flussbett aktiv behindern?«

»Was Sie mit Ihren ortskundigen Männern tun, ist Ihre Sache. Wenn Sie auf einen Befehl von mir warten, warten Sie vergeblich. Ich werde auf anderer Ebene mein Gewicht in die Waagschale werfen, das wird schwer genug. In keinster Weise darf ich mit direkten Aktionen in Verbindung gebracht werden.«

Veit nickte. Es war für eine Weile still zwischen den Männern, und sie leerten ihre Gläser. »Ich möchte Ihnen noch etwas mitteilen. Ich bin gerade Vater geworden, ein Sohn. Wir haben ihn nach Eurer durchlauchten Hoheit benannt.«

Erstaunt sah Karl seinen Gast an. Dann stahl sich ein schmales, von Eitelkeit gespeistes Lächeln in sein markantes Gesicht. »Das freut mich. Ich wünsche dem Knaben nur das Beste. Wenn er alt genug ist, senden Sie ihn zu mir nach Schwedt auf mein Schloss.« Der Markgraf stellte das Glas ab und ging in Richtung Tür. »Wir beide hingegen werden uns nicht mehr wiedersehen. Doch wir können dieses Haus nutzen, sollte es doch einmal notwendig sein, um uns Nachrichten zukommen zu lassen.

Der Wirt verwahrt für mich einen Postkasten. Eine Sache noch. Sie betrifft den Tod des Mannes, der die Leitung der Grabungsmaßnahmen am Krummen Ort innehatte. *Mahistre*.«

Veits linker Mundwinkel zuckte. »Ja?«

»Um Gott zu verteidigen, ist jedes Mittel recht. Manche kämpfen unwissentlich auf der Seite des Bösen, und wenn wir sie davon erlösen, tun wir ihnen gut. Was die Sache des Franzosen angeht: Wie ich hörte, haben die Männer unter meinem Vetter eine Untersuchung angesetzt. Ihr scharfsinnigster Denker kommt dafür angereist.« Prüfend sah Karl sein Gegenüber an. »Ich dachte, das sollten Sie wissen.«

Veit verneigte sich. »Vielen Dank.«

Der Unfall

Von den Gipfeln Schlesiens schmolz der Schnee, und das Schmelzwasser lief in Strömen herab. Die Oder schwoll immer mehr und kam aus Frankfurt und Lebus schon mächtig angerauscht. Große Brachvögel trillerten, in den Eichenhorsten sangen melancholisch die Ortolane, und vereinzelte Bachstelzen riefen ihr hohes, metallisch klingendes *Zli-di-litt, zli-di-litt*. Statt der jubilierenden Lerchen, die bei moderateren Temperaturen die Bruchgesänge bestimmten, durchschillerte das manische Kreischen der Kiebitze die Luft.

Lukas Koppek, der Kahnbauer und Sohn des *Kopp*, war nach einer langen Nachtschicht zum Morgengrauen noch immer auf den Beinen und hielt sich den Bauch, der einen Pfannkuchen aus drei Schildkröteneiern verdaute. Mit diesem hatte er vorgesorgt, seinen Körper mit ausreichend Brennstoff versorgt, um arbeiten und das Boot termingerecht fertigstellen zu können. Über dem kippelnden Wasser, sichtbar durch das große Fenster, das er in die Rückwand seiner Werkstatt eingelassen hatte – denn er brauchte immer einen *Blick*, um zu arbeiten –, stand blutrot die aufgehende Sonne. Vor ihm lagen Spitzfeder, Maßdreieck, Zirkel. Einen Moment saß er still, die Augen halb geschlossen, und lauschte dem Gesurr der Mücken, die gegen das feinmaschige Fliegennetz kämpften, lauschte dem verwirrenden Lied der Stare in den Weiden am Ufer.

Dann lief er auf den Hof, wo seine Helfer und sein Lehrling Sten, Sohn des Bartok, unermüdlich zu Werke waren. Der zwölfjährige Junge galt als absonderlich; sein Gemüt sei zu einfach, sagte man, sein Geist zu schwach. Doch Lukas sah mehr in ihm. Der kräftige Sten mit seinem krausen roten Haar, der ausdrucksstarken Nase und den Ohren, die etwas zu stark von seinem Gesicht abstanden, war ein gewissenhafter Arbeiter, auf den er sich verlassen konnte. Stets nahm sich Sten der Aufgabe an, die gerade anstand, beklagte sich nie und erledigte alles zuverlässig und schnell. Zudem redete er wenig, und »Das geht klar« war sein Lieblingssatz. Vor allem liebte er Boote, und es entsprach seinem Herzen, bei einem ordentlichen Kahnbauer in die Lehre zu gehen, trotz seiner geringen Anzahl an Jahren, die er durch körperliche Kräfte auszugleichen suchte.

Lukas störten die Mängel nicht, die man Sten nachsagte. Er hatte den Jungen schon immer gemocht und kannte ihn seit der Geburt. Ohnehin mochte Lukas alle, die seine Leidenschaft für Kähne teilten, und er hatte sich sofort bereit erklärt, Sten auszubilden, sich in Wrietzen um ihn zu kümmern wie ein Vater um sein eigenes Kind und ihm bei freier Kost und Logis die Geheimnisse des Bootsbaus beizubringen. Seitdem schuftete Sten bei ihm wie kein Zweiter, und Lukas konnte zufrieden sein, zumal er die Hilfe aufgrund des aktuellen Auftrags dringend benötigte. Denn hatte er zunächst nur einen Kaffenkahn herstellen sollen, wurden mittlerweile elaborierte Aufbauten verlangt, wie es sie in diesen Gegenden noch nie gegeben hatte. Bürgermeister Fritze hatte ihm in seiner *Ambtsstube* persönlich die Anweisungen für den neuen Kahn übermittelt, die alles übertrafen, was Lukas, dreißig Lenze zählend und seit immerhin zehn Jahren im Geschäft, bislang ausgeführt hatte.

Das alles gefiel Lukas außerordentlich. Wenn er etwas liebte, waren es Herausforderungen. Deshalb auch hatte es ihm Oda, an die angeblich kein Herankommen war, so angetan. Ob er sie mit diesem Auftrag beeindrucken konnte? Oder würde sie dieser eher abschrecken, da es ein weiteres Paktieren mit denen war, die die Maltschaus als Feinde sahen? Für den aufstrebenden Lukas, der als einziger Wende in Wrietzen eine Werft zu etablieren versuchte und von den alteingesessenen deutschen Bootsbauern nicht nur wenig akzeptiert, sondern offen abgelehnt wurde, da sie sich nun auch mit ihm jene Arbeit teilen mussten, von der es nie genügend gab, war der Auftrag ein Geschenk des Himmels. Aber warum hatte ausgerechnet er, der Außenseiter aus dem Bruch, diesen erhalten? Wollte Fritze einen weiteren Keil zwischen die Koppeks und die Maltschaus treiben, deren Kluft vertiefen, indem die Koppeks sich durch den königlichen Auftrag Berlin weiter annäherten? Lukas traute dem Bürgermeister ein solches Vorgehen durchaus zu. Womöglich waren auch Schmiergelder geflossen. Er würde seinen Vater fragen. Dies alles war in jedem Falle mysteriös, und Lukas hasste solche Mauscheleien. Auf die Qualität der Arbeit kam es doch an! Er jedenfalls würde termingerecht liefern und zur vollsten Zufriedenheit. Da störte es ihn auch nicht, dass für seine Mühen nur eine mäßige Entlohnung in Aussicht gestellt worden war. Offenbar ging man davon aus, ein königlicher Auftrag schmeichele derart, dass man sich über Fragen der Bezahlung nicht echauffierte. Und so war es auch. Viel zu stolz war Lukas, dass die Wahl auf ihn gefallen war. Endlich kam er zu seinem Recht und konnte als Abkömmling aus dem wenig geschätzten Bruch, wo angeblich nur Faulenzer lebten, gleich für den König tätig sein. Jetzt konnte er es den Hohlblöcken im Ort beweisen. *Königlicher Kahnbauer Lukas Koppek* – dieses Schild würde er anbringen, sobald alles zur Zufriedenheit erledigt war.

Nein, ein solches Boot, wie man es sich in der Hauptstadt vorstellte, war auf diesen Wassern nie geschwommen, und es gab noch so viel zu tun. Doch jetzt zum Sonnenaufgang plagten ihn die furchterlichen Gnitzen! Durch irgendeine Ritze waren sie in seine Werkstatt gedrungen. Er zog ein Taschentuch hervor, wischte sich den Schweiß von der Stirn, schlug um sich. Trotz der frühen Uhrzeit war die Hitze bereits erstaunlich, und die Gnitzen fraßen ihn regelrecht auf. Das waren keine gewöhnlichen Stechmücken, beileibe nicht. Gnitzen *stachen* nämlich nicht, sondern *bissen* in die Haut und leckten das Blut, das in die Wunde trat. Normalerweise störte er sich nicht an Mücken – seine Konzentration war legendär und über die Jahre hinweg antrainiert –, sondern saß ruhig und dachte an nichts anderes als an den nächsten Arbeitsschritt. Sogar kleine Kinder konnten auf seinem Kopf herumturnen, und er hörte nicht mit dem Arbeiten auf. Doch diese Gnitzen waren ausgemachte Feinde des Denkens. Unablässig unterbrachen sie die Stille und piesackten ihn, zerrissen seine Gedankenketten, verhinderten Erkenntnisse, die nur bei Versenkung entstanden. Und er brauchte für diese Sache Muße.

Gereizt ging Lukas nach draußen, lehnte sich gegen die Lehmwand seiner Werkstatt und wedelte mit den Händen um seinen Kopf, dann um seine Knöchel herum. Hier auf dem Hof lagerte das Holz für den Kahn, und er bewunderte dessen schöne honiggelbe Farbe. Es handelte sich um die beste Eiche, die ihm je untergekommen war, und Eiche ließ sich trotz ihrer für den Bootsbau so wichtigen Festigkeit präzise und unkompliziert sägen, vernageln, verstiften. Er kramte ein Ledersäckchen aus der Brusttasche seiner Ärmelweste, Tabak aus Reetz, nahm eines der Blätter heraus, zupfte es zurecht und füllte seine langstielige Tonpfeife. Dann öffnete er den kleinen Kasten des Pinkefeuerzeugs, entzündete den Zunderschwamm durch Funkenschlag und entflammte ein in Schwefel getränktes Kiefernhölzchen. Er zündete die Pfeife an und drückte den Tabak, der sich in der Hitze leicht wölbte, mit dem Pfeifenstopfer nach unten. Bis er sicher war, dass alles gut brannte, paffte er ein paar Züge. Das würde die Gnitzen vertreiben. Golden schien die Sonne, die rascher, als ihm lieb war, an Höhe gewann.

Er ging wieder in seine Werkstatt und machte sich an die Verfertigung des Schreibtisches, der für das Heck vorgesehen war. Diese Arbeit dauerte länger und gestaltete sich schwieriger, als er vermutet hatte, und wurde bald von jenem Fluchen begleitet, dessen er sich gerne annahm, um seinem Unmut über die Widerspenstigkeit der Materie Luft zu verschaffen. Denn anders, als er dies angenommen hatte, war das Stück Eiche, mit dem er jetzt hantierte, recht schwierig zu bearbeiten, und die Säge kam in dem steinernen, wenn auch wunderschönen Holz nur mit Mühe voran.

Lukas schlug um sich und entkorkte seine Trinkflasche. Seine Oberarme schmerzten. Was ihn am allermeisten plagte, war die Widersprüchlichkeit der Vorgaben des Bürgermeisters. Nur ein Mensch, der vom Schiffswesen nicht die geringste Ahnung hatte, konnte so etwas verlangen: einen Kahn von möglichst geringer Länge, auf dem man aber komfortabel wohnen konnte. Sogar eine Chaise percée sollte es geben, also ein Klo. Konnten die Herrschaften aus Berlin nicht den Bach bemühen, wie das sonst hier jeder tat? Zudem musste das Ganze bequem fortzubewegen sein, was im Widerspruch zu der Anforderung einer Kajüte stand, die wiederum mehr Gewicht mit sich brachte. Er dachte daran, was Radomeer über die Leute aus der Hauptstadt verbreitete: dass sie keine Ahnung hätten, nur redeten, an ihren Schreibtischen säßen, sich Unmögliches ausdächten und forderten, dass man es hinbekam. Teufel noch mal, er würde es hinbekommen! Alles war möglich, wenn's um das Kahnbauen ging. Ein Kahnbaumeister war ja kein Handwerker im gleichen Sinne wie die Böttcher oder Schmiede oder Stellmacher, Schuster, Müller oder Garnweber. Ein Kahnbauer war alles in einem, er kombinierte sämtliche Gewerke und schaffte eine eigene, in sich abgeschlossene Welt: eine Welt, die die Menschen auf ein anderes Element entführte, wo alles im Gleiten begriffen war und es festen Halt nicht gab – was insgesamt ein tieferes Erleben ermöglichte.

Lukas musste an seinen Vater denken. Dass der dies nicht begriff! Interessierte sich nicht für diesen schwierigsten, ehrenvollsten aller Berufe, sondern wollte immer, dass er Fischer wurde. Dabei waren gerade diese auf gute Boote angewiesen. Lukas schüttelte seinen Lockenkopf und blickte hinüber zu Sten, der am Sägen war, nickte ihm ein Lächeln zu. Nun dachte er an den toten Franzosen. Kurtz, dem Lukas vor zwei Tagen in der *Roten Lilie* begegnet war, hatte ihm erzählt, der Ingenieur sei in seiner letzten Nacht in Wrietzen bei einer Dame mit schwarzer Hautfarbe gewesen. Dabei konnte es sich nur um Fräulein Gloria handeln, die in der *Großfriedrichsburg* ihrem Gewerbe nachging. Eine geheimnisvolle Person, über deren Herkunft und Geschichte niemand etwas zu wissen schien. Außer Raule vielleicht.

Lukas setzte den ledernen Trinkbeutel an und nahm einen langen Schluck, wobei er sich an den Zichorienkrümeln störte, die aus Sparsamkeit dem gemahlenen Kaffee beigegeben waren. Er dachte an das alte Niederlagshaus in Oderbergk, wo die fremdartigen Bohnen, die mit den Schiffen aus dem Baltischen Meer den Fluss herabkamen, taxiert wurden – was genau der Grund war, wieso man sie sich in Wrietzen überhaupt leisten konnte. Wie wenig wusste er über die Welt. Wuchsen solche Bohnen in Af-

131

rika? Kam von dort nicht auch diese Gloria – sowie Lulu, die Wirtin des *Goldenen Löwen*? Wieder schaute er zum jungen Sten, bot ihm die Trinkflasche an. Der Junge blickte mit seinen aufmerksamen Augen zurück und schüttelte kaum merklich den Kopf, wollte seine Arbeit nicht unterbrechen. Lukas verschloss die Flasche und packte sie weg. Es blieb jetzt nicht mehr viel Zeit. Er paffte ein paar Züge, dann arbeitete er weiter, sägte gemeinsam mit Sten, passte an, feilte ab, markierte, ließ seinen Lehrling Löcher bohren, glättete, schliff ab, hantierte mit Nut- und Federhobel, nahm Maß und verfiel bald in eine Art Trance, einen nicht mehr zu stoppenden Arbeitsrausch, überlegte wie immer an mehreren Schritten zugleich und dachte außerdem an Oda.

Irgendwann schloss er die Augen. Das Sonnenlicht strich angenehm über seine Lider. Er versuchte, sich in die Lage des Benutzers des neuen Kahns hineinzuversetzen. Wer auch immer das sein mochte: Wieso musste er darin auch *wohnen* können? Wohin würde er fahren und weshalb? Lukas war mitgeteilt worden, dass genügend Raum an Bord für Instrumente geschaffen werden musste. Ein großzügiger Arbeitsbereich mit Ablagen und Schubladen. Wieso das alles? Lukas schüttelte den Kopf. Sten und drei Bootszimmerer aus Gaul, die er zusätzlich verpflichtet hatte, würden auf seine Anweisungen hin Tag und Nacht zu tun haben. Ein wahres Glück, dass er den Sohn des Bartok zur Verfügung hatte. Der schuftete wie zwei.

Lukas legte die Pfeife, da sie nun nicht mehr ausgehen würde, kurz ab und begutachtete, was vom Boot schon alles fertiggestellt war. Mehrmals nickte er langsam, und in seine Augen trat ein Leuchten. Er machte Fortschritte, er würde es schaffen. Dann brach er in einen schrecklichen Husten aus und rieb sich ewig lange mit den Händen durchs Gesicht.

Am späteren Mittag begann das Holz vor seinen Augen zu verschwimmen. Ganz leicht und wie im Winde wellten sich die Maserungen, und es war, als gähne das Holz – oder recke sich, beinahe als redete es mit ihm und verzöge den Mund. Lukas beugte sich nach vorne. Ihm war, als könne er etwas hören, etwas verstehen, als empfange er den Willen der alten Eiche selbst, und es wurde ihm nun klargemacht, an welcher Stelle das jeweilige Stück einzusetzen war. Ohne nachdenken zu müssen, wie im Traum, begriff er, dass eine bestimmte Flanke die Rückwand des Kleiderschrankes würde – während ein anderes Stück nur als Ruderblatt funktionierte und ein Filet, mitten heraus vom besten Stamm, ausschließlich als Schreib- und Arbeitstisch Verwendung finden sollte. Lukas gehorchte. Er führte aus und war Meister genug, sich freuen zu können, dass ihm Entscheidungen abgenommen wurden, auch wenn ihm das Holz mittlerweile unheimlich vorkam.

Aber schön war es, keine Frage. Geradezu eine Schande, dass man das Unterschiff teeren musste. Gäbe es doch eine farblose Lösung, die man über die Eiche streichen könnte, um sie vor Fäulnis zu schützen! Nicht diesen hässlichen, stinkenden, die filigranen Maserungen überkleisternden Stoff. Er ging auf den Hof zu dem bereits beschickten Meiler. Darin würde der Teer kochen. Er erkletterte die angelehnte Leiter und öffnete die schwere Luke, um die Verkohlung zu kontrollieren. Verärgert stellte er fest, dass die Scheite, welche um das harzreiche Birken-

133

und Fichtenholz geschichtet waren, nicht an allen Ecken gleichmäßig schwelten. So würde die benötigte Temperatur auch bei luftdichter Abschließung nicht erreicht und der Teer weder fein noch rein genug sein, um Fäulnis abzuwehren.

Er stieg hinab, suchte einen langen Kien, kletterte wieder nach oben und entzündete diesen an der funkelnden Glut, legte ihn an allen Ecken an das Brennholz an. Schon stand er wieder an der Werkbank und sägte das Steckschwert zurecht. Irgendwann erinnerte er sich an das Feuer draußen im Hof und bat Sten, rasch den Teerofen zu erklimmen, um zu schauen, ob die Schlacke kochte. Sein Lehrling eilte nach draußen. Weiß glühte die Sonne hinter einem diesigen Schleier; der Himmel hatte sich bedeckt, und es sah nach Regen aus. Süßlich roch die Luft nach Fluss und verblühtem Flieder. Die Leiter reichte nicht bis nach ganz oben, und zuerst wusste der Junge nicht, wie er hineinschauen sollte, um das Feuer zu prüfen. Er überlegte, zurück zum Meister zu laufen und um Rat zu bitten, doch entschied sich anders, weil er nicht mehr stören wollte als nötig. Unter Aufbietung all seiner Kräfte stemmte er sich hoch, was ihm erst im dritten Anlauf gelang.

Sten blickte an dem glimmenden Brennholz vorbei und versuchte, in die Tiefe zu schauen, ob es da schon köhlte. Doch er war sich nicht sicher und beugte sich noch ein weiteres Stück vor, bis seine Oberarme zitterten. Er würde sich nicht lange halten können. Aber wieder abzugleiten, ohne genau gesehen zu haben, das wollte er nicht, denn es würde ihm unmöglich sein, noch einmal die Kraft zu finden, sich erneut hochzustemmen. Ein Gedanke jagte ihm durch den Kopf. Ein Reim, der ihm vor ein paar Nächten im Traum eingesagt worden war: *Aus diesem Feuer entsteht ein Land.* Da rutschte seine rechte Hand nach innen ab. *Doch wenn's das Feuer nicht ehrt, dann wird's verbrannt …* Verzweifelt rief Sten nach Lukas, aber seine Worte verloren sich in der heißen Kammer. Er hing mit dem Kopf nach unten, hielt sich mit Oberschenkeln und linker Hand noch fest und starrte in den rötlich blubbernden Schacht, so rötlich wie sein Haar. Dort unten glühte es. Ja, dort brannte es, und der Ofen arbeitete wie ein Rachen, ein Kamin, der ihn einsaugte und schluckte und dem gesamten Himmel die Luft entzog. Mit einem Schlag spürte Sten die ganze Hitze im Gesicht, und Tränen wie aus Feuer schossen ihm in die Augen, die er krampfhaft offen hielt und mit denen er in diese Teermünder hineinblickte, und jene waren es nun, die den Satz wiederholten: *Dann wird's verbrannt. Dann wird's verbrannt. Aus diesem Feuer entsteht ein Land. Doch wenn's das Feuer nicht ehrt, dann wird's verbrannt!* Sten sah sein eigenes zu Tode erschrockenes dunkelblaues Gesicht in dem spiegelnden, prasselnden Schwarz. Alles war trocken und heiß. Schon passte er nicht mehr auf, leistete zu wenig Gegenwehr, es ging alles sehr schnell. Auch seine linke Hand verlor den Halt, und er durchfiel die höllenheiße Länge des Schachts.

Lukas arbeitete noch über eine Stunde, bevor er sich an seinen Lehrling erinnerte. Er schaute von den Konstruktionszeichnungen hoch und wunderte sich. Als er vor seine Werkstatttür trat, sah er die beiden Stofflappen, die Sten um die Füße getragen hatte. Sie lagen vor der Leiter, die zu dem oberen Rand des Ofens ging.

Die Trauerfeier

So kurz vor der Flut war die Anspannung hoch, überall
im Bruch. Niemand bewegte sich mehr von seiner Familie
weg. Die Luft war derart schwül, dass es sich anfühlte, als
könne man sie zerreißen und etwas Heißes, Zuckendes zu
fassen bekommen, das sich dahinter verbarg. Alles lag still
zwischen der Faulen und der Großen See, und die Brücher
wussten: Die Massen von Wasser gab es bereits. Sie wälz-
ten sich aus der Ferne heran, herabprasselndes Quellwas-
ser, geschmolzener Schnee aus den Bergen Schlesiens, von
der Schneekoppe, starke Regenfälle aus den Regionen der
Oderzuflüsse flossen auf sie zu, unweigerlich, hatten womöglich schon den ehemaligen Bischofssitz in Lebus erreicht.

Ein rudernder Bote kam nach Lewin, Wasser spritzte
auf. Er hatte sich beeilt, weil die Kunde, die er zu über-
bringen hatte, nicht warten konnte. Als Bartok, der mit
Radomeer vor dem Dorfkrug saß, vom Tod seines Sohnes
in der Werkstatt des Lukas Koppek erfuhr, fühlte er sich,
als teile es ihn mitten hindurch. Sein Schrei durchbrach
die Stille und schreckte einen Schwarm schwarzer Kor-
morane aus ihren Nestern auf.

Die Nachricht verbreitete sich rasch und verschreckte
alle. Hatte man vorgehabt, wie jedes Jahr die nahende
Flut zu feiern, wurde nun eine Trauerzeremonie angesetzt. Der Leichnam des Jungen konnte nicht zugestellt
werden, denn ein solcher existierte nicht. Dass Beerdigun-
gen ohne den Gestorbenen stattfinden mussten, war in
der langen Geschichte des Bruches schon vorgekommen –
wenn Menschen im nebligen Sumpf verschwunden waren,

bis sie irgendwann sehr viel später als Moorleiche wieder auftauchten. Hier jedoch lag die Sache anders. So etwas hatte es noch nie gegeben. Der Körper des kleinen Sten war in einem seltsamen, den Fischern bis ins Unerträgliche unheimlichen Ofen verschwunden: Das war Teufelswerk, das würde ein Irrlicht hervorbringen, das nachts die Gegend unsicher machen würde, denn wie sollte der Geist des Jungen auf solche Weise je zur Ruhe kommen? Dem toten Sten konnte keine Totenkrone aufgesetzt werden, die die Vermählung der kindlichen Seele mit dem Höchsten in der anderen Welt symbolisierte. Dieser Tod des Jungen wurde als ein Zeichen kommenden großen Unheils gedeutet; nichts würde mehr so sein wie zuvor. Die Frauen in ihren schwarzen, faltigen Oberröcken klagten ohne Unterlass. Auch viele Männer weinten. Selbst die Hunde liefen mit hängenden Ohren von Haus zu Haus, da sie merkten, dass etwas Furchtbares geschehen war. Oda, die Sten geliebt hatte, geriet außer sich. Sie rannte zum *Heim der Hechtreißer*, zog ihr Schuppmesser aus dem Ledergürtel und rammte es in die Stirn des dort hängenden Konterfeis von Kurtz.

Aufgrund der nahenden Flut wurde die Trauerfeier für sofort anberaumt. Es war feucht und kühl an diesem Abend des 9. Juli, einem Sonntag. Pfarrer Bubotz, der sich des Jungen immer besonders angenommen hatte, wich vom üblichen Ritus, den vorgeschriebenen Inhalten ab, was bei seiner Strenge ungewöhnlich war und seine Erregung bezeugte. Obgleich man ihn dem Lager der Koppeks zurechnete, redete er davon, wie sie alle umringt seien: »Der Herr hat uns beschworen. Er hat uns Zeichen geschickt. Es gab Warnungen genug.« Sein Gesicht, das der Rauch des Wacholders immer wieder verhüllte, war von Schmerz verzerrt. »Einige von uns haben dies deutlich gesagt«, fuhr er fort und sah Radomeer an, »haben die Konsequenzen gezogen, und die Gnade des Herrn wird mit ihnen sein. Die Feinde bringen Unheil, und sie sind die Feinde des Herrn. Sobald man ihnen vertraut, steht man verlassen da. Gott habe uns alle selig. Die Zeiten des Zögerns sind vorbei.«

Zum Leichenschmaus wurden geröstete Schleie und gebratener Wels gereicht. Lange Bänke und Tische, mit schwarzen Tüchern bedeckt, waren vor dem Anwesen der Maltschaus aufgestellt, genau wie bei der Tauffeier des kleinen Karl. Irgendwann entfernten sich die Frauen von der Tafel und gingen, wie es Sitte war, gemeinsam zum Wasser, um sich Hände, Arme, Beine und die Füße zu waschen und alle Trauer und alles Unglück wegzuspülen, bevor das Neue kam, die Flut. Nur Oda, die vollkommen abwesend wirkte, nahm an diesem Ritual nicht teil.

Nach dem Essen stellten sich alle paarweise zum Totentanz um den leeren Sarg herum, der auf Stühlen und Schemeln ruhte. Veit sang vor, und alle stimmten einen dumpfen Totengesang an. Dann näherte sich eine Frau nach der anderen mit Sprüngen dem Sarg und küsste ihn. Oda bewegte sich während dieser Zeremonie wie schlafwandelnd. Radomeer, der dies beobachtete, sorgte sich: Hatte sie wieder dem Mohn zugesprochen? Am Ende umrundeten alle Frauen in einem großen Kreis tanzend den Sarg. Als es damit zu Ende war, legten Oda und Magdalena die Stühle und Schemel um, da auf ihnen der Tod geruht hatte und man ihm eine Wiederkehr verleiden wollte. Bartok und Radomeer trugen den Sarg zum Wasser, wo ein schwarzer Nachen lag.

Die Sonne ging unter, die ersten Sterne blinkten matt durch den feuchten Schleier. Oda goss ausgeschmolzenes Aalfett in die Lampen. Nässe hing in der Luft. Die Menschen saßen eng beisammen, wedelten sich die Mücken vom Gesicht. Erst beim gemeinsamen Bier lösten sich die Zungen, und die schweigsamen, gedrückten Brücher diskutierten gedämpft. Einige sprachen von Rache. Der französische Ingenieur würde nicht der einzige Fremde bleiben, der aus dem Bruch nicht mehr herauskam, hieß es grimmig von Wirschek, dem Schwiegervater Veits aus Rüdnitz: »Männer, das war erst der Auftakt.«

Vor der Flut

Angeführt von Oda, versammelten sich am folgenden Tag die Frauen. Sie beobachteten den Fluss, sahen, wie die Weiden ihre Äste bewegten, als winkten sie, schauten zum Himmel und zu den Bergen und legten, einem uralten Brauch folgend, den Beginn der Flutzeit auf den übernächsten Tag fest. Davon berichteten sie Radomeer, der seinerseits die Männer informierte, und unter seiner und Odas Aufsicht machten die Brücher sich daran, die notwendigen Vorkehrungen zu treffen. Jeder wusste, was zu tun war, fand dieses Ereignis doch zweimal pro Jahr statt, im Frühjahr um das Ende der Fastenzeit sowie um Johanni kurz nach Mittsommer, wenn alles Eis in den Gebirgen getaut war und Gewitterregen den Wasserablauf verstärkte.

Die Knaben zogen los und holten das Vieh von den sumpfigen Weiden, trieben es zu den Ställen. Die Frauen kümmerten sich um die Hausstände. Alles, was nicht niet- und nagelfest war, und zuallererst die auf Holzgestellen an den Ufern trocknenden Netze schafften sie ins Innere. Kürbisse und Gurken, die an den Dungwällen reiften, ernteten sie ab, damit sie im kommenden Wasser nicht verfaulten. Wer damit fertig war, ging in seine Küche und bereitete die traditionellen Fischküchlein zu, von denen während Flutzeiten riesige Mengen gegessen wurden, weil dann nicht frisch gefischt werden konnte. Die Männer trafen sich vor dem *Heim der Hechtreißer*, wo sie Gruppen bildeten, die loszogen, um die Befestigungen zu inspizieren.

All diese Arbeiten waren eingespielt und geschahen in Ruhe und mit Selbstverständlichkeit. Dennoch glomm in den Augen der Menschen Erregung. Das Eintreffen der Wassermassen würde einen Einschnitt bedeuten, der von einem Tag auf den anderen das Leben tiefgreifend wandelte. Manche sprachen von einer Reinigung. Trotz – oder vielleicht wegen – des auf allen lastenden Todes des jungen Sten spürten die Brücher, wie ein Ruck durch die Gemeinde ging: wie man Hoffnungen setzte, dass sich, wie jedes Jahr, alles erneuern würde und die nahenden Fluten Schlechtes wegrissen und mit sich in die Ferne führten.

Das Anwesen der Maltschaus musste nur wenig präpariert werden, da es am höchsten Punkt des Ortes lag. Die Wälle ringsum waren in Ordnung, sodass Veit und Radomeer am Abend Zeit blieb, für einige Tage auf Vorrat zu fischen. Beide rieben ihre entblößten Hautstellen mit Asche gegen die Mücken ein, zogen ihre Fischerstiefel mit Holzfußbett an und banden sich einen dicken Strick um die Hüften für den Fall, dass sie auf die goldene Hirschkuh träfen, von der man sagte, dass sie ein neues, glückliches Zeitalter verkünde. Niemand konnte sich erinnern, wann sie zuletzt gesehen worden war, doch begegnete man ihr, musste man sie sofort festbinden, bevor sie wieder verschwand.

Während der Tag noch hell war, gingen Veit und Radomeer zunächst auf Barsche, und als zum Sonnenuntergang Ostwind blies, war gute Zeit für Karpfen. Die ganze Nacht hindurch stocherten sie durch die nördlichen Ausläufer der Trebbinschen See, die von schlafenden Knäkenten und Brandgänsen bedeckt war und wo viele Bleye vorkamen, befuhren das krautige Raschen-Wasser, wo sie Schleien fischten, die Fremmitze, die Wuckenitze und den Lehmgraben.

Überall gingen sie ihrem Handwerk nach, und je ruhiger sie saßen, desto mehr zappelte in ihren Keschern und Netzen, auch Neunaugen und Güsten. Mitunter nutzte Radomeer die Drahtschlinge, die er bei genügender Vorsicht und Ruhe über den Kopf eines oberflächennah stehenden Hechtes schieben konnte, um sie dann zusammenzuziehen. Veit hingegen bevorzugte es, die Tiere zu stechen, und als sie zur Mitternacht die Kienpfanne entzündeten und die Hechte damit blendeten, erzielte er durch gerade Stöße mit seiner fünfgezackten Gabel, die an einem langen Stiel befestigt war und mit Widerhaken ausgestattete Zinken hatte, guten Erfolg. Mehrere große Hechte zogen sie heraus, die ihre entblößten Stummelzahnkränze bleckten, bevor Radomeer ihnen mit einem Schlag auf den Kopf den Garaus machte. Dann kam das erste Tageslicht. Nun waren die Plötzen dran. Wie lebendig gewordene Erlenblätter im Wind zappelten die kleinen Fische bald immer zahlreicher im Netz.

Als Vater und Sohn in der Röte des Morgens nach Hause ruderten und noch ein paar lang gestreckte olivgrüne Quappen fingen, stand außen das Wasser beinahe an der Oberkante ihres von Eimern voller wimmelnder Fischleiber beschwerten Kahns. Wie stets legten sie mit dem Heck zuerst an, damit böse Geister, die während der Nacht zugestiegen waren und immer vorne im Bug saßen, zurück auf dem Wasser blieben. Ausschlafen würden sie sich nun, danach ihren Fang reißen, einsalzen und haltbar machen für jene Tage, nachdem das häufig scharfe, nicht zum Fischen geeignete Schwemmwasser gekommen war.

Oda

Der Himmel hellte auf, die ersten Sonnenstrahlen glitzerten im Tau, der die Feuchtwiese hinter dem mit Fachwerk versetzten Haus der Maltschaus bedeckte. Oda, noch schläfrig, lief barfuß. Die Grashalme kitzelten ihre Sohlen und weckten sie allmählich ganz auf. Sie spürte eine Spannung überall, Schmerzen im Kopf und im Herz, wegen Sten. Wie ein Tier fühlte sie sich, ihr Herz schlug rasch, und auf ihrer Haut glänzte ein feiner Film von Schweiß. Sie hatte einen Entschluss gefasst, legte den Kopf in den Nacken, schaute zum Himmel. Doch bevor sie aufbrechen würde, musste sie sich um die Familie kümmern. Der *Wels* brauchte nach dem Nachtfischen ein kräftiges Frühstück, ebenso ihr Bruder Veit und seine Frau Magdalena, die den kleinen Karl stillte.

Mit einem feinhaarigen Sieb und einem Sack aus Leinen ausgestattet, näherte sich Oda einem Uferstück, wo viel Flottgras wuchs, das man auch Schwadengras nannte. Kurz blickte sie den von zahllosen Strudeln durchsetzten schwarzen Strom entlang und machte sich an die Arbeit: schlug mit kräftigem Schwung den Rand ihres Siebes gegen die Fruchtträger des Grases, wodurch die kleinen weißen Körner aus den Ähren fielen und genau in das Sieb, das sie darunterhielt. Vom Tau angefeuchtet, blieben die Körner dort haften. Odas hellgrüne, von goldenen Punkten durchsetzte Augen blitzten. Es gehörte Fertigkeit dazu, die bereits geerntete Grütze beim nächsten Schöpfwurf nicht wieder zu verschütten, und obgleich sie sich einer gewissen Geschicklichkeit rühmte, musste sie an diesem Morgen aufpassen, denn ihre Gedanken schweiften ab. Dennoch: Als geübte Schöpferin brachte sie es, bis die Sonne so hoch gestiegen war, dass der Tag nun wirklich begann, gut und gern auf einen Scheffel Mannagras.

Zufrieden kehrte sie zum Haus zurück, nahm einen Krug Regenwasser aus der mit drei eisernen Bändern beschlagenen hölzernen Feuerkufe, die neben dem etwas schiefen, mit schmiedeeisernem Rankwerk verzierten Eingangstor stand, das zur Tenne führte. Eilig legte sie dort die Ernte aus, um sie zu trocknen, was bei den Temperaturen schnell gehen würde. Leise, behände wie eine Katze, betrat sie den links der Tenne liegenden Stall und fütterte die Ziegen. Von dort ging sie in die Diele, wo in zwei schweren Eichentruhen die selbst gesponnenen und gewebten Linnenschätze der Familie lagerten, und gelangte in den hinteren Teil des Hauses mit dem großen eingemauerten Kessel für das Waschen und Einkochen, dem offenen Herd in der Mitte, unter dem das Brennholz zum Trocknen aufgeschichtet lag, und den Wohn- und Schlafräumen dahinter.

Noch war niemand wach, und sie konnte ihre Vorbereitungen störungsfrei treffen. Ihr Bündel war gepackt, nur den Neunaugenspeer brauchte sie noch. Sie schlich sich an dem stillen Zimmer vorbei, in dem Magdalena, Veit und das Neugeborene schliefen, erreichte die schwarze Küche, deren Fußboden einfaches Feldsteinpflaster bildete und in deren rückwärtigem Teil sich in vier rußgeschwärzten Schrägen der gewaltige, pyramidale Mantelschornstein wölbte. In seiner Mitte befand sich eine quadratische Öffnung, durch die der Rauch abziehen konnte. Seidig fiel das Morgenlicht auf den Kessel, der an einem großen Haken hing. Sie zündete in dem Herd aus Mauersteinen Eichenholzklafter an der noch vom vorigen Tag schwelenden Glut an, ließ den Kessel an der Kette nach unten und setzte Wasser auf.

An eng stehenden Regalen vorbei, worin die Fische trockneten, ging sie in die dahinterliegende Kammer ihres schnarchenden Vaters, die sogenannte »Hölle«, die nur eine winzige Guckscheibe hatte und einen Fußboden aus gestampftem Lehm, der mit kleinen Strohhäckseln versetzt war. Dort würde hinter der großen Truhe und unter dem Gesimse mit den blinkenden Zinktellern das sein, was sie suchte: jene Waffe aus Messing, die angeblich der Bog selbst besessen hatte, der Urahn der Bruchbewohner. Niemand im Dorf hatte es je erlebt, dass dieses für Kriegszeiten bestimmte Gerät mit seinen neun Zinken hervorgeholt worden war. Oda blickte noch einmal zu ihrem schlafenden Vater. Doch als sie nach der Waffe greifen wollte, erschrak sie. Der Speer war nicht an seinem Platz.

Verwirrt kletterte sie mit der Leiter auf den Boden und suchte dort. Vielleicht war er nur verlegt worden? Dann stieg sie in den Keller, wo die Schinken und Würste zum Trocknen hingen und sich die Vorratskammer befand. Auch da fand sie ihn nicht. Hieß dies etwa, dass Veit ihn an sich genommen hatte? Oder Radomeer? Bedeutete es, dass einer von den beiden für den Tod des Franzosen verantwortlich war?

Verunsichert legte sie auf dem nackten Erdboden des Kellers ein weißes Tuch für die Ringelnatter aus, die unter dem Haus ihren Bau hatte. Fünf Stücke guten Flumfisch packte sie darauf. Fraßen die Schlangen diese, brachte es Glück. Verschmähten sie sie, trat allerdings das Gegenteil ein. Für sich selbst nahm Oda zwei große geräucherte Aale mit sowie den verschlossenen irdenen Krug mit dem Mohnsaft. Sie ging zur Tenne zurück, schüttete die getrockneten Samenkörner in die Stampfe, deren Unterseite aus einem ausgehöhlten Erlenstamm bestand. Jetzt hörte sie den kleinen Karl schreien; das Haus erwachte. Sie musste nicht mehr leise sein und stieß mit einem an der Unterseite verbreiterten steinernen Klöppel die Hülsen der Körner ab. Dann lief sie in die schwarze Küche, wo das Wasser kochte. In dem von oben hereinströmenden Licht bereitete sie die Schwadengrütze mit Milch und Butter zu: ein kräftigendes Frühstück, das allen und nicht zuletzt Radomeer, der sich gerne direkt aus dem Kumm bediente, besonders gut schmeckte.

Nach dem Essen, das in aufgelockerter Stimmung verlief, auch wenn ihr Vater sie einige Male merkwürdig ansah, wartete sie ab, bis die Sonne am höchsten stand und der Wind sich komplett legte. Als sie glaubte, unbemerkt zu sein, weil alle zur Mittagsruhe waren, ging sie zum Wasser und belud ihren Nachen. Wolken jagten über den Himmel. Sie atmete heftig, legte die beiden Decken, worin sie den Neunaugenspeer hatte einwickeln wollen, ungenutzt in den Bug. Dann besprengte sie ihren Kahn mit dem Schlangenwasser der Ringelnatter. Das brachte Schutz und Weisheit, denn die Schlange, das klügste Tier, lehrte den Menschen, auch die verschlungenen Pfade zu finden.

Gerade als sie sich abstoßen wollte, sah sie gegen die Sonne den Umriss einer Gestalt, die vom Haus her auf sie zukam. »Es ist keine Neunaugenzeit.« Radomeer sah sie durchdringend an und näherte sich bis auf Armeslänge. Er hielt den langen Speer mit den neun Zinken in der Hand. »Und mit diesem hier fischen wir nicht.«

»Wieso war der Speer nicht an seinem Platz?«

»Ich verwahre ihn seit der Sache mit dem Franzosen persönlich auf. Damit niemand auf dumme Gedanken kommt. Nicht ohne Grund, wie es scheint.«

»Lukas hat mir erzählt, er hat einen Schrank bauen müssen, für den Kahn des Königs. Zur Aufbewahrung von *Instrumenten*. Sicher sind damit Waffen gemeint. Der Speer ist für Kriegszeiten vorgesehen. So will es der Brauch. Jetzt ist eine solche Zeit.«

Tränen füllten Radomeers Augen, und er schüttelte seinen Kopf. »Du weißt, ich habe einmal den Widerstand gegen die Fremden angeführt«, sagte er dann. »Als sie uns verboten haben, unsere Fische direkt an die Dröbeler aus

Frankfurt zu verkaufen und Kurtz mit seinen Kontroll-
fahrten angefangen hat. Wir waren damals stark. Alle
Brücher waren vereint. Auch die Frauen spielten eine
wichtige Rolle: Deine Mutter hat an allen Aktionen teil-
genommen. Was mit ihr passiert ist, muss ich nicht erzählen. Und ich will nicht, dass mit dir etwas Ähnliches ge-
schieht. Wir müssen uns wehren, ja. Aber Gewalt zerstört.
Nicht zuletzt uns selbst.«

»Du hast versucht, den *Grünen Hut* zu stürmen, als sie
Wolna dort hatten«, entgegnete Oda. »Sie hat für ihr Handeln mit dem Leben bezahlt. Ehrenvoll ist sie gestorben.
Lieber tue ich es ihr gleich, als weiterhin nichts zu unternehmen. Stens Tod hat bei mir etwas verändert. Ganz egal
wie er gestorben ist – ob es der Fehler von Lukas war oder
nicht –, er wäre noch am Leben, wenn es dieses Boot nicht
gäbe. Ich werde Sten rächen. Und ich werde Wolna rächen,
meine Mutter, deine Frau.« Der Blick aus ihren dunkelgrünen Augen war traurig. »Ich kann es verstehen, dass du
Angst hast. Dass du nicht mehr bereit bist, zum Äußersten
zu gehen. Du bist alt und hast viel verloren und willst das,
was du noch hast, nicht riskieren. Und Veit unternimmt
ebenfalls nichts. Aber in Zeiten des Umbruchs verlangt die
Oder nun einmal ihr Opfer. Solche Zeiten haben wir.« Sie
nahm die Bootsstange und stieß sich vom Ufer ab.

Der davongleitende Nachen Odas glich einem Messer,
das die makellos glatte Oberfläche zerteilte. Als er weiter entfernt war, sah er aus wie ein Kampfläufer, der das
Kopfgefieder spreizte. Dann löste sich das Bild für Radomeer in der schillernden Reflexion der Sonne auf dem
stillen Spiegel des Fließes vollständig auf.

III. TEIL

SUMPF

»Warum sollte es keine intelligente Lebensform
geben, die das menschliche Verständnis bei Weitem
übertrifft? Da Gott alle denkbaren Geschöpfe
geschaffen hat, gibt es nicht den geringsten Grund,
die Existenz von Wesen anzuzweifeln, die uns
sowohl in Wissen als auch in Bösartigkeit bei
Weitem überlegen sind.«

Leonhard Euler

ES WAR ACHT UHR AM MORGEN. Geschlafen hatte Leonhard Euler nur wenig, eine Stunde vielleicht, und schlecht. Statt einer Matratze lag auf dem hölzernen Bettgestell nur ein Strohsack, außerdem hatten die Tiere im Stall des Hotels direkt unter seinem Zimmer die ganze Zeit über unruhig gestampft sowie Stechmücken ihn gepeinigt. Große Quaddeln an seinen Unterarmen zeugten davon. Nun stieg der kalte Schlammgeruch von Fischinnereien durch das offene Fenster herein und verursachte ihm Übelkeit. Draußen war Fischmarkt. Verkäuferinnen mit grauen Hauben auf dem Kopf, barfuß, die blauen, mit weißen Punkten bedruckten und ebenso weißen Bändern vor dem Bauch zusammengebundenen Leinenschürzen blutig, keiften ihre Angebote durch die Luft: »*Güsten! Frische Güsten! Eingemachte Bricken! Eingemachte Bricken! Nur 'n Fünfer das Stück!*«

Scheuerleute packten Frachtwagen mit Fässern voll. Die Eingeweide von Aalen siedeten in Kesseln, Aalweiber schäumten das Fett ab, das wurde als Schmiere für die Deichseln der Kutschen verkauft. Seiler hielten

151

Seile feil, Besoffene torkelten, Krebse und Schildkröten japsten in Blecheimern nach Luft. Flumfische lagen in Laugen und Salzbrühen, Störe hingen zum Räuchern mit fratzenhaft aufgerissenen Mäulern. *Ketzin* wurde in Holzschüsseln verkauft: Rogen, noch frisch in der Hechtmilch. Wolken von Fliegen feierten ein Fest, Pferde schnaubten, Fuhrmänner wischten sich ihre Wämser ab, Bürger zogen die Hüte, Flößer und Treidler in Treidlerskluft, mit klimpernden Ledergürteln und schwarzen Stiefeln, spien Tabaksaft. »*Ein Schock großer Krebse für einen Groschen! Sonderangebot: Mannsarmdicke Aale, auch nur 'n Taler. Leute!*«

Erschöpft ging Euler zum Waschtisch und suchte nach Seife, fand keine, schaute in dem länglichen schwarzen Kasten darunter nach, doch war darin nichts als das abgelaufene Brauchwasser. Eine ungewöhnlich laut surrende, bläulich schillernde Mücke zog vor seiner Nase Achten. Angewidert, da sie in zielgerichtetem Flug auf seinem Gesicht zu landen versuchte, scheuchte er sie weg. Dann beobachtete er sie eine Weile. Ob hinter diesen ellipsenhaften Bahnen ein System, ein Nutzen steckte? Erneut kam sie auf ihn zu, landete unvermittelt auf dem Rücken seiner linken Hand und biss in diesen hinein, was derart schmerzhaft war, dass er unwillkürlich aufschrie. Blut trat aus der Wunde, in der das grauenhafte Tier noch Momente lang verharrte, um sich von der austretenden Pfütze aus Blut, Lymphe und Zellflüssigkeit zu nähren – bis er sie totgeschlagen hatte. Verärgert eilte er zum Waschtisch zurück, zögerte aber, weil er nicht sicher war, ob sich das gelbliche Wasser mit dem moorigen Geruch in der Waschkanne für die Wunde empfahl, und beschloss, stattdessen eines jener Trockenpflaster zu verwenden, die Katharina ihm mitgegeben hatte.

»*Bleye! Habe frische Bleye, Güsten auch! Habe Barmen, Schneper, Doebel, Zupen. Bleye! Habe frische Bleye, Güsten auch! Habe Haeseling, Zander, Zehen!*«

Wieder stand er am Fenster. Unten lief ein Pastor in die seitliche, von Schweinekot bedeckte Gasse. Irgendwo krähte ein Hahn. Er blickte auf seinen Handrücken, dann auf die Quaddeln auf seinem Unterarm, fluchte leise vor sich hin. Diese Ungezieferplage, das würde das Erste sein, was in einem trockengelegten Bruch verschwand.

»*Feine Leuchtquappen! Geben schönes Licht! Feinste Quappenstreifen, gut fett!*«

Er ging zur Ablage, auf der sein Gepäck gestapelt war. Ein leichter Geruch von Essig lag in der Luft. Staatsminister von Marschall konnte ihn noch so sehr vor einer Reise mit dem Bateau durch das Bruch warnen: Alles war besser, als in dieser Hölle des *Goldenen Löwen* zu verweilen. Gedankenverloren betrachtete Euler eine fremdartig wirkende Holzmaske, die über der Anrichte hing. Es war die primitive Darstellung eines männlichen Gesichtes mit unglaublich traurigem Gesichtsausdruck. An irgendetwas erinnerte ihn diese Maske, doch fiel ihm nicht ein, woran.

Nun arrangierte er sein Gepäck. Ja, all dies würde auf dem Boot untergebracht werden. Er öffnete sein Necessaire und nahm eine Paste aus pulverisierten Krötenaugen heraus. Musste man sich wirklich zweimal pro Tag die Zähne putzen, auch auf Reisen? Katharina hatte ihm diese Zubereitung mitgegeben, angeblich gesund für das Zahnfleisch. Er schraubte den Deckel auf, roch daran –

ein Hauch von Schilf –, drückte eine erbsengroße Menge auf ein für diesen Zweck zurechtgeschnittenes Läppchen und rieb seine Zähne ein. Angewidert verzog er das Gesicht. An der Geschmacksnote würde der Apotheker noch feilen müssen. Er nahm von dem goldgelben, mineralisch riechenden Wasser in der Schüssel, um sich den Geschmack auszuspülen, doch dieses schmeckte derart metallisch, dass er den Versuch abbrach. Als Nächstes puderte er seine Achselhöhlen mit Talkum, gegen den Schweiß. An diesem drückenden Tag würde er nicht den engen britischen Anzug tragen, sondern entschied sich für weite, luftige Kniehosen, eine dünne Weste. Hauptsache, alles saß bequem. Für Momente betrachtete er sich im Spiegel, der in einem wellenhaft gedrechselten Rahmen in fleckiger Goldfarbe über dem Waschtisch hing. Er bemerkte, dass in dem geflochtenen, ansonsten leeren Weidenkorb unter dem Tisch der Korken einer Weinflasche lag, bückte sich und nahm ihn heraus. *Cabernet Franc*. Der Korken war noch frisch und duftete nach rotem Wein – und zwar keinem schlechten. Eine filigrane Mücke mit langen Beinchen setzte sich auf seine rechte Wade und stach hinein.

Wirt und Wirtin

Der Fischmarkt hatte gegen zwölf Uhr seinen Höhepunkt überschritten, die meisten Fuhrwagen waren davongefahren, viele der Stände abgebaut. Ein öliger Dunst von Aal hing in der Luft. Zum Mittagessen, das Euler an einem der

Tische vor dem *Goldenen Löwen* einnahm, gab es eine widerliche Plörre, die sich *teutscher Caffee* schimpfte und aus Zichorienwurzeln, Wruckenschnitzeln und Eicheln gebraut war, ein übersalzenes Ragout aus Oderkrebsen, bläulich schimmerndes Roggenbrot mit leicht bitterem Geschmack sowie angegorene Buttermilch und ein Holzschüsselchen voller Hirsebrei. Wie gerne hätte er mit Katharina bei Lutter am Gendarmenmarkt gesessen und ein anständiges gebratenes Huhn mit Gurkensalat für acht Groschen verspeist. Bis hierher an den Rand des Bruches waren die Einflüsse der französischen Küche, von denen Berlin so profitierte, offenbar nicht gedrungen. Euler sah sich um. Am Nebentisch saßen drei Binnenkapitäne. Die Inschriften ihrer Mützenschirme verrieten ihre Herkunft: Stettin, Breslau, Cüstrin. Sie hatten die Mützen demonstrativ über ihre unbenutzten Teller gelegt und labten sich lediglich am Gerstenbier, das ihnen die Wirtin, eine ganz und gar ungewöhnlich aussehende Frau mit pechschwarzer Haut, in Steinhumpen servierte, auf die je ein goldener Löwe gepinselt war. Diese Wirtin, die so gar nicht an diesen Ort passte, trug ein knallrotes Kleid, das im Stile des französischen Hochrokoko mit geknüpften Seidensträngen verziert war, ihre Schultern elegant abfallen ließ und ihre Taille betonte. Als sie ihm zum Abschluss seiner Mahlzeit ein Glas Rotwein brachte, bemerkte Leonhard Euler, wie erschöpft sie wirkte.

»*Cabernet Franc* ist leider aus«, sagte sie mit einer wohlklingenden, freundlichen Stimme. »Ich könnte Ihnen nur dies hier anbieten, ein *Kleberoth*. Aus Wrietzen. Geht aufs Haus. Geld kann man dafür nämlich wirklich nicht verlangen.«

»*Merci beaucoup.*« Euler verneigte sich und nahm einen Schluck. Die Wirtin hatte mit ihrer Warnung recht gehabt. Der Wein schmeckte nicht nur sauer, sondern außergewöhnlich bitter. Außerdem schwammen Fasern darin. Er konnte sich nicht erinnern, je etwas Scheußlicheres getrunken zu haben.

»Glauben Sie mir«, sagte sie und konnte ein Lachen kaum unterdrücken, »ist wenigstens etwas Seltenes. Die meisten der Reben sind erfroren, die letzten Winter waren streng. Man sagt, an den Bruchhängen hat es mal stolze Weinberge gegeben. Das hier sind wohl die letzten, traurigen Überreste hiervon. Mein Name ist Lulu.«

»Leonhard Euler, angenehm. Auf jeden Fall ein eigensinniger Charakter. Also, der Wein.« Euler hatte die Fingerspitzen seiner Hände gegeneinandergelegt und betrachtete die schwimmenden Fasern im Glas. Ob hinter ihren vermeintlich chaotischen Bewegungen ein System steckte? Und wenn ja: Wie war dies zu berechnen? »Ich würde Sie gerne etwas fragen«, sagte er, während er noch immer in das Rot hineinschaute, »und zwar zu dem Zimmer, in dem ich die Ehre hatte zu nächtigen.«

»Ist etwas nicht in Ordnung?« Lulu räumte die Reste des Krebsragouts und der Hirse ab. »Hat die Demse gestört?«

Er sah auf. »Wie bitte?«

»Sagt man so nicht in Berlin? Na, die Hitze. Ich habe extra die Lüftungsklappe aufgemacht. Gab's deshalb Probleme mit Gerüchen? Wir haben häufiger Beschwerden wegen dem Stall direkt darunter. Aber wo Pferde stehen und Vieh … Das Wasser ist schon so hoch, wir können die Tiere nicht mehr auf die Weide bringen.« Sie zuckte mit ihren grazilen Schultern. Nun bemerkte sie die Quaddeln auf seinen Unterarmen. »Ah, ich sehe schon. Versuchen Sie, nicht zu kratzen. Soll ich Ihnen Kamillenumschläge machen?«

»Wirklich sehr aufmerksam, vielen Dank, aber es geht schon. Sagen Sie, hat ein Monsieur Mahistre, der hier ebenfalls nächtigte, auch solche Probleme mit der *Demse* gehabt?«

Unmittelbar trat Lulu einen Schritt zurück. »Monsieur Mahistre?« Es kam ihm so vor, als husche ein Anflug von Angst über ihr apartes, fremdartiges Gesicht. »Darüber weiß ich nichts.«

Euler nahm den Korken aus der Tasche seines Rockes, hielt ihn in die Höhe und lächelte: »Er hat doch eigenhändig dafür gesorgt, dass der *Cabernet Franc* alle ist, habe ich recht?«

Der Gesichtsausdruck der Wirtin veränderte sich erneut. »Ich kann Ihnen leider keine Auskunft geben«, sagte sie mit verschlossener Miene und verschwand mit dem benutzten Geschirr im Innern des Hauses.

Nach wenigen Minuten trat ein etwa fünfzig Jahre alter, blasser Mann mit schütterem, rötlich blondem Haar heraus. Er wirkte schlecht gelaunt und blickte Euler aus kleinen, von roten Äderchen durchzogenen hellgrauen Augen abschätzig an. Sein Gesicht sah aus, als sei es permanent sonnenverbrannt. Auf seinen blauen, verdreckten Kittel war ein goldener Löwe genäht, der vor lauter Schmutz allerdings kaum mehr zu erkennen war.

»Ich habe von Lulu gehört, dass Sie rumgeschnüffelt haben. Aber wir verraten hier nix über unsere Gäste«, sagte er mürrisch.

Bevor Euler etwas entgegnen konnte, war die Stimme eines dritten Mannes zu hören, der von der anderen Seite an Eulers Tisch getreten war. »Wissen Sie eigentlich, mit wem Sie es hier zu tun haben?«, fragte er den Wirt. Es war der junge Schreiber des Königs, den Euler beim Diner in Sanssouci gesehen hatte. Er trug eine schwarze Kattunknopfhose und ein schwarzes Seidenhemd, militärische Lederstiefel mit Eisenbeschlägen. Auf seinem Kopf saß die hohe, mit dem preußischen Adler in silbernem Strahlenkranz verzierte Mütze der Garde des Königs. »Ich freue mich, Sie wiederzusehen, Professor Euler.« Er verneigte sich tief. »Der Kammerdirektor von Schmettau hat mich beauftragt, Sie bei Ihrer Reise zu begleiten und Ihnen bei jedwedem Problem zur Seite zu stehen.« Er drehte sich zu dem rotblonden Wirt zurück: »Und es scheint mir, als hätten wir hier ein solches. Oder haben Sie die Frage meines Herrn bezüglich der Räumlichkeit und dem Monsieur Mahistre bereits beantwortet?«

»Irgendwelche Fragen beantworten … in meinem eigenen Laden? Das tut Raule bestimmt nicht.« Wütend drehte der Wirt sich um und verschwand in seiner Gaststube, wobei er fast mit einem dicken Weib zusammenstieß, das ein zitronengelbes Kopftuch trug und einem vor ihr flüchtenden, betrunkenen Mann in Treidlerskluft etwas auf Platt hinterherkeifte.

»Raule also …« Euler paffte einen Zug und blies den Rauch in Richtung der kotigen Gasse. »Ihr Schmettau erwähnte ihn bereits. Offenbar ist dieser Mann nicht glücklich mit unserer Maßnahme. Und dennoch vermietet er Zimmer an die Commission.« Euler schüttelte den Kopf. »Aber nehmen Sie doch Platz.«

»Vielen Dank.« Der Junge setzte sich, zog die kegelförmige Mütze ab und faltete sie zum Schiffchen. »Der Widersacher des Bürgermeisters, ja, ja. Ich bin über die Lage informiert. Wir werden ihn im Auge behalten.«

»*Wir?*« Euler hob die linke Braue.

»Wie bereits angedeutet: Ich habe den Auftrag, Sie in dieser unwegsamen Wildnis keine Sekunde unbeobachtet zu lassen, Professor. Wenn die Luft mal dicke wird: Ich verteidige Sie mit meinem Leben. Mein Name ist übrigens Rumi. Also der Vorname. Mein Nachname tut nichts zur Sache, der ist armenisch und unmöglich zu merken. Sie müssen wissen, Schmettau hat mich bis zur Grenadier-Garde des Königs gebracht. Schlacht von Hohenfriedberg war meine Feuertaufe.« Rumi zog eine schwere Steinschlosspistole aus seiner Rocktasche und legte sie auf den Tisch. »Habe mich dortselbst bewährt und bin seitdem mit geheimen Aufträgen betraut. Wissen Sie, was ein gutes Geheimnis ist?«

»Es gibt keine Geheimnisse, werter Rumi«, sagte Euler und sah sein Gegenüber prüfend an. »Nur Aufgaben, die noch nicht gelöst sind. Und stecken Sie Ihre Pistole wieder ein, sonst ist hier gar nichts mehr geheim.«

»Wenn nur zwei Männer von einer Sache wissen. Und einer von ihnen liegt im Grab. Das ist ein gutes Geheimnis.« Rumi grinste. »Machen Sie sich im Übrigen keine Sorgen wegen der Pistole. Ich gehe sparsam mit ihr um. Ich bin Stier, was das Sternzeichen betrifft. Stets auf Harmonie bedacht. Wenn die Sonne scheint, das Essen schmeckt, freundliche Gesellschaft mich umgibt und ein gutes Buch in der Nähe ist, bin ich wirklich der friedlichste, glücklichste Mensch auf der Welt.«

»Und wenn das Essen einmal nicht so mundet?«, fragte Euler lächelnd.

»Sie meinen, wenn ich böse werde? Also wenn der Stier brüllt, bekommen alle Angst. Apropos, ich muss unbedingt etwas Flüssiges zu mir nehmen. Ich hatte in der *Roten Lilie* einen etwas alten Star zum Frühstück, das Fleisch war zu fest und übersalzen. Ein grauslicher Nachgeschmack.« Rumi winkte der Wirtin. Sie räumte gerade den Tisch der Binnenkapitäne ab, die lärmend in Richtung Hafen aufgebrochen waren. Zögernd kam sie näher, und Rumi richtete das Wort an sie: »Werden *Sie* die Frage des Professors beantworten? Können Sie uns etwas über den verstorbenen Monsieur Mahistre erzählen?«

Lulus Blick huschte in Richtung der zugezogenen Vorhänge der Gaststube. »Möchten Sie noch etwas trinken?«

»Ein Gerstenbier, bitte«, sagte Rumi.

»Sehr wohl«, antwortete sie. Dann fügte sie kaum hörbar hinzu: »Er hat sich in seiner letzten Nacht hier arg betrunken.«

»Wissen Sie, weshalb?«, hakte Euler nach.

»Er war verzweifelt«, antwortete die Wirtin. Erneut war ihr anzusehen, dass sie sich fürchtete. Wieder sah sie unauffällig zur Gaststube hin. »Er sagte, dass er sterben müsse.«

»Weshalb glaubte er das?«

»Es sei etwas in ihm. Etwas, das er nicht mehr loswerden könne. Etwas Fremdes.«

»Etwas Fremdes? Was könnte er damit gemeint haben?« Gespannt blickte Euler sie an. Rechts neben dem Eingang des Hotels wurden die Gardinen zur Seite gezogen. Raule stand dort im Fenster. Ohne ein weiteres Wort zu sagen, wandte Lulu sich ab und lief hinein.

So kurz vor der Flut war Wrietzen geschäftiger als zu irgendeiner anderen Zeit. Jeder besorgte noch schnell etwas, traf sich mit jemandem, kaufte ein. Auf dem Weg zu Bürgermeister Fritze schlugen sich Euler und Rumi in das Gassengewirr der Unterstadt. Hier war der Lärm beinahe unerträglich. Die Reklamebanner aus Emaille, die vor den Läden hingen, klapperten im Wind, der von der Höhe kam, das Hungergeschrei von Schweinen gellte durch die Gassen. Ratten quiekten, Reiter zügelten lautstark ihre Pferde, und die alte Laurentiuskirche läutete ohrenbetäubend ihre Glocken.

»Es ist entscheidend, dass wir uns ein umfassendes Bild verschaffen«, rief Euler Rumi zu und sah nach oben, wo sich über den Giebeln der gedrungenen Häuser knarzend ein Windmühlenrad drehte. »Alles, was wichtig für unsere Gleichung ist, muss erkannt werden, wobei die *Relevanz* entscheidend ist. Gleichzeitig müssen wir darauf achten, dass wir es uns nicht komplizierter machen, als es möglicherweise ist. Unser Gehirn sucht gerne nach vertrackten Lösungen, daran reibt es sich und entwickelt sich auch. Aber manchmal überhitzt die Raison und kommt auf Abwege.« Sie durchliefen den Kietz in Richtung Faule See. Überall machten sich hier Handwerker zu schaffen, Holzpantoffelmacher klopften, Schubkarren wurden zusammengezimmert, Messer gedengelt. Ein Besenbinder stand vor seiner offenen Werkstatt und pries, wobei er immer wieder einen Schritt vor- und zurücktrat, lautstark seine Ware an.

»Ebendeshalb, damit also die Raison nicht überhitzt«,

rief Rumi, »sollten wir bei der Lösung dieser Gleichung, wie Sie den Mordfall nennen, auch die Poesie nicht vergessen.«

»Die Poesie?« Euler hielt inne und sah Rumi voller Verwunderung an. »Was hat die damit zu tun?«

»Sie kann ebenfalls Aufgaben lösen. Mit ihrer Hilfe kommen wir der Wahrheit vielleicht sogar am ehesten auf die Spur.«

»Glaubt man das in Armenien?«

»Das gilt überall.«

Sie liefen nun zwischen den ärmlichen Fischerhäusern des Kietzes hindurch, die deutlich niedriger waren als jene um den Marktplatz herum und gar kein Vergleich zu den Steinhäusern, die an den Hängen von Wrietzen standen. Hier in der Unterstadt staute sich die Hitze ins Unerträgliche und fand keinen Abzug. Penetrant stank es nach Fisch, den Ausdünstungen von Menschen, nach Schweiß und Erbrochenem, vor allem Urin, der hier und dort in Parabelbögen die Lehmwände dunkelte. Spatzen durchsuchten lärmend den an jeder Ecke liegenden Pferdemist. Türen und Fenster der geduckten Gebäude, in denen Kaschemmen wie *Zum Fischmaul* oder *Zur Dotterblume* untergebracht waren, standen offen, ebenso der Verschlag des winzigen Kabuffs des Kleiderjuden, der dösend auf seiner Schwelle saß und vor sich hin murmelte. Vor einer Absteige, untergebracht in einem windschiefen Fachwerkhaus, lehnte eine aufreizend gekleidete, etwa dreißig Jahre alte Frau und las in einem Buch. Ebenso wie die Wirtin des *Goldenen Löwen* war sie schwarzer Hautfarbe. *Zur Großfriedrichsburg* stand in roten, mehr schlecht als recht hingekrakelten Buchstaben auf einem Holzschild, das über der Eingangstür hing.

Der Himmel hatte sich bedeckt, als Rumi und Euler nach wenigen Minuten einen Schotterplatz erreichten, der an das anthrazitfarben schimmernde Wasser des Hahnengrabens grenzte. Mehrere mit dicken Eisenketten und Vorhängeschlössern gesicherte Holzschuppen säumten dieses Areal. Zwei öde Stellen mit stillgelegten Backöfen passierend, erreichten sie das *Ambtshaus*. Es diente auch als Gerichtsgebäude und war ein eingeschossiges, in krebsroter Farbe gestrichenes Lehmfachwerk mit gemauertem, turmartigem Anbau, worin sich der Karzer befand. Neben der Eingangstür war der Pranger befestigt, eine Eisenkette mit schwarzeiserner Halsmanschette.

»Verfault.« Euler stieß seine Stiefelspitze in die morsche Schwelle des Eingangs. Er nahm sein Notizbuch heraus und schrieb etwas hinein.

»Hat das ebenfalls Relevanz für unsere Gleichung: eine verfaulte Schwelle?«, fragte Rumi interessiert.

»Möglicherweise. Denn entweder fehlen der Stadt die Mittel, ihre repräsentativen Gebäude in Schuss zu halten, oder es führt jemand nachlässig seine Geschäfte.« Euler betrat den Vorraum. Unmittelbar rümpfte er die Nase. Vor einem ausgeräumten Kamin, um den herum die Wände abblätterten, lag ein toter Hirsch, dessen Bauchdecke der Länge nach aufgeschnitten war. Die glasigen Augen des Kadavers waren von zahllosen Fliegen besetzt. Raschen Schrittes gingen sie auf die Tür der gegenüberliegenden Seite zu. Ein magerer preußischer Adler, der einem krakeelenden Suppenhuhn ähnelte, war daraufgemalt.

Mit aufgeblasenen Backen und ohne sich von den Eintretenden ablenken zu lassen, saß Bürgermeister Fritze, altmodisch gekleidet in tannengrünem Wams, Haarbeutel und angeschnalltem Degen, hinter einem schweren dunkelbraunen Tisch, der mit leicht nach außen gespreizten Beinen in der Ecke der *Ambtsstube* auf einem Holzpodest stand. Vor ihm kniete ein Jäger in Stulpenstiefeln und Pelzrock, dessen Schöße durch Rosshaar verstärkt waren, und hielt seine Hände nach oben, präsentierte jene Innereien, die dem toten Hirschen draußen fehlten. Fritze warf einen abschätzenden Blick darauf. Hinter ihm und leicht schief an der Wand hing in einem rot gestrichenen Rahmen ein Porträt des Königs mit schwarzem Dreieckspitz.

»Es ist recht.« Der Bürgermeister nickte und zupfte sein Halstuch zurecht. Der Jäger verneigte sich und verließ mit den Innereien den Raum. Umständlich stand Fritze auf, ging auf seine Gäste zu und schüttelte erst Euler, dann Rumi die Hand. Für einen Moment war der Bürgermeister unsicher, wie er sich zu verhalten hatte, da ihm die Hackordnung nicht eindeutig schien. Zwar war er der Hausherr, doch kam der Professor vom Hof und war im Auftrag des Königs unterwegs. Er beschloss, einige unverfängliche Begrüßungsworte zu murmeln, und deutete mit seinem fetten Kinn in Richtung Besucherbank, die etwas niedriger stand als sein eigener Stuhl.

»Da sieht man sich also wieder. Mit erlesenen Erdtoffeln kann ich allerdings nicht dienen. Noch nicht.« Fritze umfasste mit beiden Händen seinen Bauch, weil ihm das Sicherheit verlieh. »Aber wir werden's dem Sumpf da draußen schon zeigen. Den machen wir so trocken wie einen Furz. Und dann wachsen die Knollen.« Er zog das größte Schubfach seines Schreibtisches auf und nestelte darin herum. »Schlimm genug, was diese Hunde mit Mahistre angestellt haben. Da sieht man mal wieder, mit wem wir's zu tun haben. Sollte uns eine Warnung sein. *Lewin.* Da sitzen die bösen Buben.« Er schüttelte den Kopf. »Da ist das Schlangennest. Wie wär's, wir fangen uns einen von denen, einen, der besonders verdächtig ist. Kapuze über den Kopf, malträtieren ihn, bis er's zugibt, knüpfen ihn auf.« Fritze nahm einen Krug aus Tonerde sowie drei kurze Gläser aus der Schublade, schenkte ein und reichte seinen Gästen je ein bis zum Rand gefülltes Glas.

»Ihre lokalen Arbeitsmethoden in Ehren, doch wir werden diesen Fall mit den Werkzeugen der Ratio lösen, nicht mit denen des Mittelalters.« Euler schnupperte an seinem Glas. Der Schnaps roch gleichzeitig scharf und widerlich süß. »Nach Schmettaus Kenntnisstand wurde Mahistre zum letzten Mal in Wrietzen gesehen. Wissen Sie, wo genau?«

»Aber das stimmt doch gar nicht.« Fritze zog seine Speckstirn in Falten. »Der ist kurz vor seinem Tod nach Güstebiese. Wollte sich dort mit Haerlem treffen. Fragen Sie den.«

»Wie erklären Sie es dann, dass seine Leiche hier in der Nähe gefunden wurde – und nicht in Güstebiese?«

»Hab ich mich ehrlich gesagt auch schon gefragt.«

»Können Sie mir die genaue Fundstelle auf einer Karte zeigen?«

Fritze öffnete erneut die Schreibtischschublade, kramte eine Weile darin herum und holte zum zweiten Mal den

Schnapskrug, aber auch eine an den Rändern zerbröselte Pergamentrolle heraus. Er goss die drei Gläser wieder voll, entrollte die Karte auf seinem Schreibtisch, wischte einige hässliche Brotkäfer zur Seite, die sich darin eingenistet hatten, und kniff die Augen zusammen, um die Datierung zu entziffern: »Ist von 1687. Was Neueres haben wir wohl nicht. Können Sie gerne behalten. *Hier!* Hier hat mein guter Kurtz den Toten entdeckt.« Er deutete auf eine Insel zwischen zwei Ausflüssen der Oder in die Faule See. »Keine Stunde mit dem Kahn entfernt.«

Euler sah sich die handkolorierte Landkarte aufmerksam an und schüttelte den Kopf. »Da sind ja Nebelbänke eingezeichnet.«

Rumi beugte sich ebenfalls darüber: »Und sehen Sie dieses aufgerissene Hechtmaul hier? Geradezu märchenhaft. Früher hätte man wohl Drachen gemalt.«

»Dort ist das Jäckelsche Loch«, sagte Fritze. »Märchenhaft würd' ich die Gegend aber nicht unbedingt nennen. Machen Sie lieber einen großen Bogen darum, ist zu Flutzeiten ein ziemlicher Strudel.«

Euler rollte die Karte zusammen. »Können wir jetzt den Toten in Augenschein nehmen?«

»Geht sofort los.« Fritze lief zum Fenster, stieß es auf, öffnete seinen Hosenschlitz und pinkelte ungeniert hinaus.

Der Bürgermeister führte seine Gäste einen modrig riechenden Gang entlang. Der Boden war feucht und gab unter ihren Schritten schmatzend nach. Links wie rechts gingen hinter dicken Eisengittern winzige Zellen ab, vier an der Zahl. Wie jedes Mal, wenn er den *Grünen Hut* betrat, der seinen Namen von dem moorig grünlichen Schein der Quappenstreifen bezog, geriet Fritze in aufgeräumte Stimmung und fühlte sich ganz in seinem Element. »So, da sind wir auch schon.«

Am Ende des Ganges angekommen, öffnete er eine mit Eisenbeschlägen versehene Tür, nahm die Fackel von der Wand und leuchtete ins Innere eines achteckigen Raumes. Dort stand eine grob gehauene große Holzfigur ohne Kopf, dafür mit eindrucksvollem Fischschwanz. »Unsere Odernixe. Wer mit dem Tod bestraft wird, muss sie umarmen. Unter ihr geht dann eine Klappe auf. Und wer sich nicht mehr an ihr festhalten kann, der fällt ins Loch. Direkt auf die Spieße und Räder, die wir im Loch aufstellen.« Fritze beugte sich herab und zog an einem eisernen Ring, der unterhalb der Odernixe im Boden eingelassen war. »Wir nutzen die Grube auch als Leichenraum. Ist am kühlsten dort.« Er zog die Klappe nach oben, und über eine wacklige Trittleiter gelangten sie in einen dumpfen Raum, in dem aufrechtes Stehen nicht möglich war. In der Ecke stapelte sich allerlei Gerät aus Holz und Metall: die Spieße und Räder, von denen Fritze gesprochen hatte, verschiedene Speere und Schwerter. Vor ihnen auf der Erde lag ein Sarg, in dessen Deckel ein preußischer Adler eingeschnitzt war. In der rechten unteren Ecke waren die Initialen *E* und *K* angebracht.

»Ephraim Kirschbaum«, murmelte Euler und dachte an seinen Reisegefährten von Freyenwalde nach Wrietzen.

»Komm, Junge, hilf mir mal«, sagte Fritze zu Rumi. Gemeinsam hoben sie den Sargdeckel an.

Der Leichnam von Mahistre war seziert worden, die Haut über Bauch und Brust aufgeschlitzt und zur Seite geklappt. Zahllose Käfer hatten sich über die Innereien und über das, was die Aale übrig gelassen hatten, hergemacht. Überall wimmelte es von winzigen Fliegen. Fritze schüttelte den Kopf und wandte seinen Blick ab. Rumi starrte auf den zerstörten Schädel Mahistres, der einmal ein lebendiges Gesicht gewesen war. Die beiden leeren Augenhöhlen starrten ihn an. »Als ob er noch immer etwas betrachtet«, sagte Rumi leise. »Doch was er auch sieht – oder gesehen hat: Erzählen kann er nicht mehr davon.«

»Sind Sie sicher?« Leonhard Euler griff in die Brusttasche seiner Weste, zog ein Fliedertuch heraus und hielt es sich vor Nase und Mund. Dann nahm er die achromatische Linse aus der Westentasche und beugte sich nach unten. Eingehend betrachtete er Mahistres Lunge, dann die Leber und weitere Organe.

»Die Milz ist vergrößert«, sagte er nach einer Weile. »Und in der Leber sind dunkel pigmentierte Granulate erkennbar.«

»Granulate?«, fragte Rumi alarmiert: »Sind das womöglich die Fremdkörper, von denen Mahistre zur Wirtin des *Goldenen Löwen* gesprochen hat?«

»Fremdkörper? Welche Fremdkörper?« Irritiert kniff Fritze die Augen zusammen. Dann deutete er auf die linke

Seite von Mahistres Brust: »Sehen Sie doch hier, die neun Löcher über dem Herzen. So ist er ums Leben gekommen. Das war der Fischspeer.«

Das Bateau

Ein weich gefederter schwarz lackierter Landauer fuhr sie am Ufer der Faulen See entlang. Das Laub der Weißbuchen, die den Wasserrand säumten, leuchtete, Singdrosseln flöteten weich und zart. »Um eine Sache möchte ich Sie künftig bitten, Rumi. Weder Fritze noch einer anderen Person lassen wir Informationen zukommen, wenn dies für uns, also für die Lösung des Falles, nicht gewinnbringend ist.«

Rumi schwieg eine Weile. »Sie meinen die Fremdkörper?«

»Richtig. Aber Schwamm drüber. Ah, da sind wir schon.«

Das Werfttor des Lukas Koppek stand offen, und der Kutscher fuhr auf den Hof.

Eine malvenfarbige Kutte bedeckte den Kahn. Lukas starrte auf die Brandung der Faulen See, die zittrigen Arme hielt er hinter dem Rücken verschränkt. Seine Hände waren ineinander verschlungen, die Finger fochten einen einsamen Kampf aus, und es gab in ihm ein Gefühl von Nadelstichen überall. Weder gelang es ihm, die Augen richtig offen zu halten, noch wollte er es sich erlauben, sie zu schließen – was seiner Contenance etwas Flatterhaftes verlieh. Achtzehn Tassen Kaffee hatte er getrunken, um das Unterschiff zu teeren: mehrere Schichten, einen ganzen Tag und eine Nacht lang. Das war eine schreckliche Arbeit gewesen. Nicht einmal zur Trauerfeier von Sten hatte er gehen können.

Als er Geräusche vernahm, fuhr er herum und starrte die beiden Besucher zunächst regungslos an. Dann zog er, ohne zu grüßen, mit einem Ruck die malvenfarbene Abdeckung weg.

Etwas Goldenes schwamm da, mit neuen Leinen am Ufer festgemacht. Etwas Freches: Wie ein Raubfisch sah das aus. Wie ein riesiger goldfarbener Stör, ein schnittiger Zander vielleicht. Die Sonne strich über die fachmännisch verarbeitete, Hunderte von Jahren alte Eiche, die zur *Flins* geworden war. So hieß das Boot, nach dem wendischen Totengott benannt.

Euler legte die rechte Hand an die Relingkante. Makellose Verarbeitung, das sah er sofort. Wie das Holz strahlte. Und wie alles organisiert war: Da lag die Takelage sauber aufgerollt, der Anker war an seinem Platz, das Schwert stak frisch und unbenutzt aus seinem Kasten heraus. Ohne zu zögern, ging er an Bord. Ja, hier gab es das Notwendige, aber auch das Besondere: Ein Räucheröfchen war in eine Nische eingepasst, daneben eine handliche Druckmaschine, die Zigarrenspitzen abschnitt. Er zog die intarsienverzierten Seitentüren des Schreibtisches auf: ein Oktant, Messbänder, ein Richtkreis. In der mittleren Schublade war Papier von edelster Qualität untergebracht, Sauerkleesalz gegen Tintenflecken, handliche Notizbücher mit marmoriertem Einband und eingesteckten Düsseldorfer Schreibfedern, sogar schon angespitzt.

Lukas zeigte ihm die Kajüte. Für die drei schmalen Betten gab es feinste Wäsche aus Eberswalde. Sie konnten durch das Herausnehmen zweier Bretter in ein größeres Canapé verwandelt werden und die Kajüte damit zum Salon. An der eng gerippten, aus Eichenstäben zusammengesetzten Decke hing an einem Zapfen, der die Bewegungen des Kahns im Wasser ausglich, eine blinkende Messinglampe, die mittels getrockneter Quappenstreifen betrieben wurde. Eine große hölzerne Truhe stand für das Gepäck bereit. Der Vorratsschrank in der Kombüse war gefüllt.

Lukas fragte, ob er erklären solle, wie das Gefährt zu manövrieren sei. Euler blickte ihn an. Er habe in jungen Jahren eine Arbeit über die optimale Anordnung von Masten auf Segelbooten verfasst, welche mit einem Preis der Akademie in Paris versehen worden sei, entgegnete er. Sowie sei er gerade dabei, eine Theorie des Schiffsbaus aufzustellen. Dabei gehe er von der allgemeinen Gleichgewichtstheorie schwimmender Körper aus und habe Stabilitätsprobleme sowie Schwankungen in der Nachbarschaft des Gleichgewichtszustandes berechnet. Er habe beschlossen, eine generelle Definition der Schiffsstabilität zu entwickeln. Das Problem würde darin bestehen, dass einige Vorteile bei der Navigation – wie eine größere Geschwindigkeit – anderen Zielen wie der genauen Einhaltung der Richtung widersprachen. Auch produziere das Boot durch seine eigenen Bewegungen Veränderungen in ebenjenem Medium, in dem es sich befand. Es beginne zu rollen, Wellen zu generieren, die es in ein Schaukeln versetzten. Das mache die Rechnung komplex – und somit spannend. Das perfekte Schiff sei keine Hexerei, aber immerhin eine Kunst, und bislang gäbe es keine vereinheitlichende Arbeit hierzu. Dies würde er ändern. Er würde ihm, Lukas Koppek, das Buch, das er *Scientia Navalis* zu nennen gedachte, beizeiten zukommen lassen.

»Vielen Dank«, antwortete der Kahnbauer. »Doch meine Frage lautete, ob Sie zu rudern imstande sind, selbst in starker Strömung und bei steifem Gegenwind?«

»Sobald unser Gepäck an Bord ist«, sagte Euler unbeirrt, »legen wir ab.«

Lukas sah mit erschöpftem Blick zum Himmel. »Vielleicht kommt die Flut schon diese Nacht. Dann gibt es keine erkennbaren Wasserwege mehr und überall Untiefen. Man kann auflaufen, stecken bleiben, und die Brühe ist scharf, voller Rost, schleimig, wie der Sud von Pökelfleisch. Frisst Löcher in die Füße. Warten Sie das alles lieber ab. In zehn Tagen sieht die Sache anders aus.«

»Eilen Sie in die Stadt zurück«, sagte Euler zu Rumi, als habe er Lukas' Einwand überhaupt nicht gehört. »Engagieren Sie Scheuerleute für das Gepäck. Ich mache mich derweil mit diesem herrlichen Bateau vertraut. Und suchen Sie Dr. Süßapfel auf. Fragen Sie ihn bitte, ob er verifizieren kann, dass die Speerwunde tatsächlich die Todesursache war. Bitten Sie ihn außerdem um eine Schätzung, wie lange der Leichnam wohl im Wasser gelegen hat.«

In der schnellen, offenen Kutsche fuhr Rumi zum Wrietzener Marktplatz zurück. Nun lag es an ihm, letzte Vorbereitungen zu treffen für etwas, wovon er seit lanager Zeit träumte. Seit er fünf Jahre alt war, genauer gesagt: seit dem Tod seiner Mutter. Wie der Landauer am Ufer der Bardaune entlangfuhr, sah er – wieder einmal und wie so häufig – den verhängnisvollen Tag, der seinem Leben eine entscheidende Wendung gegeben hatte, in allen Einzelheiten vor sich. Ja, er hatte sich geschworen, jedes Detail zu behalten, um auf diese Weise möglichst viel von seiner Mutter zu bewahren: ihr Lächeln beim Abschied, ihr heiteres Gemüt an ihrem letzten Tag, ihre tiefen, dunklen Augen, die samtschwarze, hochgesteckte Frisur, während alle anderen Damen der Gesellschaft noch *weiße* Perücken trugen, ihre hochhackigen Ledersandalen und den kuppelförmigen Rock, der ihr nur bis zu den Knöcheln reichte: ein kleiner Skandal bei Hofe.

Er sah, wie sie an jenem Unglückstag gegen zwei Uhr das Haus in Charlottenburg verließ, um im benachbarten Hopfenbruch, einem Moorgebiet, spazieren zu gehen. Rumi hatte sich – nach einem Schachspiel, dem ersten, das sie ihn hatte gewinnen lassen – mit einem Kuss von ihr verabschiedet, dann ungeduldig auf ihre Rückkehr gewartet und war immer nervöser geworden, als sie nach der verabredeten Zeit nicht aufgetaucht war. Er hatte sie suchen wollen, doch die Kinderfrau hatte es nicht erlaubt, weil er erst fünf Jahre zählte, und er hatte untätig und mit wachsender Angst gebangt, umfangen vom

Gefühl der Ohnmacht und der Hilflosigkeit. Irgendwann, als er längst gewusst hatte, dass etwas passiert sein musste, hatte es an der Tür geklopft. Es war der Kammerdirektor von Schmettau gewesen, ein enger Freund seiner Mutter. Er hatte geweint und Rumi in den Arm genommen und ihm erklärt, dass sie einen falschen Tritt gemacht hatte und herabgezogen worden war. Man habe sie nur noch erstickt bergen können, im Moor. Seitdem hatte Rumi sich geschworen, ihren Tod zu rächen, ein schier aussichtsloses Unterfangen, doch nun bekam er tatsächlich Gelegenheit dazu. Er würde dabei helfen, Sumpf zu vernichten, auszutrocknen; Boden fest zu machen, damit nie wieder ein Mensch darin versank.

Nachdem er zwei Scheuermänner beauftragt hatte, das Gepäck des Professors vom *Goldenen Löwen* zur Werft des Lukas Koppek zu bringen (inklusive eines frisch eingetroffenen Briefes von Marschall), holte Rumi sein eigenes Bündel aus der *Roten Lilie*, dem Nachbargebäude des Hotels. Dort hatte er für nur drei Pfennige auf dem Dachboden genächtigt, sich diesen allerdings mit Mäusen, Küchenschaben und bepelzten, unangenehm riechenden und ihn sogar beißenden Käfern teilen müssen.

Als Nächstes ging er zur Praxis des Dr. Süßapfel, doch dessen Helferin sagte, der Doktor nehme seine Schlafstunde ernst und komme erst gegen zwei Uhr am Nachmittag. Um die Zeit zu überbrücken, lief Rumi in die *Rote Lilie* zurück, deren Schankraum um diese Zeit gut gefüllt war. Erneut gab es Star als Mittagstisch, weshalb er beschloss, sich vor der Abreise lediglich mit einem Bier zu stärken. Zu seiner Freude entdeckte er den

Pritzstabel Kurtz, der ihn auf Vermittlung Schmettaus am gestrigen Tag in der Stadt empfangen hatte. Zwar wirkte der Mann eine Spur unheimlich, da man nie genau wusste, ob er gerade grinste oder bedrohlich seine Zähne fletschte (und den Mund geschlossen hielt er so gut wie nie), doch war er Rumi dennoch sympathisch. Auch wenn er keine ansehnliche Gestalt war und sich auf dem Fischmarkt die Leute vor ihm fürchteten: Rumi gegenüber hatte sich Kurtz zuvorkommend und korrekt verhalten. Der Pritzstabel mochte simpel und nicht der Hellste sein, immerhin war er aufrichtig, und so zögerte Rumi nicht und setzte sich neben den schwarz gekleideten Mann.

Kurtz war trotz der frühen Stunde beschwipst und machte keinen Hehl daraus. Schließlich war Flutzeit. Auch er freute sich über die Begegnung. Rumi war ein frisches Gesicht in dieser Stadt, in der Kurtz sonst alle Menschen kannte – zu gut kannte, um sie noch zu mögen, wie er manchmal dachte. Er rückte ein Stück zur Seite, damit für beide genug Platz war an der über und über mit Fischmessern bearbeiteten Theke, und bestellte dem Jungen bei Schmitt, dem Wirt, ein Bier. Dann plauderten sie über die anstehende Reise mit dem nagelneuen Kahn, den Kurtz über die Maßen bewunderte. Als Rumi von der Landkarte mit den Nebelbänken und dem aufgemalten Hechtmaul berichtete, weitete Kurtz seine Grimasse zu einem echten Lachen, sodass seine Augen komplett in ihren Höhlen verschwanden, und merkte an, der gute Fritze wolle sie wohl in die Irre leiten. Ob es aktuellere Karten gebe, wusste er allerdings nicht.

»Eine Sache noch. Die Wunde in Mahistres Herzgegend:

Haben Sie diese mit eigenen Augen gesehen, gleich als Sie ihn fanden?«

Mit einem schwer zu lesenden Ausdruck im Gesicht blickte Kurtz ihn an, legte seine Stirn in Falten und bleckte den Mund zum Rechteck. »Komisch, dass du mich das fragst.« Er trank seinen Humpen aus und bestellte nach. Dann schüttelte er seinen quadratischen Schädel und hustete. »Aber vielleicht auch gar nicht komisch. Weil zuerst, also im Bruch, da ist mir die Wunde nicht aufgefallen.«

»Aber sie hätte doch für Sie zu sehen sein müssen.«

Kurtz zuckte mit den Achseln. »Keine Ahnung. Ich war ganz schön von den Socken. Erst als Süßapfel zur Stelle war – den ich holen ging, nachdem ich die Leiche in der *Ambtsstube* ablegt hatte – und als der Doktor die neun Löcher im Herz bei der Obduktion entdeckt hat, da hab ich sie auch gesehen.«

Dr. Süßapfel, der einen engen weißen Kittel über seinem Bäuchlein trug, gähnte gerade herzhaft, als Rumi zum zweiten Mal seine kleine Praxis in der Wrietzener Unterstadt betrat. Er wischte sich mit einem Taschentuch über die Glatze und hörte seinem Besucher aufmerksam zu, musterte ihn mit flinken grauen Augen und entschied, dass dem Jungen zu trauen war. Dann gab er freimütig Auskunft über den, wie er es bezeichnete, *interessanten* Leichnam des französischen Ingenieurs und sagte, dass ihm die neun Löcher in Mahistres Herzen sofort aufgefallen waren und es bezüglich der Todesursache deshalb keine Zweifel gegeben hatte. Merkwürdig, zumal wenn er jetzt darüber nachdächte, seien ihm allerdings die Gewebeschwellungen und Flecken am gesamten Torso vorgekommen, da sie nicht durch die Stichwunde und nur bedingt durch einen längeren Aufenthalt im Wasser zu erklären seien.

»Was meinen Sie, Doktor, wie lange dieser Aufenthalt im Wasser gewesen sein könnte?«

Süßapfel zuckte mit den Schultern und schob seine fleischige Unterlippe vor. »Einen Tag und eine Nacht, schätze ich mal.«

»Diese Flecken und Schwellungen: Woher könnten sie stammen?«

Süßapfel sah zur Decke. Dann zuckte er mit den Achseln. »Blutungen. Ungewöhnlich starke innere Blutungen. Wenn ich ehrlich bin: So etwas wie diese Leiche hab ich mein Lebtag noch nicht gesehen.«

Insel

Es war windstill, und mit der Strömung, die allerdings das präzise Steuern erschwerte, kamen sie rasch voran. Links und rechts am Ufer wuchsen in sattem Grün Brennnesseln, dahinter mannshoch das Schilf, durchsetzt mit den weißen Blüten der Trichterwinden. Die Anstrengung des Ruderns ließ Euler zur Ruhe kommen und auch die Sache um Mahistre, die er immer wieder von allen Seiten beleuchtet hatte, für eine Weile vergessen. Während sie unter einem weiten Himmel das klare hellgrüne Wasser durchschnitten, gelangte er nach einigen Minuten in einen Zustand, der ihn an Schweben erinnerte. Alles war so, wie er es sich vorgestellt hatte: das Gleiten, die Ruhe, die sich ausdehnende Zeit, die beschäftigten Muskeln. Alles an Bord wirkte auf ihn, die ständige Veränderung des Bootes in den Wellen, die Brise auf der Haut, der weite Blick und Luftkreis. Wie die zahllosen Silhouetten der Fische unter der Wasseroberfläche quicklebendig davonglitten, so glitten auch die Gedanken frisch durch ihn hindurch und verließen ihn, sodass er ganz leer wurde und frei. Auch Rumi genoss diese erste Fahrt. Sein Feind, der Sumpf, sah vom Boot aus recht ansehnlich aus, und die Steinschlosspistole, die er neben den Steuerstand gelegt hatte, wirkte in der friedlichen Landschaft deplatziert.

Nach einer guten Stunde hatten sie die gesuchte Insel erreicht und legten dort an, wo sich die Bardaune in die Faule See ergoss. Ausgiebig untersuchten sie das von Schilf auf der einen Seite sowie auf drei Seiten von Wasser umschlossene Uferstück. Die Spuren des Pritzstabels waren deutlich zu erkennen: die Schleifrillen seines Kahns, seine Fußstapfen im Morast sowie die Eindrücke im Boden, die anzeigten, wo der Leichnam gelegen haben musste und welche Strecke Kurtz ihn bewegt hatte, um ihn in sein Boot zu verfrachten. »Woher, Rumi, ist der gute Mahistre wohl gekommen, bevor er als Leiche an dieser Stelle lag?« Aufmerksam sah Euler sich um.

»Entweder landete er per Kahn an, oder er muss durch das Schilf gebrochen sein.«

»Würden Sie so freundlich sein und versuchen, diese Vegetation zu durchdringen?«

Rumi ging auf die grüne Wand aus Schilfrohr zu, die mehr als mannshoch in die Höhe wuchs. Mit beiden Händen probierte er, sich einen Durchgang zu verschaffen, doch auch bei größter Anstrengung gelang es ihm nicht. Beinahe unbeweglich und viel zu dicht standen die armdicken Rohre.

»Er muss also vom Wasser gekommen sein.« Euler blickte über die Faule See hinweg und die Bardaune hinauf. »Doch mit wem? Und was ist dann passiert? Wir finden hier keinerlei Spuren, die auf einen Kampf hindeuten.« Euler deutete auf die Eckpunkte, die das morastige Ufer begrenzten.

»Vielleicht hat ihn jemand tot hier abgelegt.«

»Ich sehe nicht einmal Fußspuren einer weiteren Person. Wer hat ihm den Speerstoß verabreicht?« Euler schüttelte den Kopf. »Wenn Sie mich fragen, bleibt nur eine Möglichkeit: Mahistre kam alleine hier an. Und war zu diesem Zeitpunkt schon tot.«

Der natürliche Fluss der Geschichte

Kurz hinter der Faulen See, wo sie in den Hahnengraben bogen, endeten die Wegmarken, jene Holzpflöcke, deren Spitzen auf Steuerbordseite mit Zweigen versehen waren, und sie gerieten in ein unübersichtliches Delta aus Schlenken und Armen, niedrigen Fließen und Gräben. Jeden Abzweig notierte Euler und verglich ihn mit der Karte. Häufig waren diese Durchlässe recht kurz und führten in einer Schleife zu ebendem Gewässer zurück, von dem sie abgezweigt waren. Befand es sich so, machte er eine Markierung und schlug vor, einen solchen Mäander zu coupieren, den Verlauf zu begradigen, um schnelleren Verkehr auf dem Hauptstrom zu ermöglichen und dadurch das umliegende Land trocken zu machen.

Für diese Notizen nutzte er eine der klaren, harten Düsseldorfer Federn, legte das Lineal an und zeichnete einen fingerbreiten Doppelstrich durch die betreffenden Gemarkungen. Nicht immer war die Vorgehensweise eindeutig, da es sich bei keinem der Gewässer um stehenden Sumpf handelte, wie er angenommen hatte. Hier floss es überall, der Hauptstrom verteilte sich auf die verschiedensten Stränge und befand sich in dauernder Fluktuation. Umso gewissenhafter ging er seiner Arbeit nach, skizzierte neue, vereinfachte Fließmöglichkeiten und zeichnete jene Erddämme ein (die sogenannten Sommerdeiche von je fünf Fuß Höhe), die Mahistres Plan vorsah, um die Landschaft links und rechts vor künftiger Überschwemmung zu sichern. So kamen sie langsam, aber gewinnbringend voran.

Als Nächstes – und zwar als sie über den Landgraben zum ersten Mal den Hauptarm der Oder erreichten – machte er sich daran, die Strömungsgeschwindigkeit zu messen. »Nun nicht mehr rudern«, bat er Rumi, nahm aus der obersten Schublade des Instrumentenschrankes die Logge heraus, ein viertelkreisförmiges Holzbrett, das mit Blei beschwert und an einer Leine befestigt war, und ließ sie ins Wasser. Dann drehte er das Logglas um, eine einfache Sanduhr, und maß die Zeit, die es brauchte, bis die Strömung die Leine gestrafft hatte. Er notierte den Wert und setzte Zeit und zurückgelegte Strecke ins Verhältnis.

Es war früher Abend, als sie über den Dreetzer Zopf und die Zispe, die sich in engen Kurven durch das Dickicht schlängelte, den Fährkrug bei Schiffmühle erreichten. Die Gaststube war bereits geschlossen, nirgendwo waren Menschen zu sehen, nur eine Gruppe ungewöhnlich großer, stolz wirkender Junghasen mit beeindruckenden Löffeln, deren Innenseiten im Abendlicht rosafarben glühten, tummelte sich im geschnittenen Gras. Es hatte abgekühlt, und die Luft fühlte sich wie eine dezente Umarmung an. In der tief stehenden Sonne, die über den Wellen glitzerte, leuchteten die Binsen und Blätter der mit ihren Wurzeln teils im Wasser stehenden Eschen und Stieleichen golden auf. Zahllose, aus der Ferne wie kleine bunte Tupfer aussehende Vögel jubilierten im Ufergebüsch. Eine Rotbauchunke rief in tiefen Tönen, andere antworteten ebenso tragend. Der Himmel dunkelte silberfarben ab; nur im Westen leuchtete ein Wolkenstreifen orangerot. Die Konturen der Dinge traten noch einmal deutlich hervor.

Euler stopfte eine Pfeife und rauchte zwei rasche Züge, um sie richtig zum Glühen zu bringen. Dann drückte er mit dem Stopfer die Asche nach unten. Wütend umsurrten ihn Stechmücken, kamen aber wegen des Rauches nicht an ihn heran. Er nahm einen weiteren, dieses Mal ruhigeren Zug. »Für mich ist eines unbestreitbar«, sagte er zu Rumi, der sich auf der Heckbank vom Rudern ausruhte, »unsere Bemühungen um Auflösung des Todes des Monsieur Mahistre stehen in einer engen, wenngleich noch unbekannten Relation zu dem tatsächlichen Wert dieses Moores, das wir durch unsere Vermessungsarbeiten zum Verschwinden bringen. Wir müssen hier Dinge in Beziehung setzen, von denen wir vorher nicht glaubten, dass sie in Beziehung stünden. Doch letztlich werden wir dadurch in eine Tiefe vordringen, die uns die Wahrheit erkennen lässt.«

»Nehmen Sie es mir nicht übel, Professor«, Rumi blickte gen Westen in den feuerroten Abendhimmel, »aber das alles klingt nach einer schrecklich komplizierten Angelegenheit.«

»Nennen wir es lieber *komplex*«, erwiderte Euler. »Lange sieht es so aus, als blicke man auf ein Durcheinander, und die neu aufkommenden Fragen überwiegen die Antworten, die wir bereits geben können. Doch wie bei jedem mathematischen Problem kommt der Moment, an dem es umschlägt, und die Lösung steht klar wie Glas vor einem da.«

Er legte seine Pfeife auf ihrem Untersetzer ab, zog die Schublade auf und holte den Brief Marschalls sowie die dicke Mappe hervor, die Schmettau ihm zur Verfügung gestellt hatte. Zunächst las er Marschalls Zeilen, die Rumi aus Wrietzen mitgebracht hatte. Der Staatsminister erinnerte an ihr Gespräch in Ranfft und schrieb, dass der letzte Brief Mahistres tatsächlich nicht am Krummen Ort, sondern aus Wrietzen abgeschickt worden war.

Nun schlug Euler die Kladde von Schmettau auf. Ganz oben war mit Faden das Gutachten Haerlems eingeheftet, das zugunsten des Mahistre-Plans verworfen worden war. Darin war ein Gewinn durch die Melioration von lediglich 7664 Morgen prognostiziert. Euler überflog das Gutachten zunächst nur, doch an einer Stelle stutzte er. Um die Kosten zu refinanzieren, hatte der Deich-Oberinspektor vorgeschlagen, pro trockengelegten Morgen einen jährlichen Zins einzufordern. Explizit ausgenommen von solchen Zahlungen wurde das Gut Ranfft, obwohl dieses mit 1460 Morgen neuem Land erhebliche Zugewinne hätte. Wie passte dies zu der Behauptung Marschalls, Haerlem wolle ihn zu der übertriebenen Forderung von 65 000 Talern zur Rodung seiner Wälder zwingen? Versuchte der Staatsminister zu verdecken, dass er mit dem Friesen zusammenarbeitete? Aufmerksam blätterte Euler in dem einspaltig geschriebenen Gutachten weiter. Was ihn nach einer Weile ebenfalls verwunderte, war die Tatsache, dass Haerlem weder die Kosten des von ihm vorgeschlagenen Grabens budgetierte noch Berechnungen anstellte, welchen Gewinn das Bruch in seinem *derzeitigen* Zustand seinen Bewohnern, aber auch seinen Besitzern durch Abgaben einbrachte. Den Fischreichtum, von dem so viele sprachen – und der augenscheinlich war, er musste nur über Bord blicken –, tat Haerlem mit der flapsigen Bemerkung ab, dass einer Kuh ein höherer Wert zukomme als ein paar Plötzen. Hatte sich der Deich-Oberinspektor mit den realen Werten nicht beschäftigen wollen, weil er als künftiger Viehzüchter Eigeninteressen vertrat?

In dieser Nacht, die sie am Fährkrug lagen, setzte der heftige Regen ein, der häufig der Flut vorausging. Die Wellen bauschten sich auf und schlugen in unaufhörlichem Rhythmus gegen den Kiel der *Flins*. Immer schneller fielen die Tropfen, unaufhörlich klopfte es, wie mit eintausend Knöcheln. Uferbänke aus rotem Schlamm rutschten in der Schwärze der Nacht in den angeschwollenen Fluss, Bäume schüttelten ekstatisch ihre Äste, schwarze Wolkenfetzen zerrissen die Zusammenhänge der Sterne, und dann flackerte nur noch das Quappenlicht. Blitze überschrieben das Firmament, zuckten nach unten, um in Haine oder ins Gewässer zu schlagen. Aus tiefster Dunkelheit entsprangen diese Flüsse am Himmel, verzweigten sich rasend, und das Bateau zitterte auf kippliger See. Die Front kam aus dem Osten, zerzauste die Wälder der Endmoränenhänge und warf das Wasser des Sumpflandes zu wüsten Wellen auf. Die *Flins* zerrte an ihren Leinen, schlug von der einen auf die andere Seite, die Temperaturen sanken, die Stärke des Regens variierte, mal war es ein *Tapp-tapp*, dann ein Pochen, bald ein Peitschen und Trommeln.

Plötzlich war es auf einen Schlag still. Der Regen hatte aufgehört, und es wehte kein Lüftchen mehr. Etwas anderes war zu hören. Ein Grollen aus der Ferne – wie ein Brechen von Widerstand. Dann wieder Ruhe. Ein Rauschen. Sehr schnell bewegte sich etwas, und es verrutschte das Wasser unter dem Boot so unweigerlich, dass es die Seile zerriss. Eine sanfte, sehr bestimmte und vor allem ungeheuer große Hand schob sich unter die *Flins*, hob sie nach oben, und das königliche Bateau fing unkontrolliert zu treiben an.

Die Natur des Gedankens

In diesen Stunden kam die Flut. So tief die Menschen auch schliefen, sie bemerkten es, denn sie kannten den Ton der unzähligen aufsteigenden Blasen genau, dieses Schwappen überall und das Plätschern, Glucksen und Rauschen.

184

Das Schlagen von treibendem Holz an die Schutzwälle aus Dung sowie jenes eigentümliche Gefühl, das sich einstellte, wenn alles, was lose gewesen war, angehoben wurde und ins Trudeln geriet.

Es war bekannt, dass in solchen Nächten häufig neue Bruchkinder gezeugt wurden, denn es waren Stunden voller Zauber und Veränderung, und etwas von der Energie, mit der das unbändige Wasser aufgeladen war, übertrug sich auf die Menschen. Endlich, nach so viel eingeschränktem, vorgeschriebenem Lauf zwischen den bekannten Ufern gab es Freiheit, Regellosigkeit und ungehemmte Entfaltung. Endlich nach Herzenslust sich *laben* können, ohne Zwang, ohne vorgeschriebenes Ziel: endlich zügellos mäandern! So stürzte der mächtig angeschwollene Oderstrom auf jene Felsblöcke zu, die ihn gestern noch in die Schranken gewiesen hatten, brandete an ihnen empor, warf Spritzer darüber und umfloss sie, eilte lärmend in durcheinanderquirlenden Wirbeln über die kleineren Steine abwärts, über die Erde, die sich sättigte mit diesem Fluss, die abtauchte in ihm, während Schaum und Gischt an der Luft versprühten. Bereits in der Nacht wurden Wiesen so hoch überschwemmt, dass nur die Wipfel der Bäume aus dem Wasser ragten.

Flut – die Brücher spürten, wie es die tiefste Tiefe ihrer Seele anrührte: wie lange Verborgenes in diesem Rauschen nach oben stieg. Sie kannten diese Gefühle und genossen sie, denn die Gewaltigkeit des Vorgangs strahlte Ruhe und Schönheit aus und beruhigte alle verwirrten Empfindungen.

Als Oda am Morgen auf ihrem Nachen unter der warmen, sie vor dem Wetter schützenden Leinendecke erwachte, war alles, was das Auge gestern noch abgelenkt hatte, verschwunden. Nirgendwo war ein Ufer zu sehen, nur in der Ferne die Umrahmungen der Endmoränenhänge, die das Bruch wie ein riesiges Tableau einfassten. Mitten auf dem rötlich schimmernden Wasser trieben, schwimmenden Gärten gleich, herausgebrochene Erdstücke voller Orchideen, mit breitblättrigem Knabenkraut besetzt, den Rispenblüten des Baldrians. Schwarzerlen ragten aus dem Nass, griffen mit ihren Ästen im frischen Morgenwind wie nach Hilfe. Schreiend durchzog eine Schar Wildgänse den Himmel.

Oda wurde von einem Gefühl heiliger Erregung gepackt: Für sie war es, als habe Gott sich ausgegossen in die Welt und schlage nun überall seine Augen auf. Auf ihren Armen bildete sich Gänsehaut. Sie wusste, dass in allen Dörfern des Bruches die Menschen erwachten und sich ebenfalls an diesem Schauspiel ergötzten. Sie fühlte sich eins mit ihnen, und Tränen überschwemmten ihre Augen, flossen ihr die Wangen hinab. Alle dort draußen im Bruch würden nach den aufwühlenden Ereignissen der vergangenen Tage und dem Tod des jungen Sten mit dieser Flut die Hoffnung auf einen neuen Anfang verbinden. Ja, sie musste alles tun, um diese Welt vor dem Untergang zu beschützen. Sie blickte in die Ferne. Irgendwo musste es sein, das Bateau mit dem Namen *Flins*, das mit seinen Instrumenten all das kommende Unglück beschleunigte. Sie umfasste mit beiden Unterarmen ihren Oberkörper und atmete gleichmäßig, bis sie sich ruhiger fühlte.

Noch vor dem Morgengrauen erwachte er. Die Kajüte war zu eng, er schwitzte stark, von draußen schlugen Äste gegen das Boot. Fröstelnd kämpfte sich Leonhard Euler in seinem Schlafrock aus grobem blauem Düssel an Deck. Ihm war übel und schwindlig, und er bekam nicht richtig Luft. Mit letzter Kraft schaffte er es bis zur Reling und übergab sich, sah, wie zahllose Fische sich um sein Erbrochenes balgten – und übergab sich erneut.

Er versuchte ruhig zu werden. Was war nur los mit ihm? Und wo befanden sie sich? Sie trieben ja! Land war in der Dunkelheit nirgendwo zu sehen. Rasch stieg er backbords an der Kajüte vorbei auf den Bug, legte Anker. Das Wasser war recht flach, doch aufgrund der Strömung zog der Anker ein Vielfaches der Wassertiefe an Leine nach. Vorsichtig ging Euler ins Heck zurück, wischte sich den Schweiß von der Stirn, setzte unter Mühen einen Topf Wasser für Tee auf, begab sich an den Schreibtisch. Er zog die Schublade auf, kramte den Tabaksbeutel hervor, suchte sich einige gute Blätter und zerbröselte sie mit fahrigen Bewegungen, füllte den Pfeifenkopf. Am Seitbord riss er ein Zündholz an und nahm den ersten Zug. Schon ging es besser.

Ein erster Lichtstrahl zeigte sich. Zunächst war nur ein heller Punkt zu sehen, doch rasch stieg, zum Teil verdeckt vom Schleier der Wolken, der Kreis der Sonne über die Linie des Horizonts. Nebelbänke lagen auf dem milchig dampfenden Wasser und erinnerten an riesige Kaffenkähne.

Rumi kam an Deck. Eingeschüchtert sah er sich um.

Wasser überall, kein Land mehr in Sicht. »Professor, sind wir noch in Brandenburg?« Plötzlich stutzte er: »Hören Sie das?« Ein traurig klingendes Stöhnen zog über die kipplige silbergraue Wasserfläche hinweg. Es schien aus allen Richtungen gleichzeitig zu kommen. »Was ist das?« Behände kletterte Rumi auf das Kajütdach und blickte sich um.

»Der Morast produziert merkwürdige Laute. Schlick setzt sich ab, Wasser steigt auf.« Euler wischte sich den Schweiß von der Stirn.

Wieder zog das klagende Geräusch über den von Wasser bedeckten Sumpf. »Nein, Professor, das kann es nicht sein. Das ist etwas anderes … eine Seele, ja, eine unterirdisch fließende, tausendfach verzweigte Seele …«

»Lieber Rumi, jetzt geht die Poesie mit Ihnen durch. Denken Sie bitte daran: Die Klinge der Ratio ist unser einziges Werkzeug bei dieser Reise, und sie ist ein ausreichendes. Es gibt in jedem Falle eine wissenschaftliche Erklärung für diese Töne. Dass sie seltsam klingen, da stimme ich Ihnen gerne zu.«

Rumi schüttelte den Kopf. »Seit der Regen in der Nacht eingesetzt hat, beschleicht mich ein Gefühl der Bedrückung. Ich fürchte, dass wir uns gerade in etwas ganz Schreckliches verwickeln. Etwas, das unser Vorstellungsvermögen übersteigt. Der Sumpf ist ein Ort voller Fallen.« Mit düsterer Miene blickte er in Richtung östlichen Horizont, wo zwei strahlend weiße Rauchkraken zu sehen waren. Intensiv leuchteten sie vor dem Hintergrund des dunklen Himmels. »Und wenn manche dieser Fallen verschwinden, tauchen andere dafür auf. Wege, die eben passierbar waren, sind mit einem Male blockiert. Was ge-

rade noch einfach erschien, ist plötzlich verwirrt. Ich sag'
Ihnen was: Durch seine Fäulnisprozesse brütet der Sumpf
den Wahnsinn aus.« Mit einem Mal weiteten sich Rumis Augen: »Und schauen Sie doch da! Was zum Teufel
ist das?«

Euler drehte den Kopf und folgte Rumis Blick. Kaum
mehr als einen Steinwurf entfernt löste sich eine der Nebelbänke auf, und eine von dunklen Flecken zersetzte
Ebene kam zum Vorschein. Heiser krächzend stiegen Ra-
ben auf, wurden von den niedrig hängenden Wolken verschluckt. »Professor, sehen Sie das?!« Vor ihren Augen
veränderte sich die Fleckung aus Nebel und schwarzem
Wasser, wirkte immer geometrischer und ähnelte einem
riesigen Schachbrett. Mehrere Figuren, größer als Menschen, befanden sich darauf. Waren es Wolken? »Erkennen Sie den weißen Turm?! Wie er loszieht, dort auf das
schwarze Ross zu, das im Nebel zu flüchten versucht!«

Euler antwortete nicht, doch er sah es ebenfalls. Das
merkwürdige Gebilde, das tatsächlich an einen Turm erinnerte, nahm die Verfolgung der Nebelgestalt auf, die
Rumi als Ross bezeichnet hatte. Der Reiter, der auf diesem saß, versuchte zu entkommen, da stieg das Pferd – als
fürchte es sich vor dem Turm – mit den Vorderhufen in
die Luft. »Er stürzt, Professor, der Reiter stürzt!« Die weiße, vertikal ausgerichtete Wolke des Turms kam immer
näher an den abgeworfenen Reiter heran, der sich nicht
mehr von der Stelle bewegen konnte und unerbittlich
nach unten gezogen wurde, während sich der nebulöse
Turm direkt neben ihm befand. »Der Turm versenkt ihn,
Professor!« Der Reiter konnte seinen Kopf gerade noch
so an der Oberfläche halten, doch sein ganzer Körper war

bereits eingesunken, und nun saugte ihn das Moor, das von seinem Griff nicht mehr abließ, vollständig in die Tiefe hinab.

»Bei allem, was mir heilig ist ...« Rumi richtete die Steinschlosspistole aus und zielte. »Schauen Sie doch, die Erscheinung bekommt ein Gesicht.«

Euler blickte über die von Dämpfen verhüllte sumpfige Landschaft. Vor seinem Auge verwandelte sich das Nebelgespinst des weißen Turmes in einen von ausufernden Perückenwellen umrahmten Kopf, der ihm nur zu bekannt vorkam. »Guter Gott«, rief Rumi und ließ die Waffe sinken. »Der Turm ... es ist der Deich-Inspektor. Es ist Simon von Haerlem. Wissen Sie was, Professor: Das ist ein Zeichen. Haerlem ist unser Mörder!«

Ratio

Euler schlug mit der flachen Hand auf seinen Unterarm, produzierte eine rote Schliere und wischte die tote Stechmücke von sich ab. Er kniff das linke Auge zusammen, um gegen die Sonne, die durch die Wolken gebrochen war, besser sehen zu können. »Lieber Rumi, es gibt eine eiserne Regel, was die Lösung einer solchen Gleichung betrifft: Niemals dürfen unsere Erkenntnisse irrationalen Gesichten und daraus resultierenden Vermutungen geschuldet sein. Lassen Sie uns wie erwähnt alleine die scharfe Klinge des Verstandes verwenden.«

»Aber selbst dann hat doch Haerlem den allermeisten Grund ...« Rumi schnitt zwei Stücke Käse ab und schüttelte den Kopf: »Ist es nicht offensichtlich? Mahistre hatte mit seinem Wunsch, die großen Findlingssteine und die alten Gebeine der Wenden vom Krummen Ort an einen anderen Platz zu verfrachten, eine erhebliche Erhöhung der Kosten riskiert. So hat es Ihnen Frau von Marschall berichtet. Und dies, wo die Finanzen ohnehin knapp sind nach dem Schlesischen Krieg. Haerlem musste fürchten, dass der König die ganze Sache abbläst. Sein Lebensprojekt stand auf dem Spiel, noch bevor es so richtig begonnen hatte. Da hat der ehrgeizige Deich-Oberinspektor Fakten geschaffen. Außerdem hat er es nie verwinden können, dass Mahistres Plan eindeutig der bessere ist und zur Ausführung kommt und nicht sein eigener. Das sind doch mehr als irrationale Vermutungen, Professor.«

»Gekränkte Eitelkeit ist ein starkes Motiv, so viel gestehe ich Ihnen zu. Aber nein, Rumi, wir haben es hier mit einem größeren Bild zu tun. Wir müssen einen Schritt zurücktreten, um es zu erkennen. Und ich befürchte, es bleibt nicht bei Mahistre. Es werden weitere Menschen sterben. Und zwar *nicht* von Haerlems Hand.«

Rumi schaute über das Wasser. »Glauben Sie das wirklich?«

»Ja, und ich muss sogar annehmen, dass der Täter es auch auf uns abgesehen hat. Denn wir – und zumal ich selbst – stehen für das Gelingen dieser Maßnahme. Deshalb müssen wir ihm rasch auf die Schliche kommen, schneller sein als er. Gleichzeitig muss ich zugeben, dass ich mich verschätzt hatte.«

»Was meinen Sie damit?«

»Ich hatte geglaubt, je tiefer wir in den Sumpf vordringen, desto leichter würde es sein, das dunkle Etwas, das uns alle umgibt, zu erhellen. Doch das Gegenteil ist der Fall.«

»Das Gegenteil?«

»Wenn ich das linke Lid schließe, sehe ich mit dem geistigen Auge einen chaotischen Wirbel an Zahlen. Anstatt ordentliche Reihen, die zu einem Ergebnis führen. Alles ist so wirr wie dieses schlängelnde Wasser hier. Und dort, auf dem Grund, in der Tiefe, liegt das Geheimnis um einen toten Ingenieur, der mithilfe der Ratio einen Kanal graben wollte, wie ihn die Welt noch nicht gesehen hat.« Euler pausierte kurz. »Wir werden diese Tiefe ausloten, Rumi. Wir werden diesen Wirbel beschreiben und in Begriffe fassen, auch wenn es alles andere als einfach wird.«

Der Krumme Ort

Ein Kiebitz vollführte mit weit ausholendem Schlag seiner gerundeten Flügel sonderbare Wendungen in der Luft. Unzählige Libellen flogen knapp über dem Wasser, Käfer summten, grün-metallische Fliegen blitzten. Halb versunken am Ufer wuchsen Ehrenpreis, Buch- und Windröschen. Träge zogen am Himmel hochgetürmte Wolken über das Bruch hinweg.

Auf dem Boden der Grube, wo an diesem Tag etwa zweihundertfünfzig Männer schufteten, stand knietief das rostfarbene Wasser. Unermüdlich tauchten die Arbeiter ihre Schippen in den Schlamm, hievten ihn in Holzkübel, die ihre Kollegen in einer Kette zum Grubenrand durchreichten, wo man die Erde zwischen den ausgebrachten Weidenrutenbündeln hinkippte, die man Faschinen nannte und die der aufgeschütteten Erde Halt gaben. So wuchs das künftige, neue Flussbett zur gleichen Zeit wie der Deich, der dieses in Schranken halten würde.

Überall am Krummen Ort war Wasser. Es kam aus dem Boden, füllte die Fußtritte der Männer, machte die Erde schwer und sorgte dafür, dass die Arbeit Plackerei war. Auch drückte es sich durch die linnenen Bodenplanen der Zelte, die in strikten Reihen auf einer ungeschützten Anhöhe standen. Mit Sonnenaufgang begann die Schicht. Wer eine Pause einlegen durfte, Nahrung zu sich nahm und sich aus der Grube auf den Hügel zurückbegab, vernahm auch von dort die niemals verstummenden Geräusche der Baustelle: das Einstechen der Schaufeln, das Schippen der nassen Erde, das helle Klingen, wenn jemand auf einen größeren Stein gestoßen war. Kam dies vor, rief der Betreffende nach Unterstützung – je nach Größe des Findlings konnten Dutzende von Helfern vonnöten sein –, und gemeinsam wurde das Hindernis beiseitegeräumt. Auch nach Feierabend kam das Lager nicht zur Ruhe. Zelte, in denen Glücksspiel betrieben wurde, waren ebenso beliebt wie kleine »Wirtshäuser«, wo Bier und Schnaps in Strömen flossen. Provisorische Schilder priesen dies oder jenes an, meist Hochprozentiges, aber auch Seife, Seile, Werkzeug.

Es war bereits dunkel, als Leonhard Euler und Rumi den Krummen Ort erreichten. Fackeln brannten an der Anlegestelle. Eine Vielzahl von Kähnen lag dort, einige Männer badeten, wuschen sich den Schmutz des Tages von der Haut, andere reinigten ihr Geschirr oder schrubbten ihre einfache Leinenkluft. Die beiden Zelte des Vorarbeiters Kümmerle lagen am oberen Rand der provisorischen Siedlung, von wo aus man alles im Blick hatte. Über einen Trampelpfad, dessen schlammigste Stellen Bretter überbrückten, machten sie sich auf den Weg dorthin. Überall brannten Feuer, Männer saßen daran, ihre Stimmen füllten die Nacht. Hier und dort war Gesang zu hören. Hunde bellten ohne Unterlass.

Wie alle anderen Zelte waren auch die des Vorarbeiters aus ungefärbtem Leinen und mit Weidenstöcken sehr simpel gebaut. Zwischen ihnen waren Schnüre gespannt, an denen nasse Wäsche hing. Kümmerle saß in einem grob gewirkten dunkelgrünen Leinenanzug und einem breitkrempigen schwarzen Hut an seinem Lagerfeuer, in das er einen Stock mit einer in Salz gewälzten, ungeschuppten Maräne hielt. Er war ein dünner, drahtiger Mann mit schmalem Gesicht, sorgfältig geschnittenem Ziegenbart und kurz geschorenem schwarzem Haar. Beflissen sprang er auf, als er seine Besucher näher kommen sah, klemmte sich die Pfeife zwischen die Zähne und begrüßte die beiden Männer mit kräftigem Handschlag. Dann stieg er in das linke seiner Zelte und kam mit zwei großen Kissen und Holzblöcken wieder heraus, errichtete Sitzgelegenheiten und bat seine Gäste, Platz zu nehmen. Er griff nach einer Flasche, die neben dem Eingang des rechten Zeltes stand, und goss in drei Blechtassen ein, die er von der gespannten Schnur nahm.

»Wirklich schön, dass Sie hergefunden haben.« Herzlich stieß Kümmerle mit ihnen an und kippte seinen Schnaps in einem Zug, obwohl der Becher beinahe voll gewesen war. »Mann, schmeckt das schön scheußlich.« Er schüttelte sich. »Na, die Zeiten, wo wir hier guten Rotwein gesüffelt haben, sind passé. Mahistre hatte ja einen gewissen Stil aus Paris mitgebracht.«

»Da Sie ihn so rasch ansprechen …«, sagte Euler und nahm ebenfalls einen großen Schluck. Trotz der lauen Temperaturen fröstelte ihn, und er erhoffte sich, dass der Alkohol ihn wärmte. »Wann haben Sie ihn zuletzt gesehen oder etwas von ihm gehört?«

Kümmerle überlegte kurz. »Das war am vergangenen Mittwoch. Muss der Fünfte gewesen sein. Da kam ein Brief von ihm, aus Wrietzen. Es ging um die Rekrutierung weiterer Arbeiter, er war im Gespräch mit einem Koppek, Mann aus Reetz. Der hat ihm dreißig Leute versprochen. Ich sollte alles vorbereiten, Zelte aufstellen. War ein Meister im Organisieren, der Mahistre. Der konnte gut mit allen, lebendiger Franzmann, nicht so 'n preußischer Bureaucrat. Der ist auf seinem *Ross* geritten, nicht auf Paragrafen.« Kümmerle wischte sich über den Mund und setzte erneut seine Tasse an, obwohl nichts mehr darin war. »Arbeitermangel ist unser größtes Problem hier, das hat Mahistre erkannt. Keiner will den Dreck wegschippen, und die Gabower See in unserer Nachbarschaft drückt mächtig. Deshalb ziehen wir ab morgen einen Parallelgraben, dicht am Deichfuß entlang. Wir müssen das verflixte Drängewasser abfangen. Ausfälle können wir uns da wirklich nicht leisten.« Mit ausgestrecktem Arm deutete er auf eine Erhebung, die der Zeltsiedlung gegenüberlag: »Bis zum Wintereinbruch müssen wir's schaffen, durch die Anhöhe dort. Gelingt's uns nicht, können wir im nächsten Frühjahr von vorne anfangen.« Er blickte in Richtung Grube und nickte zweimal vor sich hin. »Hat leider nicht den Ruf, gesund zu sein, hier zu malochen. Immer mit den Latschen im Wasser. Und die Leute sind sofort verschwunden, wenn auf dem heimischen Hof die Ernte anfällt oder so was. Viele grapscht mir auch der König selbst durch Militärdienst vor der Nase weg. Außerdem haben wir Engpässe, was den Lohn angeht. Das macht die Sache nicht einfacher.«

Euler sah über die flackernden Feuer des weiten Lagers hinweg und dachte an das orangefarbene Licht, das er am gestrigen Abend in Ranfft gesehen hatte. War es wirklich der Krumme Ort gewesen? »Finden Sie hier viele Knochen?«

»An die Gebeine haben wir uns gewöhnt. Anfangs haben die noch für Schauergeschichten gesorgt. Aber Mahistre hat nicht mit sich spaßen lassen. Hat den Männern eingetrichtert, die unbekannten Toten zu ehren. Er hat gemeint, es könnten ja die Ahnen von jedem von uns sein.«

»Frau von Marschall behauptet, der sorgfältige Umgang mit den Gebeinen halte die Arbeit signifikant auf.«

»Wir haben dadurch pro Tag weniger Erde beiseitegeschafft. Seit Neustem geht's zackiger. Jetzt werden die Knochen mit der Schippe klein gestoßen und einfach mit der Erde weggekippt. Schädel gehen direkt in die Eimer rein und werden ausgeleert, wo der Deich wächst.«

»Stammt die neue Anweisung, wie mit den Knochen zu verfahren ist, von Ihnen?«

Kümmerle schüttelte den Kopf. »Haerlem führt das Regiment. Ich setze nur um, was mir aufgetragen wird. Er verspricht sich von dieser Vorgehensweise sehr viel. Er behauptet, dass der Deich an Stärke gewinnt, wenn wir die Toten reinwerfen.«

»So etwas sagt der Deich-Oberinspektor?«

»Ja, der Deich würde sich dadurch aufladen, behauptet er.«

Euler runzelte die Brauen. »Wo finden wir den guten Haerlem?«

»Hier nicht, fürchte ich. Ist heute Mittag überstürzt nach Güstebiese aufgebrochen. Weshalb, hat er nicht gesagt. Schien dringend.«

Rumi drehte den Kopf und sah Euler eindringlich an. »Stand noch etwas in dem letzten Brief von Mahistre?«, fragte Euler.

»Ja. Er hatte vor, von Wrietzen aus einen Heiler aufzusuchen, im Niederen Bruch.«

»Einen *Heiler*? War er krank?«

»Davon schrieb er nichts. Aber einen Arzt hier zu finden, einen guten, ist nicht leicht. Mir fällt nur Süßapfel ein, in Wrietzen.«

»Warum ist er nicht zu dem?«

»Woher soll ich das wissen?« Kümmerle zuckte mit den Achseln. »Er hat sich gern mit den Leuten aus dem Bruch eingelassen. War ja dann wohl auch sein Verhängnis.«

»Was wissen Sie über diesen Heiler?«

»Hab schon ein paarmal von ihm gehört«, antwortete Kümmerle. »Bartok wird der genannt. Kennt angeblich alle Pflanzen des Bruchs.«

»Wissen Sie, wo er lebt?«

»An der Löckeritz. Haust dort in der Pfahlmühle mit seiner ganzen Bagage.«

»Haben Sie jemanden zu ihm geschickt?«

Kümmerle nickte und goss sich erneut ein. »Bartok behauptet, Mahistre sei nie bei ihm gewesen. Aber er soll bei dieser Aussage nervös gewirkt haben.«

»Wir werden diesen Heiler aufsuchen«, sagte Euler zu Rumi. Dann wandte er sich an Kümmerle: »Was glauben Sie, woran Mahistre gestorben ist?«

Kümmerle zog seine Maräne aus dem Feuer, bevor er antwortete. Sie war auf einer Seite goldbraun, an manchen Stellen bereits schwarz, während die andere Seite noch bläulich war. »Was mit dem Mann passiert ist, ist mir ein Rätsel. Gestern kam die Nachricht, dass ein Fischer seinen Rappen gesehen hat, in der Nähe vom Jäckelschen Loch. Der Mann hat das Tier einfangen wollen, aber die Strömung trieb sein Boot ab. Es ist ein sehr schönes, treues Pferd, ich kenne es gut. Mahistre hat es aus Frankreich mitgebracht.«

»Am Jäckelschen Loch?« Euler sah ihn aufmerksam an. »Was hat das Tier dort zu suchen?«

»Vielleicht war's ein Reitunfall. Mahistre war zwar ein verteufelt guter Reiter, aber man kann immer fehltreten, vor allem im Sumpf. Das Tier erwischt eine weiche Stelle, knickt um, der Reiter fällt ab, stürzt ins Wasser, schlägt mit dem Kopf auf einen Stein, bricht sich das Rückgrat, was weiß ich.«

»Aber weshalb hat man ihn dann bei Wrietzen gefunden, aber sein Pferd ganz wo anders? Ist das nicht merkwürdig?«

»Stimmt auch wieder. Vielleicht ist er per Kahn dorthin?«

»Und lässt sein geliebtes Pferd alleine zurück?« Gedankenverloren blickte Euler ins Feuer. Seine Arme taten ihm von der ungewohnten Anstrengung des Ruderns weh. Es fühlte sich an wie Gliederschmerzen bei Influenza.

Kümmerle wendete die Maräne und hielt ihre blaue Seite gegen die Flammen. In der anderen Hand hatte er einen eisernen Schürhaken und stocherte damit in der Glut herum. »Vor ein paar Tagen war Veit Maltschau hier am Krummen Ort. Veit aus Lewin, der Sohn des Radomeer, so heißt der alte Anführer der Brücher. In Lewin mögen sie es nicht, was wir hier tun. Veit wollte die Arbeiter aufwiegeln, ist abends von Zelt zu Zelt. Er hat's klug angestellt, mir ist er erst aufgefallen, als er mit seinen Hetzreden schon fertig war. Manche haben seine Worte erhört und gleich am nächsten Morgen die Schippen niedergelegt. Von solchen Leuten wie diesem Veit ist nichts Gutes zu erwarten. Wenn Sie mich fragen: Der schreckt vor nichts zurück.«

»Veit Maltschau …«, sagte Euler, ohne den Satz zu Ende zu führen. Er spürte mit einem Male, wie betrunken er war und wie vernebelt sein Verstand. Gewöhnlich setzte ihm Schnaps nicht so zu. Er sah Kümmerle an, der seine Maräne auf einem Zinnteller ablegte. Hell loderten die Flammen im Hintergrund auf, und für Momente wirkte es so, als ob sie durch den Körper des Vorarbeiters hindurchleuchteten, der dadurch etwas Geisterhaftes bekam.

Mithilfe von Fluchtstangen vermaß Leonhard Euler am nächsten Morgen das Gefälle vom tiefsten Kanalpunkt bis zur Höhe des Sporns, brachte die Elevation vom Krummen Ort bis nach Hohensaaten in Erfahrung und bestimmte die Höhe der Stellen, die es zu durchstechen galt. Dafür nutzte er eine lange Stange, die Rumi aufrichtete, und projektierte von der Unterseite des zu coupierenden Berges die Linie des Kanals.

Als Nächstes nahm er den Oktanten aus dem Instrumentenschrank und lief damit durch den Matsch bis zur tiefsten Grubenstelle. Behutsam schwenkte er die Alhidade und peilte über Kimme und Korn den Winkel zwischen der Basis, an der er sich befand, und der höchsten Stelle. Da die Entfernung bis zu dieser bekannt war, konnte er die Höhe berechnen. Diese Nivellierung ergab, dass das Gefälle auf die Distanz von 453 Ruten fünfeinhalb Fuß betrug. Nachdem ihm Kümmerle mitgeteilt hatte, wie viel Erde ein Arbeiter pro Tag mit Schaufel und Eimer im Schnitt bewegen konnte, rechnete Euler aus, dass die an ihrem Grund zehn Ruten breite Strecke inklusive der wetterbedingten Winterpause in knapp fünfzehn Monaten zu schaffen wäre – und zwar wenn eintausend Männer ohne Unterbrechung und bei voller Ausnutzung des Tageslichtes zum Einsatz kamen.

Des Weiteren schlug Leonhard Euler vor, am Krummen Ort eine Brücke zu errichten, die die Landpassage von Berlin nach Pommern sicherstellte, da ein Übersetzen per Fähre auf dem neuen, viel schneller fließenden Kanal nicht mehr praktikabel sei. Für diesen Bau veranschlagte er weitere einhundert Arbeiter für zwei Jahre. Als Nächstes galt es, die Distanz zwischen dem Krummen Ort und dem Beginn des Kanals bei Güstebiese zu bestimmen sowie ebenfalls das Gefälle. Als er auch diese Aufgabe gelöst hatte, ließ er Rumi alles fein säuberlich abschreiben, während er selbst, obwohl er sich fiebrig fühlte, den Kahn in Ordnung brachte. Dann legten sie ab.

Die Äste der mächtigen Flatterulmen rechts und links
der schierlings- und wurzelstockbewachsenen Ufer ver-
schränkten sich über ihnen beinahe lichtdicht, sodass es
den Anschein hatte, als ob sie durch einen endlosen hellgrünen Tunnel navigierten. Nach einer Weile war das Fließ,
das sie zu Bartok und tiefer hinein in das Niedere Bruch
bringen sollte, von Wasserlinsen und Schwimmfarn, zwischen denen die spitzen, zu Rosetten gedrängten Blätter
der Krebsschere wie Schwerter die Oberfläche durchsta-
chen, derart überwachsen, dass nur mit äußerster Anstrengung ein Vorwärtskommen war. Doch je kräftiger Leonhard Euler ruderte, um die grüne Brühe zu durchmessen,
die ihn an pürierte Erbsensuppe erinnerte (ein Gericht, das
er als Kind gehasst hatte und das es in seinem Heimatdorf
Riehen im Frühsommer zur Erbsenernte einige peinigende
Wochen lang beinahe jeden Tag gegeben hatte), desto mehr
schwitzte er in der drückenden Mittagshitze. Und desto
unbarmherziger attackierten ihn die daumengroßen Brem-
sen. Nach allen Seiten verspann Hopfen das Dickicht, Spinnen saßen fett in ihren zwischen den Schlingpflanzen gespannten Netzen. Große Winden, die Spießblättrige Melde,
wogende Schlammschachtelhalme nahmen ihm die Sicht.
Pestwurz verströmte würzigen Duft. Kreischend kreiselte
ein Reiher eine Spirale nach unten, schnappte sich einen
Fisch und zog in einer schnurgeraden Linie im Fünfund-
vierziggradwinkel davon.

Immer wieder musste Euler Fliegen totdrücken, die in
seiner Jacke nach oben krochen. Er fühlte sich vollkommen ausgelaugt, jeder Ruderschlag kostete eine unendliche

Anstrengung, und es schien ihm, als habe er erneut erhöhte Temperatur. Wurde er krank? Eine Weile lang, während sein Kopf immer stärker zu schmerzen begann, beobachtete er über die Schulter eine Schnatterente, die aufgeregt vor ihnen herschwamm, ohne auf die Idee zu kommen, nach links oder rechts auszuweichen. Offenbar war sie auf ein Boot in dieser Gegend in keinster Weise vorbereitet.

Nach einer weiteren Stunde Fahrt erreichten sie die verbreiterte, von einem Schwarm wilder Gänse bedeckte Stelle, wo die Tremmitze in die Löckeritz trat. Hier stand auf dürren Stelzen eine uralte, aus verwitterten Brettern zusammengenagelte Pfahlmühle. Knarzend drehte sich ihr dunkelgrün gestrichenes, unterschlächtiges Mühlrad. Rumi rollte die Pluderhosen zu den Knien hoch und ging mit der Leine von Bord, machte sie an dem Holzsteg fest, der die Mühle mit dem Ufer verband. Eine Sumpfschildkröte mit gelb-schwarz gemustertem Kopf, die sich neben einem leuchtend blau blühenden Büschel Ehrenpreis gesonnt hatte, glitt lautlos ins Wasser und schwamm davon.

Ein kleines Stück stromauf, durch Lianendickicht geschützt, stand eine Holzkate mit Strohdach und angrenzendem Ziegenstall. In dem einzigen Wohnraum lebte Bartok mit seiner Frau Anna und ihren beiden Töchtern Alena und Hana. Alle vier hatten sie feuerrotes Haar, alle standen sie nebeneinander am Fenster. Bartok war aufs Äußerste erregt und starrte auf das Boot, das an seiner Mühle festmachte. Aufgrund des schwarzen Banners mit dem Adler sowie dem Schriftzug *Flins*, der vorne seitlich angeschrieben stand, erkannte er es als jenes, das für all sein Unglück verantwortlich zu machen war.

»Ich verstehe nicht, weshalb, aber sie sind tatsächlich hierhergekommen«, flüsterte er Anna zu, ohne dass die Mädchen es mitbekamen. Er ging nach draußen. Seine Stirn verzog sich fürchterlich, und mit offenem Mund, fleckigem, rot erhitztem Gesicht näherte er sich dem Kahn, wobei er beinahe taumelte. Er hatte keine Ahnung, wie er sich verhalten sollte, und starrte die beiden Fremden, von denen der jüngere bereits an sein Ufer gekommen war, mit einer Mischung aus Verblüffung und Feindseligkeit an. Was sollte er bloß tun? Er spürte geradezu körperlich, wie seine Frau jede seiner Bewegungen beobachtete.

Wie in einen Traum verstrickt, aus dem es kein Erwachen gab, näherte er sich, strich mit der rechten Hand über den Teer des Unterschiffs. Dann hielt er inne. Eine Weile lang stand er mit gesenktem Kopf und geschlossenen Lidern einfach nur da und versuchte, ruhig zu atmen, hielt beide Hände auf dem Unterschiff. Immer heftiger fing er zu zittern an, zunächst an Händen und Armen, schließlich am ganzen Körper. Dann, allmählich, mischte sich der Schmerz mit einer eigentümlichen Ruhe. Denn sein Sohn kam zu ihm zurück. Das spürte er, wie er seine Hände, die allmählich aufhörten zu flattern, auf dem geteerten Holz hielt. Der quälende Zustand, dass Sten für immer verschwunden blieb, wandelte sich. Ja, jetzt konnte sein Sohn in ihn übergehen, und Bartok spürte, wie Wärme ihn durchströmte. Es war ein neues, unbekanntes Gefühl, das ihn milde stimmte und ihn auf eine Weise mit seinem Schicksal versöhnte, wie er es nicht mehr für möglich gehalten hatte. »*Vergebung*«, murmelte er lautlos vor sich hin. »*Vergebung.*«

Er öffnete die Lider und nahm langsam die Finger vom Unterschiff. Überall leuchtete das Grün des dichten Auenwaldes, der seine Mölle umgab. Durch die unregelmäßig geformten Blätter der Flatterulmen blitzte die Sonne, die hoch am Mittagshimmel stand und warme Strahlen auf all das schickte, was am Ufer blühte, den Eibisch und den wilden Spargel. Dieses Bild war so schön, dass sich Bartok von einer unerwarteten Liebe durchströmt und in der Welt komplett aufgehoben fühlte.

Leonhard Euler blickte den untersetzten Mann mit dem feuerroten Bart aufmerksam an. Noch immer war kein Wort zwischen ihnen gefallen. Dann sagte Euler behutsam und mit leicht zitternder Stimme, da er sich noch schwächer fühlte als zuvor: »Wir bitten die Störung zu entschuldigen. Wir haben gehört, dass ein französischer Ingenieur mit Namen Mahistre durch diese Gegend gekommen sei und Sie besucht haben soll. Seitdem ist ihm etwas zugestoßen, und wir versuchen, die Wahrheit darüber in Erfahrung zu bringen. Können Sie uns etwas zu seinem Besuch hier sagen?«

Bartok drehte den Kopf zu Euler hin. »Der Franzose war hier«, sagte er mit seiner heiseren Stimme. »Letzten Mittwoch. Ja, genau vor einer Woche war das.«

»Warum hat er Sie aufgesucht? War er krank?«

Bartok zögerte mit der Antwort. Dann sagte er: »Am Anfang hab ich gedacht, er hätte das Luchfieber. Doch es war was anderes. Er hat regelrecht ... gekocht. Darin hätte man Krebse garen können, in seinem Atem. Er wollte von mir die Kräuter, die wir gegen das Luchfieber verwenden. Aber ich hab ihm gesagt, sie sind für ihn zu schwach. Ich hab ihm geraten, nach Lewin zu reiten und sich unter das

Holz zu legen. Eine spezielle Heilmethode, die nur dort angewendet wird. Aber das hat er nicht gewollt. Er hat gesagt, dass er dringend zurückmuss, zum Krummen Ort.«

»Aber er ist nie angekommen«, sagte Euler und wischte sich den Schweiß von der Stirn und aus dem ganzen Gesicht.

»Ich hab ihm vorgeschlagen, über Jäckels Loch zu reiten. Dort wächst ein kräftiger, dunkelroter Mohn. Man sagt, er heilt viele Krankheiten. Aber es ist gefährlich, ihn zu ernten. Dennoch, für manche Leute lohnt es sich.« Bartok sah Euler intensiv an. »Es war nämlich noch etwas mit diesem Mann. Etwas, das Sie wissen sollten.«

»Ja?« Euler hielt sich an der Reling fest.

»Genau wie Sie hatte er rote und blaue Flecken im Gesicht.«

Der weiße Wels

Oda, die einen schwarzen, von der Brust bis zu den Knöcheln reichenden, mit einem hellen Ledergürtel über der Taille zusammengebundenen Friesrock trug, war über die Wucheritze und am Buschlauffer Gehöft vorbei auf den Hauptstrang der Oder gelangt. Dort, stromabwärts bei frischem Gegenwind, der sie langsamer als geplant vorankommen ließ, an einer Stelle, wo Floßholz lagerte, zwischen dessen zusammengebundenen Stämmen fette Büschel von Tataren-Leimkraut wuchsen sowie Wasserschierling, bog sie in die Quartsche ab, die weniger aufgewühlt war. In dieser Ruhe hielten sich große Welse auf, gruben sich dort in den Schlick und ließen die Zeit Zeit sein. Man sagte, in der Quartsche lebten Exemplare, die seien älter als der älteste lebende Mensch. Keine Gegend, die man leichtfertig mit schmalem Nachen befuhr: Dort in ihrer angestammten Heimat ließen sich die stolzen Tiere nur ungern stören und wehrten sich gegen Eindringlinge.

Wer auf Welsjagd ging, musste umsichtig sein. Immer wieder blickte sie in den Bug, wo die Schlinge lag. Sie war geübt darin, große Hechte zu fangen, beißwütige Zander und Störe ebenso, sämtliche Raub- und Herrenfische. Doch eines *dieser* Ungetüme zu erlegen, war eine andere Sache. Man sagte im Bruch, es sei schwieriger, einen ausgewachsenen großen Wels zu töten als einen Menschen. Ein Wels auf der Höhe seiner Kraft starb nicht leicht. Es hieß, man müsse ihn festhalten und ihm beim Todeskampf ins Auge sehen. Wenn man diesen Blick nicht aushielt, wenn man ihn nicht auch im Geiste niederrang, gewinne die urtümliche Lebenskraft des Tieres wieder die Oberhand, und er könne noch so schwer verwundet sein, er würde sich weigern zu sterben. Es gelinge ihm dann stets, sich aus der Schlinge herauszuwinden und sein Leben starrsinnig weiterzuführen: weiter irgendwo im Schlick sich einzugraben, weiter zu gründeln mit seinem hässlichen Bart. Einen großen Wels zu töten, war bei den Niederbrüchern ein Ritus, den jeder männliche Heranwachsende zu bestehen hatte. Wer einem Wels den Garaus machen konnte, würde sich auch im Krieg bewähren. Mädchen durchliefen diese Prüfung nicht. Doch nun war Krieg – und sie befand sich mittendrin. Deshalb wollte sie sich zunächst bei den großen Welsen bewähren.

Oft hatte sie Radomeer, der im Welsfangen ein Meister war, davon erzählen hören: wie man sich ruhig zu verhalten hatte, da diese Art über ein feines Gehör verfügte. Man musste sich treiben lassen, durfte das Ruderblatt nicht zu tief einstechen, um einen schlauen, mit allen Oderwassern gewaschenen Wels nicht zu warnen. Auch durfte man sich keine Blöße geben, musste stets das Heck im Auge behalten. Welse griffen von hinten an. Es kam vor, dass ein gereiztes Tier einen Nachen attackierte, um ihn umzuwerfen. Radomeer selbst war schon in Berührung mit den flachen, in fünf Reihen im vorragenden Unterkiefer des breiten Welsmauls stehenden Zähnen gekommen. Über Welse hörte man, dass sie Hunde fraßen oder sich über Ziegen hermachten, die ins Wasser gerutscht waren.

Lautlos glitt Odas Nachen die Quartsche entlang. Die Luft war schwül, was bedeutete, dass die stämmigen Fische bis zum Einbruch der Dunkelheit am Grund verharrten, versteckt zwischen Knöterich und Taumellolch oder unter den überhängenden Ufern, zwischen den ins Wasser greifenden Wurzeln der Eschen und Eichen. Lange passierte nichts. Doch gegen Mittag, als die Sonne am höchsten stand, spürte sie etwas. Erst glaubte sie, ein anderes, größeres, ein gutes Stück entferntes Boot werfe eine lange, flache Welle. Doch es war nirgendwo jemand zu sehen, und ein größerer Kahn konnte in diesem Gewässer gar nicht navigieren. Unter ihrem Nachen änderte sich die Strömung. Sie sah einen Schatten, größer als jeder Fisch, den sie je gesehen hatte, doppelt so lang wie ein ausgewachsener Mann. Sie griff nach dem Krug mit Mohnsaft und nahm einen tiefen Schluck. Die Wasseroberfläche zitterte, als das Tier, das sich von der Seite her näherte, höher stieg. Dann tauchte der flach gedrückte, schleimig weiße, schuppenlose Kopf auf und blickte sie mit rötlichen Augen aus längst vergangenen Zeiten kalt und ausdruckslos an. Die großen, geschlitzten Kiemen öffneten und schlossen sich, die Nasenlöcher schnupperten, und die hochbeweglichen Barteln, die am Oberkiefer anwuchsen, vollführten einen bizarren Tanz. Dann kam die Zunge zwischen den fleischigen Lippen hervor. »Töte mich nicht«, sagte das Tier mit einer merkwürdig gequetschten, tiefen Stimme. »Dann helfe ich dir.«

Oda starrte den riesigen Fisch an. Ihre Hand hielt die Schlinge fest und führte sie langsam in seine Richtung. Der Wels sah ihr ruhig dabei zu. Sein Kopf war wieder knapp unter Wasser, doch erkannte sie deutlich, wie er sie musterte. Sie beschloss, sich von seinen Worten nicht täuschen zu lassen, und überlegte, wann zu attackieren war. Vollkommen ruhig wurde sie, sammelte sich, bündelte ihre Kraft, und während sie langsam den Arm hob, visierte sie das Tier mit Entschlossenheit, versuchte, dessen Blick zu bannen, damit es sich nicht mehr von der Stelle bewegte. Ihr rechter Arm mit der Schlinge war nach oben ausgestreckt. Noch immer lag der alte Wels still, so lang wie ihr Nachen und gleichsam wie auf einem riesigen Präsentierteller. Ob sie die Kraft haben würde, ihn niederzuringen, sobald sie ihm die Schlinge umlegte und zuzog? Sie näherte ihren Arm. Doch da erkannte sie, dass der Fisch ihr etwas vormachte, denn in dem Augenblick, in dem sie ihm die Schlinge überwerfen wollte, tauchte er ab und schwamm mit einer Schnelligkeit, die sie ihm nicht zugetraut hätte, unter ihrem Nachen hindurch und hob diesen dabei an, um sie ins Wasser zu werfen. Doch sie fand ihre Balance, packte das Ruder und schlug dem Monstrum derart hart auf den Rücken, dass es abließ und stromabwärts schwamm. Oda wusste von diesem Fließ, dass es bald so flach würde, dass das massige Tier nicht weit kommen würde. Es saß in der Falle, und sie nahm die Verfolgung in aller Ruhe auf.

Eine Weile ruderte sie und war sicher, dass sie den Wels vor sich hertrieb. Ein feiner Schweißfilm bedeckte ihre Haut, und sie ging ganz in der Jagd auf; uralte Instinkte übernahmen die Kontrolle und alle Entscheidungen. Nein, er würde ihr nicht entwischen. Und ebenso wenig würde ihr der Mann in dem königlichen Nachen durch die Lappen gehen. Jener Mann aus der Hauptstadt der Pruzzen mit seinen *Instrumenten*. Oda legte sich in die Riemen. Immer grüner und brühiger wurde das Wasser, das überall von Linsen und Farn überwachsen war. Sie kannte diese Gegend: Nicht mehr weit war es bis zur Löckeritz. Dort stand die Pfahlmühle Bartoks. Es gab keinen Zweifel: Genau dorthin schwamm unbeirrt der bleiche Wels.

In seiner abgelegenen Gegend bekam Bartok selten so viel Besuch wie in diesen Tagen. Es freute ihn, Oda zu sehen, deren Verschwinden ihm Sorgen bereitet und über deren Pläne ihm Radomeer keine Auskunft hatte geben können. Der *Heiler* half ihr beim Vertäuen ihres Nachens, lächelte sie aus seinen hellgrünen Augen an und bat sie ins Haus. Oda, die den Wels aus den Augen verloren hatte, aber spürte, dass er irgendwo lauerte – und dass *er* wusste, wo *sie* sich befand –, nahm die Einladung nur zögerlich an. Ungern ließ sie sich aufhalten. Doch da sie nun einmal beim besten Freund ihres Vaters vorbeigekommen war, wäre es unhöflich gewesen, nicht kurz einzukehren.

Es wunderte sie, Bartok in einer derart ruhigen, aufgeräumten Stimmung anzutreffen. »Ich werde immer trauern«, erklärte Bartok, der ihr Erstaunen spürte, und wählte vom getrockneten Wasserfenchel, der im hinteren Teil des Zimmers auf einem niedrigen Holztisch lag, die besten Knollen für einen Tee aus. »Wie könnte es anders sein? Aber hör zu, du bist nicht mein erster Besuch am heutigen Tag.« Bartok goss auf. »*Sie* waren hier. Auf dem Kahn, den Lukas gebaut hat. Oda, es sind wunderliche Dinge passiert.«

Perplex starrte sie ihn an. Der weiße Wels hatte sie also richtig geführt. Verwirrt blies sie in ihre Tasse und nippte bereits, obwohl der Tee noch zu heiß war. »Du hättest sie aufhalten müssen. Wo wollten sie hin?«

»Das weiß ich nicht. Aber hör mir zu: Während die beiden Fremden hier waren, ist etwas mit mir passiert. Ich konnte vergeben. Ich habe Frieden geschlossen.« Er gab ihr Honig in den Tee. »Ich, der *Heiler*, fühle mich geheilt. Und Anna geht es ebenso.«

»Ja, das stimmt«, sagte seine Frau, die ruhig auf einem Hocker saß und nach draußen blickte. »Es hat sich etwas verändert seit heute Mittag.«

Oda fiel es schwer, ihren Zorn zu verbergen. Besser denn je verstand sie ihren Vater, den kaum etwas mehr verstörte, als wenn man Gefahren schönredete und deshalb versäumte, die nötigen Vorkehrungen zu treffen. »Ihr vergesst beide, dass diese Teufel euren Sten auf dem Gewissen haben.«

»Was in Lukas Koppeks Werft geschehen ist, war ein tragischer Unfall.« Bartok begann, seine Pfeife mit Knaster zu stopfen, und blies über seinen Tee. »Vertrau mir, Oda. Der Geist des Mannes, der heute zu mir kam, hat etwas Versöhnendes. Und seitdem ist auch der Geist von Sten bei mir.«

Sie blickte Bartok mit blitzenden Augen an. Sie musste an den Wels denken und verstand, dass er ihr Verbündeter war. Sie würde nicht mehr versuchen, ihn zu töten. Er hatte ihr den Weg hierhin gewiesen und würde dies auch weiterhin tun. Rasch trank sie ihren Tee aus und verabschiedete sich.

Die Macht

Blau ruhte die Havel, grün rauschten die Fichten, deren Wurzeln den märkischen Sand fixierten, und die Sonne wirkte wie ein Goldstück, das durch die Schlossfenster strahlte. Der Hut, reichlich mit Spitzen und weißen Federn geschmückt, saß ihm in der Stirn, als Schutz gegen das helle Licht: Auf seiner Flöte spielte er die ersten Töne des Musikalischen Opfers von Johann Sebastian Bach, *seines* Musikalischen Opfers, während der Kämmerer Fredersdorf mit Handtuch und Seife in steifer Haltung nebenan im Badezimmer wartete.

Lächerlich, wer glaubt, einen Kleiderdiener nötig zu haben, dachte der König, der seine Garderobe ohnehin nur ungern wechselte. Er packte die Querflöte beiseite, nahm eine Prise von dem mit Ockererde gelb gefärbten

211

Havanna aus dem Tabaksbeutel, schnallte den Degen mit dem Goldknauf ab, der in einer Scheide aus weißer Fischhaut steckte. Dieses Geld kann eingesparet werden, dachte er und echauffierte sich erneut über Fredersdorfs Vorschlag, einen Fredersdorf'schen Vetter als genau diesen anzustellen: als Kleiderdiener, wenn auch mit bescheidenem Salär von 500 Talern im Jahr (Fredersdorf bekam das Doppelte). Nein, nein, der Krieg um Schlesien war teuer genug gewesen.

Friedrich nahm zielsicher ein dunkelblaues Seidenhemd aus dem Schrank. Dazu würde er – nach dem vermaledeiten wöchentlichen Bade, zu dem Fredersdorf ihn nötigte – hellbraune Hosen anlegen und die schwarzen Reitstiefel, die bis über das Knie gingen und ihm deshalb so pläsierten. Es würde gewittern am Abend, und da er trotzdem in seinen Gärten zu flanieren gedachte, nahm er die schwarze Brokatjacke mit der Kapuze hervor, deren flaumweiches Futter ihn überzeugte – oder sollte er doch lieber den blauen Mantel mit der Wachsleinwand als Regenschutz wählen?

Unschlüssig hängte er beides, Mantel und Jacke, zurück. Ebenso die Hose. Kurz strichen seine Finger erst über den Luchs-, dann den Zobel-, dann seinen Wolfspelz, schließlich über einen violetten, mit Atlas gefütterten Umhang. Er schüttelte den etwas zu großen Kopf: Nein, er würde einen bestickten Offiziersrock wählen, knapp geschnitten, und auch auf die Jabots und Manschetten aus kostbarster Spitze heute verzichten. Ohnehin wollte er ja ein Zeichen setzen, sich weniger prunkvoll, dafür militärischer kleiden. Denn war der Krieg je vorbei? Die österreichische Kaiserin würde ihn Schlesien niemals so einfach behalten lassen. Und auch wenn kein Feind *mit Waffen* niedergestreckt werden brauchte, gab es genug im Innern zu tun, zu erobern.

Die Weste kaum bis zur Taille: funktional und soldatisch, das war recht so. Mochten sie doch rumlaufen wie die Lackaffen überall, mit ihren weiten Rockschößen und lächerlichen Verzierungen. Man schaue sich nur diesen Haerlem an! Eine knappe Kniehose tat es ebenso, dazu Schnallenschuhe mit Absatz – wenngleich … harmonierte das mit den Seitenlocken, die er heute frei trug? Ob er nicht doch den Zobelpelz umlegen sollte?

Wieder hörte er das Rufen von Fredersdorf: Das Wasser würde kühl. Friedrich entschied sich für ein weißes Halstuch, für die legere Landhausjoppe mit Knöpfen und steckte noch ein paar Schnupftücher in diese, für den auszuniesenden Schnupftabak. All das legte er beiseite, um sich nach dem Bad damit anzukleiden.

Er neigte den Kopf zur linken Schulter und ließ das rechte Ohr zum Himmel streben, um etwaige von dort an ihn übersandte Botschaften zu empfangen. Doch es gab gerade keine. Dann überlegte er, welche Formen die Kolonistendörfer annehmen sollten, die er im neu gewonnenen Oderland anlegen würde. Das einsame hellgrünblaue Ei, das er gegen acht Uhr dreißig verspeist hatte (in sieben Minuten, mehr Zeit für das Frühstück gönnte er sich nicht), ließ ihn einmal aufstoßen. *Kreuze*, das war es doch: eine Chaussee, davon im Neunziggradwinkel die Wohnstraßen abgehend, die sich weiterhin in Wege, die von diesen ebenfalls im rechten Winkel abstießen, verzweigten. Schachbrettmuster für die Straßenordnung; übersichtlich, Raum optimal genutzt, günstig. Nur ja keine Kurven. Fertige Häuser, die man mehr zusammensetzte denn baute.

Es klopfte, und mit gespreizten Schritten und wichtiger Miene kam Fredersdorf unaufgefordert herein. Er verbeugte sich, bat vielmals um Verzeihung, ohne es zu meinen, und fragte, ob er beim Auswählen der Kleidung nicht doch behilflich sein könne – im Bade sei alles vorbereitet, das Wasser bleibe nicht ewig warm, auch lägen die Depeschen bereit sowie ein Brief von Marschall.

Unwillig, weil man ihm die Schreiben nicht in seinen Wohnraum gebracht hatte, lief Friedrich in das angrenzende Zimmer: »Man muss sehen, ob es möglich ist, eine alte Canaille jung zu machen. Auch wenn ich solche brutalen Curen nicht ausstehen kann.« Er entkleidete sich rasch, bevor Fredersdorf ihm gefolgt war, und stieg in den Zuber, dessen tatsächlich etwas zu *heißes* Wasser überschwappte, ihm dann bis zum Halse ging. Ah, war das schrecklich. Die Wärme machte ihn augenblicklich schläfrig, und nichts hasste er mehr als vorzeitige Müdigkeit. In Griffweite lag der Marschall'sche Brief. Der König streckte seine Hände über den Bottichrand, trocknete sie umständlich an einem Baumwolltuch, das über einem Stummen Diener hing, entrollte den Brief und überflog in gewohnter Windeseile die Zeilen. Er stutzte, legte die Stirn in Falten und las den Brief erneut, dieses Mal gewissenhaft. Wie kam sein Minister dazu, den Erfolg der durchzuführenden Ansiedlung von Flüchtenden und Kolonisten auf dem zu trocknenden Bruch plötzlich infrage zu stellen? Marschall selbst war doch genau mit dieser Aufgabe betraut und ergo verantwortlich, sie zu einem Triumph zu führen!

Friedrich legte den Brief, auf den durch seine Erregung einige Spritzer geraten waren, auf die Ablage neben dem Zuber zurück und schürzte die Lippen. Und dann hatte Marschall noch von Schludrigkeiten bei der Buchführung gesprochen. Haerlem nehme es mit den Dukaten, sprich der Notierung getätigter Ausgaben, nicht sonderlich genau. Sogar von eklatanten Fehlkalkulationen sprach der Minister und verhehlte nicht seinen Verdacht, dass diese möglicherweise das Ziel gehabt hätten, den König unter falschen monetären Vorzeichen zum Einleiten der großen Trocknungsmaßnahme zu bewegen. Dies erregte Friedrich ungemein. »Fredersdorf«, rief er laut. Augenblicklich trat der Angesprochene herein. »Bring mir die Karte von den Lüchen und Brüchen.«

»Hier ist sie schon.« Stolz entrollte der Kämmerer – der als Einziger am Hof geduzt wurde – ein Pergament, das er abrufbereit in den Händen hielt. Er bildete sich einiges darauf ein, hin und wieder die Gedanken des Königs lesen zu können beziehungsweise sie bereits zu erspüren, noch bevor sie von Friedrich gedacht worden waren.

Friedrich blickte auf den Plan. Voller Genugtuung betrachtete er die neuen Flüchtlingsdörfer, die bereits eingezeichnet waren. Die auf dem Papier bereits existierten! Er würde die Population des Staates verdoppeln und ihn dadurch mächtig machen. Wieso um alles in der Welt hatte Marschall Zweifel am Gelingen?

»Es geht darum, was für einen Staat man erschaffen will«, sagte er wie zu sich selbst. »Ich will Platz bieten all jenen, die es nach einem frischen Anfang verlangt. Die dort, wo sie derzeit hausen, unglücklich sind, weil man sie wegen ihres Glaubens oder aus ähnlichen Gründen verfolgt.

Es ist an der Zeit, dass wir in den Nachbarländern Rekrutierungsstationen errichten, Anzeigen schalten in den populären Journalen. Es soll sich herumsprechen.«

Fredersdorf nahm ein frisches Abreibetuch vom Stapel, da er wusste, dass der König nun aus dem Zuber steigen würde.

»Wir locken diese Menschen in unser Land.« Friedrich nahm das Tuch entgegen. »Zeigen uns als gastfreundlichen Ort. Wir übernehmen sogar die Reisekosten, wenn sie anders nicht kommen können, befreien sie vom Militärdienst und erheben keinerlei Einfuhrsteuer auf ihren Besitz.« Um nicht den Anschein von Milde oder gar königlicher Gutherzigkeit entstehen zu lassen, sah er Fredersdorf mit einem spitzbübischen Lächeln an, während dieser ihn abrubbelte. Dann schlang er sich das Handtuch um seinen schlanken Körper, trat zum Fenster und blickte sinnierend nach draußen, während er selbstverliebt fortfuhr: »Wir geben ihnen gratis Holz und ein Stück Land, dazu Werkzeuge, um es zu bebauen – und Tiere. Und weißt du, weshalb wir so sind? Sie werden es uns durch ihre ehrliche Arbeit noch tausendfach vergüten. Ja, ich will, dass Preußen ein Land der Verheißung wird. Anders, ohne diese Fremden, die zu uns wollen, können wir morgen die Nase nicht vorne haben. Deshalb muss ich Tür und Tor öffnen jenen jungen, ehrgeizigen, energiereichen Menschen. Gerade wir hier in Preußen, einem, wie Voltaire es sagt, *abstrakten Staat*, der nicht auf einem Volksgedanken basiert wie beispielsweise Frankreich: Wir müssen uns das Volk erst *erschaffen*. Unser Gebilde ist ein Hohlgefäß: Wir brauchen Menschenmaterial, um es zu füllen. Überall will ich neue Dörfer gründen mit Namen wie Florida und Philadelphia und neue Subjekte darin haben – solche, die etwas anpacken wollen und ohne Blei im Hintern sind.«

»Das klingt märchenhaft schön, Eure königliche Majestät.« Der Kämmerer ging zum Waschbecken für Bedienstete, öffnete seinen Hosenschlitz und urinierte, da es im gesamten Schloss keine Toilette gab außer für den König selbst, routiniert dort hinein.

Im Feuchten Willi

Der quecksilberbleiche Kammerdirektor Heinrich Wilhelm von Schmettau hatte sich in einen soldatisch sparsam geschnittenen preußischblauen Frack gezwängt, während Deich-Oberinspektor Simon von Haerlem weite Rockschöße trug und eine lange, reich verzierte karmesinrote Weste, Kniehose, Seidenstrümpfe und Schnallenschuhe mit Absatz. Zudem hatte sich Haerlem einen neuen Haarbeutel zugelegt, in den er seine in ausufernden blasslila Wellen liegende Perückenfrisur zwängte.

Nebeneinander hockten sie an einem Tisch in der hintersten Gaststubenecke des *Feuchten Willis*, des Treffpunkts in Güstebiese, an dessen Eingangstür *EINMAL VOLL 1 GROSCHEN – RICHTIG HACKE 2 GROSCHEN* geschrieben stand. Pfeifenrauch vernebelte den Raum, billige, rußende Quappenstreifen produzierten schummriges Licht. Schmettau und Haerlem hatten gebratenen Schildkrötenspeck bestellt, Gerstenpfannkuchen, Störeier, Aalpastete, blassrote Quappenleber und Sanddornmarme-

217

lade, dazu Güstebieser Fladenkuchen aus Mannagras. All das brachte ihnen der kellnernde Slawenjunge, der seine schrundigen Füße in abgelegte Stücke Fischnetz gewickelt trug, und wuchtete außerdem zwei große Zelliner Biere für nur sechs Pfennige das Quart vor sie hin: »Damit's auch runtergeht.« Vom zweiten Stock, zu dem eine Treppe neben dem Ausschank führte und wo sich ein Labyrinth aus engen, ineinander übergehenden Kammern befand, drang Gepolter zu ihnen herab. Rufe und Flüche waren zu hören, Schreie, die der Lust, aber auch einer Keilerei geschuldet sein konnten, während im Nebenraum, dessen Doppeltür weit offen stand, die Würfelbecher klackerten und die Karten beim Wendischen Schafkopf auf die Tische knallten.

»Das ist eine Katastrophe, das wissen Sie.« Haerlem deutete auf den Brief des Königs, der vor ihnen lag, und spießte ein Stück Quappenleber auf. »Auch wenn die durchlauchte Majestät verfügt, kein weiteres Geld mehr zur Verfügung zu stellen, solange Eulers Messdaten, Kostenaufstellungen und Rentabilitätsrechnungen nicht auf Seinem Tische liegen, stehen die Leute am Krummen Ort mit Eimern und Schaufeln tagtäglich für uns im Dreck. Wir müssen die Löhne ausbezahlen. Da können wir nicht warten, bis der Mathematicus seine Gleichungen aufgelöst hat.« Haerlem hustete nass und spuckte einen Schleimbatzen auf den mit Sand bestreuten Holzboden. »Dass man diesen Eierkopf in die Sache hineingezogen hat, ist sowieso vollkommen für die Katz.«

»Wie können Sie das sagen?« Schmettau schüttelte verständnislos den Kopf: »Leonhard Euler ist eine Koryphäe nicht nur auf dem Gebiet der Hydromechanik. Der König mag ihn zwar nicht, schenkt ihm aber vollstes Vertrauen, was seine Berechnungen angeht. Wenn *le professeur* die Sache abnickt, ist sie durch. Dann haben wir Ruhe.«

»Noch so einer, der dazwischenfunkt. Genau wie Mahistre.« Sorgfältig bestrich Haerlem einen Streifen des knusprigen Schildkrötenspecks mit der Marmelade. Genussvoll biss er hinein, dass es krachte. »Es gibt Männer, die machen eine Sache lediglich komplizierter, auch wenn sie das Gegenteil behaupten. Mahistre war so einer.«

»Ich kann es nicht gutheißen, wie Sie über einen Toten sprechen. Und was Professor Euler angeht: Sein Zahlenwerk wird die Sache nicht verwickelter machen, sondern transparent. Der Nutzen wird sofort ins Auge springen und alle Kritiker restlos überzeugen.« Schmettau zwirbelte zur Beruhigung die Enden seines eingeölten, schwarz gefärbten Schnurrbarts. »Er wird ja gleich zu uns stoßen. Dann können Sie sich ein etwas objektiveres Bild von ihm machen. Wir werden ihn fragen, wann mit seiner abschließenden Erhebung zu rechnen ist. Und vergessen wir eines nicht, lieber Kriegs- und Domänenrat: Falls der König den Hahn zudreht, hängt dies wesentlich damit zusammen, dass«, er deutete auf den Brief Friedrichs und schüttelte mit dem Kopf, »*Ihre* Zahlen nicht stimmen. Sie glauben doch nicht, dass in Berlin und Potsdam nicht auf jeden Guten Groschen nachgerechnet wird? Mit Argusaugen wacht der König über jeden einzelnen Pfennig. Er hasst kaum etwas mehr als monetäre Ungenauigkeit.«

»Der König soll sich nicht so anstellen«, sagte Haerlem. »Er trägt lediglich die Last der Anschubfinanzierung. Das muss er verstehen. Wobei er durch die Beteiligungsverpflichtungen der anderen Grundbesitzer einen Großteil gleich wieder abwälzt.«

»Diese Beteiligungsverpflichtungen sind längst nicht unter Dach und Fach«, widersprach Schmettau erregt. »Es wird dafür eigens eine Konferenz im Berliner Schloss angesetzt. Sie haben es in Sanssouci selbst gehört, wie vor allem«, er senkte seine Stimme und sah sich um, da er sichergehen wollte, dass niemand ihnen zuhörte, »Karl von Brandenburg opponiert. Glücklicherweise steht der Wirt dieses Etablissements auf unserer Gehaltsliste. Von ihm habe ich vorhin erfahren, mit wem der Markgraf sich hier klandestin getroffen hat. Veit Maltschau.«

Haerlem pfiff durch die Zähne, doch dann wedelte er die Worte Schmettaus zusammen mit seinem Pfeifenrauch beiseite. »Lieber Kammerdirektor, wir schaffen hier 130 000 Morgen neues Land. Selbst wenn wir von königlichen Ausgaben von einer halben Million ausgehen, macht das je Morgen kaum mehr als drei Taler. Das ist nicht nur moderat, das ist spottbillig. Die Reinerträge, alleine durch die Pacht, werden die Kosten bei Weitem übersteigen. Der König kann von dieser Sache nur profitieren: mehr Untertanen, mehr Ruhm, mehr Steuern. Deshalb darf man jetzt die Gäule nicht scheu machen. Was wir tun müssen, ist weiterhin Fakten schaffen, uns nicht mit Erbsenzählerei aufhalten. Das große Bild, Kammerdirektor, das große Bild.«

Schmettau wurde allmählich wütend, was er stets zu vermeiden suchte, weil er sich dann mitunter nicht mehr unter Kontrolle hatte. Erneut strich er über die Enden seines Schnurrbartes, doch es half nicht. »Wenn Ihre Argumentation mal keine Milchmädchenrechnung ist … oder vielmehr eine Rechnung, die Sie ohne den Wirt gemacht haben.« Hektisch suchte er in seiner Jacketttasche nach einer Zigarre. Als er sie gefunden hatte, schnitt er, sich bereits etwas abregend, das Ende ab und pulte sorgsam – dieser Vorgang besänftigte seine Nerven am allermeisten – einzelne Tabakfäden heraus, um zu verhindern, dass sie ihm beim Rauchen zwischen die Lippen gelangten. »Sie müssen mir versprechen, den Geldern künftig mehr Aufmerksamkeit zu widmen«, sagte er schon etwas ruhiger, öffnete seine Aktentasche, verstaute darin den Brief des Königs und zog dafür ein anderes Schreiben hervor. »Gestern ging *dies* bei mir ein. Auch keine angenehme Sache: eine Petition der Dörfer Gabow, Medewitz, Glietzen und Cüstrinichen. Sie schreiben darin, sie würden durch die Melioration bis aufs Blut verarmen, und verlangten Entschädigung, da ihnen bald das Wasser bis zum Halse stünde. Und zwar deshalb, weil es ihnen abgegraben werde. Mehrere Dörfer haben letzte Woche die Lieferung der Faschinen verweigert.« Schmettau steckte sich die Zigarre zwischen die Lippen und suchte in seiner Aktentasche nach dem Pinkefeuerzeug.

Haerlem, der ihm zuvorkam, nahm ein Zündholz (Schwefel, was Schmettau nicht mochte, da es den Rauchgenuss beeinträchtigte), hielt es an den Quappenstreifen der Tischlampe, bis es auflöderte, und kippte es nach unten, damit das Flämmchen an Volumen gewann. Dann hielt er es an das Ende von Schmettaus Zigarre. »Kurtz ist dabei, eine Faschinen-Polizey aufzustellen. Die sollte solche Probleme künftig beheben. Es wird eigens eine Ehrfurcht gebietende schwarze Uniform für sie geschneidert. Diese Männer sollen aus dem Hinterhalt auftauchen und Aufsässige und solche, bei denen künftige Aufsässigkeit nicht ausgeschlossen werden kann, gleich mitnehmen. Ich bin darüber mit Fritze in engem Kontakt.«

»So werden Sie die Probleme nicht lösen.« Schmettau gab mit den Lippen Spiel und drehte die Zigarre leicht in der Zündholzflamme. »Ich höre von Kümmerle, er braucht unbedingt Einheimische in den Reihen seiner Arbeiter, weil diese nicht so leicht krank werden wie Zugereiste. Die Brücher können mit dem Klima hier am besten umgehen. Aber wenn sie uns hassen, werden sie kaum für uns schuften.«

»Außer man zwingt sie dazu.« Haerlem warf das Schwefelhölzchen auf den Fußboden und trat mit dem Stiefel darüber, weil es noch glomm.

Schmettau paffte mit eingesogenen Wangen. »So etwas machen vielleicht die Russen. Aber bestimmt nicht wir«, sagte er ruhig, spielte mit seiner Zunge den Rauch durch die Mundhöhle, dann blies er ihn aus. Er nahm die Zigarre aus dem Mund und betrachtete gedankenverloren das glimmende Ende, drehte sie zwischen seinen Fingern hin und her, um zu prüfen, ob sie auch von allen Seiten gleichmäßig brannte. Dann hob er den Kopf. In diesem Augenblick trat ein Totkranker zur Tür des *Feuchten Willis* herein.

Abort

Der Mann mit dem blau und rot gefleckten, geschwollenen Gesicht kam vorsichtig näher, wobei er glaubte, dass der Boden schwanke, dabei war es das Blut in ihm, das noch immer kippelte wie das Wasser draußen. Sein Leinenanzug war komplett durchgeschwitzt. Mit glasigem

Blick schaute er die beiden am Tisch Sitzenden an. Eilig zog ihm Schmettau einen Stuhl zurecht.

»Nachdem ich mich bei jetziger Befahrung des Stromes von allen … Umständen gründlich informiert …«, brachte Euler unter Mühen hervor und starrte auf die Speisen. Stark schwankte der Tisch. Mit der rechten Hand hielt er sich an einer Stuhllehne fest, doch auch diese stand nicht sicher. »… ich die Erklärung abgebe«, fuhr er fort, wobei seine lila angelaufenen Lippen zitterten, »dass von der geplanten Veränderung ein sicherer Effect mit Zuverlässigkeit … da die Oder nach ihrem jetzigen Verlauf …«

»Werter Professor, was ist mit Ihnen?«, fragte Schmettau. »Und wo steckt mein Rumi? Hat er sich nicht um Sie gekümmert?«

Euler sprach wie im Halbschlaf: »Lassen Sie ihn, lassen Sie Rumi … ich habe ihm einen Auftrag erteilt. Er ist bereits unterwegs, wir müssen haushalten, können nicht mit dem einen Körper an zwei Orten zugleich sein … müssen unsere Ressourcen gewitzt nützen: unsere Kraft. Und mit mir, mit mir ist nichts … Ich werde sehr alt werden und noch … viele Mathematikbücher schreiben, die keiner liest. Entschuldigen Sie mich …« Mit leicht offen stehendem Mund ging er einige Schritte am Tisch vorbei, die Theke entlang, an der er sich zweimal festhalten musste, und riss die Tür zu den Aborten auf.

Schweiß lief die gekalkten, gelblich schmutzigen Wände hinab, wie von einem riesigen Reptil ausgeschwitzt. Neben der mit bräunlichen Streifen verschmierten Waschschüssel stand eine Kerze aus Rindertalg. Ihr Leinendocht war nicht ordentlich geschneuzt worden, und ihre rußende, einen Gestank nach Blut und Geweberesten verbreitende Flamme beleuchtete einen Teller mit Wasser, auf dessen Boden in blassem Rot das Kreuz der Johanniter gemalt war. Es oszillierte über Eulers Nase, der sich in diesem Spiegel betrachtete. Sein linkes, intaktes Auge blickte ihm entzündet entgegen. Das Oberlid war gereizt und verdickt. Er blinzelte. Die Wimpern ließen den gesunden Schwung vermissen und ragten so entfärbt wie borstig nach unten weg. Da schob sich etwas in sein Spiegelbild: Ein anderes, nämlich silbernes Kreuz legte sich über jenes rote am Tellergrund. Es befand sich jemand hinter ihm, etwas zu nahe. »Darf ich mich vorstellen: Markgraf Karl von Brandenburg.«

Euler drehte sich um. Vor ihm stand ein imposanter Herr in voller Uniform und mit Schwert. Seine Hände steckten in hellgrauen Seidenhandschuhen.

»Ich möchte Ihnen ein Angebot machen«, sagte Karl lächelnd. »Ich schlage Sie zum Ehrenritter des Johanniter-Ordens. Alle Ihre Sorgen, als Bürgerlicher am Hofe nicht für voll genommen zu werden, wären Sie los – und zwar auf einen sprichwörtlichen Schlag. Die Präsidentschaft der Akademie, werter Professor, wäre Ihnen so gut wie sicher: *Freiherr Leonhard von Euler* – sagen Sie, wie gefällt Ihnen das?« Karl von Brandenburg verneigte sich und fuhr mit einer schmeichelnden Stimme fort: »Und wissen Sie, was mir im Gegenzug gefiele? Wenn Sie eine Rentabilitätsrechnung bezüglich des Bruches aufstellten, die meinen Vetter endgültig die Hände von dieser Sache nehmen lässt.«

Über der anthrazitfarbenen Oberfläche des angeschwollenen Stromes lag eine helle Bahn von Licht. Wie eine blitzende, gebogene Klinge schnitt der Fluss durch den flimmernden Wald: eine Kurve auf einem Blatt. Die Massen an Wasser gleißten und wirkten wie geschmiedet. Doch sobald er etwas fokussierte, das darin trieb, einen abgerissenen Ast zum Beispiel, wurde augenscheinlich, mit welcher Geschwindigkeit die Oder hier floss. Welche Macht dahintersteckte, die sich sekündlich auf sie zubewegte und von hier aus in die Senke des Niederbruchs ergoss.

Leonhard Euler blickte die ansteigende, sich vor seinem Auge merkwürdig wellende Dorfstraße entlang. Auf dem Hügel stand eine Kirche. Ein Junge trieb eine Schar aggressiver Gänse dorthin. Irgendwo bellte ein Hund, sofort fielen andere Hunde ein, als hätten sie nur darauf gewartet, endlich wieder tätig zu sein. Es war die Zeit des Sonnenuntergangs. Stechmücken durchsäuselten im Blutrausch die Luft. Zwei Fischer mit klobigen Pfeifen, die sie zwischen die gebleckten Überreste ihrer Zähne gesteckt hielten, liefen mit dem noch zappelnden Fang in Körben aus Weidengeflecht vorbei, die sie auf ihre Rücken geschnallt hatten. Eine alte Frau im bumswollenen Kleid und schwarzer Haube auf dem Kopf zog einen Handkarren voller Kirschen durch den Matsch.

Euler dachte an das Angebot, das er auf dem Abort des *Feuchten Willis* erhalten hatte. Erneut schüttelte er den Kopf. Die Wissenschaft war unbestechlich. Das hatte er dem Markgrafen unmittelbar erwidert. Ob Karl dies verstand? Seit dem überraschenden Zusammentreffen mit ihm fühlte es sich für Euler so an, als ob eine schwere Last auf seinen Schultern liege. Keine gedankliche, sondern eine reelle, materielle Last, die ihn zu Boden zwingen wollte. Wenn er auf seine braunen Lederstiefel blickte, kam es ihm so vor, als versänken diese immer tiefer im Morast des von der Flut verschlammten Hauptweges von Güstebiese. Er sah einen Regenwurm, der sich vor dem Wasser rettete und ans Trockene ringelte. Dieser Regenwurm muss ich sein, dachte er und spürte, wie seine Kräfte schwanden. Er ging in die Knie, griff nach einem Schilfblatt, um sich daran festzuhalten, und schlitzte sich die Hand an den scharfen Kanten auf. Da hatten ihn Haerlem und Schmettau bereits unter den Armen gepackt. Mit Mühe richteten sie ihn auf. »Professor, was haben Sie nur? Tun Sie mir den Gefallen, gehen Sie zu einem Arzt.« Schmettau musterte ihn mit ernstem Knopfaugenblick.

Jäckels Loch

Heller Nebel dampfte über dem Wasser. Hier und da ragten einzelne Stängel des Plaggrases wie Finger durch das milchige Weiß. Rumi schloss die Augen, um den Schimmel blind zu reiten, sich mit ihm vertraut zu machen. Es war ein robustes Tier, das auch vor unwegsamem Gelände, vor Schlangen und vor allem vor Wasser nicht scheute. Einerseits beruhigte ihn das zuverlässige Geräusch der schmatzenden Hufe auf dem feuchten Untergrund, gleichzeitig beschlich ihn eine größer werdende Furcht, je weiter er sich von Güstebiese entfernte. Er war alleine im Moor, wie damals vor fünfzehn Jahren seine Mutter. Mehr noch, er *ritt* hindurch, was gefährlicher war, als sich zu Fuß zu bewegen, doch für Letzteres war der Weg zu weit, den Leonhard Euler ihm aufgetragen hatte.

»Braves Pferd.« Rumi klopfte dem Schimmel auf die Flanken, schlug irgendwann die Augen wieder auf. Die Sonne hing knallgelb im Westen. Der Himmel leuchtete blau. Der schmale, kaum zu erkennende Weg war von einem Gürtel aus hochwüchsigem Knabenkraut gesäumt. Ein Wildschwein rannte keine Mannslänge von ihm entfernt über den Pfad, der Schimmel drohte zu scheuen, doch Rumi sprach in sein linkes Ohr und beruhigte ihn.

Einige Minuten später erschrak er, als er ein merkwürdiges Getöse hörte. Er setzte sich im Sattel ganz aufrecht. Da verstand er, dass es das Rauschen des Flusses war: Sie näherten sich einem überspülten Seitenarm der angeschwollenen Oder. Da mussten sie hindurch. Er stieg ab, warf einen Ast hinein, um die Geschwindigkeit abzuschätzen. Das schäumende Wasser, das vor seinen Augen dahinschoss, trug das Holz so rapide fort, dass er ihm mit dem Blick kaum folgen konnte. Doch er musste es wagen, saß auf und lenkte den Schimmel zielstrebig hinein. Strudel bildeten sich um die Fesseln des Pferdes, das gemessenen Trittes und unerschrocken, obwohl der Grund nicht zu sehen war, vorwärtslief. Als sie die Mitte des Seitenarmes erreichten, reichte das Wasser bis zum Bauch des Tieres. Wild ließ es die Ohren spielen, ging aber mit erhobenem Schweif immer weiter. Endlich wurde es flacher. Sie erreichten das andere Ufer, erklommen es und ritten im Trab über eine Rohrglanzwiese hinweg, die von allen Seiten von Wasser eingeschlossen war.

Und ganz unerwartet sah Rumi Mahistres Rappen. Bis zu den Knien stand er im Morast und hob seinen stolzen, wenn auch abgemagerten Kopf, als Rumi sich näherte. Deutlich standen die Rippen des Tieres hervor. Es war an einer Hainbuche festgebunden, um die herum dunkelroter Mohn wuchs. An ihrem dicksten Ast hing mit leeren Augenhöhlen nach unten glotzend der Schädel eines riesigen Hechts, genauso wie es auf der Landkarte dargestellt war. Um den Kopf des Rappen bildeten Tausende von Kriebelmücken eine Wolke.

Rumi stieg ab. Ein bitterer Geruch hing in der Luft. Der Rappe war gesattelt und trug schönes Zaumzeug. Um seinen Hals hing eine dünne goldene Kette mit einem angehängten goldenen M. Das Pferd blickte auf eine sonderbare Weise zuerst den Schimmel, dann Rumi mit hungrigen, tiefschwarzen, blutunterlaufenen Augen an. »Was ist mit deinem Herrn passiert?« Rumi näherte sich vorsichtig, da er mit jedem Schritt tiefer einsank. »Und was ist mit dir?« Er wedelte die zahllosen Mücken so gut es ging beiseite und streichelte dem Tier über den schwitzenden Hals. Wieder kam ihm der Blick des Pferdes merkwürdig vor. War es krank? Da sah er die blutigen Pferdeäpfel auf dem morastigen Boden und erschrak. Unverwandt schaute das Tier ihn an. Es wirkte auf ihn, als ob es sich nichts weiter als seine Freiheit wünschte, also band er es ab.

»Ich gehe jetzt zu meinem Herrn«, sagte der Rappe mit einer tiefen Stimme. Zumindest kam es dem erschrockenen Rumi so vor, als habe das Pferd genau dies gesagt, und es lief, als ob es nichts mehr zu überlegen gäbe, in Richtung Ufer. Aufgeregt eilte Rumi hinterher. Aus dem schwarzen Boden stieg an mehreren Stellen dünner, heller, nach Schwefel stinkender Rauch. Das Wasser war breiter hier und drehte sich in einem natürlichen Wirbel. Der Rappe ging hinein und stand rasch bis zu den Sprunggelenken darin. Schon hatte sein Bauch das an ihm reißende Wasser erreicht. Aus seinen Nüstern kam stoßweise der Atem, als es mit der Brust in die Fluten tauchte. Ein letztes Mal sah Rumi die goldene Kette mit dem geschwungenen M, dann nur noch den Kopf, dann tauchte das Maul ab, die Nüstern und der Nasenrücken, auf dem das Tier eine schmale Blesse hatte. Die Blesse drehte noch zwei, drei, vier Kreise in dem starken Wirbel der Wasser von Jäckels Loch. Dann saugte der Strudel das Tier vollständig hinab.

Eine unerwartete Begegnung

So rasch er konnte und mit letzter Kraft stieß er sich ab. Er wollte nur weg von Schmettau, weg von Haerlem, wollte alleine sein auf dem Boot, wo alles in Ordnung war – und irgendwie nach Wrietzen, zum Doktor.

Die Strömung trieb ihn durch die Biegung von Güstebiese. Hier lagen Kähne: ein rotgesichtiger dicker Mann bot blaugrün schimmernden Tabak an, ein anderer, ganz dünner Kerl frische Flumfische, ein dritter Wachteln und Hühner, die in ihren Käfigen flatterten. Die *Flins* schlug gegen das Boot des Tabakhändlers, Euler erstand Rüdnitzer Ware für fünf Pfennige, schon war er weiter, und es ging, dem Lauf des schnell fließenden Wassers folgend, in das Niedere Bruch hinab.

Weißes Straußgras winkte vom Ufer. Fast hätte er zurückgewinkt. Er schwitzte, ihm war zugleich eiskalt, doch er glaubte, dass er es schaffen würde. Ja, er würde durchkommen, weil er sich trotz allem *gut* fühlte auf dem Bateau, so ganz allein. Weil der Sumpf ihn so sanft umarmte. Unter ihm schwammen Schildkröten, Hasel, Rapfen, Schmerlinge und Zärten – vielleicht auch Fischarten, die man noch gar nicht kannte. Tief sog er die würzige Luft ein. Sumpfdotterblumen verströmten einen betörenden Duft, die doldigen Blütenstände der Schwanenblumen ragten purpurfarben aus dem Wasser.

Es dämmerte, als der Oderstrom verflachte. An den Ufern leuchtete tiefrot der Blutweiderich mit seinen zur Ähre gehäuften Blüten. Unzählige Wasservögel dümpelten hier, verdauten ihr Abendmahl, schrien drauflos, bevor die Nachtruhe begann. Doch wohin sollte er steuern, wo ging es nach Wrietzen? Überall hatten sich Tümpel gebildet, tieferes Wasser voller Fische. Überall Moder, es kamen Fliegen zur Welt. Überall summte es und stank. Der Kahn glitt an einer halb versunkenen, von Ampfer überwachsenen Wiese vorbei. Im knietiefen Wasser wimmelte es: laichende Hechte. Andauernd schlüpfte es irgendwo, Millionen von Larven, unendlich viele Augen, die starrten.

Die Sonne ging unter, Wolken zogen auf. Nur hier und dort zeigte sich matt ein Stern. Die Luft wurde still, das Gekreisch der Schellenten und Norcken, die Schreie der Milane klangen ab. Da hörte er etwas. Es klang wie Gesang, wie das Lachen einer Frau, wie ein Glucksen, als stiege eine bauchige Blase von unten auf. Es war so finster, dass er kaum mehr die Gegenstände an Bord erkannte. Im

Licht der karmesinfarbenen Mondsichel nahmen die Umrisse fantastische Formen an. Ein Strauch wuchs aus dem Wasser, im nächsten Augenblick wirkte er wie ein gestikulierender Mensch. Euler lehnte sich über die Reling. Was schwamm dort? War dieses weiße Ungetüm … ein Wels?

Dann sah er ihren Nachen. Und was ihm zunächst wie ein Traumgespinst erschien, nahm immer deutlichere Formen an. Eine Silhouette stand aufrecht: Die Frau trug einen kurzen, mit Ledergürtel über der Taille zusammengebundenen Rock. Sie hielt eine Schlinge in der Hand, und ihr Blick aus zwei großen dunklen Augen war so durchdringend, dass es ihn schmerzte.

Die Hechtin

Fledermäuse segelten aus dem Dickicht des nahen Ufers. Er griff nach dem Bug ihres Nachens, zog ihn zur *Flins* und vertäute die beiden Boote. Im Licht, das der Mond über das Wasser warf, schauten sie sich an, gleichermaßen erstaunt. Er kam ihr sehr fremd vor, in dem hellen Leinen auf seinem goldenen Kahn, wie aus einer unermesslich weit entfernten Welt. Noch hatten sie nichts zueinander gesagt. Ihre Haut leuchtete, deutlich erkannte er die Adern ihrer Schulterpartie, oberhalb ihres Kleides, bis zum Hals. Es rührte ihn an, auf diese Weise in das Innere ihrer Gestalt schauen zu können, dieser Frau, die aus dem Nichts aufgetaucht war und mit einem Mal jene fiebrige Welt, in der er sich seit Stunden befand, in all ihrer merkwürdig schönen, gespenstischen Irrealität verkörperte.

»Habe die Ehre«, sagt er leise und verneigte sich. Eine Strähne hing über ihre linke Wange. Ein hellgrüner Geruch ging von ihr aus wie von einem klaren See. Sie betrachtete seine beiden so unterschiedlichen Augen. Das rechte, leere ging direkt durch sie hindurch, sie hatte nie zuvor so etwas gesehen, es schaute einen Punkt in der Unendlichkeit. Aus dem linken, das sie fixierte, sprach mehr Mitgefühl als bei den meisten Menschen aus beiden. Dennoch würde er sterben müssen.

»Möchten Sie nicht an Bord kommen?« Seine Stimme zitterte leicht. Er war wie in Trance, derart heftig brannte und wütete das Fieber in ihm.

»Natürlich«, antwortete sie mit etwas rauer Stimme. Noch hatte sie nicht begriffen, wie schlimm es um ihn stand, sondern glaubte, er sei lediglich nervös und schwitze deshalb so stark. Behände kletterte sie auf die *Flins* und staunte, als sie Momente später den Salon betrat, wohin er sie zum Sitzen einlud, geschützt vor den Mücken. Nie zuvor hatte sie derartigen Luxus gesehen, noch dazu auf einem Kahn. Und dann so etwas: Bücher! Die gut ausgestattete Handbibliothek machte den allergrößten Eindruck auf sie. Da war ein Mann, der las! Überrascht sah sie ihn an. Sein Antlitz strahlte vor Hitze wie ein Ballon. Die Erleuchtung – wovon sie schon gehört, die sie aber im Umgang mit den Leuten in Wrietzen noch nie zu Gesicht bekommen hatte, dieser Mann *verkörperte* sie regelrecht.

Euler nahm die Lampe vom Haken, entzündete einen Quappenstreifen und tauchte alles in ein warmes, gelbgrünes Licht. Draußen vor den runden Kajütfenstern sprangen immer wieder Hechte, um Luft zu schnappen, platschten zurück in das niedrige, sauerstoffarme Flutwasser. Er selbst fühlte sich wie ein solcher Hecht, und sie war das Wasser und die Luft zugleich. Er sah sie an, ihre ruhige Silhouette vor dem Bullauge und dahinter das mittlerweile von Sternen übersäte nächtliche Firmament. Sein Blut kochte. Sie stellten einander vor, wobei er mehr als ihren Namen wissen wollte, auch den Ort erfragte, an dem sie wohnte, und sich nach ihrer Familie erkundigte – alles wie in einem Traum. Im Grunde wollte er nur ihre kehlige Stimme mit diesem leichten Bruchakzent hören und ihr Gesicht dabei betrachten, wenn sie auf ihre melodische Weise sprach ... Strähnen hingen ihr wieder über die Stirn, und auch sie transpirierte stark. Es war, als habe sie all die Düfte des unendlichen Sumpfes in sich aufgenommen und gebe sie veredelt weiter: als dünste sie öliges Moschus oder den betörenden Duft doppellippiger Gauklerblumen aus. Sie überlegte, wann sie ihm die Schlinge umlegen sollte. Er taumelte zum Schreibtisch, um seine Pfeife zu holen. Dabei verlor er das Bewusstsein.

Oda hatte ihn auf das Canapé in der Kajüte gelegt und ruderte die ganze Nacht hindurch. Trotz der Schwere des Kahns mit seinen vielen Aufbauten ließ sich die *Flins* erstaunlich leicht manövrieren. Wirklich ein Meisterstück des guten Lukas, wie sie mehrfach dachte. Doch wohin mit ihrer ungewöhnlichen Fracht? Dass sie sich nicht an einem Wehrlosen vergreifen würde, war Ehrensache. Und dass dieser Fremde aus der Hauptstadt, der mit einer Bibliothek durch das Niederbruch fuhr, ihre Hilfe benötigte, war klar. Er litt unter hohem Fieber, und zunächst hatte sie einen Tee aus Weidenrinde gekocht und ihm unter Schwierigkeiten – denn er wollte partout nicht mehr erwachen – eingeflößt. Ja, es gab Regeln im Bruch und speziell in Zeiten der Flut, und an diese hielt sich Oda. Wer Hilfe benötigte, dem wurde geholfen. In einer Zwiesprache mit Triglaf, dem Gott des Krieges, hatte sie ihre Lage erörtert und den Rat erhalten, als Erstes ihrem Herzen zu folgen und als Zweites ihrem Verstand. Und wenn sie Letzteren konsultierte, sagte nicht auch dieser, es könne womöglich sogar hilfreich sein, den allwissenden Professor, der dem König so nahestand, am Leben zu halten?

Sie ruderte den Holzgraben entlang, dann den Wustrower und den Bergesgraben, schließlich die Wolzitze hinein in das Herz des inneren Bruchs. Hin und wieder machte sie Pause, nahm einen Schluck aus dem Tonkrug mit Mohnsaft und flößte auch ihm davon ein. Der Himmel leuchtete durch die offene Kajüttür. Einmal schlug Euler kurz das Auge auf. Verschwommen sah er Gestalten in Stulpenstiefeln, roten Hosen, schwarzem Frack und Zylinder, mit langen Stöcken bewaffnet, die auf dem Wasser wandelten. Sie drehten ihre Köpfe, schauten zur *Flins*, wandten sich wieder sich selbst zu und schlugen mit den Stöcken aufeinander ein. »Das ist der Blutige Graben«, hörte er Odas Stimme aus weiter Ferne, schon schlief er wieder.

Nebelschwaden verhüllten Lewin zum Sonnenaufgang. In den Horizont brannte in feurigem Ton der Morgen sich ein. Irgendwo schrien Schweine. Oda fuhr bis zum Haus der Maltschaus. Die nach unten geneigten Blüten des Nickenden Leimkrauts an der Anlegestelle waren noch offen, um Nachtfalter anzulocken. Euler wachte auf, versuchte, sich auf seine Ellbogen zu stützen, was ihm kaum gelang. Ihre Blicke begegneten sich. Und jetzt sprach Oda sich aus, sagte ihm die volle Wahrheit, direkt ins Gesicht: Ihre Augen taten dies und teilten ihm mit, dass sie Hoffnung in ihn lege, all ihre Hoffnung, sie und ihre Familie und alle anderen in diesen Dörfern des Bruchs. Sie sagte ihm, dass er womöglich der Schlüssel sei. Dass er es sein müsse, denn eine andere Chance hätten sie gegen diese Übermacht nicht. Er verstand das, alleine durch den Blickkontakt, und sagte ihr, ebenfalls nur durch die Augen, dass er nichts mehr wünsche, als dass sie den Lauf der Geschichte durch ihre unerwartete Begegnung aufhalten könnten.

Er griff nach ihrer Hand, die sich kühl anfühlte – dabei war es seine, die so heiß war. Ja, in seinem Körper gebe es ein Problem, teilte sie ihm mit, und zwar ein schlimmes, und sie strich ihm das Haar aus der nassen Stirn. Jetzt gehe es darum, gesund zu werden. Dies sei die Stunde der Wahrheit. Nun müsse alles heraus. »Es ist stärker, als wir es sonst kennen, und es gibt nur eine mögliche Heilung«, sagte sie. »Wir müssen die Krankheit herauszwingen. Jeder muss helfen. Wenn gleich der Morgen beginnt und alle erwachen, fangen wir damit an.«

Heilung

Sie bereitete ihm ein Lager in der Tenne. Veit protestierte, doch sie erinnerte ihn an die Pflicht, die man einem Gast gegenüber hatte, noch dazu, wenn er wehrlos war. Radomeer gab ihr recht, und als Oda ihrem Bruder versicherte, der Professor könne ihnen aufgrund seines Einflusses noch hilfreich sein, fügte sich Veit.

Euler lag auf dem Bauch, mit dem Kopf seitlich, sodass er einen schmalen Ausschnitt an Wasser sah, das gleich dem Himmel farblos wirkte, blank. Kein Lufthauch ging. Manchmal krähte ein Hahn, manchmal waren Schritte zu hören, das Rufen eines Vogels. Alles lief ganz langsam ab, viel bedächtiger, behutsamer als in der Stadt. Die Laute zerdehnten sich in der Luft, all sein Erleben war ein einziges gleichförmiges Band, dessen Ende andere hielten. Auf seinen Rücken und seine Beine wurde eine schwere, sehr breite, aus einer Weide geschnittene Planke gelegt, und auf dieser lagen je zwei Menschen, je ein gutes Stück Zeit. Kam jemand Neues hinzu und löste ab, spürte Euler diese Umschichtung in jedem Knochen, und es knetete ihn vollständig durch. Das Gleiche geschah, wenn man sich über ihm anders positionierte oder das Gewicht verlagerte. Es schmerzte höllisch, und er verstand nicht, was diese Prozedur bedeutete. Folterten sie ihn?

Dann war Mittag, und die Sonne stand wie ein großer bleicher Knopf am Firmament – ein Knopf, der das in der Hitze zerreißen wollende Himmelsgewebe geradeso noch irgendwie zusammenhielt. Ansonsten war ihm nach wie vor schleierhaft, was da passierte, was diese Menschen mit ihm taten. Er bekam kaum Luft. Immer wieder verlor er das Bewusstsein und dämmerte weg.

Einmal wachte er auf, als die beiden Männer über ihm sich erregten und lauter wurden. Eine Stimme sagte: »... das trifft die Ungläubigen an der einzigen Stelle, wo's ihnen wehtut. Vergessen wir nicht, dass sie alles zerstören, womit der Schöpfer uns umgeben hat. *Menschen* dürfen

236

wir nichts zuleide tun. Deichen und Dämmen schon. Deshalb sind wir ja auch *die Biber*.«

In Eulers engem Sichtfenster zwischen Bettstatt und Weidenplanke tauchten zwei weibliche Beine auf. Die Stimmen verstummten. Über ihm bewegte sich jemand, glitt nach unten. Es war Bartok.

»Wie ich schon sagte: Er ist ein Vertrauter des Hofes«, hörte Euler die Stimme von Oda. »Ich habe mir seinen Kahn genauer angeschaut und persönliche Briefe des Königs gefunden. Er ist ein wichtiger Mann. Helfen wir ihm, hilft er uns auch. Ein Unmensch ist er nicht.«

»So, und woher weißt du das?«, hörte er eine männliche Stimme.

»Die Schlange hat heute Morgen allen Fisch gefressen, den ich ihr hingelegt habe. Ich bin auf dem richtigen Weg. Reicht dir das?«

Veit antwortete nicht, doch Euler spürte in jeder Faser seines Körpers, wie der Mann über ihm sein Gewicht verlagerte, erst hierhin, dann dorthin.

Er schwitzte immer stärker, und es fühlte sich für ihn so an, als löse er sich unter den permanenten Verschiebungen der Last vollständig auf. Doch gab dieses stoisch harte Pressen von oben auch Linderung, und in dem Leiden, das es hervorrief, den Schmerzen, lag eine Erleichterung. Auf eine Art war der Druck sogar angenehm, er nahm ihm diese Last von den Schultern und von der Brust, die seit dem Einsetzen des Fiebers immer unerträglicher geworden war, diese *innere*, dennoch fremde Last, und ersetzte sie durch eine klare äußere. Ja, womöglich versuchten diese Fremden wirklich, ihm zu helfen. Aber vermochte ihn eine derart primitive, an Aberglauben erinnernde Methode tatsächlich zu heilen? Er konnte es sich nicht vorstellen, doch er begann, daran zu glauben, und irgendwann – Oda und Veit waren längst abgelöst worden – war es so: Alle schlechten Gedanken, die in ihm aufstiegen, alle negativen Empfindungen und Ängste verschwanden unter diesem Druck. Alle böse Sumpfluft, die ihn krank gemacht hatte, wurde von dem schweren Gewicht aus ihm herausgepresst, während der Knopf weiterhin über den Himmel wanderte, sich neigte und dabei anschwoll. Die Sonne ging unter, die zunehmende Mondsichel stieg, schwebte über den Wipfeln der Eichen und Weiden und versilberte das Wasser, durch das die Silhouetten der Herrenfische huschten.

In der Nacht saß Oda an seinem Lager. Sie hatte einen besonders fettreichen Quappenriemen entzündet, dessen funkelndes Feuer ihm Zuversicht schenken sollte. Dann massierte sie seinen Rücken. »Das muss sein«, sagte sie, ihre Finger waren fest, sie verschlang damit seine Haut. Nun schwitzte er die letzten Reste seines Fiebers heraus. Nichts war mehr gleich jetzt, jede ihrer Berührungen machte einen Unterschied, und wenn er das Auge schloss, flossen Zahlenreihen durch das Dunkel, die so harmonisch, die einfach wunderbar waren. Alle Gleichungen gingen auf, dann drehte sie ihn um, saß auf ihm und legte ihr weißes, linnenes Oberkleid ab.

Nie hatte er etwas Anziehenderes gesehen, es war die anmutigste Kurve. Doch während man einen Graphen in einem Koordinatensystem zwar begreifen, doch nicht anfassen konnte … er bemerkte, wie sein Kopf zu rasen begann, er an seine Familie dachte, an Katharina, sein Auge öffnete sich, blinzelte mehrfach, die Braue war zu einem gotischen Bogen gewölbt. Er drehte den Kopf nach links, weil er ihren Anblick nicht ertragen konnte, und sah eine grasende Kuh, ihr Fell schimmerte im Mondlicht. Er schlief gut. Als er am nächsten Morgen erwachte, gab sie ihm frische Schwadengrütze mit Molke und Butter und etwas Rübenzucker. Dazu einen Tee aus Baumrinde, dessen Geruch ihm bekannt vorkam und ihn plötzlich wieder an den Mordfall denken ließ.

»Was habt ihr mit mir gemacht?«, fragte er endlich. »Was ist das für ein Medikament?« Er deutete auf den Tee, schon schlief er wieder. Als er erwachte, sagte sie ihm, seine Temperatur sei gesunken und in ein paar Stunden sei er vollständig wiederhergestellt.

»Was war das für ein schreckliches Fieber?« Er schüttelte matt mit dem Kopf.

»Unser Heiler sagt, es kommt von kleinsten Wesen, die durch die Luft schweben und die man nicht sehen kann. Sie entstehen aus Fäulnis. Sie fliegen um uns herum und dringen durch den Mund und die Nase in uns ein.«

Gegen Mittag stand er auf. Vorsichtig lief er einige langsame Schritte durch die offene Seite der Tenne zum Ufer. Ungläubig sah er sich um. Das Wasser, das sich hier zu einem See verbreitert hatte, lag ruhig; Nebelkrähen, die sich ständig nach Gefahren umsahen, suchten Frösche.

Er drehte sich um und betrachtete das rot getünchte Haus der Maltschaus. Auf der Bank davor saß Oda neben ihrem Bruder Veit. Was war in der Nacht geschehen? War es ein Traum gewesen? Die ungleichen Zwillinge beachteten ihn nicht, sondern unterhielten sich angeregt und flickten gemeinsam ein Netz. Wie anmutig Oda aussah, mit ihrem Kopftuch aus schwarzer Baumwolle, das sie über der Stirn verknotet hatte, ihrem einfachen, ungebleichten Leinenkleid. Euler betrachtete wieder den neu entstandenen See. Sie hatte ihn vorhin auf diesen aufmerksam gemacht und ihn gebeten, seinen Wert zu bestimmen.

Er dachte darüber nach. Wie sollte das funktionieren? Was schloss das mit ein: auch die Farne, Blumen, das Pfeilkraut der Ufer? Was bedeutete das genau: ein *Wert*? Meinte dies auch diese roten, gestreckten Larven im Schlamm – die Libellen, die umherschwirrten, die Frösche, die kopfüber ins Nass abtauchten, wenn er sich näherte? Die Tausenden von Schnecken und Wasserläufer und sattbraunen Maikäfer, die schwebenden Schmetterlinge – die Weiden, die ihre Äste wie lange, glatte Haare ins Wasser hängen ließen? Wie evaluierte man Rastplätze für Kraniche gegenüber Stallplätzen für Rindviehzucht? War nicht sogar eine Spinne etwas wert? Und die Mücken, selbst jene, die ihn gestochen hatten: Waren sie nicht Nahrung für Frösche und diese wiederum für Störche – zog man einen Baustein aus dem Gebäude heraus, war nicht automatisch das Ganze in Gefahr? Diese Landschaft, die sie schaffen wollten, schufen sie für Hunderte von Jahren. Vermisste man irgendwann die Störche, die Kröten, sogar die Spinnen? Wäre man in ferner Zukunft bereit, ein Königreich für ein Bienenvolk zu geben?

Eine Zeit lang beobachtete er eine ungeheuer große Sumpfschildkröte, die knapp unter der Wasseroberfläche gemächliche Bahnen zog. Ihr Panzer schimmerte in allerlei Grün-, Blau- und Braunschattierungen. Ihr großer, faltiger Kopf, der aussah wie aus Leder, die rührenden Schwimmbewegungen ihrer Flossen erweckten sein Mitleid. Etwas derart Friedliches, Kostbares, Schönes ging von ihr aus … Eine gesunde Population dieser majestätischen Kreaturen zu haben: War dies nicht ein Reichtum? Wäre es nicht ein Jammer, wäre diese Spezies hier bald vom Aussterben bedroht?

Er drehte sich um. Veit und Oda waren verschwunden. Stattdessen saß Radomeer vor seinem Haus und strich mit einem langen, an der Klingenspitze abgerundeten Messer Scheibenhonig aus den Waben, die er am Morgen dem Stock entnommen hatte. Tief sog Euler die würzige Luft ein. Sicher konnte man gut und gerne seinen Verstand verlieren bei der Suche nach einer Messgröße für so etwas wie jene Gefühle, die er für Oda und die anderen Menschen in Lewin, die sein Leben gerettet hatten, empfand.

Diese Erkenntnis löste Bestürzung bei ihm aus, aber auch eine ungekannte Euphorie. Er erinnerte sich an einen Brief, den ihm sein Freund Mendelssohn geschrieben hatte. Den Wortlaut hatte er sich eingeprägt: »Der tiefsinnigste Mathematiker ist jener, der die verborgensten Wahrheiten zu ergrübeln trachtet; allein: seine *Sinne* nehmen häufig an dieser eigentlichen Freude keinen Anteil. So lange schreitet er nur mühsam von Wahrheit zu Wahrheit voran: lauter Arbeit! Lauter mühsame Arbeit!« Die Sinne – für sie waren noch keine quantifizierbaren Parameter entwickelt. Doch erst, wenn erkennbar wurde, welchen Wert ihre Eindrücke für den Menschen hatten, wäre die Kette der Schlüsse vollkommen – wären die Wahrheiten in der besten Ordnung. Welche Lust musste sich dann beim Rechnen, in der Mathematik und Wissenschaft, beim Erkennen auf alle Bereiche des Körpers ergießen. *Dies* war das Niveau, das ihm vorschwebte – das er aber bislang nicht erreicht hatte. Sobald *diese* sinnliche Lust Teil seines Denkens würde, gewänne auch seine Mathematik eine Mannigfaltigkeit, die sich in der schönsten, nämlich einer *höheren* Ordnung ausdrückte und zu Ergebnissen führte, die *alle* Aspekte des Daseins bewegten. Dann schwämme ich in der größten vorstellbaren Lust, dachte Leonhard Euler. Dann fiele mir auch *diese* Berechnung, für die der König mich in das Bruch entsandt hat, leicht.

Sein Blick schweifte über das weite, von Blütenfarben und Grünschattierungen durchsprengte Wasser. So etwas bekam man nicht alle Tage zu Gesicht. Und bald, wenn es so weiterging, überhaupt nicht mehr. Wer noch etwas *sehen* wollte in dieser Welt, musste sich beeilen, und er wollte die Ansicht genießen, solange es noch möglich war: Er konnte sein Auge nicht mehr abwenden und schaute unverwandt, ohne sich zu rühren, diesen Teich an, dieses Wasser, bis es, sein linkes Auge, selbst zum Teich wurde und das, was vor ihm lag, in seinen Tränen sich auflöste: erst verschwamm, dann verschwand.

Die Bank vor dem Haus der Maltschaus war leer, und er setzte sich, stützte den Kopf in die Hand und schaute sich um. Ein verträumter Zauber umspann das stille Runddorf. Eine grüne, tief einsame Abgeschlossenheit und trauliche Stille umhegte es.

Er stand in der schwarzen Küche und bewunderte den gemauerten Mantelschornstein. Über dem Herd hing der Fischkessel, Aalsuppe brodelte darin. Am Tisch stand eine Magd und teilte aus einer hölzernen Mulde Brotschnitten an sie umdrängende Kinder aus. Ein jedes bekam auf die Schnitte eine Kelle dampfender, dick gekochter Milchhirse aus einem Topf. Manche der Kinder leckten die Hirse gleich ab und verlangten Nachschlag, was die Magd standhaft verweigerte.

Vor dem offenen Fenster ging die Sonne unter. Euler hatte bemerkt, dass sich niemand um jene unangenehmen Plagegeister scherte, die in anderen Teilen des Bruchs ein so großes Thema waren. »Gibt es hier keine Mücken?«, fragte er.

»Die können den Qualm nicht ab.« Die Magd nickte in Richtung der rußgeschwärzten Schrägen des Schornsteins. »Außerdem räuchern wir das Haus regelmäßig mit Schwefel. Das hält sie fern. Und die Türrahmen reiben wir mit Essig ein, da fliegen die Biester nicht durch.«

»Mit Essig?« Nachdenklich sah Euler sie an. Hatte nicht auch der Türrahmen seines Zimmers im *Goldenen Löwen* nach Essig gerochen?

»Aber wir werden hier sowieso kaum gestochen. Die mögen unser Blut nicht, die Viecher. Zu sauer vielleicht, von den eingelegten Gurken, die wir essen.« Die Magd öffnete ihren breiten Mund und griente mit ihrer löchrigen Zahnreihe. »Aber am wichtigsten ist Sauberkeit. Wir waschen uns immer gut, stimmt das nicht?« Sie blickte zu den Kindern. »Seife, das ist der Schlüssel zur Gesundheit.«

In Wrietzen flutete die Faule See mittlerweile bis vor das *Ambtshaus*, und der Hahnengraben war über die Ufer getreten. Das war dem dicken Fritze recht, denn so konnte er seine Beine schonen und sich zu Terminen bequem rudern lassen. Und in der Überschwemmungsperiode des Hochsommers mangelte es nicht an solchen. Es war eine Zeit der Geschäftigkeit, zumal sich die einflussreiche Wrietzener Hechtreißergilde zu ihrem jährlichen Hechtschmaus traf. Diese Veranstaltung fand in der prunkvollen Hechtreißerhalle statt, die in allem das Gegenteil darstellte zum simplen *Heim der Hechtreißer* des Niederbruchs. Als zeremonieller Höhepunkt würde dabei die Lade der Gilde von allen ordentlichen Mitgliedern geprüft und dem sogenannten Ehrenreißer, der den Ladenschlüssel verwahrte, für das neue Geschäftsjahr übergeben, damit er sie in genau der Ordnung halte, die alle zweiundvierzig Reißer befriedigte.

Dieser Ehrenreißer, der »die Gewohnheit am besten verstand«, wie es in den Statuten hieß, deckte sich häufig mit dem Bürgermeister der Stadt, und so war es auch jetzt. Bislang hatte Fritze diese Aufgabe zu aller Zufriedenheit besorgt, hatte darauf geachtet, dass bei den Zusammenkünften ein jeder sich »ohne Saufen und Fressen fein stille und ehrbar« verhielt, wie es in den Statuten weiterhin hieß, und »Messerzücken mit acht Groschen Strafe« geahndet wurde. Doch ob seine Mitreißer es ihm bei *diesem* Hechtschmaus honorieren würden? In jedem Fall versprach die Veranstaltung eine besondere zu werden, war doch die gesamte Gegend im Umbruch und hatte sich mit Staatsminister Samuel von Marschall hoher Besuch angesagt. Außerdem erwartete man die drei Gesandten aus der Hauptstadt, die nach ihrer Bereisung des Bruches für den König berichten würden: den Kammerdirektor Schmettau, den Deich-Oberinspektor Haerlem sowie Leonhard Euler.

Sich in diesem höfischen Glanz zu sonnen, würde für ihn selbst, so glaubte Fritze, nicht unwichtig sein. Denn bei den Hechtreißern rumorte es: Man fürchtete Statusverlust und Einkommenseinbußen durch die Melioration, und manche sprachen sogar davon, dass es in Wrietzen bald keinen frischen Fisch mehr zu kaufen gebe. Dann trockne ebenso wie der Sumpf auch ihr Wohlstand aus. Raule, der zweite Mann in der Gilde – jener grobschlächtige, für seine Rauflust bekannte Betreiber des *Goldenen Löwen* –, drohte sogar offen mit Palastrevolution, um die Maßnahme noch zu verhindern. Und Raule war ein nicht zu unterschätzender Gegner und gewiefter Strippenzieher. So viel war sicher: Würde Wrietzen die Maßnahme nicht mehr mit ganzer Kraft unterstützen, änderten womöglich auch Freyenwalde und Oderbergk ihre Haltung. Gegen den Willen dieser drei Städte, denen neben den Großgrundbesitzern ein guter Teil des Bruches gehörte, wäre die Trockenlegung – zumal den zusätzlichen Widerstand des Markgrafen Karl von Brandenburg beachtend – kaum durchzuführen.

Fritze, der fahlgelbe Hosen trug, die er in seine dunkelbraunen Lederstiefel gesteckt hatte, einen langen braunen Rock und der in der Hand einen Zylinder hielt, den er nie aufsetzte, der ihm aber einen weltmännischen Anflug verleihen sollte, stieg an der Rückseite des zweigeschossigen Steingebäudes aus, an deren Umfriedung träge die Wellen der Faulen See lappten. Er hatte beschlossen, den umstürzlerischen Tendenzen an diesem Abend ein für alle Mal ein Ende zu bereiten. Man musste das Übel an der Wurzel packen und ausreißen. Immerhin stand eine gewaltige Gratifikation für ihn auf dem Spiel nebst einer stattlichen Fläche des neu zu gewinnenden Ackerlandes. Dort konnte er dann Erdtoffeln anbauen und bis zum Ende seines Lebens satt und zufrieden sein.

Unter seinem Gewicht und der Wärme des Abends stöhnend, stieg Fritze die mit Girlanden geschmückte Freitreppe nach oben. Er schüttelte ein paar Hände, kippte einen ersten Schnaps, den ihm Lulu auf einem Tablett offerierte (der *Goldene Löwe* besorgte die Verköstigung des Abends, was ihn ärgerte), und gelangte in die große Halle, wo sonst die Hechte gerissen wurden. Für den heutigen Abend war diese festlich dekoriert; die meisten der Plätze waren bereits besetzt, die Hechtreißer mit ihren Gattinnen und Familienmitgliedern auf ihren vorbestimmten Stühlen, ebenso Mitglieder der Wrietzener Bürgerschaft. An prominenter Stelle, vor dem lang gestreckten Podest, stand der Tisch für die Oderbruch-Commission.

Und bald war es auch schon Zeit, die Gäste zu begrüßen und den Abend einzuläuten. Sich nach allen Richtungen vorsichtig umschauend, betrat Fritze das Podest und schwang die Messingglocke. Doch er musste sie ein zweites und sogar noch ein drittes Mal benutzen. So etwas hatte es früher nie gegeben, und es regte ihn schrecklich auf. »Liebe Hechtreißer und sehr geehrte Gäste«, begann er seine Ansprache, musste sich aber gleich unterbrechen, weil er in einen fürchterlichen Husten ausbrach. Nervös, als würde von überallher Gefahr drohen, blickte er sich im Raum um, der allmählich zur Ruhe kam. »Ich will nicht lange um den heißen Brei reden«, fuhr der Bürgermeister fort, »die, die mich kennen, wissen, das ist nicht meine Art. Also um den Brei rumzureden. So was machen wir grundsätzlich nicht, hier in unserem guten Wrietzen.«

»Na, dann schieß halt los!«, rief jemand von Raules Tisch, der neben dem der Commission stand, und erntete Gelächter.

»Also, der Punkt, um den's uns ja geht«, sagte Fritze mit leicht zittriger Stimme und wischte sich mit dem Handrücken den Schweiß von der Stirn, »das, das sind die Maßnahmen unserer großen weisen durchlauchten königlichen Majestät. Wir reden uns ja alle hier die Köpfe heiß wegen der geplanten Melioration – das heißt ja *Verbesserung*. Jeder von uns bespricht das mit seinen Freunden und seiner Familie. Deshalb ... b-bin ich auch umso froher, dass die hohen Herren der Oderbruch-Commission heute anwesend sind.« Wohlwollend nickte er in Richtung Haerlem und Schmettau. Dass Euler nicht an seinem vorgeschriebenen Platz saß, sondern am anderen Ende des Saales stand und mit seinem jungen Gehilfen Rumi in ein Gespräch verwickelt war, irritierte ihn über die Maßen.

»Sogar der Staatsminister von Marschall hat sich für den Abend angesagt und wird uns alle später noch durch seine Anwesenheit beehren. Ich habe ihn persönlich eingeladen«, sagte Fritze und rieb sich den rechten Unterarm, wo ihn eine Mücke gestochen hatte. Wieder musste er schrecklich husten, räusperte sich und sah sich verzweifelt um, ob er irgendwo ausspucken könne, beschloss aber, einfach weiterzumachen: »Jetzt zum Rechenschaftsbericht. Also das letzte Jahr war wieder sehr erfolgreich hier für uns. Wir haben allein an Hechten über tausend Fässer verkauft, und der Preis pro Fass lag stabil zwischen zehn und elf Talern. Das ist viel, aber wer sich an solchen Zahlen ergötzt, und das tun wir ja alle, der soll sich mal vor Augen halten, was wir erst mit der Landwirtschaft verdienen, also wenn das Bruch, das uns ja immer auch ziemlich viel Ärger macht«, er blickte sich um, weil er hoffte, Zustimmung zu erheischen, doch niemand rief etwas oder klatschte, »also wenn es trockengelegt ist.« Auf einen Schlag war es mucksmäuschenstill im Saal.

»Ein echter Wriezener, sag ich nämlich, kann überall sein Geschäft machen, vor allem in einem derart riesigen Garten, wie er hier vor unserer Haustür angelegt wird.« Fritze pausierte kurz und überlegte, was er weiterhin sagen konnte, aber das Bild vom paradiesischen Garten gefiel ihm derart, dass er beschloss, es dabei zu belassen. Dann fiel ihm etwas ein: »Na, so viel vielleicht noch … auf diesem Ackerboden, den's bald in Hülle und Fülle gibt, können wir eine Frucht anbauen, die ihr alle noch nicht kennt, die wir aber heute Abend zum ersten Mal zu unserem Hechtmahl als Beilage servieren. Es ist eine verlockende Frucht, und sie heißt Erdtoffel!« Zufrieden nickte Fritze sich selbst zu. Er war überzeugt davon: Sobald die Leute *davon* gekostet hatten, gab es kein Zurück mehr. Dann waren alle überzeugt. »Von daher wünsche ich euch einen geselligen Abend voller Genuss, und wenn ihr mit meiner Arbeit als Ehrenreißer für dieses Jahr zufrieden wart – nun, ich mach's auch gern wieder fürs nächste«, schloss er, winkte etwas linkisch in den Saal und verneigte sich, um den Beifall entgegenzunehmen. Doch es klatschten – so etwas hatte es beim Hechtschmaus noch nie gegeben – nur wenige, vielmehr breitete sich sogar peinliche Stille aus, während Fritze das Podest mit hängendem Kopf verließ.

Raule stand auf und stiefelte nach vorne. Er trug den schwarzen Ausgehfrack der Wrietzener Fischer – obwohl er selbst als Hotelbetreiber nur nebenbei fischte – und nahm seinen grauen Filzzylinder mit der steifen geschwungenen Krempe nicht ab. Das schmale schwarze Band, das diesen umschloss, war auf der Stirnseite mit einer kleinen silbernen Schnalle in der Form eines Hechtes verziert. Raule hatte seine Gefolgschaft gut vorbereitet, sodass der Applaus anschwoll, während er das Rednerpodest erklomm und sich genau zwischen *eiserner Elle* und *eisernem Fisch* postierte, den an der Wand hängenden Mindestgrößen für zu reißende Hechte und andere Herrenfische

»Wir wissen nicht, was unser lieber Fritze für seine warmen, etwas fantastischen Worte, die er für die Trockenlegung gesprochen hat, erhält«, begann er ebenso direkt wie verschlagen, da er keine Ahnung hatte, ob ein solches Bestechungsgeld für den Bürgermeister tatsächlich in Aussicht stand. »Hört, hört!«, rief es aus dem Publikum, und ermuntert fuhr Raule fort: »Wir wissen nur, dass wir alle an Macht und Einfluss verlieren sollen, alle außer Fritze vielleicht. *Wrietzen*, das ist in Europa eine Marke geworden. *Gerissen in Wrietzen* – das kennt man, dafür haben wir hart und lange gekämpft. Wir exportieren unsere Hechte bis nach Italien, wo sie als Delikatesse gelten. Nach Italien, Leute, ins Mutterland der Fische! Macht es uns nicht Spaß, mit diesem umtriebigen Völkchen dort im Süden zu verhandeln? Wollen wir darauf künftig verzichten? Leute, das Reißen ist unser Handwerk, es hat uns groß gemacht. Denken wir an unsere Väter, die es aufgebaut haben. Und denken wir an unsere Kinder.«

»Was redest du da? Dein Vater ist doch gar nicht von hier!«, rief Fritze aufgebracht. Doch Raule ließ sich davon nicht beirren: »Und unsere Vätersväter! Alle haben sie gerissen, alle haben sie Fisch für den Versand präpariert. Eigens gibt's dafür einen Salzmarkt in unserer Stadt. Soll der etwa auch verschwinden?« Raule sah sich um. Es war augenscheinlich, dass er den allermeisten Reißern aus tiefster Seele sprach. Endlich, so schien die Stimmung im Raum auszudrücken, sagte einmal einer, was alle dachten. »Ich möchte nur an den Kurfürsten erinnern, der im vorigen Jahrhundert schon bestimmt hat, dass sämtlicher An- und Verkauf des ganzen Reichtums hier durch *uns* geregelt wird. Weil wir auf richtiges Maß und Gewicht achtgeben.« Er hob die Hände und ließ seine ausgestreckten Zeigefinger auf die beiden Maße rechts und links von ihm deuten, eine Geste, die er einstudiert hatte und die großen Effekt erzielte, wie er den Gesichtern im Raum unmittelbar ablesen konnte: »Weil wir die Qualität der Güter aus Wrietzen kontrollieren.« Er pausierte kurz. Nun war der Moment gekommen, an dem seine Gefolgschaft klatschen sollte, und tatsächlich brandete Zwischenapplaus auf und beruhigte sich erst, als er gebietend die Hand hob: »Und über die Belastungen, die auf unsere Stadt durch die sogenannte Urbarmachung zukämen, haben wir noch gar nicht gesprochen. Dabei wissen wir doch alle, worum's hier wirklich geht: Es sollen sich bei uns sogenannte *Kolonisten* breitmachen: Flüchtende von wer weiß woher. Fremde, die unsere angestammte Kultur überhaupt nicht kennen. Ja, kann dann eine ehrbare Wrietzener Frau am Abend noch sicher durch die Straßen gehen, wenn diese Horden uns überfluten?«

Im Saal machte sich Unruhe breit. »Und diesen Fremden«, fuhr Raule fort, »will man das beste Ackerland hinterherwerfen. Die sollen nicht mal dafür bezahlen. Doch wer löhnt für ihre Hütten und Häuser und ihre Tiere und Werkzeuge? Wir, die für dumm verkauften Bürger.«

In diesem Augenblick ging die große Haupttür auf. Marian Caroline und Samuel von Marschall traten herein: sie karmesinrot geschminkt und in eng tailliertem, kegeligem, durch Fischbeinreifen gehaltenem Reifrock, blauer Samtbluse mit Spitzen und einem gefälteten Volant, hohen Stöckelschuhen, die Seidenstrümpfe mit roten und blauen Zwickeln bedruckt – er unter seinem offenen schwarzen Rock mit weißer, bis zu den Knien reichender Piqué-Weste, eine genähte, mit Fischbein verstärkte graue Halsbinde im steifen Hemdkragen. Seine mit Pomade bestrichenen und mit weißem Haarpuder bedeckten Perückenlocken trug er – ganz alte Schule – eingedreht, und die Strümpfe hatte er noch *über* das untere Ende seiner beigefarbenen Culotten mit den leicht gespreizten Beinen und dem voluminösen Hosenboden gezogen.

Raule ging durch den Tumult, den seine Worte ausgelöst hatten, auf die beiden zu, küsste mit eleganter Verbeugung, die man ihm nicht zugetraut hätte, die Hand von Frau Marian Caroline und schüttelte herzlich jene des Staatsministers. Ganz den Hausherrn spielend, der er ja keineswegs war, wies er vor den verdutzten Blicken Fritzes, der sich vor Schreck und aufgrund seiner Körper-

251

fülle nicht schnell genug erhoben hatte, den beiden Ehrengästen die frei gehaltenen Plätze am Tisch der Oderbruch-Commission zu und stand schon wieder auf dem Podest. »Wir begrüßen alle den Staatsminister und seine Gattin. Ihr Erscheinen hier zeigt, dass sie ein offenes Ohr für unsere Belange haben«, rief er und klatschte in die Hände, worin alle einfielen. »Wir Wriezener«, rief er, um den Lärm zu übertönen, »sind eine stolze Gemeinde. Ich sag's noch mal: Bewahren wir uns den Reichtum. Bewahren wir unsere Kultur. Bewahren wir Wriezen. Von daher will ich keinen Hehl daraus machen, denn natürlich hat unser Bürgermeister recht mit dem, was er sagt: Wir reden hier nie um den heißen Brei herum. Wir reden, wie uns das Hechtmaul gewachsen ist. Deshalb hört mir zu: Die Verantwortung, die vor uns liegt, ist eine große, und ich bin bereit, mich ihr zu stellen. Wenn ihr wollt, Leute, und damit's auch in Zukunft uns Hechtreißer gibt, bin ich ab heute gerne euer Ehrenreißer!«

Euler und Rumi unterhielten sich noch immer angeregt. »Ist Ihnen aufgefallen, wie Raule den Staatsminister begrüßt hat?«, fragte Euler. »Es wirkte auf mich, als ob sich die beiden gut kennen. Wogegen ja nichts einzuwenden ist. Doch was mich stutzig macht: Raule behandelte ihn geradezu so, als ob Marschall den gleichen Standpunkt teile wie er selbst, was ja, nach allem, was wir wissen, durchaus nicht der Fall ist. Irgendetwas geht hier nicht auf.« Eulers Blick schweifte durch den Saal. »Begeben wir uns wieder zu Tisch. Halten Sie Augen und Ohren weit offen. Es könnte sehr wichtig für uns sein, was heute Abend gesprochen wird.«

Jetzt wurden die Hechte serviert, traditionell als Braten in dunkler Fliedermussoße, und nur die gelben Klöpse, die man in Schüsseln herbeitrug, wichen von den Gepflogenheiten ab und stießen auch nicht an jedem der Tische auf Zustimmung. Ausgehend von der Seite, an der Raule mit seiner Gefolgschaft saß und wo man auf die Erdtoffeln komplett verzichtete und zur altbewährten Hirse griff, machte sogar das Gerücht die Runde, diese neumodische Speise sei mit äußerster Vorsicht zu genießen, da der Gattung der Nachtschattengewächse zugehörig und manche Teile davon giftig.

»Das ist natürlich lächerlich.« Marschall schüttelte den Kopf, als am Tisch der Oderbruch-Commission über dieses Thema gesprochen wurde. »Dies betrifft lediglich das aus der Erde herausragende Grünzeug, nicht die Knolle.« Er halbierte eine Kartoffel, spießte sie auf und steckte sie sich in den Mund, der noch eine Spur schiefer stand als bei ihrer ersten Begegnung in Ranfft, wie Euler bemerkte. Tatsächlich hatten sich an diesem Abend die beiden Gesichtshälften des Ministers so deutlich gegeneinander verschoben, dass es wirkte, als würden hier zwei Personen zwangsweise zu einer vereint. Euler, der den Marschalls schräg gegenübersaß, fiel weiterhin auf, dass die beiden Ehegatten es peinlich vermieden, einander zu berühren oder vom anderen berührt zu werden, ganz anders als in jener Nacht, in der er in Ranfft gewesen war.

»Aber wie geht es Ihnen, werter Professor?«, fragte Marschall: »Ich habe von Schmettau gehört, dass sie krank waren. Hoffentlich nichts Ernstes?«

»So unerwartet es gekommen ist, so ist es auch wieder

gegangen«, antwortete Euler und trank einen Schluck von seinem lauwarmen Bier.

»Sie wirken jedenfalls etwas grüblerisch«, wandte sich Carolin von Marschall ihm zu: »Was hatten Sie für Beschwerden? Ich frage dies nur, weil am Krummen Ort wieder etwas umgeht. Es sind wohl Gifte, die aus dem Erdreich steigen, wo man dieses aufgräbt. Haben Sie sich vielleicht auf diese Weise Ihre Malaise eingefangen?«

»Ich höre solche Theorien von den schädlichen Erdausdünstungen immer wieder«, entgegnete Euler. »Aber ich glaube nicht daran. Vielmehr gehöre ich zu den Anhängern jener Schule, die davon ausgeht, dass Krankheiten durch kleine lebende Erreger übertragen werden. Alles andere erscheint mir zu animistisch. So etwas hat in der Welt des einen Gottes keinen Platz.« Euler filetierte seinen Hecht, wobei er auch die Bäckchen nicht vergaß. Dann sah er die Gattin des Staatsministers einige Momente lang nachdenklich an. Es kam ihm so vor, als belaste sie etwas. Etwas, worüber sie nicht sprechen konnte. »Leider ist unsere Forschung, was die Frage der Infekte angeht, noch nicht allzu weit«, fuhr er fort. »Zudem bin ich kein Mediziner. Von daher, nein, ich weiß nicht genau, was mit mir passiert ist. Es scheint mir jedoch wahrscheinlich, dass durch den Zuzug aus den verschiedensten Gefilden auch die mannigfaltigsten Infekte eingeschleppt werden. Dessen ungeachtet setzten meine Symptome bereits ein, bevor ich den Krummen Ort erreichte.«

»Ich gebe Ihnen recht«, sagte Kümmerle. »Bestimmt kommt's von den Württembergern. Die sind immer wieder ein Problem. Überall, wo die auftauchen, schleppen die Ärger und Krankheit mit.« Er lachte kurz, doch da niemand einstimmte, nahm er rasch wieder ein ernstes Gesicht an.

»Ich kann Ihnen jedenfalls versichern«, sagte Euler, »ich bin vollständig wiederhergestellt.«

»Das beruhigt mich«, sagte Marschall und zog eine Gräte aus seinen Zähnen. »Dürfte ich fragen, wie die Heilung zustande gekommen ist?«

Euler zuckte mit den Achseln. »Ich habe wohl einfach Glück gehabt. Und gute Hygiene gehalten. Aber sagen Sie mir bitte, wie es Ihnen geht?« Anteilnehmend blickte er dem Minister ins Gesicht.

»Ach«, antwortete Marschall, beendete den Satz aber zunächst nicht, da sein rechtes Auge unwillkürlich zu zucken begann. Dann fuhr er fort: »Ich gebe zu, es könnte besser sein. In letzter Zeit ist viel zu tun; die Flut gepaart mit den jüngsten Schäden an unseren Deichen … die Anstrengung hinterlässt ihre Spuren.«

»Ihre Gesichtslähmung hat also doch mit Umweltfaktoren zu tun? Sprachen Sie bei meinem nächtlichen Aufenthalt in Ranfft nicht von Vererbung?«

Einen Moment lang blickte Marschall irritiert. »Sicher spielt beides eine Rolle … die Vererbung ebenso sehr wie die täglichen Lebensbedingungen.«

Kurtz trat an ihren Tisch heran. Er trug seinen kragenlosen schwarzen Rock von den Knien bis zum Hals zugeknöpft und eine dünne, goldene, mehrfach geschlungene Kette um den Hals. »Die Herren müssen sich keine Sorgen machen«, sagte er und verbeugte sich vor Marschall: »Bis zur Abstimmung um Mitternacht reden wir mit allen Reißern. Fritze wird das Rennen schon machen.« Er bleckte seine Zähne zu einem Grienen und wollte gerade noch etwas hinzufügen, da erhob sich Rumi und ging aufgeregt auf ihn zu.

»Woher haben Sie das?« Er griff nach der langen dünnen Kette mit ihrem Anhänger um den Hals von Kurtz. Es war ein goldenes, geschwungenes *M*.

Das Ross

Ohne Vorbehalte erzählte Kurtz, worauf er am Abend bei seiner Kontrollfahrt über die Faule See gestoßen war. An beinahe der gleichen Stelle wie vor genau einer Woche Mahistres Leichnam hatte er nun dessen totes Pferd in ähnlichem Zustand entdeckt. Daraufhin war er zurück nach Wrietzen gerudert, um Verstärkung zu holen. Zu sechst hatten sie den schweren Leib auf einen Kaffenkahn gehievt und in die Stadt verbracht. Doktor Veigelfeld, der Veterinär und Rossdoktor des Ortes, hatte anhand der Schwellungen und Flecken des Kadavers schwere innere Blutungen vermutet.

»Es ist die gleiche Todesursache wie bei Mahistre«, sagte Rumi, als er wenig später mit Euler am Tresen stand, wo sie ungestört waren. »Die Speerwunde hat man dem Franzosen also tatsächlich erst im Nachhinein beigebracht.«

»Noch sind das Theorien, lieber Rumi. Was wir aber sagen können: Der Fundort von Tierkadaver wie der Leiche von Mahistre ist derselbe. Und da das Pferd, wie Sie bezeugen können, eben nicht *dort* verstarb, sollten wir ruhigen Gewissens anzweifeln, dass Mahistre an jener Stelle den Tod gefunden hat. Wahrscheinlicher ist es, dass er am selben Ort ums Leben kam wie sein Ross, am Jäckelschen Loch.« Euler blickte sich im Saal um. »Lassen Sie uns einem unserer Mitspieler in dieser außerordentlich interessanten Schachpartie einen kleinen Schrecken einjagen. Und beobachten wir, wie er sich darauf verhält.« Euler deutete auf den Wrietzener Bürgermeister, der an einem benachbarten Tisch stand und gestikulierte. »Schauen Sie ihn an, unseren Riesenkrebs, wie er aufgescheucht durch die Gegend läuft und versucht, seine Anhänger um sich zu scharen, um einen möglichen Coup zu verhindern. Ich werde ihm jetzt mal die Leviten lesen.« Ohne Umschweife ging Euler auf Fritze zu und nahm ihn beiseite: »Es tut mir leid, Sie stören zu müssen, doch die Umstände verlangen es.«

»Ja, was ist denn?«, fragte Fritze erschrocken.

»Ihr Pritzstabel Kurtz hat beim Fund der Leiche Mahistres *keine* Wunde im Herzbereich festgestellt. Dass ihm dies entgangen ist, hat er später auf seine Aufregung geschoben. Doch wir beide wissen, es gibt einen anderen Grund. Die Wunde existierte nämlich zu diesem Zeitpunkt noch gar nicht. Vielmehr geriet jener Speer erst in Anwendung, als Mahistre tot bei Ihnen im Keller lag.«

»Aber, Professor!« Fritze sah ihn entgeistert an.

»Regen Sie sich nicht über Gebühr auf. Es ist schlecht für das Herz. Und spielen Sie vor allem nicht den ehrlichen, falsch verdächtigten Mann. Sie wissen *alles*, was es über diese Speerwunde zu wissen gibt. Ist das nicht so?«

»Ich, ich würde niemals … niemals …« Nervös sah Fritze sich in alle Richtungen um.

»Es ist Fakt, dass die neun Löcher entstanden sind, während Kurtz Dr. Süßapfel holte. Und zwar durch *Sie* mithilfe eines jener Speere, die im Keller des *Grünen Huts* neben anderen unappetitlichen Gerätschaften verwahrt werden.«

»Aber, aber wieso würde ich so etwas tun?«, fragte Fritze mit einer Mischung aus Verzweiflung und Wut in der Stimme.

»Ganz einfach. Um den Menschen aus dem Bruch einen Mord anzuhängen und mit aller Gewalt gegen sie losschlagen zu können. Es gibt doch nichts, was Ihnen mehr Freude bereitet, als Ihre Folterinstrumente auszumotten. Leugnen Sie es nicht.«

Fritze starrte ihn mit offenem Mund an. Seine sonst so prallen Wangen wirkten eingefallen.

»Sie sehen, wir sind in der letzten Zeit zu gewissen Erkenntnissen gelangt. Und wenn Sie möchten, dass man mit diesen diskret umgeht – gerade auch, was die Abstimmung am heutigen Abend betrifft –, dann beginnen Sie besser sofort, mit offenen Karten zu spielen. Es bringt nichts, die Sache verschleppen zu wollen.«

Fritzes Gesicht war weiß wie Asche. »Aber ich, ich habe mit der Sache, mit dem Tod von Mahistre nichts zu tun«, stammelte er, und seine Stimme glitt ins beinahe Schrille ab, »das schwöre ich bei Gott. Ich habe ihn nicht umgebracht … ich, ich wollte doch nur, dass sein Tod noch zu was nutze ist.«

»Ihr letzter Satz klingt so erbärmlich, dass er zu Ihnen passt und ich dazu tendiere, Ihnen in dieser Hinsicht zu glauben. Aber jetzt muss ich die volle Wahrheit wissen.«

»Ich sage Ihnen *alles*, Professor, alles, was Sie wissen

müssen. Vielleicht …« Zögerlich sah sich der Bürgermeister nach allen Seiten um.

»Ja?«

»Also schauen Sie doch mal in der *Großfriedrichsburg* vorbei. Sprechen Sie mit einer Frau namens Gloria. Mahistre war in seiner letzten Nacht bei ihr. So hat Kurtz es mir berichtet.«

»Ich werde sehen, was ich mit dieser Information anstelle.« Euler wandte sich von Fritze ab und ging zum Tisch der Commission zurück. Dort sagte er zu Rumi, sodass niemand sonst es hören konnte: »Es sieht tatsächlich so aus, als sei die Todesursache für Mann und Pferd gleich. Und möglicherweise litt auch ich darunter. Es ist ein ungewöhnlich starkes Fieber, das ohne entsprechende Behandlung zum Tode führt. Ich hatte Glück. Ich bin durch die Hilfe, die mir in Lewin zuteilwurde, kuriert worden. Und das Pferd hielt etwas länger durch als sein Herr, weil es …«

»Deutlich schwerer ist?!«

»Richtig. Und meinte nicht Dr. Süßapfel Ihnen gegenüber, Mahistres Leiche sei etwa vierundzwanzig Stunden im Wasser gewesen? Gut, dass wir die Strömungsgeschwindigkeit bestimmt haben. Tragen Sie die Landkarte bei sich?«

»Ja. Doch bevor ich es vergesse, Professor: Während Sie mit Fritze gesprochen haben, bin ich auf Dr. Süßapfel gestoßen. Ich habe ihn sofort wegen einer Frage konsultiert, die mir seit einigen Minuten auf den Nägeln brennt.«

»Und die wäre, Rumi?«

»Ob Gesichtslähmung vererblich ist.«

»Ausgezeichnet, ausgezeichnet. Was hat der Doktor gesagt?«

»In keinem Falle ist sie das.«

Euler nickte befriedigt. »Gute Arbeit. Und jetzt zeigen Sie mir bitte die Landkarte.«

Rumi öffnete seine Ledertasche und holte sie hervor.

»Sehen Sie«, sagte Euler, »von hier nach hier, vom Jäckelschen Loch bis zur Faulen See …« Er beendete den Satz nicht, und die Braue über seinem linken Auge wölbte sich. »Wenn der Leichnam circa vierundzwanzig Stunden im Wasser getrieben ist, wie Dr. Süßapfel geschätzt hat, kann es hinkommen.« Euler deutete auf den verschlungenen Weg zwischen der Stelle, die auf der Karte mit dem Hechtmaul markiert war, und dem Ausfluss von Morinichen und Bardaune bei Wrietzen. »Deshalb konnten wir am Fundort des armen Mahistre auch keinerlei Kampfspuren entdecken.« Euler sah Rumi triumphierend an. »Man wird durch diesen Strudel nach unten gezogen, gelangt in die Grundströmung der Oder und treibt durch das gesamte Niederbruch bis zur Faulen See. Dies beantwortet die Frage, was mit Mahistre zwischen Jäckels Loch, wo er sein Pferd zurückgelassen hat, und der Faulen See passiert ist, wo er tot aufgefunden wurde. Er hat im Niederbruch nicht seinen Mörder getroffen, sondern war bereits tödlich geschwächt, als er in den Wirbel geriet. Gestorben ist er an jenem Infekt, mit dem er bereits tagelang rang. Deshalb war auch der letzte Brief, den er Marschall schrieb, unsauberer und mit für ihn untypischen Fehlern. Weil er da bereits stark fieberte.«

»Dann … dann gibt es also überhaupt keinen Mord?«, fragte Rumi überrascht. »Sondern Mahistre war einfach nur krank? Sind wir die ganze Zeit lang einem Phantom hinterhergejagt?«

260

»Nicht so schnell, mein Freund, nicht so schnell. Die Welt ist voller offensichtlicher Begebenheiten, und nur weil wir im Augenblick keine Mordwaffe erkennen, heißt es nicht, dass eine solche nicht zur Anwendung gekommen ist. Im Gegenteil: Ich bin mehr denn je davon überzeugt, dass ein Mörder existiert und dass er erneut zuschlagen wird. Dass er sogar jetzt, während wir hier miteinander sprechen, seine nächsten Schritte plant.«

Großfriedrichsburg

Die Luft war angenehm kühl auf der Haut, die Häuser Wrietzens sahen beschaulich aus im matten Schimmer der Nacht. Nach außen hin wirkte Euler gelassen, rauchte seine Olivenholzpfeife und blies gleichmäßige Wölkchen in Richtung der Giebel, lief am Wursthof und am kleinen Markt, am jüdischen Friedhof und zwei Ecken weiter am Tollhaus vorbei. Knarzend drehte sich in der Dunkelheit das Windmühlenrad über den Dächern.

Auf der von abblätternder dunkelblauer Farbe unzureichend bedeckten Eingangstür des windschiefen Fachwerkhauses der *Großfriedrichsburg* war mittig ein grünstichiger Bronzeklopfer in Form einer Frauenhand angebracht. Euler betätigte ihn, dann leerte er seine Pfeife an der Hauswand aus. Ein klobiger Mann mit rechteckigem Gesicht, auf dem ein schwarzer Bürstenhaarschnitt wie angeklebt thronte, öffnete. »Ich möchte zu Fräulein Gloria.« Euler drückte ihm einen Guten Groschen in die Hand.

»Treppe hoch, Gang nach links, letzte Tür rechts.« Der

Mann nickte mit vorspringendem Kinn eine Stiege nach oben. »Zweimal klopfen, reingehen.«

Gloria saß auf einem französischen Bett neben einem Fenster, das auf die Faule See hinausging, und las in der Bibel. Sie war ein paar Jahre jünger als Lulu, Anfang dreißig, trug ein knappes dunkelblaues Baumwollkleid, das sich im Halbdunkel der Kammer kaum abhob von ihrer blauschwarzen Haut. Ihre Haare hatte sie kunstvoll zu einem Turm aufgeschichtet, der mit Federn, Blumen, Spitzen und Schmuck verziert war. Sie sah verführerisch aus. Es war dieselbe Frau, die Euler und Rumi vor ein paar Tagen vor dem Eingang der Großfriedrichsburg gesehen hatten. Neben ihr hing eine Holzmaske in Form eines vollen Mondes an der Wand.

»Liebe Dame, ich bin nicht gekommen, um Ihre Dienste in Anspruch zu nehmen.« Euler ging auf sie zu und verneigte sich. »Ich wollte Sie vielmehr fragen, ob Sie mir mit einer Auskunft behilflich sein könnten. Ich werde Sie dafür entsprechend entlohnen.«

»Sie wollen nur reden und dafür zahlen?« Gloria sah ihn skeptisch an.

»Es geht um einen Mann mit Namen Mahistre. Ich möchte herausfinden, was mit ihm geschehen ist. Warum er sterben musste. Und ich weiß, dass er kurz vor seinem Tod bei Ihnen war.«

Gloria schlug ihre Augen nieder. Dann schüttelte sie den Kopf. »Dafür verlange ich keinen Lohn.« Leise fuhr sie fort: »Mahistre war mein Freund. Er hat die Menschen geachtet. Auch wenn sie anders waren als er selbst. Und er hat das laut und offen allen gegenüber so gesagt.« Gloria hob den Kopf und sah Euler an: »Wenn ich mit Ihnen sprechen soll, sagen Sie mir: Sind Sie ebenfalls so? Er ... er war ein Ritter.«

»Ich strebe danach. Aber ich bin sicher nicht mit ihm zu vergleichen. Ich bin allerhöchstens ein Ritter der Zahlen.«

»Kann man da ritterlich sein?«

Euler dachte einen Moment lang nach. »Auch in der Mathematik ist Mut gefragt. Und Ehrlichkeit. Liebes Fräulein Gloria, helfen Sie mir?«

Erneut betrachtete sie ihn prüfend. Dann klappte sie die Bibel zu, legte sie auf einen Beistelltisch und sagte: »In seiner letzten Nacht, da war er aufgeregt. Er hat mir etwas Merkwürdiges gesagt. Er hatte einen Hinweis erhalten, eine Warnung.«

»Worum ging es dabei?«

»Dass er woanders schlafen solle.«

»Nicht bei Ihnen?«

»So hat er es gedeutet.«

»Haben Sie eine Vermutung, weshalb nicht?«

Gloria sah aus dem Fenster. Es war ihr anzusehen, dass die Erinnerung sie schmerzte. »Sie müssen eines verstehen«, sagte sie langsam, »ich habe ihn wirklich gern gehabt. Doch an diesem Abend war er nicht mehr bei sich. Er hat wie verhext gewirkt und war über und über mit Schweiß bedeckt. Ich hab so was noch nie gesehen. Der Schweiß kam sofort wieder, wenn ich ihn weggewischt habe. Er hatte rote Flecken auf der Haut, überall.« Sie zeigte auf ihre Arme, auf ihren Oberkörper. »Etwas war in ihn gefahren, hat er gesagt. Etwas Schreckliches.«

»Wissen Sie, was er damit gemeint haben könnte?«

»Ich habe mit Lulu darüber gesprochen. Sie kennen sie?«

Euler nickte.

»Sie ist meine beste Freundin.« Gloria pausierte kurz und zuckte mit den Schultern. »Und auch meine einzige. Sie hat mir gesagt, dass es das nur an der Goldküste gegeben hat. Dass der Schweiß nicht mehr verschwunden ist.«

»An der Goldküste?«

»Dort sind wir geboren, Lulu und ich. In Afrika.«

»Afrika«, murmelte Euler und dachte angestrengt nach. »Hat Mahistre gesagt, von wem er diese Warnung erhalten hat?«

Einen Moment lang zögerte Gloria. »Von Raule«, sagte sie dann.

Die Wahrheit

Euler suchte in der Westentasche seinen Tabaksbeutel, zog ihn mit der Pfeife hervor, nahm drei der langen Rüdnitzer Streifen heraus, die er von dem schwimmenden Händler vor Güstebiese erstanden hatte, und breitete den Tabak auf einem der Wirtstische der *Roten Lilie* aus. »Verraten Sie es mir doch endlich«, sagte Rumi, der neben ihm saß, »was haben Sie von der Dame noch erfahren?«

In aller Ruhe zerriss Euler den ersten Streifen in immer kleinere Stücke. Dann pausierte er und trank einen Schluck Bier. »Wenn ich morgen früh zurückreise, um in Berlin eine Untersuchung in unserer Sache anzustellen, werden Sie hierbleiben.« Er nahm den zerkleinerten Tabak und ließ ihn in den Pfeifenkopf rieseln, bis er voll war. »Finden Sie heraus, was Raule mit seiner Warnung an

Mahistre kurz vor dessen Tod gemeint hat. *Wovor* er ihn warnte und *warum* er dies tat.«

Rumi nickte. Die Vorstellung, alleine in Wrietzen zu bleiben, um auf eigene Faust zu ermitteln, gefiel ihm außerordentlich. Er krempelte seine weiten Ärmelaufschläge bis zum Ellbogen hoch, als würde er sich an eine Schreibarbeit begeben. »Ist Raule verdächtig?«

Euler trommelte einige Sekunden lang mit dem rechten Zeigefinger leicht gegen den Pfeifenkopf, damit die Tabakteilchen in den Hohlraum rutschten. Dann füllte er weiteren Tabak ein und klopfte erneut. Er drückte die Mischung nach unten. »Ich bin mir noch nicht sicher. Vielleicht schwebt er selbst in Gefahr. Wenn wir Raule verstehen, verstehen wir den ganzen Fall.« Euler zündete mit einem langen Zündholz seine Pfeife rundherum gleichmäßig an, bis die gesamte Oberfläche glühte. Er schüttelte das Brennhölzchen, warf es auf den Boden und trat es aus. »Ab sofort quartieren Sie sich im *Goldenen Löwen* ein. In einem ordentlichen, bequemen Zimmer, nicht auf einem von Käfern bewohnten Dachboden. Im *Löwen* sind Sie so nahe an Raule dran wie möglich. Sagen Sie schon, Rumi«, Euler lächelte ihm zu und nahm einen genüsslichen ersten Zug, »wie schmeckt Ihnen das?«

Lulu saß hinter der Rezeption und stickte, als Euler spät am Abend die leere Wirtsstube betrat. Sie legte ihre Handarbeit zur Seite: »Ich habe Sie bereits in der Hechtreißerhalle gesehen. Hat Ihnen der Abend gefallen? Und was sagen Sie zum Ausgang der Wahl?«

»An die Fliedermussoße muss ich mich gewöhnen. Und daran, dass es in diesen Gefilden offenbar keine freien

Wahlen gibt und dieser Fritze sich den Sieg doch noch erkaufen konnte. Oder vielleicht muss ich mich daran auch gar nicht gewöhnen, denn ich reise morgen ab.«

»Also nur für eine Nacht ein Zimmer?«

»Bekomme ich dasselbe wie beim letzten Mal?«

»Die 7? Die ist schon an Herrn Kümmerle vergeben.« Bedauernd sah sie ihn an. »Er kam am Vormittag an. Wenn ich es gewusst hätte, Professor, hätte ich es für Sie reserviert.« Sie blickte in das in rotes Leder gebundene Reservierungsbuch. »Ich kann Ihnen aber einen anderen Raum anbieten, direkt daneben.« Sie drehte sich zum Schlüsselbrett um, das an der Wand hinter der Theke hing, und nahm einen Schlüssel ab. »Die Nummer 8.«

»Die Unendlichkeit.« Euler verneigte sich und nahm den Schlüssel entgegen.

»Und welche Zahl stünde für Wahrheit?«

»Also das wäre tatsächlich die 7. Weshalb fragen Sie?«

Mit einem sonderbaren Ausdruck im Gesicht sah sie ihn an. »Als Sie vor einer Woche zum ersten Mal bei uns übernachtet haben, hat Sie der Kammerdirektor von Schmettau als einen Mann angekündigt, der stets die Wahrheit sehen kann.«

»Meinen Sie, es gibt in dieser Hinsicht in Wrietzen eine Art Rückstand?«

Sie lachte kurz auf, und obgleich es ein bitteres Lachen war, verwandelte sich dabei ihr Gesicht, und er sah erneut, wie attraktiv sie war. »Die Menschen hier sind vollkommen unwissend. Was kann dagegen besser helfen als die Wahrheit?«

»Möchten Sie mir etwas sagen, Fräulein Lulu? Etwas, das Raule betrifft?«

Erstaunt sah sie ihn an. Ihre Hände griffen nach der Stickarbeit und spielten nervös mit den Nadeln. »Freuen Sie sich über Ihr Zimmer«, sagte sie dann. »Es ist ruhiger als die Nummer 7 und nicht so heiß. Liegt nicht direkt über dem Stall.«

IV. TEIL
STADT

»Ein Sumpf zieht am Gebirge hin.
Verpestet alles schon Errungene;
Den faulen Pfuhl auch abzuziehn,
Das Letzte wär' das Höchsterrungene.«

Goethe, Faust II

DER KÄMMERER küsste den König auf den Mund, der, obgleich er auf einem äußerst bequemen Stuhl saß, unter fürchterlicher Angespanntheit litt. »Hier ist ein Brief des Geometriezyklopen. Soll ich Eurer Majestät beim Lesen die Füße massieren?«

Mit Schweiß vermischtes Perückenpulver rann, eine weißliche Spur hinterlassend, juckend Friedrichs Nacken hinab. Er trug einen aprikosenfarbenen samtenen Rock, Culotten, eine weiße, mit Goldfäden durchwirkte Weste aus Brokat, darüber das breite Blauband. Stolz funkelte der riesige Stern auf seiner Brust, ein kostbarer Solitär hing ihm um den Hals, von einem schwarzen Band fixiert, das hinten, an der Perücke, befestigt war. Seine Nasenlöcher waren auffallend gelblich eingefärbt, das kam von dem geliebten Spaniol-Schnupftabak. »Ich fühle mich allzu überwach und sehr ungelöst und wie die schwangeren Weiber, wenn diese ein unordentliches Gelüste packt. Was schreibt er mir denn, mein Mathematicus?« Ungeduldig riss Friedrich mit spitzen, von den vielen Ringen etwas schweren Fingern den mit Wachs versiegelten Umschlag auf. »Auch plagen mich erneut die Hämorrhoiden, geht es dir wieder genauso?«

»Eure Majestät, ich habe sie jüngst adoucieren lassen und auf solche Weise einige Monate gewonnen, da dann mit Brunnen und Kräutern vielen üblen Umständen abgeholfen werden konnte. Ein kurzer Schmerz, eine lange Zeit der Freiheit.«

Der König zog den Brief aus dem Umschlag. »Es freut mich sehr, dass es sich mit dir bessert; nun nimm dich nur gut in Acht mit Essen und Trinken und ordentlichem Gebrauch der Medizin. Dann wirst du mit der Zeit schon gut werden, Gott bewahre.«

Fredersdorf verneigte sich. »Hat übrigens das empfohlene Clistier bei der Verstopfung geholfen? Hier habe ich noch ein rares Elixier für Euch.« Er reichte dem König eine Glasphiole, die er in seinem Rockschoß aufbewahrt hatte. Sie war mit einer bernsteinfarbenen Flüssigkeit gefüllt. »Die Rezeptur stammt vom alten Theophrastus Paracelsus und hat mir und allen, die davon genommen haben, Wunder getan. Man schlucke nur wenig davon. Aber man muss aufpassen, dass man zusätzlich keine Quacksalberei einnimmt, sonst raubt es einem für seine Lebtage die männlichen Kräfte der Liebe.«

Wortlos nahm Friedrich die Phiole entgegen.

»Benötigt Ihr am Abend auch wieder die wollene Binde gegen Schmerzen im Leib?«

Friedrich antwortete nicht, er las jetzt. Zorn umwölkte seine auffällig flache Stirn, die völlig gerade in seinen scharfen, die kindlichen Wangen kontrastierenden Nasenrücken überging. »Was, die Rechnung sei noch nicht eindeutig?« Für einen Moment verblüfft, sich aber rasch wieder fangend sah er Fredersdorf an und ergänzte in leicht schrillem Ton, da ihn die Sache erregte: »*Mon professeur* schreibt, man solle überlegen, ob man sich nicht den *Luxus einer Wildnis* gönne. Er wolle mit mir darüber sprechen und bittet um eine Audienz.« Friedrich schüttelte den Kopf. »Dabei hat er doch mit Haerlem und Schmettau den Bericht zur Bereisung der Brüche verfasst und unterzeichnet. Worin die Rechnung mehr als eindeutig erscheint. Was ist das für ein Wankelmut? Sagt man nicht, die Schweizer hätten etwas Stabiles? Und jetzt kommt er hintenherum und spricht«, Friedrich hielt das Papier hoch, »von einem imaginären, einem *nicht genau bezifferbaren* Reichtum dort. Ja, was kann ich mir denn kaufen von einer Sumpfdotterblume?« Ungläubig blickte Friedrich auf Eulers Zeilen. »Und so einen Kerl überlegte ich, wenn auch nur für Momente, zum Präsidenten meiner Akademie zu machen. Da hab ich ihn mir aus Petersburg eingekauft, und es wurde mir ein Genie versprochen, kein *Imbécile*. Er begreift nicht, dass das Primat der Politik nur besteht, wenn es die Funktionsbedingungen der Ökonomie einwandfrei anerkennt. Wer sind wir, uns gegen den Strom der Zeit zu stemmen? Vielmehr segeln wir damit. *Das* ist Größe.«

Fredersdorf nickte eifrig. Es freute ihn stets, wenn sein Herrscher andere schlechtmachte, denn rückte das nicht ihn automatisch in ein besseres Licht? Er zog dem König die Gamaschen aus und begann mit der Fußmassage. Die warme Sonne des späten Nachmittags fiel weich durch die blassrosa geränderten Kristallglasfenster. »Ich fand ihn schon immer suspekt. Vergessen wir nicht, er trägt keine Perücke.«

»Vielleicht ein Agent.« Um Friedrichs Mund zuckte es. »Immer auf dem Quivive muss man sein. Wir werden dafür sorgen, dass er aus den Geschichtsbüchern verschwindet.«

»Soll er doch nach Petersburg zurück.« Fredersdorf nahm sich, nachdem er die Sohle des linken Fußes durchgeknetet hatte, jeden Zeh einzeln vor.

»Ah, ja, das tut gut, Fredersdorf. – *Moor bewahren!* Das ist so abwegig, dass es mich ganz irremacht. Dabei ist ungezähmtes, undurchdringliches, schwarz daliegendes Sumpfwasser unser allergrößter Feind. Die Marsch, das Bruch, das Luch – das hat alles kein Gedächtnis, keine Schrift, das hat alles keine Geschichte. Ich will aus meiner Landschaft *lesen* können wie aus einem Buch. Sumpf zu trocknen: In der aufgeklärten Meinung gibt es kein größeres Übereinkommen, was die natürliche Welt angeht. Und *dagegen* stellt er sich. Das Oderbruch ist doch erst der Anfang. Weitere Lücher und Brücher werden folgen, das Warthebruch, das Fiener Bruch, die Zehdener Sümpfe … all dies machen wir fruchtbar, den ganzen Osten. Preußen soll prosperieren. Noch nimmt man uns nicht ganz für voll. Doch unsere Ökonomie wird zu einer der dynamischsten, leistungsstärksten, furchterregendsten in ganz Europa gemacht!«

Zurück in der Stadt

Bis auf Katharina und seinen ältesten Sohn Johann schienen alle Menschen um ihn herum von einer Art schrecklichem Wahnwitz befallen zu sein. So unmittelbar nach

274

seiner Rückkehr aus dem Bruch, dessen Grünschattierungen, dessen sanfter, stets changierender Wassercharakter ihn im Innersten noch erfüllte, kam ihm die Stadt eng und hässlich vor und ihre Einwohner borniert: eine Blase, ohne Rückkopplung mit der organischen Welt vor ihren Toren, ohne ein Gefühl dafür, was es hieß, in der von Gott geschaffenen Natur zu sein.

Niemand war ihm fluid genug im Denken. Niemand besaß jene mäandernde Wendigkeit, die die Aufgaben des Tages verlangten. Obgleich doch alle von Aufklärung schwadronierten und von Rationalität. Genau da lag das Problem: Man musste eben *mehr* bemühen als die Logik, um zu vernünftigen Ergebnissen zu kommen.

Doch wenn er auf diese Weise sprach, schüttelten sie die Köpfe in der Akademie, man hielt ihn für leicht verrückt – oder gar aufsässig und flüsterte hinter vorgehaltener Hand, er habe dort draußen im Sumpf etwas abbekommen, und munkelte von Spätfolgen des Marschenfiebers. Doch er war nicht krank, nicht mehr, im Gegenteil. Er glaubte sogar, der einzige Mensch in seinem Umfeld von einer gewissen Gesundheit zu sein. Er musste sich nur umblicken, wenn er durch die Gassen, die geraden Straßen oder gar den Boulevard entlanglief: Wie sie alle in der gleichen Weise flanierten und promenierten, die Damen mit ins Auge getröpfeltem Belladonna und angeschnalltem Unterziehsteiß – dem *Cul de Paris* –, wie sie die gleichen Gespräche führten und ihren Tagesablauf in der identischen Weise zusammenrechneten. Wie sie auf die gleiche Art zur Börse gingen, auf die gleiche Façon einander einluden, banale Bälle besuchten, ins Theater stolzierten. Wie sie die gleichen überkandidelten Dinge aßen, sich einförmig bewegten, beim

Kauen ihre Kinnbacken auf so anmaßende, schreckliche, öde Weise mahlen ließen – wie sie in den Kaschemmen penibel das Trinkgeld auszählten nach der Weise, dass zwei plus zwei stets vier ergab.

Den ersten Tag – auch um nicht zu viel nach draußen gehen zu müssen – verbrachte er in dem staubigen, schlecht beleuchteten Archiv des General-Ober-Finanz-Kriegs- und Domainen-Directoriums. Dort befasste er sich mit den Stammbäumen des Simon von Haerlem, des Kammerdirektors von Schmettau und schließlich auch der Ahnenreihe des Staatsministers Marschall. Um Letztere zu recherchieren, stellte der Archivar, der seine Achtung vor dem berühmten Mathematiker durch Kopfnicken und angedeutete Verbeugungen mehr als einmal zum Ausdruck brachte, sogar eine Anfrage nach Danzig, wo laut Eintrag weitere Informationen zu erhalten seien. Diese würden allerdings erst am folgenden Tag per Courier eintreffen.

Die verbleibenden Stunden bis zum Abendessen beschloss Leonhard Euler der *Introductio* zu widmen und lief durch den warmen Sommerwind zur Akademie. Dort jedoch fing ihn ein aufgeregter Schmettau ab, noch bevor er sein Arbeitszimmer erreichte.

»Es ist etwas Schlimmes passiert. Am Morgen haben sie Kümmerle unten in der Grube entdeckt. Am Krummen Ort. Mausetot.« Schmettau schüttelte hilflos den Kopf. Er sah bleicher aus als je zuvor. »Der gute Mann lässt sieben Kinder und seine Frau zurück. Sie kommen morgen aus dem Badischen hier an. Ach Gott, diese ganze Unternehmung steht unter keinem guten Stern.«

Euler lief zur Schleuse hinab. Dort befand sich die Apotheke *Zum Goldenen Bären*, von deren Besitzer Sigismund Marggraf er wusste, dass dieser auf dem Gebiet der Infektionskrankheiten forschte. Sehr bekannt geworden war Sigismund auf einem anderen Gebiet, hatte er doch in einer Studie über die Runkelrübe die aufsehenerregende These aufgestellt, man könne aus jener ebenso Zucker gewinnen wie aus dem Zuckerrohr. Deshalb sei man auf den Import von Letzterem bald nicht mehr angewiesen, was Auswirkungen auf die gesamte Weltwirtschaft haben würde. Die Seemächte, die ihren Wohlstand aus dem Überseehandel mit jenem unter häufig menschenverachtenden Bedingungen angebauten Rohr bezögen, verlören dadurch an Bedeutung. Dies würde den Habsburgern zugutekommen, Russland, aber in erster Linie Preußen: eine Machtverschiebung, die vor allem England gehörige Sorgen bereiten würde, wie Sigismund in einer Schrift behauptete, die die Akademie herausgegeben hatte.

Euler traf seinen Freund im Kräutergarten hinter der Apotheke, wo Sigismund, dessen beinahe haarfreier hoher Kopf in der Sonne blinkte, seine Arzneimittel kultivierte. In knappen Worten erzählte Leonhard von den Vorkommnissen im Bruch und fragte den Apotheker, ob es wohl möglich sei, dass es sich bei Mahistre und Kümmerle als auch bei ihm selbst um ein und dieselbe Krankheit gehandelt haben könnte, einen Infekt möglicherweise. Und falls ja, auf welche Weise ein solcher Infekt, der Schwellungen und ungewöhnlich hohes Fieber verursache und manche Personen befalle, andere hingegen nicht, sich verbreiten könne. Sigismund, der einen einteiligen Gartenanzug aus dunkelblauem Tuch trug, legte seine hohe Stirn in Falten. »Und wieso sind *Sie* als Einziger noch am Leben?«

»Man hat mich in einem Dorf des Bruchs durch lang anhaltenden äußeren Druck auf meine Körperhülle geheilt.«

Sigismund zog seine Brauen steil nach oben. »Altes Wissen, wie mir scheint. Wenn's funktioniert, soll's mir recht sein.« Erneut kniete er sich und harkte die Erde zwischen verblühten, nur noch ihre Kapseln zeigenden Mohnblumen. »Aber um auf Ihre Frage zurückzukommen, mein teurer Freund: Zwar steckt die Forschung noch am Anfang, doch verstehen wir immer besser, wie sich negative Effekte vom einen auf den anderen Menschen übertragen, und begreifen unsere Historie allmählich als eine Geschichte der Auseinandersetzung mit ebensolchen *Infektionen*. Es ist ein andauernder, stets variierender Kampf gegen das Fremde – eine Auseinandersetzung, die in unserer Ratio ebenso wie in unserer Seele Spuren hinterlässt. Es ist das Drama des Hungerns und Fressens, des empfundenen Mangels wie des Aussaugens des anderen.«

Euler hob den Kopf und blickte in den wolkenlosen hellblauen Himmel. »Aber wie wandern diese Infektionen? Wie wird das Übel von einem Menschen zum nächsten gebracht?«

»Man spricht von Vektoren und Transmissionen. In Britannien ist man mit dieser Forschung am weitesten.« Mit einem kurzen Damaszener Messer ritzte Sigismund eine der Mohnkapseln rundherum an. »Diese unsichtbaren Partikel heißt man dort *Virus Matter*.«

»Könnte das Einbringen von *Virus Matter* in einen

Körper auch mutwillig betrieben werden? Ohne das Wissen der Opfer?«

»Davon haben wir bereits Kenntnis.« Zufrieden sah Sigismund dabei zu, wie der klebrige weiße Saft aus der angeritzten Kapsel trat und leicht antrocknete. »Es soll so etwas in der Neuen Welt gegeben haben. So setzten die Spanier den Eingeborenen zu: indem sie ihnen mit Krankheitsfäulnis infizierte Kleidung schenkten. Auch nicht mehr arbeitsfähiger Sklaven beliebt man sich auf diese Weise zu entledigen.«

»Wer so etwas vorhätte, müsste also das *Virus Matter* konservieren und benötigte einen Übertragungsmodus, um es erneut ins Ziel zu bringen?«

»Es klingt teuflisch, aber ja, so funktioniert es.« Sigismund knipste die angeritzte Kapsel mit den Fingern ab und legte sie auf ein weißes Baumwolltuch, wo bereits mehrere ebenso präparierte Kapseln lagen. Sie sahen aus wie kleine grüne Köpfe, die milchig weiße Tränen weinten.

»Wie könnte man sich gegen eine solche Attacke zur Wehr setzen? Sie müssen wissen, ich habe vor, demnächst zurück in dieses Bruch zu reisen.«

»Solange Sie den Übertragungsmodus nicht kennen, ist die Abwehr schwierig. Nehmen Sie Medizin mit, um den eigenen Körper zu stärken. Eine Pflanze kann vor ihren Feinden nicht türmen, sie wehrt sich durch das Gift, das sie in sich birgt. Dieses Gift, so wir Kenntnis davon besitzen, können wir nutzbringend einsetzen, für *unsere* Verteidigung. Es tötet die schädlichen kleinen Wesen, das *Virus Matter*, mitunter ab. Ich würde den Mohn empfehlen.« Sigismund ritzte eine weitere Kapsel an. »Die wirksamste Heilpflanze unseres Planeten. Ich habe gerade heute Morgen einen kräftigen Sud hergestellt, den ich, bevor ich ihn meinen Kunden anbiete, selbst testen möchte. Nehmen wir beide vielleicht etwas davon? Ich würde gerne auf einen Kirchturm steigen und mir die Stadt mit Ihnen beschauen. Wie wäre es, Professor, hätten Sie Lust?«

Leonhard Euler stieß die gotisch zugespitzte, rundherum mit Eisen beschlagene schwarze Eichentür auf, bückte sich und trat in das etwas kühlere Innere. Seit einigen Minuten schwitzte er stark, aber es war ein anderes Schwitzen als jenes im Bruch. Tatsächlich bereitete ihm *dieses* Gefühl der überaktiven Schweißdrüsen, die seine Haut an unzähligen Stellen feucht werden ließen, das größte Vergnügen. Es durchströmte ihn ein Gefühl, das mit nichts zu vergleichen war – und an das selbst das beste Laudanum nicht herankam. Allerhöchstens erinnerte es ihn an die Wohligkeit, die er nach der Lösung einer besonders schwierigen Aufgabe empfand – wenn auch *dieses*, das jetzige Gefühl, stärker war.

Hinter ihm betrat Sigismund das enge Treppenhaus des Nikolai-Kirchturmes. Auch er strahlte. Ja, so sollte Leben sich anfühlen. So hatte Gott es doch sicher gemeint.

Der Aufstieg über zweihundert eng nach oben sich schraubende Stufen bereitete den Männern nicht die geringste Mühe. Euler bemerkte, wie die Staubpartikel der Luft auf seine Gesichtshaut trafen und bei dieser Landung feinste Sensationen hervorriefen, als kitzele ihn die Atmosphäre. Eine solche Sensibilität des Tastsinnes hatte er nie zuvor erlebt. In seinem Gehirn, das sich warm und flüssig anfühlte und als schwappe es in seiner Schale hin und her, besetzte das Opium offenbar genau jene Stellen, die vollkommene Sorglosigkeit, absolute Schmerzfreiheit und tiefste Zufriedenheit garantierten.

Dann hatten sie den Ausstieg erreicht und gelangten nacheinander ins Freie. Sigismund hob den Arm, um seine Augen zu schützen. Die Sonne blendete heftig, doch als sie sich an die Helligkeit gewöhnt hatten, wurden sie belohnt. Im warmen, goldenen Sonnenglanz sahen sie ringsherum auf die eng stehenden Giebel, den gotischen Kern der Stadt mit seinen Türmen und barocken Patrizierhäusern. »Sehen Sie dort drüben«, Sigismund zeigte auf die große Baustelle unweit des Schlosses, wo riesige Löcher für das künftige Forum Fridericianum gegraben wurden. »Von hier hat man erst das ganze Ausmaß der Pläne des Königs im Blick. Diese monumentalen Gebäude, die entstehen, werden die Kirchtürme, die sein Vater als prägend für das Stadtbild vorgesehen hatte, deutlich überragen.«

»Es ist sicher so«, antwortete Euler und blickte mit winziger Pupille nach unten, »Berlin verzichtet darauf, seine sakralen Ansätze zu verstärken, und gibt sich ein weltgewandtes Kleid. Eine Entwicklung, die ich nur mit einem Gefühl leichter Melancholie zur Kenntnis nehmen kann.« Er ging ein paar Schritte nach Osten und blickte auf das schattige, spitzwinkelige Gassenviertel rund um die Schleuse. »*Da* ist es organisch gewachsen. Das gefällt mir. Aber sobald man den Kopf hebt und nach draußen sieht, verliert sich diese Keimzelle in einem anderen Arrangement. Man sieht es allzu deutlich, wie die Schleuse um sich herum in immer weiter gezogenen Ringen Werk- und Lagerhallen produziert.«

»Klaren Geometrien folgende Konstruktionen, da haben Sie recht.« Sigismunds Stirn war ganz glatt, die

Adern unter der hellen Haut bis zum Scheitelpunkt deutlich erkennbar. »Ich muss mich allerdings wundern, lieber Professor. Sie sagen dies alles mit Bedauern in der Stimme. Dabei sind Sie es doch, der mit dem neuen Werk, der *Introductio*, die endgültige Basis für sämtliche Natur- und Ingenieurswissenschaften schaffen wird. Das zweckgebundene Denken, das Sie dadurch fördern, bringt selbstverständlich immer weitere zweckgebundene und eben keine sakralen Konstruktionen hervor.«

»Ich weiß, es ist ein Widerspruch.« Euler sah in Richtung Horizontlinie. »Vor wenigen Wochen hätte ich dieses Bild auch noch uneingeschränkter begrüßt. Was gibt es Schöneres als klare geometrische Formen? Doch seit ich ein ganz und gar ungeometrisches Dorf besuchte, es heißt Lewin, sehe ich das Leben mit anderen Augen.«

»Ja? Wie denn?«, fragte Sigismund interessiert.

»Ich bemerke einen Funken, den ich zuvor nicht bemerkt habe«, antwortete Euler. »Zudem nehme ich wahr, wie sich die Geometrie durch das rührende, alte Antlitz unserer Welt – in diesem Falle der Stadt – hindurchfrisst. So etwas wie Runzeln wird es darauf bald nicht mehr geben. Und es ist erst der Anfang. Bauten der Seelenlosigkeit werden folgen, naturfremde Achsen. Und welche Menschen erhalten wir dann?« Er spürte ein Kitzeln im Nacken und überall auf der Kopfhaut, und es kam ihm ein Gedanke, der ihn schreckte und so zusammenfahren ließ, dass er gar nicht hörte, was Sigismund zu ihm sagte. Zu sehr war er mit dieser furchtbaren Überlegung beschäftigt: Bekämpfte nicht etwa der Mörder Mahistres und wohl auch Kümmerles genau diese Abstraktion, diese Ausbreitung der Seelenlosigkeit, indem er versuchte,

die Zerstörung des Sumpfes durch seine, wenngleich ver-
werflichen Taten zu stoppen? Hatte er, Euler, draußen im
Moor einen Widersacher, mit dem er insgeheim – was die
Ziele, nicht, was die Methoden betraf – übereinstimmte?
Handelte dort im Bruch die andere, die dunkle Seite sei-
ner eigenen Seele und kämpfte verzweifelt und mit allen
Mitteln gegen das Voranschreiten des kühlen Lichtes der
Aufklärung, der ernüchternden Erhellung?

»Die Menge der Menschen wird sich immer ähnlicher«,
sagte er düster. »Alle bewegen sich umeinander herum,
um sich ihre kleinen Freuden zu bereiten, und über alles ist ein lückenloses Netz gespannt, damit es reibungs-
los verläuft. Wer sagt, dass auch die Menschen eine Herde werden, ebenso wie die Kühe, liegt so falsch nicht. Eine
weidende Herde, wiederkäuend, mit ihrem Los zufrieden.
Die Kuh, von der ja derzeit alles spricht, wird unser Modell: Gras fressen, gutmütig Milch geben, dann ab zur
Schlachtebank.«

Sigismund lachte. »Immerhin finde ich sie ästhetisch
überzeugend, die Kuh. Sie ist von überraschender Ein-
fachheit, integriert barocke Elemente, wobei ich nicht alleine auf die Fleckung abziele. So widerspricht der ele-
gante Schwung des grazilen Schwanzes der massiven
Unbeweglichkeit des restlichen Werks, wodurch sich eine
Spannung und Dynamik erzeugt.«

Euler hörte ihn gar nicht mehr. Er hatte sein linkes
Auge geschlossen und führte mit dem Kopf kleine Schlei-
fenbewegungen aus. Dabei vernahm er ein helles Sirren,
das immer lauter wurde, immer näher kam, an sein Ohr
heran, und dann drang es in ihn hinein.

Jetzt sah er etwas, bei geschlossenem Auge. Es war

nicht *ein* Bild, sondern eine Multiplikation des immer gleichen Eindrucks, facettenhaft aneinandergewoben. Er sah eine poröse, schwarze Oberfläche, die leicht dampfte, von zahllosen glitzernden Perlen bedeckt. *Haut*. Sie kam immer näher, oder er kam ihr näher, und dann landete er darauf. Er sah einen Stachel: Der senkte sich in die Haut und pumpte eine weiße Flüssigkeit hinein. Dann sog er ein strahlendes Rot aus dem Schwarz heraus. Euler öffnete sein Auge. Erstaunt sah er Sigismund an. »Ich glaube, ich kenne ihn jetzt. Den Modus der Übertragung.«

Die Fontänen

Friedrich schloss seine gichtgeplagten Finger um einen Handwärmer aus Keramik. Angespannt lief er seinen terrassierten Weinberg hinab. Gerade eben hatte er ein Schreiben von Haerlem empfangen: Offenbar sahen einige der störrischen Oderbrücher noch immer nicht ein, dass sie von der Maßnahme profitieren würden, sondern betrachteten die angestrebte Senkung der Pegel ihrer sumpfichten Gewässer mit Grimm. Obgleich Er, der König in Preußen, höchstpersönlich befohlen hatte, dies Volk müsse seine Kähne einsetzen, um Erde für die Dämme zu stellen, erfuhr er nun, dass ganze Dörfer sich weigerten. Höchste Zeit, dass Soldaten kamen. Wachsamkeit war die Mutter der Sicherheit, und es gab keinen Grund, nur eine Spur Rücksicht zu zeigen. Dort im Osten verlief eine Grenze, die entscheidend war, und wer nicht mitzog, war dem Untergang geweiht. Diese Subjekte nutzten ihre Verstecke im Moor doch nur, um das Vieh rechtschaffener Bürger zu stehlen und den Trägern der Kultur ihre Arbeit schwer zu machen.

Friedrich hatte das Blumenparterre erreicht und blickte voller Grimm auf den ruhigen Wasserspiegel des großen Bassins, an dessen gemauertem Rand sein Gast wartete. Eigentlich wollte er diesen nicht mehr sehen, doch hatte er ihn für den Nachmittag notgedrungen zu sich bestellt, da die große Fontäne, mit der er sein Sanssouci krönen wollte, noch immer nicht funktionierte. »Stets bersten die Rohre«, sagte er ungehalten anstatt einer Begrüßung und blickte seinen Besucher, der auf ihn zukam und sich verbeugte, mit leicht vorgewölbten Augäpfeln herausfordernd an.

»Weil sie aus Holz sind«, antwortete Leonhard Euler. Die stundenlange Kutschfahrt steckte ihm noch in den Knochen, er fühlte sich selbst ganz hölzern an und so anders als am gestrigen Tage auf dem Kirchturm. Geistig jedoch war er klar und hatte beschlossen, kein Blatt vor den Mund zu nehmen, sondern die Gelegenheit am Schopf zu packen und sein Versprechen Oda und Radomeer gegenüber einzulösen. Da kümmerte es ihn auch nicht, dass Fredersdorf ihm bei Ankunft bedeutet hatte, auf keinen Fall das Oderbruch zu erwähnen, Seine Majestät habe bereits genügend Ärger damit. »Man muss Rohre aus Blei benützen«, fügte Euler hinzu und konnte sich, da der Geiz des Regenten sprichwörtlich war, den Zusatz nicht verkneifen: »Die kosten natürlich etwas.«

»Was Fragen der Kosten und Nutzen angeht, habt *Ihr* ja fürwahr eine Art Ehrgeiz entwickelt«, erwiderte Friedrich schnippischer, als er dies vorgehabt hatte. Er ärgerte sich, dass er sich so wenig beherrschen konnte, und lud diesen Ärger, weil er nun einmal der König war, prompt bei seinem Besucher ab: »Es freut mich ja geradezu, dass Ihr den Bericht zur Melioration – den ich, wie Ihr wisst, mit Recht *sehr gut* kommentierte – ebenfalls unterzeichnet habt. Trotz Eurer ehrgeizigen kreativen Gedanken.«

»Jedenfalls möchte ich Eurer königlichen Majestät nicht widersprechen, das wäre närrisch. In Wahrheit hat das Ganze nämlich weder mit Ehrgeiz noch mit Kreativität allzu viel zu tun. Rekapitulieren wir: Der Bericht legt lediglich dar, *wie* die Sache machbar ist. Eine andere Frage ist, ob alles, was gemacht werden kann, auch gemacht werden sollte. Welche Entscheidungen Eure Majestät treffen, hängt allein davon ab, wie weit Eure Majestät sich gestatten, vorauszuschauen.«

»Für das Projekt sind bereits 200 000 Taler verausgabt«, entgegnete Friedrich ungehalten. »Wie viel Silber das gibt, diese Berechnung fällt Euch sicher leicht. Nach ein paar Jahren Steuerfreiheit müssen meine Kolonisten pro Morgen sechzehn Groschen an Pacht abführen. Es ist eine weitere einfache Rechnung, zumal für einen Rechenprofessor, wie viele Kolonisten wir ansetzen müssen, um die Kosten nach welchem Zeitraum wieder eingespielt zu haben. Wisst Ihr, dass ich überall in Europa Stationen aufbaue, um neue Einwohner zu werben? Ich überlasse es Eurer Einschätzung, ob meine Überlegungen langfristig sind.«

»Auch der Sumpf, Eure Durchlaucht, kann in der Zukunft für das Land seine Berechtigung haben. Ich bin zu der Überzeugung gelangt, dass manchen Phänomenen der Natur ein noch zu bezifferender Wert beizumessen ist.

Eine gesunde Population an großen Schildkröten, die das Wasser durchschwimmen, mag unbezahlbar sein. Dies nur als Beispiel. Weshalb die gesamte Rechnung schlichtweg nicht, noch nicht, sauber zu Ende gebracht werden kann.«

»Und dabei sagt man über Euch, Eurer Kalkulationskunst seien keine Grenzen gesetzt.«

»Es ist mein Anliegen, dass man der Wahrheit ins Auge blickt. Eure königliche Majestät hatten mir bei unserem Kartoffel-Diner freundlicherweise angekündigt, die Anschauung vom Schreibtisch reiche nicht. Jetzt haben wir das Resultat, für das Ihr mich ins Feld geschickt habt.«

»Passt auf, dass ich Euch nicht zurück nach Petersburg schicke«, entgegnete Friedrich barsch und sah seinen Besucher mit maskenhaftem Antlitz an. »Wir halten demnächst im Berliner Schloss eine große Konferenz zu der Maßnahme. Alle Grundbesitzer des Bruches werden geladen, um von der Vorzüglichkeit der Trockenlegung, von der alle profitieren werden, zu hören. Ich verbiete Euch hiermit, Eure Ideen zu meinem Vorhaben weiterhin kundzutun. *Euer* Geld steckt schließlich nicht darin. Und was die Fontänen angeht: Wir werden es weiterhin mit Holz versuchen. Ich werde nicht auch nur einen einzigen Taler verprassen.«

»Wie Ihr wünscht, Durchlaucht«, sagte Euler und erinnerte sich an Katharinas Warnung, dem König stets das letzte Wort zu lassen. Doch er konnte sich nicht beherrschen und fügte hinzu: »Aber dann werden die Rohre bersten.«

Kraniche versammelten sich auf den Schwemmwiesen bei Lewin und um die Große See herum zu Hunderttausenden. Ihr Geschrei, wenn sie sich labten und stärkten für die bevorstehende Reise nach Afrika, hallte über das Bruch. War es einmal ruhig, hörte man in den Dörfern, wie die frisch geschlüpften Störche in ihren Nestern mit noch weichen Schnäbeln vor Hunger leise klapperten. Aber ganz still wurde es nicht mehr in diesem Bruch. Die Arbeiten zwischen dem Krummen Ort und Güstebiese gingen voran, trotz des Todes des Ingenieurs und seines Vorarbeiters. Unmissverständlich musste allen Brüchern mittlerweile klar geworden sein, dass diese Sache real war und nicht mehr von alleine aus ihrer Gegend verschwand. Was hingegen am Entschwinden war, war ebenjene Beschaulichkeit, die dem Sumpf etwas Besonderes verliehen hatte: eine Stimmung, in der auch Wunder geschahen und die die Menschen verzaubern konnte. Nun jedoch lag ab Sonnenaufgang ein Stampfen über den Weiten des Bruches, wenn große Rammen auf den feuchten Boden trafen, um diesen zu festigen. Oder man hörte den rauen Ruf von Kurtz, der im Namen des Königs die Dörfer betrat, um Kähne zu requirieren, Faschinenholz zu verlangen oder die Männer aufzufordern, mit ihm zu kommen und beim Graben mit zu scharwerken.

Eine Zeit des Umbruchs hatte begonnen in diesem hohen Sommer. Immer wieder kam es im *Heim der Hechtreißer* zu lautstarkem Streit um den richtigen Kurs. Zwar galt Radomeer noch als Autorität und Anführer, doch manche sagten, sein Charakter habe sich verändert und seine Ausstrahlung dadurch gelitten. Aus dem Dorf Reetz hieß es sogar, die Lage überfordere ihn, er sei gealtert, wofür seine nunmehr trockene, rissige Gesichtshaut spräche.

Und wer ihn genauer betrachtete, musste zugeben, dass eine solche Sichtweise nicht ganz von der Hand zu weisen war. Hatte der *Wels* früher noch, so leidenschaftlich seine Ansichten gewesen waren und sosehr er sich mit seinen Rivalen gestritten hatte, am Ende doch immer ein versöhnliches, alles übergreifendes Wort gefunden und war genau deshalb von allen geachtet worden, war seine Stimmung ins Bittere, Düstere gekippt. Denn einen Plan, wie mit den Veränderungen umzugehen war, besaß er nicht. Hatte er einst die verschiedenen Strömungen seiner Leute in sich aufgenommen, um letztlich eine gemeinsame Richtung vorzugeben, auf die sich alle einigen konnten, entwickelte er sich mehr und mehr zum Solitär und verlor dadurch an Einfluss. Tatsächlich nahm er sich das Vorhaben der Fremden sehr zu Herzen. Die große Grube am Krummen Ort, die Ausschachtung bis nach Güstebiese … für ihn war es, als wühlten die Arbeiter des Königs in seinem eigenen Fleisch herum. Als schnitten sie ihm die Lebenssäfte ab und trockneten seinen ureigenen Körper dadurch aus. Er sah in dem hohen Wall, den Haerlems Männer als Schutzdeich aufschütteten, um den Strom in seinem künftigen Bett zu halten, eine Mauer, die das Niedere Bruch abschneiden würde von jener Ader, die die Nährstoffe brachte und ohne die ein Leben nicht möglich war.

An diesem Abend, demselben, an dem Euler auf dem Rückweg von Potsdam nach Berlin in der Kutsche saß, war es voll im *Heim der Hechtreißer*, wie jeden Mittwoch, wenn die Männer für den am Tag darauf stattfindenden Wrietzener Fischmarkt den Fang präparierten. Schulter an Schulter standen sie vor dem langen Reißtisch in ihren von Fischblut bespritzten Kitteln. Abgeschlagene Hechtköpfe lagen herum, die großen, dunkelblau funkelnden Schuppen der Zärten, halb tote Aale, die sich noch wanden. Radomeer wirkte angespannt. Anstatt sich ans Fischwerk zu machen, redete er mit derart eindringlicher Mimik auf alle ein, dass seine Haut neben dem linken Nasenloch einen leichten Riss bekam und zu bluten begann. Genug Zeit sei verstrichen, rief er, dass der einäugige Gelehrte, dem man das Leben gerettet habe, mit dem König habe sprechen können. Geschehen sei nichts, alles gehe unvermindert voran. Scharf prangerte er die Reetzer an, denen Bürgermeister Fritze angeblich Pfründe versprochen habe, die man den Lewinern wiederum vorenthalte. »In Reetz verscherbelt man für ein paar Glasperlen die Ehre«, behauptete er und trank vor lauter Erregung eine ganze Schüssel frischen Ketzin alleine aus. »Sie haben euch Ackerland angeboten, angeblich den feinsten Boden, und der würde euch so gut wie geschenkt. Jeder Fischer soll um die siebzig Morgen erhalten«, rief er dem *Kopp* zu, der am anderen Ende des Tisches stand, »und ihr fallt auf solche hohlen Versprechungen rein. Nein, wir müssen *kämpfen* und ihnen beweisen, dass der Preis für ihr Vorhaben hoch ist, *zu* hoch!«

»Und wie willst du das anstellen, alter Mann?« Mecki schnitt mit sägenden Bewegungen einem großen Wels den Kopf ab. »Wisch dir doch erst mal den Bart.«

»*Jacht*, nüscht als leere Jacht«, hieb der *Kopp* vom Ende des Tisches in dieselbe Kerbe und sah nicht auf, während er seine Klinge ansetzte und einem prächtigen Zander den Rücken aufriss. »Kein Plan, nur 'ne Klappe zum Mautschen. Dem König ein paar Kähne nicht geben oder

Faschinen nicht liefern, mehr fällt dir nicht ein. Nadelstiche, die *uns* letztlich schaden, aber nix ändern. Wann gewöhnst du dich endlich an die neue Zeit?«

Nun erhob Veit die Stimme. Das passierte sonst nie, wenn sein Vater das Wort führte, und alle schauten ihn aufmerksam an. »Männer«, sagte er und nahm einen vor ihm liegenden Hecht, spaltete ihn mit einem geschickten Schnitt längs des Rückens, ohne ihn voll zu durchtrennen, nahm Hauptgräte und Eingeweide mit präzisen Handgriffen heraus, wobei er Kopf und Schwanz mitentfernte. Er hatte den Tag über an einer heißen Quelle am Jedutenhügel verbracht, immer wieder im kaum auszuhaltenden dampfenden Wasser gesessen, sich zwischendrin im Engelspfuhl abgekühlt. Nun fühlte er sich klar, bis in die Poren entspannt, und er wusste, dass dies sein Moment war. »Es geht hier um nicht wenig«, fuhr er mit ruhiger Stimme fort. »Wir alle haben Familien und wollen für sie das Beste. Doch manchmal ist das Beste eben nicht, dass man wartet und alles über sich ergehen lässt.« Er schaute sich um und spürte, dass die Männer ihm zuhörten. Er überlegte, wie er fortfahren sollte. Er wusste, er musste die blumige Sprache seines Vaters sprechen, da sie die Seelen der Männer berührte. Aber gleichzeitig sehnten sich alle nach konkreten Anweisungen, wie mit der Situation umzugehen war.

»Es geht hier um etwas, das ich Elixier nenne«, fuhr Veit fort, »etwas, das unser Leben, das wir so lieben, erst ausmacht. Was ich meine? Dieses Elixier ist in jedem Lächeln eines jeden Neugeborenen genauso wie in jedem Blick eines jeden Alten, der sein Leben lang gefischt hat und jetzt vor der nächsten Flut ruhig sitzen kann. Es ist die schimmernde Essenz, Leute, die sich jedem Adler zeigt, der von den Wolken herab auf die Windungen der Oder schaut und einen großen Baum erblickt. Es ist etwas Ungreifbares und doch so Echtes.« Er pausierte kurz und sah sich um. »Und jetzt soll es verschwinden. Soll getrocknet werden wie eine armselige Quappe, die man nur noch in Streifen schneiden und in eine Lampe stecken kann. Und das Licht, Männer, soll nicht für uns leuchten, sondern für den König.«

Veit pausierte, weil einige vor Empörung aufbrüllten, während andere mit dem Knauf ihrer einschneidigen Hiebmesser auf den vor dunklem Hechtblut funkelnden Reißertisch klopften, sodass ein dumpfes Gepolter die Scheune erfüllte. Animiert fuhr Veit fort: »Du hast richtig gefragt, was wir tun können, Mecki. Wir alle wissen, über manche Dinge spricht man besser vertraulich. Wenn nun gleich der Abend in die Nacht übergeht, bleiben jene hier, die etwas tun wollen. Die anderen fahren auf ihren Nachen nach Hause. Ich sag nur so viel: Noch wird das Wasser für einige Tage steigen. Nutzen wir diese Zeit. Werfen wir diese größenwahnsinnige Sache, bei der wir nicht gefragt worden sind, die aber unser Leben auf so tief greifende Weise verändern soll, auf null zurück.«

Rumi

Einen Gutteil der Zeit bis zur Rückkehr von Leonhard Euler verbrachte Rumi mit der Erstellung der Akten zur Trockenlegung des Bruches. Die hierzu gehörigen Karten, Gutachten, Edikte des Königs, anderweitigen Papiere sowie sämtliche Korrespondenz füllten bereits einen dicken, mit reißfestem Faden gebundenen Ordner, und bald würde er einen zweiten beginnen, wobei er sorgsam darauf achtete, dass alles so amtlich aussah, wie Schmettau es verlangte. Immer wollte der König den Überblick behalten, ob sein Geld gut angelegt war und die Investition in sein Bruch sich rentierte.

Schwer fiel Rumi diese Tätigkeit nicht, wenn er sie auch nicht liebte. Häufig hockte er stundenlang auf einem harten Schemel in seinem Zimmer im *Goldenen Löwen*, kopierte, nachdem er mit schlanken Fingern die Feder aus dem hübschen Futteral aus Saffianleder genommen hatte, Schriftstücke und schrieb Dinge ab, die nicht von ihm stammten. Auch wenn es innerlich in ihm kochte und er kaum still sitzen konnte, da er noch immer kaum etwas über Raule wusste, nagelte ihn die Disziplin, die er von Schmettau gelernt hatte, am Platze fest, ließ ihn Feldgrößen vermerken, Dammhöhen und Kalkulationen notieren.

Ging etwas schief und sah nicht so sauber wie gewünscht aus, musste das Schriftstück erneut begonnen werden, und häufig passierten solche Fehler ohne sein Verschulden und trotz seiner äußersten Konzentration. Oft war das Papier schlecht gearbeitet, saugte die Tinte auf und verteilte sie wieder nach Gutdünken, wodurch hässliche Flecken entstanden. Mit Leere im Kopf starrte Rumi auf solche Missgeschicke, in solche schwarz glänzenden Abgründe, die er zwar am liebsten bewahrt hätte, doch ging dies natürlich nicht. Manchmal saß er einfach nur da, zwischen Schreibakten, und verharrte in einem Moment der Ruhe, während er in das Nichts eines Tintenflecks sah, der über die Seite mäanderte, verführerisch glitzernd in die Poren sickerte. Die Werkzeuge, um solche Fauxpas zu bekämpfen, waren so delikat wie rudimentär: eine gebogene Metallklinge, mit der überschüssige Tinte weggeschabt werden konnte, eine Pinzette, um Federn oder Haare, die sich im Papier verirrt hatten, herauszuzupfen. So konnte jeder Strich, jeder Buchstabe zu einem Kampf ausarten und die Akten, die doch so penibel auszusehen hatten, damit das durch sie Beschriebene auch in der Wirklichkeit akkurat würde, gerieten ihm auf diese Weise immer mehr zum Feind.

Was ihm zu dieser diffizilen, mitunter frustrierenden Arbeit Ausgleich verschaffte, war zum einen das Werk des armenischen Dichters Sayat Nova, zum anderen der Schriftverkehr des von ihm vergötterten Königs, für den aus feinstem Linnen hergestelltes Papier und die edelste Tinte zur Verfügung standen. *Diese* Briefe zu verfassen, gefiel dem Jungen, und er strengte sich über alle Maßen an.

Soeben hatte Rumi die Vorlage einer Depesche an Karl von Brandenburg so fein säuberlich wie wohlgeschwungen kopiert. Friedrich bat darin seinen Vetter in recht schroffen – Rumis elegant weiche Kalligrafie konterkarierenden – Worten, erst einmal abzuwarten, welche Wirkungen sich durch die Melioration zeigten, bevor über möglichen Schaden und entsprechende Ausgleichszahlungen zu verhandeln sei. Rumi schwang den langen Bogen am Ende der Unterschrift des Königs (ein Bogen, der ihn an eine Biegung in der Oder erinnerte), blies über die noch feuchte dunkelbraune Tinte. Dann fertigte er eine weitere, rascher und auf schlechterem Papier geschriebene Kopie des Briefes an. Diese heftete er in einem weiteren Ordner ab, einem geheimen Ordner, den er unter seinem Kopfkissen aufbewahrte. Nun füllte er den täglichen Pegelzettel aus, trug den Wasserstand ein, den Kurtz am Morgen bei seiner Kontrollfahrt abgelesen und ihm wie stets an der Rezeption hinterlegt hatte. An diesem 20. Juli 1747, einem Donnerstag, war das Wasser um weitere 2 Fuß und 5 Zoll gestiegen. Wann hatte die Flut, dachte Rumi stirnrunzelnd, wohl ihren Zenit erreicht? Er blickte aus dem Fenster. Draußen hing der Himmel niedrig und grau und so eng gespannt wie eine Hechthaut.

Kutschbahn

Hoch konzentriert, um die vierstündige Fahrt in seiner altmodischen Fensterkutsche von Potsdam nach Berlin effizient zu gestalten, studierte Friedrich all jene Flusskarten, die Fredersdorf, der an einer Erkältung litt, für ihn vorbereitet hatte. Auch der König war gesundheitlich angeschlagen. Er war nicht mehr jung, das spürte er immer deutlicher, sondern ging in Riesenschritten auf die vierzig zu. Es hatte sich in der letzten Zeit eine physiologische Veränderung bei ihm vollzogen, die niemandem, der ihn öfter zu Angesicht bekam, verborgen geblieben war. Nicht nur verlief seine Nase spitzer und sanken die Wangen tiefer ein – häufig fehlte ihm die Muße, um ordentlich zu essen –, auch fielen immer mehr seiner Zähne aus, was zudem das Flötenspiel erschwerte. Friedrich war darüber etwas bitter geworden; den Zopf band er nur mehr streng und hielt ihn stets eng mit Taftband umwickelt, sodass er wie ein Stachel nach hinten stand.

Draußen, schön ordentlich, Stamm an Stamm stehend wie stramme Soldaten, salutierte der Wald. Dies beruhigte ihn. Die Wurzeln der Fichten fixierten den enervierenden, Verkehr wie Ackerbau störenden märkischen Sand: So sollte es sein. Wieder blickte er nach unten. Brachten diese sauberen Zeichnungen, die er über seinen Rockschoß gebreitet hatte, nicht den eindeutigen Beweis? Worauf konnte ein Schiff wohl besser fahren und größere Mengen an Gütern transportieren: auf einem schlängelnden Etwas, das an jeder Biegung versandete, oder auf einer akkuraten Bahn? Nach der Oder würde die Elbe folgen, die Warthe, die Netze, die Weichsel … oh, er kannte seine Flüsse genau. Was den Briten, Franzosen und Spaniern ihre Meere bedeuteten, die für Handel und Reichtum sorgten, waren den Preußen die Ströme, die *Er* navigierbar machen und durch Kanäle verbinden würde, wodurch auch hierzulande mehr Commerce entstand. An den Rhein dachte er nun, wenngleich dieser nicht in seinem Machteinfluss lag – wie selbst diese potenzielle Hauptader sich noch immer in Mäandern verlor, unnötig verschlammte und links und rechts der girlandenartigen Ufer weibischen Morast aufwarf, was die dortigen Siedlungen bedrohte. Da würde, so beschloss Friedrich, das letzte Wort noch nicht gesprochen sein. So wie er in sich selbst jeden gefühligen Schleim zum Ertrocknen gebracht hatte und ein effizienter König geworden war, wie es sein Vater befohlen hatte, würde es auch mit dem Land passieren. Mit diesem Mischmasch musste es ein Ende haben! Auch politisch-territorial war das alles noch ein Sumpf, eine Flickenweste sondergleichen. Aber die Deutschen würden ein ordentliches Volk und Berlin beizeiten zu einer gefestigten, verlässlichen Stadt. Wenn nur dies das Vermächtnis seiner Regentschaft war.

Sie verließen die Bewaldung des Tiergartens und erreichten die Zollmauer mit einer Toranlage aus Pylonen und beigeordneten Wachhäusern. Hier sollte man ein Tor errichten. Rasch, während er draußen die Aufregung der salutierenden Soldaten vernahm, wollte er noch etwas essen, bevor es gleich losging im Schloss. Er krempelte die Ärmel zurück, nahm einen Happen von der italienischen Polenta mit Bœuf à la Russe, hätte aber fast aufgeschrien vor Zahnschmerz, krümelte auf die kostbar bestickte Weste und nahm stattdessen etwas Rebhuhnpastete, die besser zu kauen war, sowie eine Gabel Kalbsbries, spülte mit Champagner nach, den ihm Fredersdorf reichte, welcher erneut unangenehm schnüffelte. Bis zum Schloss waren es nur noch wenige Minuten. Das reichte, um ein Stück Stachelbeertorte und ein Eckchen Marzipankuchen mit Schokolade und Sauerkirschen hinterherzunehmen, zur Beruhigung der Nerven.

Denn die Lage hatte sich zugespitzt und Friedrich dazu gebracht, das große Zusammentreffen der Grundbesitzer des Oderlandes schneller anzuberaumen als ursprünglich geplant. Die Finanzierung des gesamten Projekts war mittlerweile, nicht zuletzt aufgrund eines durch Krankheit bedingten Ausfalls vieler Arbeiter am Krummen Ort, in ein kritisches Stadium getreten. Eine Unsumme an Geld war bereits ausgegeben worden, aber der Kanal, geschweige denn die Deiche, längst nicht fertiggestellt, da es auch immer wieder zu Akten der Sabotage wie dem Schleifen der Deichkronen kam. Außerdem pochten die

Gebrüder Rottengatter, die neuen Ingenieure, die Mahistre ersetzten, auf einen Vorschuss, um überhaupt weitermachen zu können. Seit vierzehn Tagen hatte niemand am Krummen Ort seinen gerechten Lohn erhalten; viele der Arbeiter waren kurz davor abzuspringen, und die Rekrutierung neuer Kräfte stellte sich als schwierig heraus. In mehreren drängenden Schreiben hatte Haerlem um eine Wiederherstellung des ins Stocken geratenen Geldflusses gefleht, sonst werde bald alles bisher Geleistete infrage gestellt. Dieses Unternehmen könne man nur beherzt und in einem Schwung anpacken. War der Impuls verloren, würden die Naturgewalten rasch wieder den alten Zustand herstellen. Genauso sah Friedrich das auch. Deshalb musste er jetzt die Grundbesitzer des Bruches, die ständischen wie die städtischen, in die Pflicht nehmen und dazu bringen, in ihre Taschen nicht nur tief zu schauen. Erst wenn sich alle an der großen Sache beteiligten, konnte sie auch gelingen, denn der Schatz des Königs, der Staatssäckel, war seit den beiden schlesischen Kriegen so gut wie aufgebraucht.

Friedrich verdrückte ein paar Kirschen, spuckte die Steine in seine rechte Hand und legte sie auf den Teller. Er schüttelte den Kopf, woraufhin Fredersdorf ihn beunruhigt ansah. »War etwas mit den Speisen nicht recht?«

»Und vor allem mein Vetter muss endlich seinen Widerstand beilegen«, sagte der König wie zu sich selbst. »Schließlich gehört ihm ein Viertel des Landes dort. Er wird doch von gewonnenem Acker am allermeisten profitieren! Dass mancher Mensch sich halsstarrig gegen das Neue sperrt, nur weil es eben das Neue ist …« Wieder konnte Friedrich nicht anders, als sein Haupt zu schütteln.

Dann beschloss er, nichts mehr zu sagen und sich zusammenzunehmen. Es folgte der letzte Abschnitt der Strecke, und auf diesen freute er sich. Für jenen knappen Kilometer Unter den Linden am Opernhaus vorbei bis zum Paradeplatz mit der neuen Domkirche hatte er eigens diesen Kutscher mit dem Namen Pfund engagiert, der für sein schnelles Fahren berüchtigt war. Ansonsten hasste er diesen Kerl, der nicht nur zu anderen Verkehrsteilnehmern, sondern auch zu ihm selbst unvergleichlich rüpelhaft war. Aber die von Bäumen gefasste Rennbahn jagte Pfund, auf die vier Rosse eindreschend, hinunter wie sonst kein Zweiter. Geradezu im Fluge würde es an jenen vorbeigehen, die staunend im Staube am linken wie rechten Rande standen und mit dem vorgeschriebenen Worte jubelten: »Fridericus Magnus!«

Aber wieso ging es nicht vorwärts? Warum stand die Kutsche noch immer auf dem öden, sandigen Platz? Friedrich schob den Vorhang zurück. Was er sah, erschien ihm zu bizarr, um wahr zu sein. Dort, auf seiner Lieblingsstrecke, dem Prachtboulevard, trampelten … *Schweine*. Ekelhafte Säue mit riesigen Zitzen wühlten da im Staub. Ein Hirte war bei ihnen, ein dreckiger Lausebengel, der die Viecher mit einer Gerte antrieb. Und was zum Teufel taten diese Bauernwagen, die in querer Reihung den Verkehr verstellten, beladen mit allerlei Werkzeug, Pflügen, Hausgerät? Noch mehr Vieh sah Friedrich: glotzende Kühe, sogar zwei Ochsen, Schafe, Esel, Ziegen und Hühner, überall Hühner. »Fredersdorf!«, hob er die Stimme. »Man schaffe dieses Gesindel hinfort.«

»Das sind Eure Kolonisten«, antwortete der Kämmerer näselnd verschnupft. »Die ersten. Sie wandern gerade ein.«

Friedrich sagte nichts. Seine Zornesfalte stand deutlich hervor.

»Zwölfhundert Pfälzer aus der Gegend von Zweybrücken.« Fredersdorf musste niesen und entschuldigte sich. »Ein angeblich bescheidener, tatkräftiger, bodenständiger Schlag. Ohne störrisch zu sein oder auf Eigenständigkeit zu bestehen, so heißt es. Sind nur zu früh aufgebrochen, in ihre glorreiche Zukunft. Haben zu schnell ihre Siebensachen gepackt. Übereifrige Untertanen, löblich, nicht?« Er räusperte sich. »Konnten es wohl nicht mehr erwarten, aus ihrer Heimat zu flüchten.«

»Aber ist schon was fertig? Ja, wollen die den Boden bestellen, bevor er überhaupt trocken ist?«

»Da war Lautensack, unser Agent in der Pfalz, wohl übereifrig«, sagte Fredersdorf.

Verblüfft blickte der König nach draußen und seine neuen Untertanen an. Unter diesen sprach sich gerade herum, wessen Kutsche sie da blockierten. In Windeseile verließen sie ihre bäuerlichen Wagen und strömten auf Friedrich zu, ließen aber gebührend Abstand, stellten sich auf, schon brachen sie zu Ehren ihres Königs in Gesang aus:

Isch bin e arma Exulant
So duu isch misch halt schreibe
Ma duut mich ausm Vatterland
Um Gottes Wort vatreibe
E Flüschtling bin ich halt numehr
Muss reise fremde Stroße
Do bitt ich dich, mei Gott unn Herr
Tu du mich net valosse!

»Sieh an, sieh an. Schöne Männer wachsen da in der Pfalz.« Friedrich nickte aus dem Fenster und lächelte steif.

»Sprecht zu den Leuten«, sagte Fredersdorf aufmunternd. »Jetzt ist die Gelegenheit. Gebt ihnen eine Geschichte, an der sie sich aufrichten, an der sie wachsen können. Schafft einen Mythos.« Der Diener öffnete das Fenster. Friedrich warf ihm einen wütenden Seitenblick zu, fasste sich aber und rief mit klarer Stimme in Richtung der Menge, die mucksmäuschenstill vor ihm stand: »Ihr seid über die Hügel gekommen, über das Land. Ihr habt Entbehrungen auf euch genommen, um diesen Staat zu erreichen. Helden seid ihr, also geht nur frisch an die Arbeit und bauet mit auf. Wer zu uns gelangt und die Ärmel hochkrempelt, soll nicht umsonst gekommen sein. Wir heißen euch willkommen. Gott bewahre euch.«

Die Pfälzer brachen in Jubel aus. Die Männer warfen ihre Hüte, die Frauen klatschten. Die Kinder spürten die Aufregung und sprangen zwischen ihren Eltern und der königlichen Kutsche durch den Staub. »Der Große!«, riefen einige der Männer, und immer mehr stimmten ein: »Der Große!«

Friedrich schloss den Vorhang. Tränen standen in seinen Augen. Sie hatten ihn so genannt, wie er genannt werden wollte, ohne Befehl! *Deshalb* hatte er sie ins Land gerufen, allein deshalb. Es hatte sich bereits rentiert. »Stell ihnen Husaren als Begleitschutz«, sagte er zu Fredersdorf. »Aber achte darauf, dass solche Menschen künftig auf der Seite um Berlin herumgeführt werden und nicht mehr mitten hindurch. So können wir unnötigen Éclat und Bruit vermeiden.« Seinem Kutscher rief er zu: »Pfund, jetzt aber los. Die Rennstrecke müssen wir wegen

Verstopfung heut vergessen. Nimm Er einen Schleich-
weg. Und beeile Er sich. Wir müssen diesen Menschen
ein neues Dorf finanzieren.«

Der Kutscher schnalzte, zog die Zügel nach links und
bog in die Wallgasse ein. Auch ihn schmerzte der Ausfall
der geliebten Kutschbahn. Doch mit Verzögerung ans Ziel
gelangen würde er deshalb noch lange nicht. Pfund hieb
auf die Pferde ein, ließ seine Peitsche knallen und hatte
kurz darauf mit biegenden Rädern die sogenannte Letzte Straße erreicht. Von hier aus ging es gerade hindurch,
parallel zu den Linden, in Richtung Paradeplatz. Hier war
der König, der sonst Hinterwege mied, nie zuvor gewesen.
Neugierig blickte Friedrich am Vorhang vorbei nach draußen und staunte, wie geduckt die engen dunklen Fach-
werkhäuser standen, allesamt noch mit Stroh oder Schin-
deln gedeckt. Der Geruch, der ihm entgegenströmte, war
erbärmlich und stammte von den Rinnen auf beiden Seiten des unbefestigten Weges, in die eine stinkende Brühe aus Kot und Urin aus den Häusern abgeleitet wurde. Streunende Hunde mit krätzigem Fell lieferten sich
Kämpfe, armselig gekleidete Mägde schleppten gefüllte
Kannen und Bottiche mit Brunnenwasser von hier nach
dort. Halb verhungerte Kinder, Fünfjährige, Sechsjährige,
Jungen wie Mädchen, saßen hinter den offenen Holzto-
ren der Manufakturen an Webstühlen, spannen Seiden-
fäden. Ein mit Erbrochenem gefüllter Nachttopf wurde
knapp neben der vorbeijagenden Kutsche aus einem Fenster gekippt.

Als sie das Molder Loch erreichten, einen armseligen
Platz, wo sich die Stadt in den Ausläufern eines versumpf-
ten Spreearmes verlor, ging es wieder nach rechts. Über

die Mittelstraße und am Prinz-Heinrich-Palais vorbei kamen sie auf den Boulevard zurück. Vor ihnen lag das monumentale Zeughaus, worin sich des Königs Waffenarsenal befand: über einhundertfünfzigtausend Gewehre und Degen, in Feldzügen geraubte französische, österreichische, polnische und schwedische Geschütze. Auf dem Dachfirst saß ein Hahn, schaute in die Gegend und krähte sich die Seele aus dem Leib. Gehörte er zu den Pfälzern? Sich am Rand des staubigen Exerzierplatzes entlanghaltend, bog Pfund am Kanal in die Schlossfreiheit ein und durchfuhr mit derart hoher Geschwindigkeit das prächtige Eosanderportal, dass die Wachen zur Seite springen mussten. Friedrich blickte nach draußen. Das blockkastenartige, vom römischen Hochbarock inspirierte Schloss erinnerte ihn an seinen Vater, und seine Miene verhärtete sich. Er hatte die von ihm ungeliebte, aber für den heutigen Anlass unerlässliche Königsresidenz in Berlin erreicht.

Der Kasten

Rumi lief zum Hafen, um mit den Fischern zu reden, die über die Vorgänge im Bruch stets einiges wussten. Doch als er das windschiefe Fachwerkhaus passierte, auf dessen Schild *Zur Großfriedrichsburg* geschrieben stand, kam überraschend Raule aus dem Eingang hervor. Instinktiv versteckte sich Rumi hinter einer Häuserecke und beobachtete ihn.

Er hatte nicht gewusst, dass Raule, der vor der Tür stehen blieb und sich in aller Seelenruhe eine Pfeife füllte, in diesem Etablissement verkehrte. Zwar existierten Verbindungen zwischen dem *Löwen* und der *Großfriedrichsburg*, doch wurden diese von den Frauen unterhalten: Lulu und Gloria waren gute Freundinnen und sahen sich täglich. Beinahe wirkten sie wie Schwestern. Ob sie es vielleicht waren? Ihr Verhältnis war Rumi unklar, und er vermutete, dass es auch hier etwas zu entdecken gab, das mit dem Fall in Verbindung stand.

Doch was hatte Raule in der *Großfriedrichsburg* zu suchen gehabt? Dass der Betreiber des *Goldenen Löwen* ein Freudenhaus aufsuchen würde, überraschte Rumi. Bislang hatte er vermutet, dass Raule Beziehungen zu Lulu unterhielt, auch wenn ihm deren Natur ebenfalls schleierhaft blieb. Lulu und Raule wirkten, ohne es verbergen zu können, intim. Sie zeigten dies aber nie offen. Lulu war Raules Angestellte und schmiss den Laden, während er Buchhaltung und Finanzen regelte und vergleichsweise selten im Hotel zu sehen war. Offenbar schenkte er Lulu volles Vertrauen, was das Tagesgeschäft anging. Auch sonst schienen die beiden sich blind zu verstehen, und doch hatte Rumi sie nie in sein Zimmer oder ihn in ihres gehen sehen. Nun also kam Raule aus der *Burg*, wie jenes Etablissement mit zweifelhaftem Ruf auch genannt wurde, in dem neben Gloria noch weitere Damen arbeiteten, und der zufriedene Ausdruck in seinem grobschlächtigen Abenteurergesicht deutete darauf hin, dass er nicht nur zum *teutschen Caffee* dort gewesen war.

Rumi beschloss, ihm zu folgen. Die Technik der unauffälligen Beschattung hatte er im vergangenen Jahr von Schmettau erlernt. Das Wichtigste dabei war, eiserne Nerven und Selbstkontrolle an den Tag zu legen. Problematisch würde höchstens sein, dass er in Wrietzen aufgrund seines dunklen Teints und der glänzenden schwarzen Locken sowie seiner großen braunen Augen auffiel und häufig angegafft wurde. Aber er musste es trotzdem versuchen. Ganz ruhig trat Rumi einen Schritt nach hinten und zog sich in den Schatten der Häuserecke zurück. Dort wartete er, bis Raule an ihm vorbeilief, ließ einige Momente verstreichen und heftete sich ihm an die Fersen. Ideal, dass er an diesem Tag eine unauffällige dunkelgrüne Hose und einen grauen Rock trug. Solche gedeckten Farben, so hatte Schmettau einmal erklärt, fielen nämlich am wenigsten auf.

Gemessenen Schrittes ging Raule die Hauptgasse der Unterstadt entlang. Hier war genügend Betrieb, sodass Rumi in einem Abstand von etwa zehn Metern unauffällig blieb. Hin und wieder stoppte Raule, und sofort hielt auch Rumi an. Einmal erstand er von einem Händler eine frittierte Kohlmeise, die er sich gierig in einem Happen einverleibte, ein andermal pausierte er, um sich in einer Auslage etwas anzusehen.

So ging es einige Minuten durch das Gewirr der Unterstadt. Noch konnte sich Rumi keinen Reim darauf machen, wohin Raule unterwegs war. Seine Schlaufen durch die Gassen waren weit gezogen, und mehrfach passierten sie Ecken zum zweiten Mal. Spürte er, dass jemand hinter ihm her war? Oder ließ er sich beliebig treiben? Doch dazu passte nicht der rasche Gang und seine zielstrebige Haltung. Abrupt stoppte Raule erneut. Rumi drosselte seine Geschwindigkeit nicht, weil dies zu auffällig gewesen wäre, sondern ging mit zügigem Schritt unweit an ihm vorbei, ohne ihn anzuschauen. Rasch bog er hinter die nächste Ecke und blieb mit klopfendem Herzen stehen.

Nun galt es zu warten, bis Raule an ihm vorbeilief. Doch er kam nicht. Hatte er ihn bemerkt? Ganz allmählich beugte sich Rumi nach vorne, damit er um die Ecke schauen konnte. Raule war nicht mehr zu sehen. Schnell lief Rumi in die Gasse. Irgendetwas stimmte nicht. Über den niedrigen Dächern drehten sich die Flügel der Bockwindmühle. An diesem Nachmittag hatte ihr Knarzen etwas Leidendes, Klagendes. Vorsichtig trat Rumi ein Stück zurück und sah in eine Quergasse hinein. An ihrem Ende entdeckte er Raule. Sofort nahm er die Verfolgung auf, wobei er den Takt seiner Schritte genau dem von Raule anglich, dabei aber größere Schritte machte. Dadurch verringerte er die Entfernung, ohne dass die Geräusche seines Laufes ihn verrieten, und es gelang ihm erneut, sich bis auf wenige Meter zu nähern. Offensichtlich ging es zurück zum Markt. Doch Raule machte vor der Werkstatt eines Tischlers halt. Er hob den Kopf, sah sich kurz nach allen Richtungen um, machte einen großen Schritt, da vor dem Eingang alles mit rotem Matsch verschmiert war, und ging hinein.

Rumi betrat das gut gefüllte Wirtshaus *Adler*, das sich eine Ecke weiter befand, aber einen lückenlosen Blick auf den Tischler bot. Er setzte sich ans Fenster, bestellte ein Bier, wischte einen goldenen Diebskäfer vom Wachstuch und wartete ungeduldig, bis fertig gezapft war. Als der Humpen endlich vor ihm stand, trank er ihn in einem langen, genussvollen Zug aus. Was man ihm serviert hatte, war ein Freyenwalder und weniger seifig als das trübe Wrietzener. Er blickte durch die angelaufenen Scheiben. Noch immer war Raule nicht wieder aufgetaucht. Angenehm regte der Alkohol seine Nerven an. Da durchzuckte es ihn: Ob der Tischler wohl einen Hinterausgang hatte? Hektisch stand er auf, legte acht Pfennige auf die Theke, winkte dem Wirt zu, damit dieser sah, dass er bezahlt hatte, und trat ins Freie. Im selben Augenblick kam auch Raule auf die Gasse, sah ihn glücklicherweise nicht, sondern fiel in einen zügigen Gang. Mit der rechten Hand hielt er einen länglichen, schwarz angemalten Holzkasten unter den Arm geklemmt, der entfernt an einen Sarg erinnerte.

Auf dem Fischmarkt packten die Händler gerade ihre übrig gebliebene Ware für den Markt in Oderbergk ein, der am Tag darauf, also freitags, gehalten wurde. Eine alte Frau schleppte schwer an einem Bottich voller noch lebender Sumpfschildkröten, eine andere, die Rumi entgegenkam, hatte sich mehrere Aale über die Schulter gelegt. An einem länglichen Tisch, der leer geräumt, auf dem aber frische Blutspuren zu sehen waren, saß Kurtz (der weder Rumi noch Raule bemerkte) mit ein paar Fischern und Hechtreißern. Sie genossen den Feierabend und tranken Gerstenbier. Die Glocke der Laurentiuskirche schlug fünfmal.

Anstatt über den Markt zu laufen, ging Raule nach rechts, bewegte sich an dessen Rand entlang, bog an der nächsten Ecke links ab und an der folgenden wieder. Er hatte die kotige Gasse hinter dem *Goldenen Löwen* erreicht. Vor dem Kellereingang des Hotels hielt Raule an. Wieso war er nicht viel zielgerichteter dorthin gelaufen? Ein Hahn krähte trotz der späten Stunde. Mit seiner freien Hand kramte Raule in seiner Rocktasche herum, nahm einen Schlüssel heraus. Er sah sich um, ohne Rumi, der hinter einem Schuppen für Brennholz stand, zu entdecken. Dann stocherte er im Schlüsselloch, hatte nach einigen Schwierigkeiten den Kellereingang geöffnet und trat hinein. Vorsichtig ging Rumi auf die niedrige Tür zu, hinter der Raule verschwunden war. All das Versteckspiel, um einen schwarz lackierten Holzkasten zum *Goldenen Löwen* zu bringen? Was hatte es damit auf sich? Rumi wartete noch drei Sekunden (er zählte stumm mit), dann drückte er die verrostete Eisenklinke herunter. Raule hatte nicht abgeschlossen. Langsam öffnete Rumi die Tür. Dies ließ sie laut knarren, während sie gerade eben noch völlig ruhig gegangen war. Mit einem beherzten Stoß drückte er sie auf, trat hindurch und schloss sie so leise wie möglich hinter sich.

Er stand im Dunkeln. Links ging es in den Keller hinab. Dort brannte eine glockenförmige Rübölfunzel. Rumi war erst einmal dort unten gewesen, um für Lulu ein Bierfass zu holen. Mit angehaltenem Atem stieg er die Stufen hinab. Als er unten ankam und nach rechts in den langen Kellergang blickte, sah er dort eine Fackel. Raule musste sie angezündet haben. Doch war er nirgendwo zu sehen. Kein Laut war zu hören, der Keller lag vollkommen still. Langsam lief Rumi den Gang nach hinten. Links und rechts gingen die vergatterten Kellerräume ab. Die Wände und der Boden waren dunkel vor Feuchtigkeit, und in der Luft hing jener modrige Geruch, den die Faule See in manchen Nächten hatte. Als er um eine Ecke bog – so weit war er noch nie in diesen Keller vorgedrungen –, sah er eine zweite Stiege, die wieder nach oben führte. An ihrem Fuß stand der ominöse, an seiner Oberseite mit feinmaschigem Draht bespannte schwarze Kasten. Die Klappe am oberen Ende der Stiege stand offen.

Rumi versuchte zu hören, ob sich jemand über ihm befand. Doch alles war still. Er stellte sich vor, an welcher Stelle des Hotels dieser Raum dort oben wohl lag, holte seinen kleinen Skizzenblock aus der Schultertasche und zeichnete das Erdgeschoss des *Goldenen Löwen* sowie den Weg, den er soeben gekommen war. Es konnte sich nur, stellte er fest, um *ein* Zimmer handeln. Da er von oben noch immer nichts hörte, wagte er es und setzte seinen Fuß auf die erste Stufe. Langsam stieg er nach oben. Es kam ihm so vor, als ob er ein Rascheln hörte. Oder hatte er sich das Geräusch nur eingebildet? Nun herrschte wieder Stille. Er nahm die letzten Stufen. Da hörte er ein Stöhnen. Er erschrak und steckte seinen Kopf durch die Klappe hindurch. *Tatsächlich.* Es handelte sich um die Kammer von Lulu, die direkt hinter dem Schankraum lag und die außer ihr nie jemand betrat. Bis auf jetzt. Denn in ihrem mit hellgelbem Laken bezogenen Bett, einem bequemen französischen Doppelbett, wie er noch nie eines gesehen hatte, lagen Lulu und Raule. Sie liebten sich. Für Momente sah Rumi, der am Morgen ein Gedicht von Sayat Nova über die körperliche Liebe gelesen hatte, ihnen fasziniert dabei zu. Wie sehr sehnte er sich selbst nach der Liebe! Vorsichtig blickte er sich im Zimmer um. Es war nichts Besonderes darin, nur eine Sache fiel ihm auf. Über den beiden ineinander verschlungenen, sich langsam und zärtlich bewegenden Körpern hing eine fremdartig wirkende Maske aus dunklem Holz: ein traurig lächelndes Frauengesicht.

Rumi ging den gleichen Weg zurück, den er gekommen war, lief an dem länglichen Kasten vorbei, durch den Keller hindurch, zurück auf die Gasse und setzte sich in die benachbarte *Rote Lilie*, da er von dort den Kellereingang des *Löwen* im Auge behielt. Er war sicher, dass Raule ebenfalls auf diesem Weg herauskommen würde und nicht den Durchgang von Lulus Zimmer zum Schankraum benutzte. Offenbar hatte das Versteckspiel der beiden Methode und folgte einem strikten Reglement. Aber weshalb? Und wenn Raule Lulu liebte, was hatte er dann in der *Großfriedrichsburg* verloren gehabt?

Rumi wünschte sich, Leonhard Euler wäre vor Ort gewesen, um mit ihm diese neusten Entwicklungen besprechen zu können. Gleichzeitig erregte es ihn, so ganz auf sich gestellt zu sein, und er beschloss, kein weiteres Bier zu bestellen, auch wenn es ihn danach verlangte, sondern klaren Verstandes zu bleiben. Er spürte, dass er auf der Hut sein musste, und begnügte sich mit einem großen Glas gekühlter Ziegenmolke, die ihn augenblicklich erfrischte. Nach etwa einer halben Stunde kam Raule zurück, wieder mit dem länglichen Kasten unter dem Arm. Gemächlich lief er um sein Hotel herum und betrat es über den vorderen Eingang. Rumi nickte dem Wirt der *Lilie* zu, legte vier Pfennige auf die Theke und ging nach draußen und ebenfalls in die Gaststube des *Löwen*. Weder Lulu noch Raule waren zu sehen. Lediglich ein alter Fischer lag auf der Ofenbank vor dem Fenster, das auf den Marktplatz ging, und schnarchte.

Da hörte er, wie jemand mit schweren Schritten die Treppe herunterkam. Rumi versteckte sich hinter der halb offenen Tür der Abstellkammer für das Gepäck der Gäste. Es war Raule. Wieder trug er den großen Holzkasten unter dem Arm. Doch war es derselbe? Der feinmaschige Draht zeigte an mehreren Stellen Risse, und die schwarze Farbe glänzte nicht so frisch wie die jenes anderen Kastens. Rumi wartete, bis Raule nach draußen auf die Straße verschwand, dann kam er aus seinem Versteck hervor und stieg die Treppe nach oben. In welchem der acht Zimmer war Raule gewesen?

Langsam lief Rumi den Gang entlang. Vor der Nummer 7 hielt er inne. Darin wohnte derzeit Haerlem. Rumi blickte zu Boden. Auf der Türschwelle waren Spuren von rotem Matsch. Er bückte sich und spähte durch das Schlüsselloch. In dem kleinen Ausschnitt war neben der Einrichtung, wie er sie auch aus seinem eigenen Zimmer, der Nummer 4, kannte, nichts weiter zu sehen. Rumi drückte die Klinke nach unten. Es war abgeschlossen. Rasch lief er ins Parterre zurück, wo noch immer nur der schnarchende Fischer auf der Ofenbank lag, warf einen Blick auf die geschlossene Tür von Lulus Kammer, ging hinter die Rezeption und nahm sich den Schlüssel vom Brett. Mit klopfendem Herzen eilte er nach oben, schloss die Tür zur Nummer 7 auf und trat ein, wobei er sich ducken musste, da im Türrahmen, der nach Essig roch, ein dickes Bündel belaubter Walnusszweige hing.

Er brauchte sich nur kurz umzuschauen, dann hatte er den schwarzen Kasten entdeckt. Er war genau unter dem Waschtisch eingepasst. Oben war der Kasten offen, wenngleich mit jenem Draht bespannt, dessen Maschen in etwa die Größe hatten, dass man einen kleinen Finger hindurchstecken konnte. Rumi stand eine Weile davor. Welchen Sinn hatte dies alles? Er nahm den Krug und wusch sich die Hände. Nun bemerkte er, wie das Brauchwasser über die leicht schief gesetzte Platte des Waschtisches lief und sich in dem schwarzen Kasten darunter sammelte. Noch immer verstand er nicht den Sinn dieser Konstruktion, nahm seinen Block hervor und fertigte eine Skizze an.

Das Schloss

Staatsminister Samuel von Marschall fühlte eine leichte Übelkeit und nestelte an dem kleinen Stehkragen herum, der den Übergang seiner Weste zu der schwarzseidenen, engen Halsbinde bildete. So ging es ihm nun seit ein paar Tagen: immer wieder diese Übelkeit, ein unangenehmes Seitenstechen und Kältezittern in den Extremitäten. Mal waren es die Hände, dann die Füße, dann der ganze Oberkörper. Dann fühlte er sich schlagartig wieder wohl. Am gestrigen Abend war er von seinem Gut in Ranfft angereist, hatte die Nacht in seiner Stadtresidenz, dem Palais in der Wilhelmstraße Nr. 8, verbracht und nun seinen Platz in dem ganz in Silber, Weiß und Gold gehaltenen Rittersaal eingenommen, dessen Wände gelber Stuckmarmor verzierte. Den König, der soeben eingetroffen war und mit seinem Kämmerer die Ansprache durchging, hatte er bereits begrüßt. Kurz hatte Friedrich Marschalls Skepsis bezüglich des Kolonistenwesens angesprochen (die Pfälzer hatten Friedrich geradezu enthusiastisch gemacht) und dabei auch seinen Posten als Leiter desselben infrage gestellt. Eines Postens im Übrigen, den der Minister nur angenommen hatte, weil er weit mehr als die Neubesiedlung des Oderbruches betraf, sondern die zielgeführte Anwerbung auswärtiger Siedler und Flüchtender für das Staatsgebiet insgesamt. Eine hochpolitische Aufgabe, die er, so sagte Marschall dem König, bei aller kritischen Überlegung (die nur hilfreich sein konnte) ungern anderen überlassen wolle. Denn hier würden Weichen gestellt für eine lange Zeit. Zunächst gehe es darum, Menge und Art der fehlenden Bauern und Handwerker zu definieren, dann im Ausland durch die Schaffung eines Agentennetzes die jeweiligen Produktions- und Handelsstrukturen zu eruieren und die benötigten Fachkräfte punktgenau abzuwerben. Ziel sei es, an die 100 000 dringend benötigte Fachkräfte und Unternehmer – also gesunde und qualifizierte Männer – für die Übersiedlung zu gewinnen, alleine 16 000 für das Oder-, Netze- und Warthebruch. Über die Konsequenzen einer solchen Vorgehensweise wollte Marschall sehr gerne mit der durchlauchten Majestät sprechen, doch da hatte sich Friedrich, dem solche Details zu anstrengend waren, bereits abgewandt.

Soeben trat Karl von Brandenburg ein, begleitet von seinem Diener, einem jungen, rot livrierten Mohren, und lief ganz in der Nähe vorbei, ohne Marschall auch nur im Geringsten zu beachten. Der Staatsminister wusste, dass der einen hohen Federhut tragende Prinz und Herrenmeister der Johanniter ihn nicht ausstehen konnte und überzeugt davon war, er besetze ein Amt bei Hofe, das urmärkischen Familien zustehen sollte, nicht Zugereisten wie ihm. Karl nahm kein Blatt vor den Mund, um überall zu verbreiten, Marschall sei in Wahrheit nur ein Parvenu, eine Canaille und gar kein »richtiger«, kein »echter« hiesiger Adel. Marschall wiederum war über die fehlende wirtschaftliche Expertise bei den Johannitern genügend in Kenntnis gesetzt, um anzunehmen, dass er selbst viel fähiger wäre und als Herrenmeister die Situation des Ordens schon um ein Vielfaches verbessert hätte. Aber Karl hatte nun einmal eine bedeutendere Position in der Gesellschaft inne, weil er jemandes Kind war, während er, Marschall, bildlich gesprochen nass draußen vor der Türe im Regen zu warten hatte und nur hoffen konnte, dass durch seine Leistungen seine Nachkommen irgendwann einmal in der Lage sein würden, als gleichberechtigt im preußischen Adel zu gelten.

Doch musste ihn der Prinz und Markgraf deshalb mit derartiger Verachtung behandeln? Marschall wusste, er war ohnmächtig gegen einen solch mächtigen, wenngleich bornierten Mann und musste kuschen, egal, was Karl über ihn verbreitete. So schrieb es das Geburtsrecht nun einmal vor, und im Grunde war das gut so und musste so sein, damit die gegenwärtige Ordnung, an die Marschall mehr glaubte als an irgendetwas anderes auf der Welt, bewahrt blieb. Deswegen – wenn man die persönlichen Animositäten einmal beiseiteließ – war ihm die Argumentation Karls gegen die Trockenlegung auch keineswegs fremd oder unverständlich. Zwar schob der mächtige Grundbesitzer und Führer der Johanniter monetäre Gründe ins Feld, doch ging es nicht um Grundlegenderes? Mit seinem Taschentuch wischte sich Marschall den Schweiß von der Stirn. Eben überraschte ihn ein kalter Schauer, der ihm sogar die Zähne klappern ließ.

Der Saal füllte sich. Auch Fritze machte Marschall aus sowie den in soldatisch knappen Offiziersrock gekleideten Kammerdirektor Schmettau, den Finanzexperten Beggerow, den hohen Offizier Retzow, die Minister Boden und Blumenthal, den Bürgermeister von Freyenwalde sowie jenen von Oderbergk. Dann waren die Rittergüter vertreten, die viel Grund im Bruch besaßen: der Hauptmann von Bardeleben, von Barfuß und Graf von Kamecke, die sich Alt-Wrietzen teilten, von Jena, Kersten, Mentzel, dem Kunersdorf gehörte, von Normann, die Gebrüder von Sack, welche Besitzanteile an Reetz hatten, von Vernezobre. Doch wann ging es endlich los, damit er alsbald in sein Palais zurückkonnte, um sich auszuruhen? Vor Marschalls Augen verflimmerte die große Aufregung, die den Rittersaal des Schlosses erfasst hatte, zu einem bunten Brei.

Ach, die Bauern, dachte er jetzt. Überall im Bruch, wenn die Maßnahme nicht noch scheitern würde, wären die Bauern bald frei und würden im Zuge der Neugestaltung des Landes auf Zusammenlegung ihrer einzelnen Stücke drängen – und dadurch immer mehr selbst Subjekte werden und sich infolge aus der jahrhundertealten Tradition, wie der Grund und Boden zu verteilen war, lösen. Landreform. Dies schlimme Wort. *Davor* war Karl von Brandenburg bange. Es würde zu Unruhen kommen. Man brachte jetzt, wenn man nicht achtgab, einen Stein ins Rollen, und irgendwann hatte man einen Bauernstaat, und wo heute das Schloss stand, gäbe es in einer unseligen Zukunft, die den Glauben an Gott verloren hatte, womöglich einen Palast für jene Bauern. Jede Neuerung bedeutete einen potenziellen Eingriff in die Herrschaftsstrukturen, die doch vom Herrn gewollt waren. *Dessen* muss man sich bewusst sein. Jene Aussage des Königs, nur der erste *Diener* seines Staates zu sein, hatte fürwahr etwas Ketzerisches. Ja, wir Adeligen schalten uns gerade selbst aus, dachte Marschall, in dem die Verbitterung ganz rasch aufgestiegen war, während in diesen Momenten der König in Preußen,

Friedrich II., in einem sich beruhigenden, bald vollkommen stillen Saal nach vorne in die Mitte ging, den Blick mit den vorstehenden knallblauen Augen schweifen ließ und zu sprechen begann.

In seiner Rede vor den Vertretern der Rittergüter, Städte und Orden erklärte Friedrich, dass es sein Wille sei, auf dem entwässerten Bruch nach einem sorgsam kalkulierten Plan über 130 000 Morgen neuen Landes zu gewinnen und darin insgesamt eintausendzweihundertzweiundfünfzig große Familien von Einwanderern anzusiedeln. Die Bevölkerung der Gegend werde sich dadurch vervielfachen, und es würden dreiunddreißig neue Ortschaften entstehen. So habe man die Kapazitäten berechnet, und in mindestens solcher Höhe stünden die Interessenten bereit. Da diese Kolonisten auch auf Gebieten angesetzt würden, die im Besitz der Anwesenden seien, kämen auf diese zunächst Investitionen für den Bau der Häuser und Ähnliches zu. Falls die Kosten für diese erforderlichen Etablissements nicht aus eigenen Mitteln bestritten werden könnten, biete Er ihnen an, die benötigten Kapitalien zu nur fünf Prozent Zins zu leihen. In bequemen Raten von 500 und 1000 Talern könnten diese nach und nach rückgezahlt werden. Er persönlich bürge für das Geschäft. Ohnehin würden von diesen Familien über die Hälfte, nämlich sechshunderteinundvierzig, auf Seinem eigenen Land angesiedelt. Weitere einhundertneunzig auf dem Gebiet des Markgrafen Karl – Friedrich nickte seinem Vetter lächelnd zu –, gerade einmal zweiundvierzig in Wrietzen und Oderbergk – und nur der Rest (er sprach die Zahl, immerhin dreihundertneunundsiebzig Familien, nicht aus) auf den Ländereien des Adels. Zudem sei darauf verwiesen, dass die Regulierung des Flusses ganz alleine aus *Seiner* Kasse getragen würde, aber alle hiervon den Vorteil genössen.

In knappen, präzisen Worten formulierte Friedrich danach seine Zielsetzung: Preußen sei ein Staatskörper mit zu geringer Bevölkerung, gerade die Mark zu dünn besiedelt und durch die Kriege weiterhin ausgezehrt. Das ändere er nun. Menschen, die in ihren Heimatländern wegen ihres Glaubens verfolgt oder durch maßlose Abgabenforderungen verarmt seien, erhielten dadurch eine neue Chance und Möglichkeit. Es sei *eine* Sache, Land durch Krieg zu gewinnen, eine andere, bereits besessenes Gebiet durch innere Kolonisation urbar zu machen und zu peuplieren. Und was sei eine Scholle schon wert, besaß man keine zweibeinige Ressource, die diese bestellte?! Auch habe man mit der Ansiedlung der Hugenotten in Berlin bereits gute Erfahrungen gemacht, die bewiesen, dass die Eingliederung fremder Menschen durchaus gelinge.

Nach der Ansprache, die mit viel Ruhe aufgenommen wurde, zog sich der König erschöpft, aber zufrieden, weil er glaubte, großen Eindruck gemacht zu haben, mit seinem Gefolge in sein prächtig eingerichtetes rundes Arbeitszimmer im Schlossplatzflügel zurück. »Na, wie haben die Stände es wohl aufgenommen?«, fragte er Schmettau, der mit wachsweißer Miene und Aktentasche unter dem Arm neben ihm hereilte.

»Willensstärke und Mut zeichnen Euch aus, Eure Majestät. Eine historische Weichenstellung ist mit der Peuplierungspolitik verbunden, deren Tragweite erst künftige Generationen zu erfassen mögen.«

Friedrich blieb stehen und blickte ihn aufmerksam an.

Einzelne, dicke Schweißperlen standen auf der Stirn des Kammerdirektors. Diese Schweißperlen beunruhigten den König. »Was soll das heißen, Schmettau?« Konnte das Gesicht seines Gegenübers nicht trockener erscheinen?

»Es mag derzeit noch wie eine einsame Entscheidung aussehen«, antwortete Schmettau. »Man muss die Skepsis verstehen: Teilweise sind die Stände hoch verschuldet. Der Ritter Mentzel beispielsweise hat auf seine mit 60 Talern pro Morgen erkauften Güter 43 Taler pro Morgen eingetragene Passiva. Er hat mir vorhin vorgerechnet, dass ihn jeder Flüchtling 600 Taler kosten wird. Dies könne er unmöglich tragen und bittet deshalb, die Zahl der bei ihm Anzusetzenden zu halbieren. Auch der hier anwesende Ritter Kersten zeigt sich nicht umgänglicher. Er ist ebenfalls hoch verschuldet und hat uns eine Überschlagsrechnung vorgelegt, in der er behauptet, dass er bei jeder neu eingesetzten Familie Geld verliert. Auch die Stadt Wrietzen beschwert sich. Sie habe schon vor mehr als zwanzig Jahren die zu ihr gehörigen Lücher auf eigene Kosten geräumt und durch Grabenziehungen urbar gemacht und unter die Hausbesitzer verteilt – weshalb die Stadt nicht verstehe, wo die von ihr zusätzlich verlangten 644 Morgen hergenommen werden sollen, um die anvisierten Flüchtenden darauf anzusetzen. Und der Markgraf hat ebenso diskret wie deutlich artikuliert, dass er die beinahe 65 000 Taler, die von ihm verlangt werden, nicht leisten kann.«

Friedrich zuckte mit den Schultern und schob seine Unterlippe vor. Dann schaute er Schmettau mit seinen wasserblauen Augen einen Moment lang sprachlos an. Mit einem Male realisierte er, dass er die Stimmung im Rittersaal falsch eingeschätzt hatte. »Ich stehe doch mit mehr als dem Doppelten gerade«, sagte er kopfschüttelnd. »Und mein lieber Vetter wird mehrere Tausend neue Morgen seinen Gütern zuschlagen können.«

»Ein Staat, der Ausländer den Eingeborenen vorzieht«, begann Schmettau vorsichtig, aber klar in der Wortwahl, da er wusste, dass Friedrich die deutliche Aussprache schätzte, »erweckt den Neid seiner Untertanen und verschließt sich ihren Herzen. Welcher Vater nährt fremde Kinder und lässt die eigenen darben? Selten auch werden Ausländer Patrioten und gute Bürger. Sie laben sich zwar an den Brüsten des Staates, verlassen ihn aber zur Zeit der Not und der Gefahr. Ankömmlinge, Flüchtende, Kolonisten, Einwanderer – wie auch immer man sie nennt – werden sich darüber hinaus in moralischer Hinsicht noch über Generationen hinweg von den Eingesessenen unterscheiden und eben nicht zu ihrem Vorteil.«

Friedrich überlegte eine Weile, bevor er antwortete. Zwar leuchtete ihm die Argumentation Schmettaus auf eine Weise sogar ein, doch weigerte er sich standhaft, dies zu akzeptieren. Stattdessen sagte er: »Alle Religionen sind gleich und gut, wenn nur die Leute, so sie professieren, ehrliche Leute sind. Und wenn Türken und Heiden kämen und wollten das Land peuplieren, so wollen wir ihnen Mosqueen und Kirchen bauen.«

Mit diesen Worten setzte er sich an seinen mit Ebenholz furnierten und aufwendigen Blumenmarketerien und vergoldeten Messingbeschlägen verzierten Schreibtisch, stellte seinen Kelch ab und schichtete einige der Unterlagen um, die Fredersdorf für ihn ausgelegt hatte. »Notiere«, wandte er sich an den Kämmerer, der neben der mit dunkelblauem Samt bespannten Tischplatte stand: »Ein Schreiben an den Legationsrat in Regensburg. Wir übersenden ihm hierbey ein Verzeichnis von denen, welche sich wegen Religionsverfolgung in Regensburg aufhalten und mich flehentlich gebeten haben, sie in meinen Landen auf- und anzunehmen. Weil ich nun entschieden habe, dem Gesuch dieser armen Leute Folge zu geben und selbige in den neuen Etablissements an der Oder als Kolonisten anzusetzen, so will Ich, dass Ihr ihnen solches unter der Hand bekannt macht.«

»… *unter der Hand bekannt macht*«, wiederholte Fredersdorf beflissen, tauchte die Feder in die Tinte, doch führte er diese nicht zum Schreibpapier zurück, sondern schaute auf und hustete.

»Ist etwas?«, fragte der König ungeduldig. »Wir haben im Übrigen ein Gehuste in dem Schlosse, als wenn tausend Märzschafe hereingetrieben worden wären. Schreibe, Fredersdorf: Für Unterbringung dieser Leute wird, so ergeht mit heutigem Dato meine Order, die nötige Veranstaltung gemacht. Es dient dabei auch zur Nachricht, dass ich selbigen zu ihrer Herreise, welche sie binnen vierzehn Tagen vollenden können, an Diäten täglich auf eine erwachsene Person …« Friedrich machte eine Pause und überlegte, welche Reisespesen er zu zahlen bereit war. Dabei sah er wohlwollend aus dem großen, mit Blei eingefassten Fenster auf den Linden-Boulevard hinab. Dort zog noch immer und in aller Selbstverständlichkeit im Schneckentempo der lang gestreckte Tross der Pfälzer entlang. Mehrere der Bauernwagen hatten sich, um Pause einzulegen, in einem Halbkreis formiert, in dessen Mitte ein Lagerfeuer brannte. Ein ganzes Schwein drehte man dort am

Spieß. »Auf eine erwachsene Person«, nahm Friedrich den Faden wieder auf, »vier Groschen und auf ein Kind zwei Groschen zugewiesen habe, welche die Staatskasse nach erhaltener Quittierung ausbezahlen wird. – Ich bin Euer wohl affectionierter König.«

»Mein lieber Vetter, Ihr *zahlt* diesen Massen dafür, dass sie sich auf den Weg zu uns machen? Müsste dies nicht vielmehr mit allen Mitteln, selbst gewaltigen, verhindert werden?« Karl von Brandenburg, das schwarze Cape mit dem silbernen Johanniter-Stern lässig um die Schultern drapiert, stand neben Friedrichs Schreibtisch und verneigte sich. Dann setzte er sich in das rot bespannte, reichhaltig verzierte Fauteuil daneben und sah seinen Cousin herausfordernd an.

Friedrich blickte mit einer Mischung aus Verwunderung und Ablehnung zurück und antwortete mit melancholisch eingefärbter Stimme: »Das Volk will mich, wenn ich kriegerisch bin, lieber Karl. Dafür jubelt es mir auf den Chausseen zu, liebt mich, schenkt mir Ruhm. Und auch Ihr habt mich bei dieser Tätigkeit mit vorbildlichem Einsatz und heldenhafter Kraft in dem Kampf um Schlesien unterstützt. Aber für meine Flüchtenden werden mir Knüppel zwischen die Beine geworfen. Da werde ich ausgelacht. Dabei liegt genau hierin die wahre *große* Politik, die Ausdruck unseres philosophischen Gemütes ist und die Erwartungen aller bei Weitem übertreffen wird.«

»Aber muss sich nicht jeder Staat«, insistierte Karl, der wusste, dass er nicht lockerlassen durfte, wenn er etwas bei Friedrich erreichen wollte, »mit einer solchen Welle, wie Ihr sie lostretet, schwertun? Zumal wenn ein stabiles wirtschaftliches Gefüge und starke Ordnungsliebe gelten, wie das bei uns der Fall ist? Macht das nicht zu starken Druck auf den Apparat? Die Fremden kennen unsere Sitten nicht, sie sind häufig nicht ausgebildet, benötigen Leistungen, ohne selbst gleich welche zu erbringen … Muss einem nicht bange werden?«

Friedrich trank seinen Kelch in einem langen Zug aus und entgegnete ruhig: »Die Zuwanderung mag den Boden untergraben, auf dem wir stehen. Doch sie lockert ihn auch. Das sind Friktionen, die wir auszuhalten haben. Sie machen alles dynamisch. Jede Kolonisation ist ein Kampf nicht alleine mit den Naturkräften, sondern vor allem zwischen den überlieferten Sitten und Gewohnheiten der Eingesessenen und jenen der Neuen. Aber es ist auch ein Kampf zwischen dem Schlendrian von gestern und den strengeren Anforderungen von morgen. Manchmal widerstrebt es sich da, und es müssen neue, unbekannte Wege mutig beschritten werden. Es sind nicht bloß wirtschaftliche Fortschritte, auf die es ankommt, es sind auch kultürliche, und immer sind es auch Reformen der Verwaltung. Worum es mir hier geht, ist eine sociale, gemeinschaftliche Tätigkeit, die von höchsten Gesichtspunkten geleitet ist. Ist dies verständlich?«

»Die Pläne sehen über dreihunderttausend neue Menschen vor«, erwiderte Karl und sah seinen Vetter eindringlich an. Seine schönen pechschwarzen Brauen hatten sich zusammengezogen, sodass sie sich beinahe berührten. »Mit Verlaub, das ist das Dreifache der jetzigen Population unserer Hauptstadt. Es erfordert eine starke Narration, so viel Verschiedenes integrieren zu können. Doch was sollte diese letztlich anderes sein als Gleichmacherei? Man verliert den Kern. Das macht auf mittlere Frist instabil und stürzt auf lange ins Chaos. Der Verfall der Sitten hat schon das römische Imperium zum Untergang geführt. Dekadenz wird sich auch bei uns breitmachen, wenn wir ungebildete Gestalten aus aller Herren Länder ansiedeln und mit uns vermischen. In unserem eigenen Land wird dann irgendwann eine fremde Sprache gesprochen. So wird unsere hohe Kultur nivelliert. Wenn wir das Land wahllos öffnen, schaffen wir es letztlich ab. Dann schützen und verteidigen wir es nicht mehr, sondern leben einen verlogenen Humanitarismus, der das Fremde über das Eigene stellt.«

»Ihnen, Vetter, geht es doch primär ums Geld«, sagte der König verärgert über so viel Kritik, die fast schon an Hetze grenzte, und er sah Karl ebenso herablassend wie spöttisch an. Der anregende, etwas zu schnell getrunkene Champagner hatte die Nerven des Königs erregt, und er spürte, wie ihn seine Vision immer enthusiastischer stimmte, auf je mehr Unverständnis sie stieß. Ein spitzbübisches Lächeln überstrahlte sein Gesicht. »Ich gebe meinen neuen Subjekten sogar kostenloses, neu geschmiedetes Ackergerät zur Begrüßung. Es soll uns doch keiner verhungern, bevor er nicht selbst in der Lage zum Anpflanzen ist. Ein jeder wird früh genug merken: Im Leben gibt es nichts geschenkt, und hierzulande schon gar nicht.«

»Mit Verlaub, Eure Majestät«, schaltete Marschall sich ein. »Um die Sache einmal von einem weiteren Blickpunkt her zu beleuchten und weil ich selbst schon Erfahrung sammeln konnte mit der Eindeichung des eigenen Gutes vor Ort, sei mir folgender Zusatz gestattet: Der Bericht der Oderbruch-Commission stellt dar, wie ein trockenes Bruch hergestellt wird. Der Unterhalt desselben ist aber eine andere Frage. Wir wissen nicht, welche Kosten entstehen, falls das geplante Kanalkorsett noch gewaltigere künftige Überflutungen provoziert. Was, wenn mehr Wasser aus den Bergen Schlesiens kommt, als wir derzeit annehmen? Mit solchen Fragen beschäftigt man sich, wenn man vor Ort sein Leben hat. Von daher entstehen möglicherweise gewisse Befürchtungen.«

»Schwarzmalerei«, entgegnete Friedrich ungehalten. »Wieso würde aus Schlesien eine Gefahr drohen? Nicht umsonst gehört es nun zu uns, sodass wir vor Ort jede Maßnahme zu treffen in der Lage sind.«

»Wieso Gefahr drohen könnte?« Marschall hob seine angegrauten Brauen: »Stärkerer Regen als gewöhnlich, Waldbrände, der Abrutsch von Erde und Grund. Ehe man sich's versieht, kommt der ganze Schwall.«

Der Ritter Kersten trat einen Schritt nach vorne und verbeugte sich: »Mit Verlaub, Eure Majestät: Es sollen sich, wie Eure Majestät gefordert haben, alle erklären, ob sie die Kosten für die Errichtung der Etablissements für die Flüchtenden tragen. Doch eine solche Angabe kann guten Gewissens nur nach Durchstechung und Inbetriebnahme des Kanales gemacht werden. Erst wenn sich beweist, was an nutzbarem Boden tatsächlich zuwächst, kann der Gewinn erkannt und die Investition zugesagt werden. Erst dann weiß man, wie vielen Kolonisten Platz geboten werden kann.« Noch einmal verneigte sich der Ritter, dann trat er wieder zurück.

»Es ist nun einmal unser Wille, dass sie kommen, und so wird es auch sein.« Friedrich machte eine Handbewegung, als könne er damit alle Bedenken zur Seite wischen.

Er hatte vorgehabt, triumphal zu blicken, doch der ungewöhnlich offen vorgetragene Widerstand schlug ihm auf den Magen. Mit müden Augen sah er sich im Raum um, ließ seinen Blick über Karl von Brandenburg streifen, über Marschall, den Ritter Mentzel, den Ritter Kersten und all den anderen angetretenen Adel. Ganz für sich alleine schüttelte Friedrich seinen großen Kopf. Und es kam ihm ein Gedanke, und da verstand er, woher all die Kritik gegen seine visionären Pläne rührte. War es nicht so: All die hier Anwesenden behandelten doch ihre eigenen Angestellten und die Bauern auf ihrem Grund noch wie Leibeigene. Und er, der König, würde diese Subjekte freisetzen. Denn eine Besiedlung des neuen Landes konnte nur mit freien Menschen gelingen, und solche wollte der Adel nicht, fürchtete sie wie der Teufel das Weihwasser, da freie Bauern dessen Machtanspruch grundlegend infrage stellten. Und schon gar niemand wollte hier, dass Bauern sogar wohlhabend würden. Doch jenen, die 60 Morgen erhielten, konnte dies nach wenigen Jahren gelingen, das war eine einfache Rechenaufgabe. Noch herrschte überall drückende und hemmende Erbuntertänigkeit, aber sehr bald schon würde es Fron- und Naturaldienste, das Ackerfronen und die bei der Bevölkerung so unbeliebten Getreide- und Postfuhren nicht mehr geben. Was gebraucht wurde, war genau dies: ein freier Bauernstand, der Begeisterung zeigte für sein Vaterland. Während ständische Vorrechte eben einen Sumpf benötigten, um darin gedeihen zu können. Genau *diesen* trocknete er jetzt aus.

Und ging der Gedanke nicht noch weiter, überlegte Friedrich, vor dessen Augen in diesen Momenten alles verschwamm und der wie hinter einen Schleier schauen konnte und etwas sah, das ihn aufs Äußerste erregte. Ja, auch der König würde durch diese Maßnahme letztlich verlieren, und wenn er selbst es nicht war, dann seine Nachfolger, die sich mit immer freieren Untertanen herumzuschlagen hatte. Er grinste verschmitzt, denn hieß dies nicht, dass es Könige möglicherweise irgendwann nicht mehr gab? Dass er selbst vielleicht der letzte Regent war mit einer solchen Fülle an Macht – und deshalb heraussstehen würde vor der Geschichte, weil ihn niemand mehr übertreffen konnte … Schaffte er, Friedrich, das System, welches ihm eine solch herausragende Position bescherte, durch seine Kolonistenpolitik, die den Grundstein für eine neue Ära legte, nicht gerade *deshalb* ab? Wenn etwas seinen eigenen Ruhm mehrte und unangreifbar werden ließ, war es dieser Schritt, der ihn noch in Hunderten von Jahren als Solitär dastehen ließ.

»Es ist gut, meine Herren«, sagte er mit einer Selbstsicherheit, die keinen Widerspruch mehr duldete, und er spürte, wie die *Größe* jede Pore seines Leibes durchströmte. »Wir haben Eure Meinungen gehört und werden diese so evaluieren, wie ihnen angemessen ist.«

An diesem Abend, draußen regnete es, und ein Wind heulte um die dicken Mauern, ging Friedrich in den Keller des Schlosses, wo in einem Tresor, den sein Vater angeschafft hatte, der Staatsschatz lagerte. Mit einem großen, schweren Schlüssel öffnete er den massiven Schrank. Acht Millionen Taler in Silber befanden sich darin, in mehreren Säcken verpackt. Eine Million alleine, wenn die Rechnung stimmte, verschlang am Ende das Trocknen des Oderbruchs.

Eine Weile lang, auch wenn ihn hier unten fröstelte, blieb er in dem vom Fackelschein erleuchteten Raum. Noch einmal dachte er an das Treffen mit den Ständen und die Vorkommnisse in seinem Arbeitsraum. Ja, er hatte einen Weg eingeschlagen, der geradlinig war. Er hatte das Regieren von Emotion befreit und zu einer Wissenschaft gemacht. Und wo eingespart werden musste, musste man eben sparen. Friedrich erinnerte sich an die Unterhaltung mit Euler über die Notwendigkeit, Bleirohre zu verbauen, damit die Fontäne in Sanssouci funktionierte.

Ich habe keinen einzigen Groschen zur Verschwendung, dachte er und schob die Unterlippe vor. Ein Regent musste Prioritäten setzen, auch wenn es schmerzte. Er seufzte und atmete etwas unruhig in der dumpfen Luft. Rohre aus Holz würden es auch zukünftig sein. Die Schlacht um das Oderbruch, die längst nicht gewonnen war, verlangte alle Ressourcen.

Und dazu gehörte nicht nur, dass er nun Soldaten hinschickte, sondern auch, dass er sich selbst in vorderste Reihe begab, so wie es sich für einen Feldherrn geziemte. Ich werde das Bruch bereisen, beschloss Friedrich. Dann griff er mit beiden Händen in einen der großen Säcke und ließ die Münzen befriedigend schwer über seine Finger gleiten.

Feldmark

Gemeinschaftliche Hutung.

Der alte Oder Strom

Der neue Oder · Canal.

Hopfen Garten

Dorf
Alt Güstebiese.

V. TEIL

FLUT

»Germania ist von rauen Wäldern
oder schmutzigen Sümpfen bedeckt.«

Tacitus

EULERS KUTSCHE DURCHFUHR DAS HOPFENBRUCH, jenes Moorstück zwischen Charlottenburg und den Botanischen Gärten, in dem Rumis Mutter gestorben war. Von hier aus ging es nach Norden, und nach einer weiteren Stunde Fahrt hatten sie das Havelufer erreicht, kamen durch das Spandauer Tor und an dem hellen Spandauer Strand vorbei, wo Kirschbäume so schwer beladen hingen, dass der Kutscher im Vorbeifahren davon pflückte, während das noch frische Licht des frühen Mittags eine heitere Stimmung im rötlich goldenen Kutscheninnern schuf.

Auch in dieser Gegend hatte einmal der Sumpf geschmatzt. Doch jetzt war der Boden fest und warm, die Vegetation reich und edel. Es gab kein versunkenes Vieh mehr, die Fütterung durch Heu war auch im Winter möglich, und statt der ausgedorrten, bitteren, schilfigen Sumpfsegge erhielten die Kühe gutes Gras. So hatte der Viehstand sich mehr als verdoppelt, und pro Kuh gab es sechsmal so viel Milch. Früher waren hier Gasblasen durch die stehenden Wasser geblubbert und an der Oberfläche zerplatzt. Fieber hatte den verwahrlosten

Siedlungen zugesetzt, ein immer wieder ausbrechendes Fieber. Heidnischen Gebräuchen war gehuldigt worden, der Aberglaube hatte regiert und ansteckende Krankheiten das Leben der verarmten Menschen eingeschränkt. Wenig gewusst hatten die Leute, hatten in den klammen Herbsten und eiskalten Wintern gefroren, schlecht gegessen, waren früh gestorben. Hier hatte einst die Mücke regiert und der Frosch: Hier war Sumpf gewesen, doch jetzt blühte es. Nun strömte hier ein schöner Fluss, mit Dörfern an den Ufern, es gab von Wachteln durchtobte Haferfelder, Gemüse- und Beerengärten und Blumenwiesen überall, und dies würde die Menschen noch in Hunderten von Jahren erfreuen. Und genauso würde es auch im Oderbruch geschehen.

Ja, die Landschaften im zentralen Europa veränderten sich. Es war nicht die Natur, die dies bedingte, sondern die Absolutistenhand. Überall waren die Menschen in Bewegung geraten: Überall verließen sie ihr Heim und zogen umher. Wanderarbeiter folgten der Arbeit, Wandergesellen ihrer Zunftpflicht, Wanderprediger dem Herrgott, der sich in jedem Winkel zeigte. Hausierer brachten Waren aus den Zentren in die Provinzen, fliegende Händler reisten mit ihren Wagen oder Bauchläden umher, Messerschleifer karrten Schleifsteine, Schauspieler und Schausteller gaukelten und spielten, Musikanten musizierten auf jedem Marktplatz. Bettler waren mobil, Diebe strolchten umher, Huren wanderten, Pilger besuchten Schreine. Gewaltige Metamorphosen vollzogen sich; noch gewaltigere standen bevor in diesem Jahrhundert der zukunftsseligen Schwärmerei, des Aufbruchs in eine schöne, neue Welt, in der die Vernunft regierte.

Doch traten auch Risse auf. Manche nahmen dieses Säkulum bereits als eines der zerbrochenen Ideale wahr, als den Verlust jener Ganzheit, die das Leben der Menschen von je bestimmt und behütet hatte. Und noch immer gab es einen Mörder, der mittlerweile zwei Opfer auf dem Gewissen hatte. Wenn Leonhard Euler, der in der Kutsche saß und zurück ins Oderbruch fuhr, jetzt die Augen schloss, gab es da zwar ein *Mehr*, und die Zahlen strahlten an den Rändern aus wie Sonnen, und spiralförmige Energiefelder wirbelten in die Tiefe des Raumes oder kamen aus diesem hervor, und überall rankte und sprühte es. Doch immer wieder splitterte das Bild auch in Facetten auf. Manchmal glaubte er, so nahe dran zu sein und die Wahrheit zu erkennen, nach der er suchte. Dann wieder beinhalteten die zahllosen Fragmente, in die die Welt vor seinem inneren Auge zerbrach, nur eine glatt polierte Maske, die sich vor das gezogen hatte, was dahinterstand und was er nie erkennen würde. Und dann, und dies waren die schlimmsten Momente, kam es ihm so vor, als verberge sich der Mörder hinter dieser glatt polierten hölzernen Maske, beobachte ihn durch sie hindurch und lache ihn aus.

Sie befanden sich auf dem letzten Stück Weg hinunter ins Bruch, fuhren dieses Mal über Prötzel. Die Straße von dort nach Wrietzen hatte man in den letzten Wochen verbessert. Links und rechts war sie von Mauerwerk eingefasst, die Fahrbahn mit Bruchsteinen befestigt, darüber eine Schicht Kies gelegt und darauf anderthalb Zoll Sand verbracht, der die Stöße minderte. Beamte des Königs mit Stäben und Messketten waren am Straßenrand tätig, kartografierten. Von irgendwoher war ein Stampfen zu hören, ein rhythmischer Maschinenklang.

Gedankenverloren sah Euler nach draußen, hielt sich am Fenstergriff fest, wenn die Kutschräder über eine Wurzel sprangen. Er schraubte das Döschen auf, das Sigismund ihm mitgegeben hatte: Gequetschte hellgrüne Blätter befanden sich darin sowie die Zeilen des Apothekers, dass es sich um Zitronenmelissenblätter handele. Man könne sie als Tee aufkochen, dann wirkten sie beruhigend, verbesserten Laune und mentale Leistungsfähigkeit. Auf die Haut gerieben, hielten sie Insekten ab. Hierzu passend beschrieb Sigismund den Fertigungsprozess einer einfachen, die Ausdünstungen des Menschen verschleiernden Duftlampe, die sämtliche Mücken in die Irre schickte. Des Weiteren hatte Sigismund ihm Rinde vom Peruanischen Fieberrindenbaum beigelegt. Sie sei das einzige weltweit bekannte Mittel gegen das Sumpffieber und ähnliche Fieberarten.

Euler roch daran. Der erdige Geruch kam ihm bekannt vor, er hatte ihn früher schon in der Nase gehabt. Doch wo? Er sah zur Decke der Kutsche und versuchte, sich zu erinnern. Da fiel es ihm ein. Das war in Ranfft gewesen. Er nahm sein marmoriertes Schreibbuch hervor und machte sich eine Notiz.

Nun dachte er an Oda. Oft hatte er in den vergangenen Tagen den mäandernden Fluss vor Augen gehabt, der sich in den feuchten Wiesen und im Weidendickicht verlor, unbezwungen, seine Bänke von feinem Sand, seine Wege verschlungen. Hatte er ihr nicht versprochen, er komme zurück? Jetzt tat er es, auch wenn er wusste, dass es für *diese* Konstellation keine glatte Lösung geben konnte – nur einen Bruch.

An der Fassade der alten Feldsteinkirche in Wrietzen hing die Wäsche der Zugereisten zum Trocknen herab. In einem Wohnhaus am Markt hatte Bürgermeister Fritze ein Auffanglager errichten lassen für jene, die bereits arriviert waren, deren zugewiesenes Land aber noch unter Wasser stand. Diesen Morgen waren Österreicher angereist sowie Harzer, hübsche junge Leute, aber zu dünn angezogen und herzlich arm, weshalb Haerlem ihnen das nötige Geld für Brot erst einmal vorschoss.

Es war offensichtlich: Die Trockenlegung ging schleppender voran als die Arbeit der preußischen Gesandten und Werbeagenten im Ausland, die in extra eingerichteten Stationen, per Anzeigen in Journalen und durch die Verbreitung von Edikten und Patenten, worin die Vergünstigungen für neue Siedler gelistet waren, bereits massenhaft rekrutierten. Mittlerweile hatte man sogar einen Reisestopp erlassen, und die Ausreisewilligen mussten in ihren Landen verharren, bis die neuen Dörfer des Bruches tatsächlich fertiggestellt waren. Doch kam es immer wieder vor, dass Kolonisten diese Kunde nicht rechtzeitig erreichte. Untätig hockten diese Menschen aus allen Teilen des Heiligen Römischen Reiches auf dem Pflaster und den staubigen Wegen von Wrietzen herum. Wo immer es möglich war, rekrutierte Haerlem sie für die Kanalarbeit, schickte Kurtz durch die Gassen, der die Männer für ein Zubrot bei Damm- und Rodungstätigkeiten beschäftigte oder beim Brückenbau. Doch viele lehnten solche schweren Aufgaben ab und pochten auf den versprochenen Acker. Andere verfielen der Melancholia, tranken Bier in den Kaschemmen und machten sich ohne Bezahlung von dannen. Wieder andere vereinigten sich zu Diebesbanden.

Viel Veränderung, viel Verunsicherung lag in der Luft. Die Gemeinde plagten Sonderausgaben, allerdings genoss sie auch neue Einnahmen, denn das Handwerk florierte. Wer durch die Gassen der Unterstadt spazierte, hörte aus allen Ecken das Hämmern der Tischler und Schmiede, die Unmengen an Spaten und Schubkarren anfertigten für den Abtransport der Erde am neuen Oderbett. Nur die sprudelnden Einnahmen durch die angeblich so ertragreiche Landwirtschaft, von der Fritze bei jeder Gelegenheit schwärmte, zeigten sich noch nicht, und der Fischmarkt, das Rückgrat von Wrietzen, hatte Einbußen zu verzeichnen: Viele der Kähne der Brücher waren für den Einsatz bei Kanal- und Deicharbeiten requiriert und fielen für den Fischfang aus. Erstmals befand sich die mächtige Zunft der Hechtreißer nicht mehr auf Expansionskurs und war innerhalb einer Woche von zweiundvierzig auf neunundreißig Mitglieder geschrumpft. Einige sagten offen, dass Raule beim Hechtschmaus recht gehabt hatte und man ihn hätte unterstützen müssen und nicht dem Bürgermeister Fritze Glauben schenken, der sich seine Taschen nun anderweitig fülle. Jene drei, die das Reißen an den Nagel gehängt hatten, waren der Feuerwehr beigetreten, die immerhin Aufschwung nahm.

Feuer war neben dem Wasser ein weiteres Element, das es zu zähmen galt. Eine Vielzahl an Regulatorien trat in Effekt und wurde von Kurtz, der hier ein zusätzliches Betätigungsfeld erhielt, mit Argusaugen überwacht. *Feuer* – das galt als im höchsten Sinne unordentlich, als irrational, unvorhersehbar, es konnte leicht außer Rand und Band geraten, weshalb es in jedem Fall unter Kontrolle gebracht werden musste. Ziegel löste Stroh und Schindel für die Dächer ab, Kamine wurden regelmäßig inspiziert, Löschpumpen installiert und gewartet. Auch die Fuhrleute bekamen das strenge Reglement zu spüren. Empfindliche Strafen drohten ihnen, wenn sie bei Wind von ihren langen Tabakspfeifen, aus deren emaillierten Köpfen leicht die Funken durch die Gassen sprühten, nicht lassen konnten. Auch die Brandwirtschaft, wie sie einige unwissende Bauern praktizierten, wurde unter strenge Strafen gestellt und die Wälder zwischen Wrietzen, Ranfft und Freyenwalde nach jenem Gesichtspunkt erfasst und verändert, sprich ordentlicher angebaut: eben um Brände zu verhindern und ausgebrochenes Feuer leichter eindämmen zu können.

Ja, trotz oder vielleicht wegen des Chaos durch den Kolonistenstrom wurde Ordnung geschaffen in der Stadt, und Fritze ging in diesen mannigfaltigen Aufgaben, die ihm ein Gefühl der Wichtigkeit vermittelten, ganz auf. Durch die Faule See sollte ein gepflasterter Damm gebaut werden, den man mit 23 000 Talern kalkulierte und als *Heerstraße* bezeichnen würde. Nach erfolgreicher Melioration könne man auf diesem von Meilensteinen gesäumten Weg trockenen Fußes das gesamte Bruch von Lettschin und Lewin über Alt-Wrietzen, Reetz bis Güstebiese und rüber nach Glietzen und Hohenwuthzen bereisen. Ja, von Berlin bis nach Cüstrin würde man über diesen Damm fahren können, und die Faule See, das derzeit noch so angeschwollene *Wrietzener Meer*, würde zum Wiesenland. Doch noch war es nicht so weit. Und wenn es nach manchem ging, würde es auch nie so weit sein.

Die große Haupttür des *Goldenen Löwen* war mit einer Banderole geschmückt, die einen goldbewehrten schwarzen Adler zeigte, der im rechten Fang ein Zepter und im linken den Reichsapfel trug. In der Gaststube, die um die frühe Nachmittagszeit leer war, stand Lulu hinter der Rezeption und füllte Formulare aus. Sie trug einen kuppelförmigen, mit Fischbeingestell gestärkten Reifrock, und an dem wölbendem Taft ihrer Bluse hatte sie ziselierte Stickereien befestigt. Als Leonhard Euler hereinkam, blickte sie auf. »Der Mann, der stets die Wahrheit sieht.« Sie legte die Feder zur Seite, ging erfreut auf ihn zu und schüttelte ihm die Hand.

»Es wäre nicht nötig gewesen.« Euler verneigte sich und nickte in Richtung Eingang.

»Die Banderole? Die ist für den König.«

Überrascht sah er sie an. »Schauen Sie, da habe also auch ich etwas Falsches gesehen. Über manche Vorgänge sind Sie eben besser informiert. Wann rechnen wir mit der Ankunft von Fridericus?«

»Ob er überhaupt hier Station macht, ist unklar. Der Chef hat das Haus vorsorglich geschmückt, um nicht unvorbereitet zu sein.«

»Ich verstehe. Und wo ist mein Rumi?«

»Der musste aufbrechen, Auftrag von Haerlem. Er fährt mit dem Bateau durch das Bruch und liefert Nachtigallen aus.«

»Das klingt nach ihm und seiner poetischen Ader.« Euler zögerte kurz. Mit einem Mal hatte er ein flaues Gefühl im Magen. »Ist er auch nach Lewin?«

»Das weiß ich nicht.« Lulu ging zur Rezeption zurück und nahm aus der Schublade, in der sie das Gästebuch verwahrte, ein Formular heraus. »Seien Sie so gütig, füllen Sie dies bitte aus. Ich muss das seit ein paar Tagen jedem Ankommenden vorlegen, also nehmen Sie es nicht persönlich. Man ist neugierig geworden in der *Ambtsstube*. Es wird hier nicht allein das Wasser reguliert. Immerhin ist die 7 wieder für Sie frei.«

»Gegen die Erhebung von Informationen habe ich nichts.« Euler nahm das Papier, setzte sich und las die erste Frage. »Also woher man kommt? Nun, das ist natürlich nicht so einfach zu sagen. Beinahe so schwer, wie zu wissen, wohin man geht.« Sein Blick schweifte durch das Fenster erst zum Himmel, dann zum Marktplatz, dann in die Gaststube zurück. Zum ersten Mal besah er sich die Wände genauer, die zumeist mit Wrietzener Stadtansichten geschmückt waren. Ein gerahmtes Bild fiel ihm auf, das sich von allen anderen unterschied. Es zeigte eine Meeresbucht mit Palmen und ein auf einem Hügel errichtetes Fort. Im Wasser lag eine abgetakelte Fregatte, und in den Wolken stand in geschwungenen Lettern das Wort FREDERICKSBURG.

Er schaute eine Weile darauf. Dann drehte er sich zu Lulu um, die ihn beobachtet hatte.

»Fragen Sie mich bitte nichts«, sagte sie. Ihre Augen waren mit Tränen gefüllt.

Es war noch hell am Abend, die Gassen voller Menschen, in der warmen Luft das Hämmern und aufgeregte Rufen der Handwerker. Er stieg die knarzende Stiege nach oben, lief den kurzen Flur entlang, klopfte und drückte die Tür, die zunächst klemmte, vorsichtig auf. In einem weißen Mieder lag Gloria auf ihrem Bett und las wie bei seinem ersten Besuch in der Bibel. Um ihren Hals trug sie einen schwarzen, aus Pferdehaaren geflochtenen, an der Innenseite mit gelbem Tuch benähten Ring, der eingeölt war und wie ein Spiegel glänzte. Als ihr Gast den Raum betrat, legte sie das Buch zur Seite, stand auf, ging zum Spiegel, der über ihrem Waschtisch hing, und richtete ihren Turm von Haaren. »Ich nehme an, Sie wollen erneut nur plaudern?« Sie drehte sich um und deutete auf ihren Besucherstuhl.

»Vielen Dank.« Euler setzte sich. »Es stimmt. Ich möchte reden. Und zwar würde ich gerne etwas von Ihnen erfahren. Es geht um die Großfriedrichsburg. Um das Original. Was können Sie mir darüber sagen?«

Sorgfältig zeichnete Gloria ihre Augen mit Kohlestift nach, bevor sie antwortete. »Wussten Sie, dass sich dieses Land am Sklavenhandel mit Amerika beteiligt hat?« Langsam schüttelte sie den Kopf. »Ich wette, Sie wussten das nicht. Nein, man spricht nicht gerne darüber. Ist nicht gerade ein rühmliches Kapitel in der Geschichte des Hauses Brandenburg.«

»Nein, davon habe ich noch nie gehört. Wollen Sie mir ein wenig erzählen? Auch was mit Ihnen dort geschehen ist?«

»Als das Brandenburger Fort vor dreißig Jahren aufgegeben wurde, war ich vier. Lulu erinnert sich an all das viel besser. Haben Sie sie gefragt?«

»Ich hatte es vor. Aber es ist wohl zu schmerzhaft für sie, darüber mit mir zu sprechen. Bitte, Gloria, sagen Sie mir, was Sie wissen. Und wieso Sie dann hierhergekommen sind. All das könnte helfen, Mahistres Tod zu erhellen.«

Erstaunt sah Gloria ihn an. »Das verstehe ich nicht.«

»Ich bin der Auflösung sehr nahe. Vertrauen Sie mir.«

Sie überlegte einen Moment. »Gut, Professor. Ich werde Ihnen erzählen, was passiert ist. Aber erschrecken Sie nicht.«

»Wir müssen der Wahrheit stets ins Auge sehen können. Vielleicht fangen wir bei Lulu an.«

»In Ordnung, bei Lulu«, sagte Gloria. »Ihre Eltern wurden verschleppt. Man hat sie auf einem Schiff fortgebracht, mit einer Leine um den Hals und Kapuzen über dem Kopf. Nein, sie hatten nichts verbrochen. Man hat sie verkauft, weil sie schwarz waren.«

Einen Moment lang sah Euler unter sich. Dann wieder in Glorias Gesicht. »Welche Rolle hat Raule dabei gespielt? Hat *er* Lulus Eltern verkauft?«

Gloria schüttelte den Kopf. »Er war der Kapitän des Schiffes. Den Handel selbst hat er nicht gemacht. Das waren andere. Aber wie er sich auf seinem Schiff benommen hat, weiß ich nicht. Es sind wohl viele über Bord gegangen. Futter für die Haie.«

»Von wie vielen Menschen sprechen wir hier insgesamt?«

»Die von Brandenburg verkauft worden sind? Das waren einige Zehntausend. Es hat ja eine eigene brandenburgische Flotte gegeben: den *Goldenen Löwen*, die *Friedrich Wilhelm*, die *Leopard*. Aber das fragen Sie alles einmal Ihren König.« Sie löste den Verschluss des Rosshaarringes und legte ihn ab. Er glich nun einer Gerte. »Sicher kennt er die genauen Zahlen von seinem Vater.«

Euler ging zum Fenster, stützte sich ab und blickte gedankenverloren auf die Faule See. Er schloss das linke Auge und sah die Galeeren mit dem Preußenadler, wie sie über das weite Meer gen Amerika segelten. »Wieso war Lulu nicht auf dem Schiff mit ihren Eltern?«

»Raule hat sie freigekauft. Er hat sie geliebt, damals schon. Deshalb hat er auch mich ausgelöst: weil ich wie Lulus kleine Schwester war. So sind wir nicht in die Hände der Holländer gefallen. Die haben das Fort den Brandenburgern abgekauft, mit Mann und Maus. Aber wir durften mit Raule nach Europa. Eine unvergessliche Überfahrt auf der *Großen Jacht*. So hieß unser Schiff. Meine zweite Geburt: der Hafen in Emden.« Nachlässig verscheuchte Gloria eine Fliege mit ihrer Gerte.

Euler drehte sich zu ihr um. »Was ist dann passiert?«

»Lulu hat sich tatsächlich wie eine Schwester um mich gekümmert. Wir waren ja in unserem Dorf Nachbarn gewesen. Als wir in Wrietzen ankamen, hat Raule Lulu geheiratet. Manchmal beneide ich die beiden. Aber es ist auch schlimm. Nie können sie sich offen zeigen. Müssen sich vor den schlimmen Leuten hier verstecken. Nur mit einer Arbeit, wie ich sie hier tue, sind diese *Wrietzener*«, sie spuckte das Wort mehr aus, als dass sie es sprach, »einverstanden. Es passt in ihr Bild.«

»Darf ich Sie etwas fragen? Ist Ihren Eltern das Gleiche passiert wie denen Lulus?«

Unruhig spielten Glorias Finger mit der Gerte. »Nein. Sie sind am Fieber gestorben.«

In Eulers linkem Auge zuckte es. »Was war das für ein Fieber?«

»Vielen ist es so ergangen. Vielen Kindern. Ich wäre vielleicht auch draufgegangen.« Tief atmete Gloria ein, um ruhiger zu werden. »Am Fieber, das dort gewütet hat. Alle können es bekommen. Sogar die Brandenburger. Deshalb sind sie ja Hals über Kopf getürmt.«

»Dieses Fieber, wissen Sie, wie es übertragen wird?«

»Es kommt vom Teufel. Was denken Sie, woher es kommt?«

»Aber wie sorgt der Teufel dafür, dass es sich verbreitet?« Gebannt sah Euler sie an.

Als Antwort wedelte Gloria mit der Gerte durch die Luft. Erneut verscheuchte sie damit eine Mücke, die sie umschwirrte.

»Stechmücken«, murmelte Euler nickend. »Ich wusste es. Sie sagten mir beim letzten Mal, Mahistre hätte stark geschwitzt, als er Sie kurz vor seinem Tode besuchte. Und Lulu habe Ihnen erzählt, das hätte es an der Goldküste auch gegeben: ein Schwitzen, gegen das man nichts mehr ausrichten kann. Könnte es sich bei Mahistre um das Fieber der Goldküste gehandelt haben?«

»Das war vor über dreißig Jahren, dass die Brandenburger dort ihr Unwesen getrieben haben. Wie soll Mahistre, der nie in Afrika war, nach so langer Zeit an der gleichen Krankheit gestorben sein?«

»Das weiß ich noch nicht, Fräulein Gloria. Aber glauben Sie mir, ich finde es heraus.«

Als Leonhard Euler wenige Minuten später die Rezeption des *Goldenen Löwen* betrat, kam Haerlem mit Gepolter und in großer Eile die Stiege herab. In den Händen hielt er seine Perücke, lief geschäftigen Schrittes zum Spiegel vor der Garderobe und legte seine nur spärlich wachsenden natürlichen Haare zurecht.

»Professor, Sie glauben es nicht. Am Hechtsee und am Prawitzgraben sind die Sommerdeiche gerissen. Dabei waren sie frisch. Man hat des Nachts Fischerkähne über die Dämme geschleift und wohl auch Schweine darübergetrieben, damit sie alles zertreten, durchwühlen, zu Schanden machen. Aber das ist nicht alles. Bei Reitwendt – ich muss es Ihnen nicht sagen, es ist ein Dreh- und Angelpunkt des gesamten Bruchs – hält wahrscheinlich der Hauptdamm nicht stand. Die starken Erdwerke versagen auf einer Länge von zwanzig Ruten. Und der Strom schwillt noch immer an. Mit jeder Stunde wächst die Gefahr, dass sich Riss auf Riss einstellt und das ganze Kartenhaus in sich zusammenfällt. Gerade eben sind mir über *dreißig* Durchbrüche gemeldet worden. Wissen Sie, wohin ich jetzt reite? Zu allen dreißig auf einmal.« Haerlem setzte die lilafarbenen Lockenrollen seiner Perücke behutsam über seine eigenen Haare und gab nun wieder jene Ikone ab, zu der er sich in langen Jahren der königlichen Deicharbeit entwickelt hatte.

»Lassen Sie bitte meine Post auf die Eichhorster Mühle nachschicken«, wandte er sich an Lulu, die hinter der Rezeption stand. »Ich werde dortselbst nächtigen. Aber schon in der Frühe breche ich auf, wohin, das weiß der

Himmel.« Dann sagte er zu Euler: »In den letzten Tagen sind mir am Krummen Ort drei Männer gestorben. Enge Mitarbeiter des seligen Kümmerle. Gute Männer. Was haben wir für ein Aufhebens um den armen Mahistre gemacht. Jetzt sind weitere *drei* tot, und kein Hahn kräht darum. Der Graben wird zum Grab, Professor. Und neben diesen Toten hab ich mehrere Dutzend Arbeiter, die in den umliegenden Dörfern liegen, alle krank.«

»Welche Symptome zeigen diese Männer?«

»Gestern noch starke Kerle, auf die Verlass war. Heute tiefe Niedergeschlagenheit, ohne Antrieb. Aus hohlen Augen schauen sie auf die Welt. Und immer wieder Fieber, Schüttelfrost, Schweißausbrüche. Ich hatte das ja auch! Als stürbe man von innen ab. Aber ich besitze eine robuste Konstitution. Und ich esse gut. Die Leute da draußen sind schwach, anfällig … Und es werden mehr, immer mehr. Es ist ein Fluch. Eine Seuche.«

»Sie hatten es auch?« Alarmiert sah Euler ihn an.

»Ja, es greift um sich. Niemand scheint davor gefeit. So, ich muss fort. Diese Fatalitäten, diese Sabotageakte und dann das beständig anhaltende große Wasser: Sie können sich nicht vorstellen, wie das alles meinen Chagrin dergestalt häuft, doch hoffe ich zu Gott, dass mir deshalb mit Rechts nichts werde zur Last gelegt.« Haerlem wandte sich zur Tür: »Wir sehen uns in ein paar Tagen, Professor, wenn die königliche Majestät uns mit Besuch beehrt. Ich habe übrigens gesehen, Sie haben ab heute meine Nummer 7. Seit ich schlaflose Nächte darin verbracht habe wegen der stampfenden Tiere im Stall und der vermaledeiten Mücken, die von diesem Stall wohl aufsteigen, verzichte ich auf dieses Zimmer gern. Ich hoffe, Sie finden darin bessere Ruhe als ich. Es hat mich letztlich ganz krank gemacht. Auf Wiedersehen.« Haerlem nickte ihm noch einmal zu und verschwand.

Ohne sich seine Aufregung anmerken zu lassen, lief Euler zur Rezeption. »Lulu, dürfte ich bitte einmal das Gästebuch sehen?«

»Natürlich«, antwortete sie und holte es aus der Schublade heraus.

Sorgfältig blätterte er die rot eingebundene Kladde von vorne bis hinten durch, von der ersten bis zur letzten Seite, und verharrte auch nicht übermäßig lange, als er die gesuchten Einträge gefunden hatte, wenngleich er sie gewissenhaft studierte. »Vielen Dank.« Er reichte das Gästebuch zurück. »Eine Kleinigkeit noch: Könnten Sie mir bitte ein Stück Seife für mein Zimmer mitgeben? Bislang war dort nie welche vorhanden.«

»Ich werde es Raule ausrichten«, antwortete Lulu. »Er erledigt das sicher gerne.«

»Wieso Raule?«, fragte Euler überrascht.

»Es ist sein bestes Zimmer im Haus. Um dieses kümmert er sich gerne selbst.«

»Sein bestes Zimmer? Das kann ich mir kaum vorstellen. Zudem bitte ich lediglich um ein Stückchen Seife. Sie können es mir doch einfach mitgeben.«

»Es tut mir leid, Professor. Aber die Nummer 7 ist Chefsache. Raule kümmert sich höchstselbst um jedes Detail. Vielleicht eine Schrulle von ihm.«

»Eine Schrulle …«, Euler schüttelte den Kopf. Dann verneigte er sich und ging nach oben.

Vor der Tür seines Zimmers hielt er inne und holte die

Dose von Sigismund aus seiner Rocktasche, nahm eine Handvoll der gequetschten, noch frischen Melissenblätter heraus und rieb sich damit sorgfältig über Gesicht, Hals, Nacken und Hände. Dann trat er ein.

In aller Ruhe schaute er sich um. Der Raum war sorgsam hergerichtet. Von draußen drangen gedämpft die Geräusche des Marktplatzes herein. Wie Seide fiel das Abendlicht durch das offene Fenster. Er nahm die Maske über der Anrichte ab, drehte das blank polierte schwarze Holz in alle Richtungen, untersuchte es, fand aber nichts Auffälliges. Er hielt sich die Maske vor das Gesicht, lief durch das Zimmer und schaute sich erneut alles an, alle Ecken, besah sich das Fenster mit dem Fliegennetz, den Waschtisch, wo wieder keine Seife lag. Dann das Büschel Walnusslaub an der Tür. Der Rahmen roch nach Essig. Er dachte daran, was ihm die Magd der Maltschaus gesagt hatte: Der Essiggeruch hielt Insekten davon ab, hereinzukommen. Oder hinaus, dachte er, nahm die Maske ab und hängte sie wieder an ihren Platz.

Karl und Veit

Seit Tagen bereiste Veit das Bruch, hatte Barnim, Trebbin und Wustrow besucht; überall hörte man ihn. Sein Plan, den er in jedem Dorf mit dem Ältesten besprach, stieß auf Zustimmung, und es bestand kein Zweifel daran: Die Brücher formierten sich. Die Erfolge der Sabotageakte der letzten Tage gaben ihnen Auftrieb. Die Nacht verbrachte er in Zeckerick, bei der Familie seiner Frau Magdalena, östlich vom Krummen Ort. Überall im Dorf waren kranke Arbeiter einquartiert. »Es fehlt uns noch, diese Leute im eigenen Hause unterzubringen und das Schlechte von ihnen zu bekommen«, beklagte sich Wirschek, sein Schwiegervater, »ja, ist denn die Stube nicht eng genug? Man hat kaum selbst Platz am Abend, um die Hosen und Jacken am Herd zu trocknen. Und im Flur draußen hängt alles voll vom Fischzeug.«

Dann erzählte er, wie sich die Seuche an der großen Grube ausbreitete. Wild wurde spekuliert, was ihr Auslöser war. Manche machten die Juden aus Freyenwalde verantwortlich, doch die meisten meinten, es seien Dämpfe der verstorbenen alten Wenden, die sich gestört fühlten und rächten. Von den Soldaten, die der König für den Deichbau geschickt hatte, seien Dutzende bereits desertiert. Ein Drittel habe ihr Oberstleutnant Retzow schon wieder in die Garnison zurückgeschickt, wo sie arbeitsunfähig herumlägen.

Als Nächstes legte Veit in Güstebiese an, stärkte sich bei Bier und Schnepfendreck im *Feuchten Willi*, wo er mit einigen Männern redete, die ihm von der Lage im Dorf berichteten. An diesem Morgen war es zu Keilereien gekommen zwischen Einheimischen und fremden Fuhrleuten, die den Krummen Ort belieferten und sich allzu ungeniert vom Obst und den Feldfrüchten des Ortes bedient hatten. Die Stimmung war schlecht. Bis zum Nachmittag war schon wieder ein Karren mit Faschinen zu beladen. Diese zusätzliche Arbeit, zu der die Güstebieser verpflichtet waren, die aber nicht entlohnt wurde, kostete die Menschen wertvolle Zeit, von den Mühen ganz abgesehen. Viele fürchteten, so hörte es Veit an der Theke, durch die Maßnahme des Königs bis aufs Blut zu verarmen, da der anvisierte Kanal die lokalen Bauern von ihren Feuchtwiesen und Hütungen, die im Niederen Bruch lagen, abschneiden würde. Selbst der *Feuchte Willi*, die Seele des Dorfes, würde weichen müssen, wie bekannt geworden war. Das Gebäude stand genau dort, wo das neue Flussbett verlaufen sollte.

Als Veit seine Zeche zahlen wollte, schüttelte der Wirt (der auch Karls Postkasten dort betrieb) den Kopf und gab ihm durch einen Blick zu verstehen, dass dies aufs Haus gehe. Der *Wolf* bedankte sich, sprach den Männern Mut zu und trat ins Freie. Blendend wurde die Sonne von dem breiten Strom zurückgeworfen, sodass er seine Augen schützen musste. Er sammelte sich, strich die engen Beinkleider aus Leder glatt, die ihm bis unter das Kniegelenk reichten, und zog das weiße Band fest, das diese an den Unterschenkeln befestigte. Voller Erwartung stieg er die Anhöhe zur Kirche hinauf.

Karl von Brandenburgs Laune war alles andere als gut, wie er in seinem schwarzen Cape mit dem silbernen Johanniter-Kreuz vor dem Altar stand. Nun musste er sich also von der Güstebieser Kirche trennen. Bereits im 13. Jahrhundert erbaut, war sie eine seiner Lieblingskirchen in der Balley Brandenburg. Doch aus Kostengründen war sie nicht länger zu halten, verlor ihren Pfarrer und wurde an diesem Tag zur *Filia* der Lietzegöricker Kirche degradiert. So sah nun also jeder, wie es um ihn stand.

Am Morgen hatte er zudem einen Brief von seinem Vetter erhalten. *Erst einmal die Wirkungen abwarten, ehe man über möglichen Schaden spricht*, hatte Friedrich formuliert und allen Argumenten Karls, weshalb eine Trockenlegung eben nicht zum Vorteil sei, eine Absage erteilt. Wie sollte er darauf reagieren? Die Hoffnung auf eine gütliche Lösung war zunichte. Friedrich hatte sich die Maßnahme endgültig in seinen Dickschädel gesetzt, und Karl kannte seinen Vetter gut genug, um zu wissen, was dies bedeutete. Mit rationalen Argumenten war nun wenig zu erreichen. Allein aus diesem Grund hatte er sich zu einem erneuten Treffen mit dem Anführer der Brücher entschlossen, entgegen früherer gegenteiliger Ankündigung. Just in diesem Augenblick betrat Veit das Kirchenschiff.

Stoisch ließ Karl die üblichen Huldigungen und Begrüßungsfloskeln über sich ergehen und sah seinem Besucher prüfend in die hellgrünen Augen. War es wirklich denkbar, dass dieser Mann Friedrich aufhalten konnte? Karl war unsicher, und er hasste dieses Gefühl, denn es führte leicht zu falschen Entscheidungen. Sehr wohl war er sich der Tatsache bewusst, dass durch weitere Akte des Widerstandes das gesamte Projekt immer teurer würde, wodurch am Ende möglicherweise weniger Geld für eine mögliche Entschädigung für ihn verbliebe. Andererseits schien es ohne Sabotage keine Chance zu geben, die Sache noch zu stoppen. Er durfte jetzt keinen Fehler begehen … das Spiel war in eine entscheidende Phase getreten, und jeder einzelne Zug verlangte gründliche Überlegung.

Veit hatte sich vorgenommen, Karl in aller Offenheit von seinem Vorhaben zu berichten, zu dem das Schleifen der Dämme am Hechtsee, am Prawitzgraben und Reitwendt nur der Auftakt gewesen waren, die Generalprobe.

Doch wie sie sich vor dem Altar gegenüberstanden, zögerte er, denn er spürte Karls Unsicherheit, dessen Ängste vor dem König, seine Furcht vor dem Bankrott. Und vor diesem Wankelmut des Markgrafen konnte es ihm bange werden, denn der andere würde vergleichsweise weich fallen, während sie selbst, die Brücher, von Untergang bedroht waren. Mit einem Male spürte Veit die unüberbrückbare Kluft zwischen sich und dem Prinzen. Karl und er mochten ein gemeinsames Ziel haben, ihre Motive und Aussichten konnten unterschiedlicher nicht sein. Kurzerhand beschloss der *Wolf*, alles auf eine Karte zu setzen: »Draußen brennt schon die Luft«, sagte er. »Lasst uns gemeinsam dafür sorgen, dass die Lunte auch das richtige Ziel erreicht.«

Bevor Karl darauf etwas sagen konnte, zersplitterte wie zur Bestätigung das mittlere der lang gezogenen Kirchenfenster hinter dem Altar, und ein Pflasterstein landete mit lautem Schlag auf dem Boden. Verblüfft sah der Markgraf auf die Scheibe mit ihrem gezackten Loch, dann auf den Stein und die zerschmetterte Diele. Wenigstens *dafür* muss ich nicht mehr bezahlen, dachte er und sagte: »Ich habe von Euren Aktionen in Reitwendt und an anderen Orten gehört. Was ist Euer nächstes Ziel?«

»Der Krumme Ort. Wir werden die Bemühungen des Königs im Morast versenken.«

»Am Krummen Ort?« Karl schüttelte den Kopf. »Dort stockt es sowieso wegen des massiven Ausfalls an Arbeitern. Ich habe einen anderen Vorschlag.«

»Und der wäre?« Interessiert blickte Veit den Markgrafen an.

»Nehmt Euch eine weitere Stelle vor. Trefft die Männer

meines Vetters, wo es ihnen wirklich wehtut. An einem neuralgischen Punkt, der das gesamte Gebiet über Freyenwalde, Oderbergk bis nach Schwedt betrifft.«

»Ja, Eure durchlauchte Majestät?«, fragte Veit etwas verunsichert.

»Ranfft«, sagte Karl. »Konzentriert Euch auf die Dämme in Ranfft.«

In der Roten Lilie

Euler betrat den Schankraum, sah sich nach einem Sitzplatz um und suchte seine Weste nach Tabak ab, als er Raule bemerkte. Ohne zu zögern, nahm er auf dem Hocker neben ihm Platz. Der Hotelbetreiber wirkte angetrunken und bedachte seinen neuen Sitznachbarn mit einem grummeligen Seitenblick. Eine Weile lang sagten die beiden Männer nichts. Schmitt, der stämmige Wirt, zapfte ein Gerstenbier und stellte es vor den neuen Gast.

»Ein bemerkenswerter Sommer.« Euler nahm seinen Humpen und bot Raule das Anstoßen an, doch dieser reagierte nicht.

»*Heiß*«, versuchte es Euler erneut. »Fast schon afrikanisch. Also, wollen wir nicht gemeinsam trinken? Auf dass wir uns nicht mehr so unnötig in die Haare geraten wie bei meinem ersten Morgen vor Ihrem bemerkenswerten Hotel?«

Raule drehte den Kopf zu Euler hin: »Also gut. Das können wir machen. Ich bin stets für die Freuden und das Miteinander-Auskommen im Leben. Dafür kennt man mich auch. Also Prost. Aber sagen Sie schon: Was wollen Sie von mir?«

»Nur die Wahrheit.«

»Die Wahrheit ist eine Erfindung des Lügners«, sagte Raule, wobei Euler auffiel, dass dessen Augen ganz hell waren, ein lichtdurchschienenes Grau. »Das haben Sie wohl richtig gesagt«, stimmte er zu. »Und doch können wir Wahrscheinlichkeiten bestimmen, an denen wir uns im täglichen Leben entlanghangeln. Wie sollte es auch anders gehen? Wären Sie bereit, mir bei einigen Fragen, die sich mir aufdrängen, zu helfen? Ich schicke so viel vorweg: Ihr Standpunkt, das Bruch zu belassen, wie es ist, unterscheidet sich nicht sonderlich von dem meinen. Ich habe in der Sache allerdings wenig zu sagen, deshalb konzentriere ich mich immer mehr auf eine Aufgabe, die sich zu einer Art Steckenpferd für mich entwickelt hat.«

»Und die wäre?«, fragte Raule, da Euler nicht weitersprach.

»Lassen Sie uns die Zeit nutzen, um uns einigen Wahrscheinlichkeiten anzunähern, wenn Sie erlauben. Würden Sie mich dabei unterstützen?«

Raule zuckte mit den Achseln, sagte aber nichts.

»Die Maske in meinem Zimmer, der Nummer 7, wirkt sehr auf mich.« Euler nahm seine Olivenholzpfeife heraus und begann behutsam, den Pfeifenkopf mit Tabak zu befüllen. »Sie ist vom schwarzen Kontinent, hab ich recht?«

»Sie sind ein Kunstkenner, Professor.«

»Nein, ich habe nur eins plus eins zusammengezählt. Das war wirklich kinderleicht. Also gut, ich will mit offenen Karten spielen: Ich weiß, Sie waren für Brandenburg-

Preußen in Afrika. Das ist ein Punkt, den ich spannend finde, da man selten über diese Unternehmung spricht.«

Raule presste seine Lippen zusammen. Nach einer Weile nickte er mehrere Male. »Dafür schämen sich jetzt alle. Mein Vater hat immer gesagt, der Große Kurfürst hat uns ein Paradies versprochen. Berge voll mit Gold.«

»Ihr Vater war auch in Afrika?«

Raule sah unter sich und nickte schwer. »Er hat dafür seine Heimat verlassen, mein Vater. Hat sein Leben riskiert. Das Leben unserer ganzen Familie. Er hat noch unter Benjamin Raule selbst gearbeitet, dem Mann, der für den Großen Kurfürsten die Flotte aufgebaut hat. Nach dem hab ich mich später umbenannt. Ich bin an der Goldküste geboren, mein kleiner Bruder auch. Der ist früh am Fieber gestorben, noch im Kindbett. Ich hab's geschafft. Keine Ahnung, weshalb. War schon mit zwanzig Kapitän.« Raule trank seinen Humpen in einem langen Zug aus und wischte sich den Schaum von den Lippen: »Dann ist Friedrich Wilhelm König geworden. Er hat die Fredericksburg für 7200 Dukaten und zwölf junge Mohren an die Holländer verscherbelt. Einfach verkrümelt haben wir uns.«

»Weshalb das?«

»Für den Sklavenhandel braucht es weltumspannende Verbindungen. Die hatten wir nicht. Wir haben's nicht geschafft, uns mit den großen Hunden rumzubalgen, mit den Engländern, den Holländern damals. Wir haben nur bisschen rumgekläfft. Mein Vater war düpiert, hat meiner Mutter und sich selbst an der Goldküste die Kugel gegeben. Mich hat er verschont. Ich bin mit nichts hier angekommen. Für mich war *diese Gegend* Afrika, verstehen Sie?«

»Was Ihre Eltern angeht, das tut mir leid. Aber mit *nichts*, das würde ich nicht sagen. Immerhin waren Sie – sind Sie – verheiratet.«

»Sie haben sich gründlich bei uns umgesehen, Professor. Das kann man nicht anders sagen.« In Raules Blick lag etwas Verletztes. »Die meisten hier an diesem gottverlassenen Flecken wissen von dieser Ehe nichts. Und die anderen dulden uns nur, wenn wir uns nicht öffentlich zeigen.« Er winkte dem Wirt, wartete, bis ein Schnaps vor ihm stand, und kippte ihn.

»Und was ist mit Gloria?«

Raules Stirn umwölkte sich erneut, und er antwortete nicht.

»Wieso lassen Sie es zu, dass sie dieser Arbeit nachgeht? Und wem gehört die *Großfriedrichsburg*? Wer hat ihr diesen Namen gegeben?«

»Sie fragen ganz schön viel auf einmal.«

»Ja, und es geht noch weiter. Was mich nämlich erstaunt, ist Folgendes: Sie konnten Lulu und Gloria retten, weil Sie für sie bezahlten. War das nicht schrecklich teuer? Woher hatten Sie so viel Geld?« Euler riss ein Feuerholz an, entzündete die Mischung und nahm den ersten Zug. »Oder hat Ihnen bei der Zahlung jemand geholfen? Ebenjener Besitzer der *Großfriedrichsburg* und des *Löwen* … jener, den Sie nun schützen?«

Raule legte den Kopf in den Nacken und sah zur Decke. Schweißperlen standen auf seiner Stirn und um seine breite, von Sommersprossen übersäte Nase. »Sie haben vorhin recht gehabt, es ist heiß hier im Sommer«, murmelte er. »Weil die Gegend tief liegt. Das Bruch erinnert mich tatsächlich manchmal an die Goldküste. Es gab da eine riesige Lagune – auch viele Schlangen und im Sommer diese Demse.«

»Und wenn die Mücken einen umsurren«, fügte Euler hinzu, »und man so träge wird, dass man sie nicht mehr verscheucht … Sehr unangenehm. Gefährlich sogar.«

Abrupt senkte Raule den Kopf und sah Euler aus seinen von Alkohol und Aufregung geröteten Augen durchdringend an. »Hören Sie, Professor, ich will über Afrika nicht mehr sprechen. Die Sache ist vorbei. *Geschichte.*«

»Aber das ist der springende Punkt«, widersprach Euler behutsam und paffte zwei rasche Züge, um die Glut seiner Pfeife stärker zu entfachen. »Hat die Vergangenheit nicht manchmal Auswirkungen auf die heutige Zeit? Und hilft es nicht, sich diese Auswirkungen zu vergegenwärtigen? Wer war es, der für Gloria und Lulu gezahlt hat? Sagen Sie mir nur das.«

»Ich habe keine Ahnung, worauf Sie hinauswollen.«

»Sie müssen eines verstehen: Als Mathematiker und Physiker hat sich über die Jahre meine Beobachtungsgabe geschärft. Sie ist Grundvoraussetzung für meine Betätigung. Und mir ist aufgefallen, dass die gute Lulu niemals selbst das Zimmer Nummer 7 betritt. Sondern dass *Sie* die hauswirtschaftlichen Tätigkeiten diesbezüglich persönlich übernehmen. Das erscheint mir ungewöhnlich. Wovor wollen Sie sie schützen? Und wer gibt Ihnen den Auftrag, dieses Zimmer in genau dem Zustand zu halten? Wer erlaubt Ihnen zum Beispiel nicht, auch nur ein kleines Stück Seife bereitzulegen?«

»Wie ich mein Hotel betreibe, ist meine Sache.«

»Aber ist es das wirklich, *Ihr* Hotel?«

»Wie kommen Sie darauf, dass es das nicht sein sollte?«,

fragte Raule barsch zurück, wobei seine Unterlippe einen Moment lang zitterte.

»Sie kommen mit nichts aus Afrika in Wrietzen an. Dennoch gelingt Ihnen hier in der Fremde, wo Sie keinerlei Wurzeln hatten, ein neuer Start, und Sie sind mittlerweile so einflussreich, dass Sie es beinahe geschafft hätten, Fritze als Ehrenreißer zu entthronen. Wieso, werter Raule, ausgerechnet Wrietzen? Was hat Sie hierhergebracht? Wer? Und wie sind Sie zu Ihrer Position im *Goldenen Löwen* gekommen? Sie konnten doch ohne Startkapital und zumal mit der Bürde der Zahlungen für den Freikauf von Lulu und Gloria ein solches Etablissement niemals *kaufen.* Reden Sie es sich von der Seele, es wird nicht zu Ihrem Nachteil sein, dafür bürge ich.«

Raule sah durch das Fenster nach draußen auf die Gasse. Seine Unterlippe zitterte erneut. »Ich glaube, wir haben genug geplaudert für heute Abend.«

»Ich weiß, dass Sie sich fürchten. Sehr fürchten sogar. Aber ich weiß nicht, wovor oder vielmehr: vor wem. Doch wenn Sie es mir sagen, bin ich auf Ihrer Seite. Das verspreche ich Ihnen. Ich muss es nicht erwähnen, doch Sie sind in eine für Sie äußerst unangenehme Sache verstrickt. Glauben Sie mir, es ist besser, mich als Verbündeten zu haben und nicht als Gegner. Monsieur Mahistre hat in Zimmer Nummer 7 übernachtet und ist danach verstorben. Seinem Vorarbeiter Kümmerle ist das gleiche Schicksal widerfahren. Der Deich-Oberinspektor Haerlem wurde nach einem Aufenthalt dort ernstlich krank, ebenso wie ich selbst. Was hat es mit diesem Raum auf sich? Wenn Sie mir das nicht sagen, muss ich Sie selbst verdächtigen, für all das verantwortlich zu sein.«

»Sie sollten sich einmal reden hören, Professor Euler.«
Raule sah ihn abschätzig an. »Sie klingen vollkommen
verrückt.«

»Und doch ist es die Wahrheit«, sagte Euler ruhig und
sog von dem Tabaksaft, der im Fond seines Pfeifenkopfes
brodelte. »Wieso haben Sie Mahistre kurz vor dessen Tod
gewarnt, er solle woanders schlafen? Damit meinten Sie,
er solle nicht mehr in der Nummer 7 übernachten, richtig? Doch da war es für Mahistre längst zu spät. Hat Sie
das schlechte Gewissen geplagt, und Sie wollten den Franzosen, der für Sie und Ihre private Situation Verständnis
gezeigt hat, in letzter Sekunde schützen? Sie mussten
doch wissen, dass dies vergeblich war.«

Raule nahm seine Mütze von der Theke und setzte sie
auf. »Der König besucht in Bälde das Bruch. Er kommt übrigens nun doch nicht nach Wrietzen. Aber Sie werden ihn
sicher an einem anderen Ort hier zu Gesicht bekommen.
Bitte grüßen Sie ihn von mir.« Raule stand auf und wandte
sich dem Ausgang zu. »Sein Vater hat meinen Vater verraten. Richten Sie ihm das bei Gelegenheit aus.«

Der Mann hinter dem Mann

Rumi betrat die *Rote Lilie*. Euler stand von seinem Hocker
auf, ging auf ihn zu und sah ihn wohlwollend an: »Es ist
etwas mit Ihnen passiert, mein lieber Rumi. Sie sehen gut
aus, gelöst. Als hätten Sie einen Kampf aufgegeben, und
zwar nicht im negativen, sondern im besten Sinne. Haben
Sie sich versöhnt, mit dem Sumpf?«

»Vielen Dank, Professor. Vielleicht haben Sie ins Schwarze getroffen. Aber ich muss sagen, auch Sie wirken anders auf mich.«

Während sie zu einem Tisch vor den schmalen, tief liegenden Fenstern gingen, sah ihm Euler in die großen braunen Augen. »Nun, wir waren beide in Lewin.«

»Woher wissen Sie, dass ich dort war?«, fragte Rumi erstaunt.

»Ihr Geruch. Ein frischer, wie von fließendem Wasser aufgehellter, aber auch eine Spur von Rauch und Holz enthaltender Duft. Ich kann nicht umhin zuzugeben, dass ich ihn vermisst habe. Er hat mich sofort an dieses zauberhafte, verzauberte Dorf erinnert. Haben Sie dort Bekanntschaften gemacht?«

»Hier, schauen Sie, ich habe eine Landkarte gemalt. Ganz ohne Nebelbänke. Aber dafür …« Übermütig öffnete Rumi den Schulterbeutel und nahm seinen Zeichenblock heraus.

Euler benötigte einen Moment, bis er erkannte, dass die geschwungenen Läufe der Oder und all der anderen Fließe und Gewässer, die Rumi dargestellt hatte, den Körper einer liegenden Frau bildeten. Ihr linker Fuß mündete in einem Wels, der sich von Ranfft bis Wrietzen durch das Niederbruch schlängelte.

»Sie haben wirklich Talent«, sagte Euler nach kurzem Zögern. »Wollen Sie es einmal ernsthaft mit der Malerei versuchen?«

Rumi zuckte mit den Schultern. »Ich möchte mich der Agentenlaufbahn widmen, das wissen Sie doch. Am liebsten finde ich nämlich Sachen heraus, *ohne* sie der Öffentlichkeit mitzuteilen. Das ist viel prickelnder, als alle

Weisheit gleich in die Welt hinauszuposaunen, wie die Wissenschaftler und Künstler dies tun.«

Noch immer betrachtete Euler die Zeichnung. »Die Natur sucht in ihren Operationen immer nach den einfachsten Lösungen. Wollen Sie zu Oda zurück?«

Rumi sah nach draußen, auf die vorbeischnürenden Unterschenkel der Passanten: Männerbeine in Stiefeln, Frauenbeine in gewirkten Strümpfen und einfachen Holzschuhen. »Auf nichts brenne ich mehr, Professor. Ich habe ihr Nachtigallen gebracht … wir haben über den Sumpf geredet, ich habe ihr die Geschichte von meiner Mutter erzählt und dass meine Mutter den Sumpf so geliebt hat. Es hat mir geholfen, Professor. Ich gebe dem Moor nicht mehr die Schuld. Wie auch Oda keine Schuld am Tod ihrer Mutter hat, die kurz nach ihrer Geburt gestorben ist. Im *Grünen Hut*.«

»Im *Grünen Hut*?« Euler runzelte seine Stirn.

»Wissen Sie, mit Oda, das ist so ein Gefühl, als ob zwei Menschen, nur weil sie sich erkennen, weil sich ihre Seelen in der Tiefe vereinen, *alles* verändern könnten. Den Lauf der gesamten Geschichte. In der es irgendwann so etwas wie den *Grünen Hut* nicht mehr geben wird. Ja, ich will zu ihr zurück.« Rumi sah Euler mit Entschlossenheit an: »Doch zuerst will ich den Fall mit Ihnen lösen.«

»Das freut mich, Rumi. Denn auch wenn sich der Wald allmählich lichtet, stehe ich noch immer vor einigen ungelösten Fragen, die mir Kopfzerbrechen bereiten. Es sieht jedenfalls so aus, als sollten wir in dieser Sache unsere eigenen Ansätze überprüfen und gegebenenfalls erweitern.«

»Was meinen Sie damit?« Rumi rollte seine Landkarte wieder zusammen.

»Ein Mathematiker muss, wie jeder Wissenschaftler, flexibel bleiben. Er muss mäandern, wenn Sie so wollen, um aus dem Hexengewirr der Formeln heraus zur Anschauung der Natur zu gelangen. Dabei können Sie mir während der nun kommenden Tage, die eine Auflösung hervorbringen werden, sehr behilflich sein. Vielleicht sogar mit Ihrer poetischen Ader, wer weiß.«

»Das freut mich, Professor. Gibt es neue Erkenntnisse?«

»Ich sprach vorhin mit Raule. Folgendes ist klar geworden: Er wollte sich Mahistre gegenüber dankbar zeigen, deshalb hat er ihn davor gewarnt, weiterhin in Zimmer Nummer 7 zu nächtigen. Obgleich er ihn vorher dort hat einquartieren lassen, um ihn dem Tod zuzuführen.«

»Das verstehe ich nicht«, sagte Rumi. »Was hat dieser Raum mit der Sache zu tun? Und ist Raule demnach unser Mörder?«

»Zur Nummer 7 komme ich gleich. Dass Raule der Ausführende ist, scheint mir zweifelsfrei. Aber es spricht alles dafür, dass er nur als Werkzeug fungiert, nicht als Geist, der die Fäden in der Hand hält. Dafür hat er nicht das Format. Wir haben es mit einem ungewöhnlichen Täter zu tun, einem Erfindungsgeist mit starker Einbildungskraft, einem ungemein gefährlichen, heimtückischen Gegner. Raule hingegen ist ein gequälter, ein gedrückter, ein einfacher Geselle. So jemand wie er mag politische Ambitionen entwickeln und in dieser Hinsicht durchaus seine kriminelle Energie austoben. Doch etwas derart Feingesponnenes, womit wir es hier zu tun haben, stammt nicht von ihm. Als ich vorhin mit ihm sprach, wurde er von einem Augenblick zum nächsten von einer großen Angst gepackt. Er fürchtet sich vor jemandem. Es steht jemand hinter ihm.«

»Sie meinen, es gibt einen Mann hinter dem Mann?«

Euler nickte. »Und in diesem Fall wohl einen mächtigen. Sonst hätte Raule nicht so gezittert. Wobei wir lieber sagen sollten: einen *Menschen* hinter dem Mann.«

»Verdächtigen Sie eine Frau?«, fragte Rumi überrascht. »Sie meinen doch nicht Gloria oder Lulu? Das ergibt keinen Sinn.«

»Und wieso nicht, Rumi? Auch wenn wir möglicherweise Sympathien für diese Damen entwickelt haben, dürfen wir uns davon nicht täuschen lassen. Führen Sie es sich bitte vor Augen: Motive, die Maßnahme des Königs zu stören, könnten beide genügend haben – ich erzähle Ihnen gleich eine Geschichte von Afrika.«

»Noch einmal zurück zu Raule«, sagte Rumi verwirrt. »Sie glauben also, er hat die Tat ausgeführt, aber nicht geplant? Ich verstehe das alles nicht.«

»Die Person, die wir suchen, ist jemand, der Raule Weisung bezüglich des *Goldenen Löwen* erteilen kann.«

»Ich muss sagen, Professor, ich habe seit meinem Aufenthalt in Lewin Odas Bruder Veit im Verdacht. Er paktiert mit Karl von Brandenburg. Das Netz, das er gezogen hat, ist größer, als wir annehmen.«

»Das mag sein. Aber hat er deshalb mit unserem Mordfall zu tun? Ich glaube nicht, dass Veit für selbigen verantwortlich zu machen ist. Es wäre ihm ein Leichtes gewesen, mich bei meinem Aufenthalt in Lewin auszuschalten. Und Karl hat meines Erachtens ebenso wenig damit zu tun. Ein Mörder, der so geschickt vorgeht wie der unsrige, würde nicht den Fehler begehen, sich ohne triftigen Grund in ein Zwielicht zu setzen. Doch das hat der Markgraf im *Feuchten Willi* mir gegenüber getan, als er mir vorschlug, die Berechnungen bezüglich der Rentabilität zu manipulieren. Nein, Rumi, wir gleiten hier in das Feld der Spekulationen ab, damit ist niemandem geholfen. Lassen Sie uns Raule im Auge behalten. Er führt uns zu der Person, die hinter dieser Sache steckt. Ich bin mir sicher, dass wir den Täter überführen werden, noch bevor der Flutpegel wieder sinkt.« Euler folgte mit den Augen einer Fliege, die mehrfach gegen die Scheibe stieß, dann auf dem Tisch landete und dort einige Schritte tat. »Hier haben wir übrigens eine Verwandte unserer Mordwaffe.«

»Wie bitte?« Rumi verscheuchte die Fliege. Sie flog eine Runde, dann setzte sie sich auf den Tisch zurück und putzte ihre Hinterbeinchen.

»Ich habe es vor ein paar Tagen erkannt, auf dem Nikolai-Kirchturm in Berlin. Eine Stechmücke benötigt eine Blutmahlzeit, um sich zu nähren. Doch bei ihrem Stich passiert mehr als ein Saugen: Sie gibt auch etwas ab, und insofern sie einen Erreger in sich trägt, berührt sie ihr Opfer damit. Ist dieser Erreger erst in das menschliche Blut gelangt, vermehrt er sich dort, verteilt sich, macht den Organismus krank, schwächt ihn bis zur Hinfälligkeit. Das ist das *Fremde*, von dem Mahistre Lulu gegenüber gesprochen hat. Zapft eine weitere Mücke jenen gleichen Corpus an und saugt von diesem Blut, nimmt sie den Infekt wieder in sich auf – um ihn beim nächsten Stich weiterzugeben. Die Mücke ist eine fliegende Brücke zwischen den Menschen.«

»Es tut mir leid, Professor, aber das ist das Verrückteste, was ich je gehört habe.« Rumi fixierte die Fliege, die jetzt still auf dem Tischtuch saß. Dann erschlug er sie mit der flachen Hand.

»Das wäre nicht nötig gewesen. Nicht alles, was fliegt, ist eine tödliche Gefahr, sonst wäre die Menschheit längst ausgerottet. Ich gehe davon aus, dass nur manche Gattungen in der Lage sind, diese Vektorenfunktion zu erfüllen.«

Rumi schüttelte noch immer mit dem Kopf. »Und der Täter weiß dies alles? Und macht es sich für seine verwerflichen Taten zunutze? Was Sie mir hier sagen, klingt einfach zu ungeheuerlich.«

»Mit einem Ungeheuer haben wir es möglicherweise zu tun. Auch die drei Arbeiter am Krummen Ort, die vor Kurzem ihrem Fieber erlegen sind, gehen auf sein Konto. Damit sind wir bei fünf Toten.«

»Sie meinen doch nicht im Ernst, dass auch die Seuche am Krummen Ort …« Rumi war zu überrascht, um den Satz zu beenden.

»Eine Epidemie zu initiieren unter Männern, die auf engstem Raum in primitiven Verhältnissen hausen, ist eine lösbare Aufgabe. Sie brauchen nur zwei Dinge: einen stabilen Speicher für das *Virus Matter* sowie die Übertragungsart. Es gibt viele Mücken am Krummen Ort. Sie müssen den Infekt nur einmal dorthin verbringen: Er wird sich von selbst unterhalten und immer mehr Opfer produzieren. Das können Sie mathematisch berechnen: eine Exponentialfunktion. Die Frage, die wir lösen müssen: Woher kommt dieser besonders gefährliche Infekt? Oder vielmehr, da diese Antwort *Afrika* heißt: Wie hat es der Mörder geschafft, ihn über dreißig Jahre lang zu konservieren?«

»Afrika?«, fragte Rumi. »Was hat Afrika damit zu tun? Und wieso dreißig Jahre?«

»Ich habe Erkundigungen rund um die Großfriedrichsburg angestellt, um das *Original*, ein brandenburgisches Sklavenfort an der sogenannten Goldküste. Dort wütete ein fatales Fieber. Ebenjenes, das nun seine Opfer hier im Oderbruch fordert.«

Rumi schüttelte den Kopf: »Mücken sterben nach wenigen Wochen ab. Wie kann ein Infekt all diese Jahre überleben?«

»In einem Organismus, der langlebig ist. Erst dachte ich an eine Kuh oder ein Pferd. Aber was mir wahrscheinlicher erscheint: in einem Menschen. In unserem Mörder selbst.«

»Und er stirbt nicht davon?«, fragte Rumi verblüfft.

»Er muss eine ausgezeichnete Konstitution haben. Das ist der Grund, weshalb zum Beispiel Haerlem überlebt hat: seine friesische Rossnatur.«

»Aber wie sollte es jemandem gelingen, eine infizierte Mücke *zielgerichtet* einzusetzen? Diese kleinen Tierchen, wie ich es verstehe, vermag man nicht zu lenken.« Angestrengt dachte Rumi nach. »Der Täter müsste ... einen Mückenvorrat an einem bestimmten Ort unterhalten und seine potenziellen Opfer durch ebendiesen Ort gehen lassen.«

»Exakt so ist es. Und seine Waffe ist noch immer aktiv. Noch weiß ich nicht, wie sie in allen Einzelheiten funktioniert. Ich habe zuerst an eine Kutsche gedacht. Dann an das Zimmer Nummer 7. Ich habe mir das Gästebuch durchgesehen: Alle, die in der letzten Zeit dort genächtigt haben, sind krank geworden. Doch als ich den Raum gründlich untersucht habe, bin ich nicht fündig geworden. Bis auf eine Maske, die ich noch nicht ganz einschätzen kann, ist dort nichts.«

Wie vom Donner gerührt stand Rumi auf. »Doch, Professor. Dort ist etwas.«

Die Demse

»In meinem Quartier, der Nummer 4, gibt es so etwas nicht.« Rumi sah durch die Drahtöffnungen des länglichen Kastens, der unter dem Waschtisch von Eulers Zimmer angebracht war. Wasser stand darin. »Raule hat ihn persönlich hier installiert. Ich habe ihn dabei beobachtet. Würden Sie mir Ihre achromatische Linse geben?«

Rumi rollte den Draht zur Seite und beugte sich nach unten, nahm die optische Hilfe entgegen und sah in den Kasten hinein. Nach einer Weile sagte er enttäuscht: »Nichts. Keine brütenden Mücken.«

Euler neigte sich ebenfalls vor und studierte das Innere des länglichen Behälters. »Ich glaube nicht, dass es primär darum geht, dass die Mücken hierin brüten. Die Waffe muss *schnell* zu laden sein, will man einen Gast attackieren, der nur eine Nacht hier verbringt. Wie zum Beispiel Kümmerle beim Hechtschmaus.«

»Es muss also eine Möglichkeit geben, bereits infizierte, ausgewachsene Mücken unauffällig in den Raum zu bringen«, sagte Rumi.

»Lulu hat einmal von einer Lüftungsklappe gesprochen.« Euler sah sich im Raum um. »Die sie öffnen kann, gegen die Demse.«

»*Demse?*«

»Die Hitze im Sommer. Rumi, das muss es sein. Lulu

hat gemeint, es stiegen dann Gerüche vom Stall, der direkt darunterliegt, in das Zimmer auf. Und sie hat sogar eine mögliche Belastung durch Mücken erwähnt, wenn diese Klappe offen stünde. Wir müssen alle Möbel verrücken, helfen Sie mir.«

Zuerst schoben sie den Schreibtisch, dann das hölzerne Bettgestell mit dem Strohsack beiseite. Doch außer handdicken Staubschichten befand sich hinter beidem nichts.

»Sauber machen tut er jedenfalls nicht sonderlich gut hier drin, unser Raule«, sagte Euler, griff den Ohrenbackensessel und bugsierte ihn von der Wand weg. »Rumi, hier ist es!« In der Ecke befand sich über der Wandleiste ein längliches hölzernes Bord. Es war zur Hälfte aufgeschoben. Rasch holte Euler die Dose hervor, die Sigismund ihm mitgegeben hatte, nahm eine Handvoll der Blätter heraus und rieb damit wie beim vorigen Mal über Gesicht, Hals, Nacken und Hände. »Tun Sie es mir gleich«, sagte er und reichte die Dose an Rumi weiter. Dann kniete er sich hin und schob das Paneel ein weiteres Stück zur Seite.

Unterhalb der Lüftungsklappe war ein Stoffbehälter aus feinstem hellem Leinen angebracht. Der Stall darunter war leer. Kein Tier befand sich darin. An seiner Holzwand lehnte eine Leiter, die zu dem Stoffbehälter führte. Euler hielt einen Moment lang den Atem an. »Da sind sie, Rumi«, sagte er leise. »Da hängen sie mit ihren langen, dünnen Beinchen. Dutzende.« Fasziniert starrte er die Mücken im Inneren des Behälters an.

Schwärme von Zuckmücken schwebten wie Rauchwolken über den Feuchtwiesen von Güstebiese. Singvögel labten sich an ihnen. Die Nacht war kühl und regnerisch gewesen, doch am Morgen war der Himmel blank, es war schwül, und ein Gewitter lag in der Luft.

Um das Dorf herum hatte die Ausschachtung des neuen Flussbettes begonnen. An dem vorgelagerten, zu errichtenden Deich mühten sich die Arbeiter, verstärkten die Wände: Rautenförmig hämmerten sie die Reisigbündel der Faschinen mit Pflöcken an den Hang, spitzten Steckhölzer aus Weiden zu und schlugen sie in einem Abstand von einem Meter ein, je vier pro Faschine. Quer auf einer solchen brachten die Männer Lagen von Büschen an, welche einer tief reichenden Stabilisierung dienten, da die Äste und Zweige neu ausschlagen würden, sodass eine natürliche Uferböschung entstand. So wuchs Stück für Stück das Skelett des Walls. Doch standen nicht genügend Faschinen zur Verfügung, und sobald die Bündel an den vorderen Reihen fehlten, wo die Erde weiter aufgeschüttet wurde, kam die Arbeit zum Erliegen. Haerlem, seit dem frühen Morgen vor Ort, beobachtete dies mit Sorge, denn dies war der Tag, an dem der König kam und – wie Fredersdorf es genannt hatte – einen *Lesebuchauftritt* plante, einen historischen Moment. An schmucker Stelle, eben an dieser, hatte der Regent vor, seine künftigen Kolonisten zu begrüßen, über die herrliche, im Umbruch befindliche Landschaft zu blicken und einen einprägsamen Satz von sich zu geben, der im Augenblick noch geheim war und den Friedrich bis zum letzten Moment für sich behalten würde. Seit gut zwei Tagen war Fredersdorf deshalb in Güstebiese, um alles vorzubereiten. Nichts dürfe man dem Zufall überlassen, gerade hier nicht, bei dieser Maßnahme, wo alles durchgeplant war bis zum Schluss. In einem Gebiet, das man dem Chaos entriss und in die höchste Form der Ordnung überführte, hatte auch der zugehörige Staatsbesuch perfekt zu sein.

Nun war es fast so weit. Geordnet standen die Vorspannpferde, und ein paar Güstebieser Fischersleute hatte Fredersdorf mit Kolonisten-, sprich Bauerntracht versorgt. Säuberlich herausgeputzt standen sie da, warteten ebenso wie ein von der vielen Bruchsonne mittlerweile gebräunter Haerlem, ein unverändert leichenblasser Schmettau, Leonhard Euler und Rumi, Wrietzens Bürgermeister Fritze und sein Pritzstabel Kurtz, Staatsminister Marschall. Auch der Ortsherr, der Besitzer von Güstebiese, Karl von Brandenburg-Schwedt, stand bereit und hatte für die Übernachtung seines königlichen Vetters vorsorglich den *Feuchten Willi* räumen lassen – auch wenn selbige Übernachtung aufgrund der prekären Sicherheitslage vor Ort erst in letzter Minute entschieden würde.

Spannung lag in der Luft. Endlich regte sich etwas. Hinter einer Ansammlung von Eschen, die vom Ufer hangaufwärts wuchsen, kam auf einem hellbraunen Ross, das er mit der Hetzpeitsche vorwärtstrieb, glühend vor Hitze der Feldjäger hervorgeprescht. Er sprang ab, wischte den Staub von seiner Uniform, schaute in alle vier Richtungen, ob die Luft rein sei, besah sich die frischen Vorspannpferde, dann die Gruppe von Wartenden und kündigte den König an. Man halte Eimer bereit, um die Räder der durchlauchten Kutsche zu kühlen, rief er und stürzte, vom Wirt des *Feuchten Willis* versorgt, ein Quart Bier in sich hinab.

Da tauchte der königliche Page auf, ein Jüngling von nicht mehr als achtzehn Jahren. Er war von der Hitze so erschöpft, dass man ihn von seinem Pferd herunterheben musste – und dicht hinter ihm kam bereits die Kutsche des Königs. Allein, mit Dreispitz auf dem großen Kopf, gestrickten Strümpfen an den Waden, saß Friedrich in seinem lang gezogenen Gefährt, auf dessen Dach das zusammenklappbare Reisecembalo vertäut war und dessen Hintersitz nur einer Person Platz bot, nämlich ihm. Zwischen Kutschbock und dem birnenförmigen, unten spitzen und oben ausgebauchten Wagenkasten war mehr als vier Fuß Raum, sodass der Regent seine Stimme heben musste, damit Pfund ihn vorne verstand: »Ist das Gustebusche? Hier verweilen Wir.«

Pfund gebrauchte die Zügel. Die Pferde hielten an. Heißer Staub wirbelte auf, zog durch die Luft. Der König stieg aus. Erst schüttelte er Karl von Brandenburg, dann Staatsminister Samuel von Marschall, Leonhard Euler und Simon von Haerlem die Hand. Nun trat Friedrich auf einen kleinen Erdwall, den Fredersdorf hatte aufschichten lassen zwecks besserer Sicht. Lange sah der König gerührt über das Land, *sein* Land, dessen Bild ihm so besonders vorteilhaft in die knallblauen Augen fiel. Überall war man aktiv, stand bis zur Hüfte im Wasser, schaufelte Erde, hob mit Eimern den feuchten Schlamm, kippte ihn ab. Was der König nicht wusste: Gestern hatten hier noch die vom Fieber Erschöpften und Kranken auf der nassen blanken Erde gelegen. Für die Entfernung solch unschöner Eindrücke hatte zeitig Fredersdorf mit der Hilfe des Wrietzener Pritzstabels gesorgt.

»Hier werden sie einmal alle sagen«, sagte der König und nickte sich selbst zu: »*Gut gemacht.*«

Haerlem, der spürte, wie sehr Friedrich alles gefiel, stellte sich neben ihn, um den Moment zu nutzen: »Die hier ausgeführte Bewallung sucht in des Königs Landen ihresgleichen. Die alten Fischer werden sich mit Ackerbau und Viehzucht gut zu nähren wissen. Auch die bereits arrivierten Flüchtenden, die wir derzeit beim Bau ihrer eigenen Häuser einsetzen, beginnen sich aufzunehmen. Was jedoch in noch besserer Ordnung sein könnte, wenn die meisten nicht in gar zu pauveren Umständen angelangt wären.«

»Dann gebrauchen sie halt etwas mehr Zeit zu ihrer Einrichtung«, sagte der König gelassen und sog die frische Bruchluft ein. »Bald werden sie schon zu Stande kommen.«

»Es ist mit gutem Grunde zu vermuten«, beeilte sich Haerlem, »dass die Etablissements wohl bestehen werden, weil der Boden fast durchgehend gut sein wird, wenn wir erst die Alte Oder coupieren, sie das Binnenwasser des Bruches aufnehmen und das Land, das noch nie die Sonne gesehen hat, nach oben an die frische Luft treten kann. Die jungfräuliche Scholle wird fruchtbar sein, ein großer, wunderbarer Garten inmitten unseres ansonsten eher sandigen Brandenburgs. Roggen, Weizen, Gerste, Klee und natürlich die Kartoffel; bald füllt hier der Duft des Rapses die Herzen mit Dankbarkeit. Und statt der elenden Fischerhütten errichten wir geräumige, zum Teil sogar schöne Häuser, geschmackvoll möbliert.«

»Machen wir sie nicht *zu* geschmackvoll«, entgegnete Friedrich ruhig. »Paläste sind nicht zu bauen, sondern

Schafställe und Wirtschaftsgebäude. Die Wohnhäuser müssen schnell auf- und wieder abgebaut werden können, damit in den nächsten Jahren flexibel auf die veränderlichen Wasserstände reagiert werden kann. Ein paar wenige Typen, simpel, funktional. Selbst die primitiven Fachwerkkirchen sollen Scheunen ähneln. Auch sie muss man ohne Probleme wieder abschlagen und an neuem Ort errichten können. Ah, da ist ja mein Rumi …« Friedrich hatte seinen Lieblingsschreiber entdeckt. Erneut erinnerte ihn der gut aussehende armenische Junge an seinen Jugendfreund Katte, mit dem er vor beinahe zwanzig Jahren vor seinem Vater, dem Soldatenkönig, hatte nach England flüchten wollen. Katte war ebenfalls ein dunkler Typ gewesen, und Rumi ähnelte ihm derart, dass es den König ebenso schmerzhaft wie sehnsuchtsvoll berührte.

»Mein lieber Rumi«, er schüttelte die Hände des Jungen, der mit tiefer Verbeugung nach vorne getreten war. »Sie können sich nicht vorstellen, wie sehr ich es stets genieße, meine Gedanken in Ihrer Schrift zu erblicken. Sie erhalten dadurch ein zweites, frischeres Leben.«

Rumi verneigte sich erneut. Der König hatte die richtigen Worte für seine Arbeit gefunden, dachte er und lief vor Stolz puterrot an.

Es fiel Friedrich schwer, doch riss er seinen Blick von Rumis Antlitz los und schaute in die Ferne, als könne er dadurch in eine andere Wirklichkeit sehen, die sein Vater, der den Fluchtversuch damals vereitelt hatte, ihm nicht zugestanden hatte. Und Friedrich begriff etwas. Mit einem Male verstand er, dass er all dies, diese Gegend, dieses Land natürlich schon einmal gesehen hatte, von der *ande-*

ren Seite her, von der Festung Cüstrin aus. Von dort, wo sein Vater ihn nach dem gescheiterten Versuch, mit Katte dem strengen Hof und den vielen Missbräuchen zu entfliehen, hatte internieren lassen. Diesen gleichen Sumpf hatte er von seinem kleinen Fenster aus seinem Prinzenkerker heraus gesehen und im Vordergrund Katte, den sein Vater vor seinen Augen enthaupten ließ, und an diesem Schicksalstage, den er nie vergessen konnte, hatte das Moor, als Kattes Kopf über den morastigen Boden rollte, ihn schmatzend, zirpend und quakend ausgelacht, und die Tränen hatten ihn überflutet, viele Tage lang.

Ja, damals war es gewesen, dass er sich geschworen hatte, *es* zu bekämpfen. *Es* auszutreiben: diese Gefühle, die ihn so verletzlich machten, die solche Schmerzen bereiten konnten und die Seele hinabziehen in einen finsteren, gasigen Grund. Auch die innige, mit nichts zu vergleichende Liebe zu Katte war ein solcher Sumpf gewesen – und hatte ihm am Ende das Herz herausgerissen, denn es war dann, bei der Liebe, irgendwann nicht mehr zu wissen, wo der Boden fest war und wo man abstürzen konnte und sich in ewiger Pein verlor. Nein, in diesen Morasten der Gefühle blühte manche Pflanze, die giftig war, und damals hatte er eine Entscheidung getroffen: abzuhärten, nicht in den Freitod zu gehen, sondern funktional zu bleiben und am Leben, auf möglichst solidem Grund. Und der Preis, der dafür zu zahlen war, war genau dieses gefühlige Innere, dieses Flüssige, Dunkle loszuwerden – jenes, das zitterte im Wind, das allerlei Gesichte hatte in der Nacht, das bevölkert sein konnte von den seltensten Kreaturen, den empfindlichsten Naturen, die nur dort gedeihen konnten, nirgendwo sonst. Er war ein Mann geworden, der den

Sumpf überwand. Er war ein König geworden, der ehrlich seine Arbeit tat und Gebiete schaffte, die trockenen Fußes zu durchmessen waren.

Friedrich weinte. Eine Mücke setzte sich in das Tränenrinnsal unter seinem rechten Auge. Euler sah es und glaubte für einen schrecklichen Moment, sie würde den König stechen. Doch auch Marschall, der näher stand, hatte das Insekt bemerkt und mit einer raschen Bewegung hinweggewischt.

»Danke, Herr Staatsminister.« Friedrich erwachte wie aus einem Traum. Er rieb sich die Tränen in die Haut, nahm einen tiefen Schluck von seinem Cüstriner, das Fredersdorf für ihn bereitgehalten hatte, und blickte wieder Rumi an, in seinem Mund den herben Geschmack des Bieres. »Ich habe übrigens den Gerstensaft eben hier, ganz in der Nähe, kennengelernt«, sagte er gedankenverloren, und alle horchten auf, da der König sonst nie von diesen Vorkommnissen sprach. »Labte mich zuvor nur an Champagner-Wein und am Ungarischen, den mir mein Bruder immer besorgte. Doch in die Cüstriner Zelle ließ mein Vater mir den bitteren Gerstensaft bringen, am Tage vor Kattes Hinrichtung – woran ich mich dann gewöhnet.« Noch immer starrte er Rumi an. »Und jetzt passt es so wunderbar zu den Erdtoffeln, das Bier.« Friedrich drehte sich, obgleich es ihm schwerfiel, zur Seite und von dem hübschen Jungen weg. Er musste dies tun und durfte einem anderen nie zu viel Zuneigung zeigen. Sich Marschall zuwendend, hielt er den Dreispitz gegen eine Windböe fest und sagte etwas zusammenhangslos: »Ich will in jedem neuen Dorf einen Schulzen, einen Schulmeister, einen Nachtwächter und einen Hirten. Die Grundstückspreise werden ansteigen. Es klingt verwegen, doch wird eine Zeit kommen, da werden von diesem Ort hier mehr Abgaben gezahlt als von irgendeinem anderen in unserem Land, ausgenommen vielleicht der Berliner Innenstadt.«

Satz für die Ewigkeit

Am späteren Mittag schichteten sich die Wolken wie dunkle Türme auf. Im *Feuchten Willi* nahm man Käsesuppe mit Lauch à la Suisse, englisch panierte, mit gebratenen Schinkenscheiben belegte Mohrrüben, dazu ein Kalbsgulasch ein. Als besondere Aufmerksamkeit und kleines Unterhaltungsprogramm für den König hatte Fredersdorf einen breitgesichtigen Franzosen in gelber Weste, den gut gelaunten, von seinem Ruf als Radikaldenker beseelten Philosophen La Mettrie herbeigeschafft. La Mettrie, der mit dem kühnen, von manchen atheistisch interpretierten Ausspruch, das alles eine Maschine sei, einiges an Ruhm erlangt hatte, brachte Friedrich die Erfindung eines weiteren Franzosen mit, die mechanische Ente von Vaucanson. Sofort kam es im Gastraum zur Vorführung, und Friedrich freute sich königlich über das watschelnde, mit den Flügeln schlagende, den Kopf drehende, Körner aufpickende und offenbar verdauende, weil kleine Bällchen ausscheidende Blechding.

»Man spinne den Gedanken weiter«, kicherte La Mettrie, den die Sache ebenfalls aufs Äußerste amüsierte, »so funktioniert es bald überall, rastlos und ohne Unterbrechungen. Wie sagt man doch: *Es regnet*. Warum nicht auch: *Es atmet, es wärmt, es isst*. Oder auch: *Es kotet. Es kopuliert*. Der gesamte Staat als Maschine: Das ist Aufklärung, das ist Effizienz.«

»Nur zu wahr, nur zu wahr.« Friedrich nickte: »Der ganze Körper ist doch so: voller Kupplungen und Schaltungen.«

»Eure königliche Majestät haben recht.« La Mettrie wackelte mit dem Zeigefinger von links nach rechts, um anzukündigen, dass er etwas Gewagtes von sich geben würde: »Die weibliche Brust, meine Herren: nichts anderes als eine … Milchmaschine. Und mit ihr verkoppelt haben wir die Mundmaschine des Säuglings. Doch der Mund«, er zeigte auf seine eigenen Lippen, »ist auch Atmungsmaschine und natürlich Essmaschine, Sprechmaschine. Und für manch Glücklichen von uns – oder Unglücklichen – auch Kussmaschine. *Jeder nach seiner Façon*, haben Eure Durchlaucht gesagt. Ich sage: Jeder ist bald sein eigener *Bricoleur*, jeder bald mit seinen eigenen, von ihm selbst hergestellten Maschinen ausgestattet, und was man nicht mehr gebrauchen kann, wird einfach weggemacht.«

»*Weggemacht*«, wiederholte Friedrich, dem diese Art der Konversation genau nach dem Geschmack war. »Ein wichtiges Stichwort, wo wir gerade hier draußen im Felde sind: Was ist mit den Tieren, die uns keinen Nutzen bringen, die gehören doch reduziert! Ich meine solche, die nicht domestiziert und auch nicht verspeist werden können: fort damit.«

»Sehr richtig.« Der Franzose blickte den König mit seinen lustigen Augen an. »Sonst nehmen sie uns noch etwas weg.«

»Sperlinge«, sagte Friedrich, »sind eine Gefahr für Blumen und Obstgärten. Fressen Saatgut. Saugen meine geliebten Trauben aus. Pro Stück zahle ich fortan einen Pfennig. Man soll mir die Köpfchen liefern, als Beweis. Die schicken wir dann zur Verbrennung: Dünger für das neue Land. Mein Preußen ist bald spatzenfrei! – Rumi, schreiben Sie mit, damit es nicht vergessen wird. Ich verfüge hiermit: Ratten, Mäuse, Heuschrecken, das brauchen wir alles nicht. Maulwürfe, Wiesel, Igel und Füchse, wilde Katzen, Biber und anderes Gefleuch: In meinem Staat ist dafür kein Platz. Auch Hamster werden wir exterminieren, von Bär, Luchs und dem verschlagenen Wolf spreche ich gar nicht erst. Die können in Russland sein, aber nicht hier bei uns.«

»Und wenn wir dann keine Tiere mehr haben, es macht doch nichts. Dann werden wir den mechanischen Menschen züchten. *L'homme machine.*« La Mettrie verbeugte sich nach diesem Bonmot.

»Da muss man nichts mehr züchten.« Friedrich lächelte kühl. »Der Maschinenmensch kommt durch unseren aufgeklärten Staat, der seine Ansammlung von Werten stets zu mehren gedenkt, von ganz allein. Aber sagen Sie, La Mettrie, was halten Sie von diesem Gulasch hier? Ist es nicht der französischen Küche ebenbürtig und äußerst schmackhaft? Ja, ich mag dieses Wirtshaus. Ein solches Gulasch hätte sogar meine baiersche Köchin in Erstaunen versetzt.« Er wandte sich Karl zu, der zu seiner Rechten saß: »Ich habe den Plänen entnommen, dass dieses Gebäude dem neuen Oderverlauf weichen muss und abgetragen wird. Möchten wir nicht in Erwägung ziehen, es an anderer Stelle erneut zu errichten? Im ersten der zu erbauenden Kolonistendörfer vielleicht? Der Wirt hier soll uns auch weiterhin gute Dienste leisten.« Durch das geviertelte Fenster blickte Friedrich auf den Oderstrom, der sich breit und träge heranwälzte. Dann rief er gut gelaunt: »Garçon, bringe deinem König noch ein Gerstenbier.«

»Zu Befehl.« Der kellnernde Slawenjunge, der seine schrundigen Füße auch an diesem Tag in abgelegte Stücke Fischnetz gewickelt trug, salutierte und verschwand.

»Eine Idee, die es zu überdenken gilt, die Umsiedlung dieser Gaststätte«, antwortete Karl leicht gequält, da ihm das Thema der kostspielig neu zu erbauenden Orte unangenehm war. »Aber teuer.«

»Ach, teuer, dann kreieren wir halt eine *machine de l'argent*.« Friedrich lachte.

»Ein Cüstriner für Eure durchlauchte königliche Majestät.« Der Slawenjunge stellte das Glas auf den Tisch. Friedrich sah ihn dankbar an und nahm einen tiefen Schluck. Dann wischte er sich mit dem Handrücken den Schaum von den Lippen. »Und jetzt, meine Herren, wird geraucht und geschnupft.«

Schmettau nahm Euler beiseite, sie liefen ein Stück die Oder entlang. In der Ferne grollte derart laut der Donner, dass unzählige Gänse, Kiebitze und Bekassine mit einem Male in Warnrufe ausbrachen, sich gegenseitig übertönten. »Ich habe Sie beobachtet, Professor. Sie haben so ein sonderbares Lächeln vorhin im Gesicht gehabt. Es gibt einen Verdächtigen, habe ich recht?«

»Wem gehört das Hotel *Der Goldene Löwe*?«, fragte Euler statt einer Antwort, während sie die waagerecht über dem Flussufer wachsenden Äste einer Weide überstiegen. »Falls es sich dabei *nicht* um den Ihnen bekannten Raule handelt, dann, ja dann haben wir einen Verdächtigen.«

»Fragen wir den Bürgermeister, wer der Eigentümer ist«, schlug Schmettau vor.

»Nein. Nicht Fritze. Er könnte es selbst sein. Oder jemanden decken.«

»Überlassen Sie das ganz mir: Ich werde die gewünschte Auskunft schnellstmöglich in Erfahrung bringen.«

Sie kehrten um und liefen zum *Feuchten Willi* zurück. Dort beugte sich Fritze gerade an das Ohr des Königs, der Pfeife rauchend vor dem Gasthaus stand. In der Nähe der beiden stand Rumi, der ein Porträt Friedrichs zeichnete. »Mein treuer Pritzstabel«, flüsterte Fritze dem König aufgeregt zu, »hat mir soeben eine nicht sonderlich gute Meldung überbracht.«

Indigniert sah Friedrich ihn an: »Spucke Er schon aus.«

»Also der Sommerdeich, der Sommerdeich vor Gaul ist an mehreren Stellen gebrochen«, stotterte Fritze. »Und dies ist, so hat man mir versichert, nicht allein von der Force des Wassers verursacht, sondern dass boshafte Brücher den Damm an drei Stellen heimlich durchstochen und dadurch den Umwallungen großes Unglück zugefügt haben. Und das ist noch nicht alles, Euer Durchlaucht, leider«, fügte Fritze hinzu, dessen krötenhaftes Gesicht einen entschlossenen Ausdruck annahm. »Mein Pritzstabel hat erfahren, dass im Dorfe Lewin jene Gruppe von Saboteuren nistet, die für Gesagtes verantwortlich ist. Sie nennen sich *Die Biber* und planen noch während des Besuchs Eurer Majestät einen weiteren, finalen Schlag. Damit wollen sie das gute Werk, das bislang getan, vollkommen zugrunde richten. Gaul war wohl nur der Auftakt.«

Friedrich sah Fritze einen Moment lang mit Unverständnis an. Sein Gesicht wirkte wie versteinert. Dann trat Leben hinein, die Adern auf der Stirn quollen hervor, und er wurde vor Zorn ganz rot. Er ließ den Blick über das Land schweifen, das er vor dem Sumpf retten würde, und schüttelte den Kopf über so viel Trotz jener Unverbesserlichen, die sich gegen den mächtigen Strom der Geschichte stemmten, ein Unterfangen, das (so hatte er es mit Katte selbst einst erfahren) vollkommen sinnlos war. »Fritze, in unserem Staat steht mir als Herrscher die *suprema potestas* zu«, sagte er mit erkalteter Stimme. »Ich vereinige nicht nur das Recht der Gesetzgebung, sondern auch die Vollstreckung in meiner Person. Doch delegiere ich diese Gewalt nun an Sie, als meinen Vertreter vor Ort. Stets stehe ich auf dem Standpunkt, dass die Strafe nicht schwerer ausfallen dürfe als die Tat. Und so ist es auch jetzt. Doch die Tat, wie Sie sie mir schildern, ist eine verwerfliche, wie man sie sich schlimmer nicht ausmalen könnte. Tun Sie, was Sie für richtig erachten. Wer weiß, wo diese *Biber* als Nächstes angreifen wollen. Schneiden Sie solche Auswüchse rasch und unerbittlich zurecht.«

»Wir halten für solche Fälle ein Gerät namens *Odernixe* parat.« Fritze verbeugte sich, während Rumi, der alles mitgehört hatte, erbleichte. »Eure königliche Majestät können sicher sein, dass in diesem Lewin mit ganz hartem Arm radikal aufgeräumt wird. Dafür wird mein Kurtz sorgen, mit seiner neuen Faschinen-Polizey.«

»Marschall«, rief Friedrich, »kommen Sie einmal her.«

»Eure königliche Majestät.« Der Staatsminister präsentierte sich.

»Man meldet mir, die Dämme bei Gaul sind durchstoßen. Das ist in Ranffter Nähe, nicht? Habt Ihr davon vernommen?«

»Ich habe es gerade eben selbst gehört. Das ist nicht nur in unserer Nähe, sondern der Gauler Damm ist mit dem unsrigen verbunden. Noch steht der Ranffter. Doch sollten *beide* brechen, wird ein riesiges Gebiet überschwemmt, und der Schaden wäre nicht auszudenken.« Marschall musste kurz innehalten. Wieder fühlte er sich stark erhitzt, rang nach Luft und konnte das Zittern seiner Gliedmaßen, vor allem der Hände, kaum mehr unterdrücken. Es war, als sei in ihm ein Höllenfeuer entbrannt. »Ich werde schnellstens nach Hause eilen, um nach dem Rechten zu sehen.«

»Ich will, dass überall am Deich Soldaten zu Fuß und zu Pferde mit geladenem Gewehr Wache stehen«, rief der König Fredersdorf zu. Dann blickte er zum blauen Himmel empor und atmete tief durch. Er beschloss, dass es nun höchste Zeit war, jenen Satz anzubringen, an dem er so lange gefeilt hatte. Trotz allen Widerstandes würde er sie nun aussprechen: jene erwählten Worte, die die gesamte Anstrengung für spätere Generationen auf den Punkt bringen sollten und alle Sumpfsagen und Schauergeschichten, die vielleicht noch kursierten, trockenlegten und ersetzten durch eine verlässliche Historie, die ihn, Friedrich den Großen, zum unvergesslichen Volkshelden machte. Ja, all das zusammengefasst in einem einzigen Satz, dachte er und winkte erneut nach Fredersdorf, der seinerseits einen als Bauer verkleideten Güstebieser

Fischer auf Friedrich zutreten ließ, in seinen zitternden Händen eine stattliche (noch mit Potsdamer Erde behaftete) Erdtoffel, die er vom Kämmerer erhalten hatte. Dazu sagte der Mann, was ihm aufgetragen worden war: »Eure Majestät, bislang, wenn wir hier gepflanzet, war der Acker stets zu geil und triebe das Getreide gar zu stark ins Stroh und setzte keine guten Körner in die Ähren. Doch bessert's sich jetzt endlich, das glauben wir. Wir werden hier Roggen haben, der gut Mehl gibt, nicht nur lauter Kleye wie bisher. Von den Fischen ist gar nicht mehr zu sprechen. Nein, wir wollen Gerste, die zu Malz taugt.«

Friedrich nickte. Inzwischen war die Menge angeschwollen, und es wurden all jene von Kurtz und seinen schwarz gekleideten Männern durchgelassen, die ihren Dank an den König in ehrfurchtsvoller Stille und tiefer Verbeugung, mit unverkennbaren Merkmalen innerer Zufriedenheit zeigten. Reinlich gekleidete Männer mit Weib und Kindern umringten Friedrich, blickten zu ihrem erhabenen Wohltäter und Vater auf und brachten ihm Achtung entgegen aus ihren ergebenen, bebenden Herzen. Und der König, in dem die Ausgeglichenheit *solcher* Untertanen, ihre Gelassenheit und Bescheidenheit, tiefste Genugtuung hinterließ, empfing Kartoffeln von ihnen und sagte seinen Satz:

»Ich habe eine Provinz gewonnen.«

Leonhard Euler verstand sofort, dass Rumi auf dem schnellsten Weg nach Lewin reiten wollte, um Oda und ihre Familie vor Kurtz' Faschinen-Polizey zu warnen. Der Junge hatte sich bereits ein Pferd organisiert. In diesem Augenblick trat Schmettau an Euler heran. Sein quecksilberbleiches Gesicht drückte das größte Erstaunen aus. »Ich habe die gewünschte Auskunft, Professor.«

»Wer ist es?« Euler fixierte ihn mit seinem linken Auge. »Wem gehört der *Goldene Löwe*? Ich glaube zwar, ich weiß es bereits, doch muss ich es aus Ihrem Mund erfahren, um sicher zu sein.«

»Ich …«, stotterte der Kammerdirektor, »also ich dachte, ich frage einfach und am besten den Staatsminister. Wer, wenn nicht er, kennt die Besitzverhältnisse hier im Bruch.«

»Gutes Denken, gutes Denken. Was hat er geantwortet?«

»Nun, als ich ihn auf das Hotel ansprach, nahm er großen Anteil daran, dass ich mich dafür interessiere. Er glaubte zunächst, ich gedächte, es im Zuge der Wertsteigerung des gesamten Gebietes möglicherweise zu erwerben.«

»Und von wem? Von wem, Schmettau, müssten Sie es dann erwerben?«

»Vom Staatsminister selbst«, antwortete der Geheime Rat. »Das sagte er mir unter der Hand, bevor er rasch zu seinem Gut eilte, wegen der Deichbrüche bei Gaul. Er, Marschall, ist der Eigentümer des *Goldenen Löwen*. Sie können sich vorstellen, wie mich das verblüfft hat.«

»Da hat ihn seine Gier leichtsinnig werden lassen«, sagte Euler wie zu sich selbst. »Rumi, warten Sie.« Er eilte zu dem Jungen hin und griff nach den Zügeln. »Sobald Sie Oda gewarnt haben, kehren Sie auf der Stelle um. Ich benötige dringend Ihre Hilfe.«

»Sehr wohl. Wo finde ich Sie dann?«

»Begeben Sie sich so bald Sie können und auf dem schnellsten Wege nach Ranfft.«

»Nach Ranfft?«, fragte Rumi verwundert. »Wieso das?«

»Weil ich ebenda sein werde. Wahrscheinlich in einem länglichen Häuschen direkt am Ufer. Lieber Rumi, wir lösen die Gleichung, die uns seit geraumer Weile beschäftigt, dort endgültig auf.«

Jedute

Aus dem Westen zogen Schichten anthrazitfarbener Wolken heran, die sich zu einer geschlossenen Decke vereinten. Wind kam auf, und in sein Brausen mischte sich das Heulen der Wölfe, was für den frühen Abend ungewöhnlich war. Irgendwo fauchte eine Schleiereule. Radomeer fing einen Hecht mit dem Kescher, riss ihn an Bord mit seiner Rüdnitzer Klinge auf, nahm einen Schluck der Milch, aß von dem Rogen. Dann reichte er ihn weiter. Oda nahm davon, dann Veit und Bartok.

Auf der Fahrt über das kippelige blaugraue Wasser war es kühler als erwartet, und sie sprachen wenig. Oda lauschte auf das Rauschen des Röhrichts, Veit ruderte mit seinen kräftigen Armen, und sie näherten sich dem Jedutenhügel, wo die anderen *Biber* auf sie warteten. Zum Sonnenuntergang hatten sie die uralte Stätte erreicht, jene morastige, von hohem Queckenkraut überwucherte Insel mit den Überresten der verwitterten Gottheit. Veit machte den Nachen an einem abgebrochenen Baumstumpf fest. Er wedelte eine Fliege von seiner Stirn und drehte den Kopf, um mit den Augen einer Ringelnatter zu folgen, die unter wildem Senf verschwand. Riesige, faustgroß durchlöcherte Blätter bedeckten den Grund. Der erste Regentropfen fiel, Wind frischte auf. Voller Bedacht gingen sie durch das Röhricht zu der heiligen Stätte. Oda dachte daran, wie sie sich als Kind vor der zugemoosten, von dichtem Sumpf-Rispengras umwachsenen Steinstatue mit dem einen zentralen Auge gefürchtet hatte. Wie konnte etwas derart Hässliches ihrem Vater so viel Respekt einflößen? Geheime Kräfte musste dieser Stein besitzen. Auch nun näherte Radomeer sich der Statue mit Ehrfurcht, nahm den Rest des Rogens aus dem Fisch – ebenso viel wie jeder von ihnen gehabt hatte – und legte ihn vor Jedute.

Ringsherum standen die *Biber*. Es waren zwei Dutzend Männer, aus den verschiedensten Dörfern des Bruchs: Wustrow, Medewitz, Alt-Wrietzen, Rüdnitz … nur nicht aus Reetz. Veit stellte sich vor ihnen auf. »Jetzt ist die Zeit«, rief er, »unsere Anstrengungen zu verstärken. Nachzulassen wäre ein Fehler, den uns die kommenden Generationen nicht vergeben könnten. Wir sollten unser Bemühen nun verdoppeln. Nur durch diszipliniertes Vorgehen kann der Sieg gesichert werden. Lasst mich eines ganz klar sagen: Unser Ziel, das Bruch zu verteidigen, ist unumstößlich. Wir dürfen der Angst nicht erlauben, uns dabei im Weg zu stehen. Vergessen wir nie unser Ideal einer freien Gemeinschaft, in der alle Menschen miteinander in Harmonie leben, mit sich selbst und mit der Natur. Für dieses Ideal will ich, Veit Maltschau aus Lewin, leben. Aber falls dies nötig wäre, ist es auch ein Ideal, für das zu sterben ich bereit bin.«

Die Männer reckten ihre Fäuste und riefen ihre Zustimmung. Bewundernd sah Oda ihren Bruder an. Nie hatte sie ihn so sprechen hören. Es war, als hätte er eine zweite Existenz angenommen, eine weitere Identität, in der er vollkommen aufging und wirklich er selbst war. Stets war ihr bewusst gewesen, dass Veit seinen Drang zum Handeln aus seiner tiefen Melancholie zog – vielleicht sogar jener, die mit dem Tod von Wolna zusammenhing, ihrer Mutter. So ging es ihr ja selbst, dachte Oda, die ihren Bruder besser denn je verstand. Er *musste* etwas tun, um nicht zu verzweifeln. Niemals konnte er tatenlos dabei zusehen, wie ihnen ihre Welt unter den Füßen entschwand. Zumindest *dies* waren sie ihrer Mutter schuldig.

»Ich habe den Schlag, der uns eine Geschichte geben wird und unsere große Anstrengung ist, die Maßnahme des Königs zu verhindern, sorgfältig vorbereitet, das wisst ihr, Männer«, fuhr Veit fort. »Wir werden unsere Feinde im Herzen treffen. Deshalb bitten wir Jedute um Unterstützung.«

In diesem Moment drang ein Rascheln aus dem Röhricht. Schilfstangen knickten um. Veit zog sein Messer, ebenso einige der Männer. Bartok legte den Zeigefinger vor die Lippen. Leise gingen alle einen Schritt in das Dickicht zurück. Der Platz vor der Statue lag leer. Da betrat ihn ein Mann. Oda traute ihren Augen nicht. »Was tust du hier?« Radomeer kam nach vorne und sah Rumi feindselig an. »Dieser Ort ist nicht für Fremde, die nicht glauben. Wo willst du hin?«

»Zu euch. Um euch zu warnen. Ich war in Lewin. In eurem Haus. Dort hat man mir den Weg hierher gezeigt.« Rumi blickte den Männern der Reihe nach ins Gesicht. Als Letztes entdeckte er Oda.

»Wovor willst du uns warnen?« Sie ging auf ihn zu.

»Sie suchen euch. Kurtz kommt mit seinen Leuten aus Wrietzen. Sie wissen von einem Angriff, den ihr plant.«

»Aber sie haben keine Ahnung, wo«, sagte Veit. »Und es wird schneller passieren, als sie reagieren können. Lasst uns beten, Männer. Und dann brechen wir auf.«

»Ja, aber wohin?«, fragte ein Wustrower ungeduldig.

»Unser Entschluss steht fest«, antwortete Veit. »Es geht dahin, wo der Minister lebt, der für das Ganze verantwortlich ist. Es geht nach Ranfft. Heute Nacht werden wir die Deiche an jener Stelle löchern, damit er am eigenen Leib erfährt, wie es sich anfühlt, wenn eine Welt versinkt.«

Ranfft

Im Abendhimmel standen die dunklen, kubusförmigen Gewitterwolken einzeln und in regelmäßigem Abstand in einer perfekten Symmetrie. Noch immer lastete die Hitze schwer über dem Bruch. Es war windstill, und den in Grünschattierungen liegenden Sumpf überzog ein unbewegliches Schattenmuster, das an ein Schachbrett erinnerte. Um die Fenstergesimse des Gutes von Ranfft wuchsen akkurat geschnitten die Blumenverzierungen. Eine Balustrade führte das gesamte Dach des zweigeschossigen Hauses entlang, das erhöht auf einem Steinsockel stand.

Ein Diener in Quappendorfer Tracht nahm Eulers Schimmel entgegen und bat den Professor, im Rosengarten zu warten. Er war über ein Rondell mit dem Kräutergarten verbunden, den ein mächtiger, exotisch wirkender

Baum dominierte. Dahinter lag der Park mit seinen hohen Eichen und Buchen.

Wie bei seinem ersten Besuch fiel Euler der windschiefe weiße Turm der alten Kirche auf, die südlich gegenüber dem Schlosspark stand. Erneut dachte er, dass das baufällige, aus Fachwerk errichtete Gotteshaus nicht so recht zu der Glanzkarriere eines hohen Ministers passen wollte, der sich auf so augenscheinliche Weise emporgearbeitet und eine der wichtigsten Positionen im Staat eingenommen hatte.

Nach wenigen Minuten kam Marschall aus einem Holzhäuschen, das zwischen hohen Salbeistauden im hinteren Bereich des Rosengartens stand. Erneut war er nachlässig gekleidet, trug einen zerschlissenen Morgenmantel aus dunkelgrünem Brokat, dessen rechter Ellbogen löchrig war und in dessen Brusttasche ein Einstecktuch aus schwarzer Seide steckte. Dieses nahm er heraus und wischte sich den Schweiß von der Stirn.

»Entschuldigen Sie mich bitte, ich habe mich nach meinem Schwitzbad etwas ausgeruht. Der Tag war doch recht lang und am Ende mit der Aufregung um Gaul belastet – aber ohne Frage historisch. *Ich habe eine Provinz gewonnen,* ist das nicht ein formidabler Satz? Der König, wie ich gehört habe, ist in sein Nachtquartier aufgebrochen. Und Sie? Wie geht es Ihnen? Was führt Sie zu dieser Stunde zu mir?« Marschall schüttelte Euler mit schwitzigen Fingern kräftig die Hand. »Haben Sie einen Verdächtigen? Wollen Sie sich mit mir besprechen?«

»Zunächst hoffe ich, ich störe Sie nicht. Was Gaul betrifft: alles in Ordnung?«

»Oh, solange *unsere* Dämme halten, bleibt der Schaden

beim Nachbarn begrenzt. Und nein, Sie stören überhaupt nicht. Wie kann ich Ihnen helfen?«

»Bei unserem ersten Treffen hier luden Sie mich zu einem Schwitzbad ein. Vielleicht ist nun die Gelegenheit.«

»Aber gerne. Sagen Sie, wo haben Sie Ihren Adlatus gelassen? Es hätte ihn vielleicht auch interessiert.«

»Er musste überraschend ins Niedere Bruch.«

»Aha … geht es um die Sache?« Marschall sah ihn aufmerksam an. Euler bemerkte, dass dessen Augäpfel einen leicht gelblichen Stich aufwiesen. »Ich verstehe schon, Professor«, fuhr er fort, als sein Besucher nicht sofort antwortete, »Sie haben tatsächlich einen Verdächtigen auserkoren, sind sich aber noch nicht sicher und wollen mir deshalb nichts sagen. Voll und ganz akzeptiert. Also frönen wir unbesorgt zunächst unserer Gesundheit. Wenn Sie mir bitte folgen.«

Es war nun die Zeit des Sonnenuntergangs. Sie durchquerten den Park und gingen zum Wasser hinab. Die Oder floss sehr stark und wurde von den aufgeschichteten Erdwällen gerade noch zurückgehalten. In einer Böe, die von Westen kam, bauschte sich der Fluss auf und bekam eine Gänsehaut. Marschall lief zum Ufer und hielt seine Hand in das rasch fließende Wasser. »Ah, das kühlt.« Euler bemerkte, dass sich eine Stechmücke auf Marschalls Handrücken setzte. Der Minister musste sie gesehen haben, da dies direkt vor seinen Augen geschah, tat aber nichts, um sie zu verscheuchen.

»Sie werden gerade von einem Insekt gestochen. Ist das nicht unangenehm?«

Marschall drehte sich zu ihm um, schlenkerte sein Handgelenk, und die Mücke flog davon. »Ach wissen Sie,

Professor, ich mag diese kleinen Stiche hin und wieder. Sie erinnern mich daran, dass ich lebe. Begehrenswert bin.«
Er lächelte. »So wird man mit dem vielen Viehzeug hier draußen fertig: Man redet sich ein, es bringt etwas Gutes, wenn man gestochen wird.«

»Ihren Pragmatismus habe ich schon früher bemerkt. Er zeichnet Sie geradezu aus.«

»So sagt man es wohl in Berlin über mich.«

»Ich meine noch etwas anderes. Ich muss ausholen, um mich zu erklären, wenn Sie gestatten.«

»Schießen Sie los. Worum geht's?«

»Ich habe mir bei meinem früheren Besuch in Ihrem Gartenzimmer das Porträt des Marishall von Clothoderick angesehen, den Sie mir als Ihren Vater beschrieben haben. Und dennoch mussten Sie sich hierzulande die Standesrechte erst mühsam erkämpfen.« Euler blickte zum Himmel, der im Westen dunkellila angelaufen war. Blitze durchzuckten ihn lautlos.

»Da haben Sie vollkommen recht. Doch es hat, wie Sie sehen, funktioniert. Genau vor dreißig Jahren hat Friedrich Wilhelm I. meine adelige Herkunft auch für den Staat Preußen anerkannt.« Marschall fasste sich in die Seite, wo er einen unangenehmen, spitzen Stich verspürte. Sie näherten sich dem länglichen, direkt am Wasser stehenden Fachwerkbau seiner Forschungsstation. »Worauf wollen Sie hinaus?«

»Ich versuche zu verstehen, wie es Ihnen, einem damals gesellschaftlich verunsicherten, nicht etablierten Einwanderer, ergangen ist. Es haben Ihnen ja die generationsübergreifenden Familiennetzwerke des hiesigen alteingesessenen Adels gefehlt. Ist es da nicht verständlich, dass Sie vor nichts mehr Angst haben als davor, wieder abzusteigen?«

»Wieso sollte ich wieder absteigen?«, fragte Marschall verwundert.

»Nun, genau dies würde passieren, wenn der preußische Adel an Macht verlöre. Und zu nichts anderem, so könnte man befürchten, führt die Trockenlegungs- und Peuplierungspolitik des Königs. Die freien Kolonisten, die sich hier ansiedeln sollen, werden morgen freie Bauern sein und stetig mehr Rechte einfordern. Und übermorgen greifen sie vielleicht nach der Macht in diesem Land. Die Tage des alten Ständesystems, in dem Sie sich mühsam hochgekämpft haben, sind dann gezählt.«

»Sie haben eine blühende, wenngleich schwarzmalerische Fantasie, lieber Professor. Wobei ich tatsächlich auf dem Standpunkt stehe, dass Gleichmacherei unter Menschen immer Augenwischerei bedeutet und zu den größten Problemen und Verwerfungen führt. Ja, deshalb glaube ich, dass ein funktionierendes Ständesystem den niemals zu eliminierenden Unterschied zwischen unten und oben zufriedenstellend reguliert. Jeder an seinem natürlichen Platz. Lassen wir doch die Adeligen walten, mit ihrer gebenden Hand. Dass manche *Herren* sind, heißt nicht, dass andere deswegen unwürdig behandelt werden. Eine Garantie des Staates für den sogenannten *freien Bauern*, der dann letztlich doch zum Sklaven ebenjenes Staates wird, ist meine Tasse Tee jedenfalls nicht. So, hier sind wir.« Marschall nahm den eisernen Schließbolzen aus dem Türring, schob die Tür zur Seite und trat ein. Euler folgte ihm, und sie gelangten in jenen länglichen Raum, den er von seinem ersten Besuch her kannte. Vor ihnen auf dem blanken Erdboden waren die Brutkästen der Seidenraupen aufgestellt. Vor das Gitterkarree in der Querwand, hinter der sich das Schwitzbad befand, war ein schwarzer Vorhang gezogen.

»Entschuldigen Sie, dass ich Ihnen noch nichts angeboten habe. Möchten Sie vielleicht einen kleinen Schluck zur Stärkung, bevor Sie in die Hitze gehen?« Marschall öffnete einen einfachen Holzschrank, der neben der Eingangstür stand.

»Wenn Sie mittrinken, gerne.«

»Ich muss mich leider mit meinem Herztee begnügen.« Marschall nahm eine Kanne aus blauem Porzellan und eine Tasse aus dem Schrank. »Sie also? Einen Zorndorfer angesichts des drohenden Weltuntergangs? So wirkt jedenfalls der Himmel heute Abend.« Er nickte ironisch lächelnd zum Fenster und den zusammengeballten Gewitterwolken. »Oder soll ich Ihnen ein kühles Bier bringen lassen?«

»Sehr aufmerksam, aber danke. Ich sehe Sie nie mit Ihren Gästen trinken. Woran liegt's?«

»Ich achte wohl zu sehr auf meine Gesundheit. Und da ist der Alkohol abträglich.«

»Es ist auffällig, Herr Minister, wie wichtig Ihnen Ihre Konstitution ist. Das ist löblich. Man findet es selten heutzutage. Darf ich an Ihrem Tee einmal schnuppern?«

»Selbstverständlich.« Marschall goss sich eine Tasse ein und reichte sie weiter.

»Ja, ich wusste es. Es ist die Peruanische Rinde, habe ich recht? Ich habe sie ebenfalls erhalten, von einem befreundeten Apotheker aus Berlin. Sie hilft gegen das Sumpffieber. Von Wirkungen auf das Herz ist mir allerdings nichts bekannt. Der große Baum in Ihrem Kräutergarten, das ist doch ein Peruanischer Fieberrindenbaum, habe ich recht?«

»Sie haben sich kundig gemacht, Professor. Als Sie zum ersten Mal hier vorbeikamen, waren Sie noch ein vergleichsweise unbeschriebenes Blatt, was die Geheimnisse der Natur betraf. Ich muss Ihnen ein Kompliment machen.« Marschall nippte an seinem Tee.

»Sie leiden also unter dem Marschenfieber? Welcher Spielart, wenn ich fragen darf?«

»Ich spreche darüber nicht gern. Ja, seit einigen Dekaden schon. Aber wenn man auf sich achtgibt, kann man damit leben. Es in Schach halten.«

»Was also der Grund ist, weshalb Sie jeden Aufwand für Ihre Konstitution betreiben. Und dazu gehört sogar ein Schwitzbad.«

»Meine Krankheit hat mir zu dieser gesunden Lebensführung verholfen, ja.«

»Haben Sie sich Ihr Fieber in Afrika geholt?«

»In Afrika?« Erstaunt blickte Marschall ihn an. »Wie kommen Sie darauf?«

»In Ihrem Rauchzimmer, die goldene Sonne mit dem traurigen Lächeln im Gesicht – stammt sie nicht von dort?«

Marschall rieb sich mit Daumen und Zeigefinger über den Schnurrbart. »Ja, da haben Sie recht.«

»Sie haben an der afrikanischen Goldküste als junger Mann unserem Staat Dienste geleistet. Nach Ihrer Rückkehr von der Goldküste war dann als Resultat der Moment gekommen, an dem Sie geadelt wurden, stimmt das nicht? Von schwerer Krankheit gezeichnet – aber ein *Von*.«

»Wir können gerne über Afrika plaudern, falls es Sie interessiert. Meines Erachtens in vielerlei Hinsicht ein Kontinent der Seligen.«

»Sowie mit ansprechender Kunst. Ich bin da wirklich nur Laie, werter Minister, doch die goldene Sonne, von der wir gerade gesprochen haben, ist sie nicht aus der gleichen Epoche wie die Masken im Hotel *Goldener Löwe*?«

Marschall zuckte mit den Achseln, legte seinen Kopf ein wenig schief und sah Euler mit einem sonderbar interessierten Gesichtsausdruck an. »Was wollen Sie damit sagen?«

»Ich habe die Hoffnung, Sie erklären mir nun Ihre persönliche beziehungsweise geschäftliche Beziehung zu diesem Gasthaus.«

»Lieber Professor, allmählich klingt es mir wie eine Art Verhör. Sie haben doch gesagt, Sie seien wegen des Schwitzbades hier.«

»Das Verhör hat zu einem früheren Zeitpunkt stattgefunden. Verhört habe ich Sie, freilich ohne dass Sie es bemerkt haben, bei unserem ersten Treffen. So wie ich jeden verhörte, seit ich mich der Lösung dieser Gleichung verschrieben habe. Und manchmal *hört* man dabei Interessantes. Aber mitunter ist es auch das Auge, das neue Erkenntnisse bringt. So ist mir aufgefallen, dass Sie der gute Raule beim Hechtschmaus in Wrietzen mehr als herzlich begrüßt hat. Obwohl Sie ja offiziell für die Trockenlegung des Bruches einstehen, während er an jenem Abend gerade dagegen agitiert hat. Sie kennen einander gut?«

Für einen Moment warf sich ein Schatten über Marschalls Stirn, und seine Zornesfalte zog sich zusammen. Schon hatte er sich wieder im Griff. »Raule befindet sich augenblicklich hier auf dem Gut. Sie können ihn gerne selbst dazu befragen.«

»Warum geben Sie es nicht zu, wenn Sie es schon Schmettau ausplaudern?« Euler schüttelte den Kopf: »Raule steht in Ihren Diensten. *Sie* sind der Inhaber des *Goldenen Löwen*.«

Marschall schwieg für einen Moment. »Es gibt hier nichts zu verstecken«, sagte er dann. »Raule ist ein guter Mitarbeiter. Es wird immer schwieriger, loyale Menschen um sich zu scharen. Und dass ich ein Hotel mein Eigen nenne, hänge ich nicht an die große Glocke, das stimmt. Es ist doch eine recht bürgerliche Methode, ein wenig Kleingeld hereinzuspielen. Auch wenn ich nichts Verwerfliches darin sehe, Gästen ein gutes Bett zu bieten. Nun wüsste ich allerdings gerne, in welche Richtung Ihre Argumentation führen soll, lieber Professor. Möglicherweise kann ich Ihnen behilflich sein, etwaige Missverständnisse rasch aufzuklären.«

»Sie waren es doch, der das Freigeld für Fräulein Gloria und Fräulein Lulu gezahlt hat. Damit nicht auch diese beiden den Weg in die Unfreiheit nach Amerika antreten müssen. Habe ich recht?«

Auf einen Schlag hatte Marschall alles Joviale abgelegt und sprach nun betont ernsthaft: »Ich habe zwei Menschen das Leben gerettet.«

»Sie haben von loyalen Mitarbeitern geredet. Ich kann mir gut vorstellen, dass Raule Ihnen gegenüber loyal ist. Mehr als das. Er steht tief in Ihrer Schuld. Nicht nur verdankt seine Frau und deren anvertraute jüngere Freundin Ihnen das Leben. Sie haben ihm nach der Pleite an der Goldküste einen frischen Start ermöglicht. Wo der

König ihn und seine Familie im Stich gelassen hat, haben Sie ihm den *Goldenen Löwen* als neues Zuhause gegeben. Seitdem können Sie den Mann einsetzen, wie es Ihnen beliebt. Er tut alles für Sie, ohne lästige Fragen zu stellen. Und in Ihre Hände spielt zudem die Tatsache, dass er seine Verbindung zu der schwarzen Lulu vor der Öffentlichkeit verstecken muss. Die beiden sind verheiratet, müssen aber im Verborgenen zusammenkommen. Diese Tatsache musste Raule frustrieren und von seinem Umfeld entfremden. Dadurch wurde er umso gefügiger. Sie haben mit dem Mann gespielt wie mit einem Bauern beim Schach.«

»Mein lieber Euler, wir spielen alle mit anderen Menschen, mehr oder weniger, bewusster oder unbewusster. Es lässt sich nie vermeiden. Die Frage ist doch, um welches Spiel es sich handelt.«

»Darauf komme ich jetzt, keine Sorge. Ich würde einmal so sagen: *Ihr* Spiel ist ein sehr einsames. Sie haben bei unserem ersten Treffen hier auf Ihrem Gut gesagt, Sie blieben dem königlichen Hof in Berlin gerne fern. Es ist mir mittlerweile offensichtlich geworden, weshalb. Sie sind nämlich nicht Friedrichs treuster Diener, sondern sein gefährlichster Gegner.«

Konsterniert starrte Marschall ihn an. Es dauerte einen Moment, bis er sich gefangen hatte. Sein gesamtes Gesicht mit den beiden ungleichen Hälften war von Schweiß bedeckt. »Was soll der Unsinn?«, fragte er mit einer Spur Härte in der Stimme.

»Sie fürchten nichts mehr, als dass dieser König sich vor der Geschichte als der große Abschaffer des Adels entpuppt. Als jener, der den Stein ins Rollen gebracht und den Anfang vom Ende eingeleitet hat. Ein König, wie Friedrich selbst es immer sagt, der nur Diener eines Staates ist, in dem letztlich alle Menschen in den Genuss gleicher Rechte kommen. Diese Entwicklung versuchen Sie mit allen Mitteln zu verhindern.« Euler fixierte sein Gegenüber scharf. »Sonst wäre ja ihr Schwindel um ihren Stammbaum umsonst gewesen.«

»Schwindel? Was für ein Schwindel? Ich habe keine Ahnung, wovon Sie sprechen.«

»Nachdem ich über meinen guten Rumi von Dr. Süßapfel erfahren hatte, dass die partielle Lähmung des Gesichtes, unter der Sie leiden und die auch auf dem Ölporträt Ihres vermeintlichen Vaters bestaunt werden kann, *nicht* vererblich ist, habe ich im Archiv des Generaldirektoriums in Berlin eine Anfrage gestellt. Ich habe erfahren, dass Ihr Geburtstag im Jahre 1685 stattfand, und zwar in Danzig als Sohn eines Kaufmanns. Ihr Vater hieß laut Eintrag in das Eheregister nicht de Clothoderick, sondern schlicht Marschall. Ihre Abstammung aus einem sehr alten schottischen Adelsgeschlecht ist eine Mär, und die falschen Angaben im *Universal-Lexikon* von 1739 wurden von einem Herrn Zedler vorgenommen. Mit diesem, wie ich erfahren durfte, unterhalten sie enge freundschaftliche Beziehungen. Er hat die fingierten Urkunden, die Sie ihm geliefert haben, für bare Münze genommen.« Euler zog kurz die Schultern nach oben und ließ sie wieder fallen: »Sie haben sich hochgeschlichen.«

Marschall sah ihn mit kaltem Blick an, erwiderte aber nichts, und Euler fuhr fort: »Dies stellt den Tatbestand des Betruges dar, lieber Samuel Marschall. Doch es geht ja weiter, viel weiter. Denn leider haben Sie sich, um die

Politik Friedrichs zu stoppen, nicht auf Ihre – wenngleich erschlichenen – Einflussmöglichkeiten beschränkt. Sondern Sie haben mit all Ihrer Expertise einen teuflischen Plan entwickelt, eine *biologische Waffe*, um den natürlichen Lauf der Geschichte sogar mit Gewalt aufzuhalten. Von Raule haben Sie das Zimmer Nummer 7 im *Goldenen Löwen* für Ihre verwerflichen Zwecke herrichten lassen. Ich wette, er hat nicht einmal nachgefragt, worum es dabei ging. Obwohl er gespürt haben muss, dass etwas nicht in Ordnung ist.«

Marschalls Hände zitterten leicht, als er seine Tasse zum Mund führte und einen Schluck von seinem Tee zu sich nahm. »Und welche Zwecke sollen das im Einzelnen sein?«

»Sie haben das Zimmer über dem Stall des Hotels ausgewählt, weil es dann erst recht keinem auffallen würde, mit den Mücken. Man wundert sich nicht über solche Plagegeister in der Nähe von größeren Tieren. Und Sie haben dafür gesorgt, dass mehrere Mitglieder der Oderbruch-Commission ebendort abgestiegen sind. Jene Mitglieder, deren erfolgreiche Arbeit Sie unbedingt zu verhindern versucht haben. So wollten Sie ja auch unbedingt, dass ich meine Bootsreise nicht antrete, sondern so lange als möglich in jenem Raum verbleibe. Deshalb haben Sie mir auch in jener Nacht kein Bett hier auf Ranfft angeboten, was sich doch geziemt hätte. Sondern Sie haben mich zu später Stunde weiter nach Wrietzen fahren lassen. Bis ins kleinste Detail haben Sie dies Zimmer als eine perfekte Falle präpariert – den Türrahmen mit Essig eingerieben und mit Walnusslaub ausgestattet. Beides schreckt Mücken ab, verhindert ihr Hinausfliegen auf den Flur des

Hotels und hält sie im Raum. Warum gab es dort nie Seife – was doch mittlerweile in Gasthäusern guter Standard ist? Nun, je stärker der Körpergeruch des Gastes, desto eher finden die kleinen Giftpfeile, die von Ihnen losgelassen wurden, ihr Ziel. *Alle* Übernachtungsgäste von Nummer 7 wurden gestochen: Mahistre, Kümmerle, Haerlem, meine Wenigkeit. Alle wurden malade. Mahistre, den Rotwein trinkenden, sich die Nächte um die Ohren schlagenden Lebemann, hat es erwischt. Auch Kümmerle, geschwächt von der harten Arbeit am Krummen Ort, hat es dahingerafft. Haerlem mit seiner unverwüstlichen Friesenkonstitution und ich selbst, durch meinen Besuch in Lewin und die Behandlung dort, haben überlebt.«

»Moment, Professor, nur damit ich Sie richtig verstehe: Sie behaupten also, *Mücken* hätten all dies verursacht? Kommt Ihnen das nicht reichlich albern vor?«

»Albern nicht. Raffiniert, Herr Minister, raffiniert. Ihre Waffe ist geradezu unsichtbar. Sie kann sich beliebig vervielfältigen, hinterlässt keine Spuren. Und ja: Man traut diesen kleinen Tierchen und ihren harmlos juckenden Stichen etwas Fatales nicht zu. In Afrika weiß man jedoch, dass auf diese Weise lebensbedrohende Krankheiten übertragen werden. Fräulein Gloria hat es mir eindrücklich geschildert. Und dort haben auch Sie davon erfahren. Sie haben sich ja selbst da angesteckt.«

Marschall schüttelte den Kopf. Dann lachte er auf. »Sie sind unter die Romanschreiber gegangen, Herr Professor, ist es das? Ich mag diese neue Mode nicht und halte mich lieber an die alten, unverrückbaren Texte der Bibel. Aber meine Frau spricht seit Neustem ebenfalls den Räuberpistolen zu. Vielleicht erzählen Sie ihr einmal diese drollige Mordgeschichte. Oder was halten Sie davon, wir fragen direkt Raule.« Marschall deutete auf das schwarz verdeckte Karree in der Seitenwand. »Er ist derzeit darin und genießt sein Schwitzbad. Der Stoff ist vorgezogen, damit er seine Ruhe hat. Aber er beantwortet uns sicher alle Fragen. Ich sage es Ihnen, Professor: Zwanzig Minuten in der Hitze sitzen und dann eine eiskalte Brause, schon sehen Sie die Welt mit frisch geputzten Augen. Es rückt vielleicht auch Ihre aberwitzigen Theorien in das rechte Licht.«

»Schauen wir uns gerne an, was sich in jenem Raum dort verbirgt. Wenn es tatsächlich Raule ist, spreche ich natürlich mit ihm.«

»Sehr wohl.« Marschall ging voran und näherte sich einer schmalen, kaum mannshohen Eisentür. Er löste den Bolzen und öffnete sie einen Spalt weit. »Herr Raule, dürfen wir stören?«

»Was soll die Frage?!«, erklang Raules Stimme aus dem Innern.

»Treten Sie ein, Professor.« Marschall hatte sich zu Euler umgedreht. »Sie sehen, unser guter Raule ist vor Ort und genießt seine kleine Entspannung. Ich bin mir sicher, wir können alle Missverständnisse in Kürze klären.«

Vorsichtig näherte sich Euler der Tür. Marschall zog den schweren Riegel beiseite und drückte sie auf. Euler sah das Walnusslaub, das auch hier über dem Türrahmen hing, und roch den Essig, mit dem dieser eingerieben war. Hitze wallte ihm entgegen. Raule saß zusammengekauert in einem sackartigen Gewand aus grobem Leinen. Seine Hände waren hinter dem Rücken zusammengebunden, seine Füße justierte ein Strick. Mücken umschwirrten ihn. Euler spürte, wie Marschalls Hände ihn packten, da wurde er bereits in den engen, feuchtheißen Raum hineingestoßen. Er fing sich, drehte sich um, doch Marschall hatte die Tür bereits verschlossen, und Euler hörte, wie sich von außen der schwere Riegel davorschob.

Das Schwitzbad

Die großformatigen hellen Keramikfliesen in dem gekachelten, heißen Raum tränten vor Feuchtigkeit. Jede zweite Fliese war mit einer hellblauen Zeichnung versehen, ein Motiv aus dem Alten Testament. Jonas und der Wal war zu sehen, der Turm zu Babylon, die Übergabe des Hauptes von Johannes dem Täufer an Salome. Auf dem Boden standen rechteckige, nach oben hin offene Kästen. Behutsam, um so wenig wie möglich ins Schwitzen zu geraten, ging Euler auf Raule zu, wedelte die Mücken, die aus den offenen Kästen geflogen kamen, beiseite und löste ihm die Fesseln.

»So. Jetzt sind Sie etwas freier. Nutzen Sie dies. Halten Sie sich in leichter Bewegung. Niemals ganz still sein, sonst werden sie gestochen. Aber seien Sie nicht hektisch oder aufgeregt, sonst produzieren Sie unnötigen Schweiß. Das lockt die Mücken an.«

Raule reckte sich. Aus seinen hellen, blutunterlaufenen Augen blickte er Euler an: »Ein paar Stiche sind derzeit wohl mein geringstes Problem.«

»Das glaube ich kaum. Denn sie lösen ein tödliches Fieber aus.« Euler zog aus der Rocktasche einen Becher aus Blech hervor. Durch den Verschluss ragte ein Docht. »Quappenöl, angefüllt mit zerbröselten Blättern der Zitronenmelisse.« Er riss ein Zündholz an und führte es zum Ende des Dochts. »Der würzige, zitronige Duft wird die Mücken von unserer Fährte ablenken.«

Raule stand auf und blickte Euler voller Entschlossenheit an: »Wir sind beide starke Kerle, Professor Euler. Lassen Sie uns diese Tür da auseinandernehmen.«

»Sie ist aus Eisen. Sparen Sie sich die Mühe. Sie würden durch Ihren Aktionismus nur die Mücken auf sich lenken. Nutzen wir lieber die Zeit, indem Sie mir erklären, wie es zu dem Bruch zwischen Ihnen und Marschall gekommen ist. Hat er Ansprüche auf Fräulein Gloria gestellt?«

»Woher wissen Sie das?«, fragte Raule überrascht.

»Manches weiß ich nicht mit Sicherheit, aber ich kann doch immer einen geringeren oder höheren Grad an Plausibilität annehmen. Lassen Sie uns nichts voreinander verstecken, Raule. Ich muss die gesamte Wahrheit erfahren. Es könnte lebensrettend sein.« Euler schlug auf seinen Unterarm und tötete eine Mücke. »Die Biester sind hungrig. Sonnenuntergangszeit. Das ist ungünstig für uns. Außerdem zieht ein Gewitter auf. Die höhere Luftfeuchtigkeit macht sie aktiver.« Mit kreisenden Bewegungen schwenkte er seine selbst gebaute Öllampe. »Also schießen Sie los.«

Raule stand auf. »Sie müssen wissen, das Schwein hat mich schon die ganze Zeit über erpresst. Wenn ich versucht habe, mich dagegen zu wehren, ist er laut geworden und hat mich der Undankbarkeit bezichtigt. Ich habe ja an seinem *Goldenen Löwen* all die Jahre lang so gut wie nichts verdient. Lulu malocht sogar für umsonst. Er

402

sagt, sie soll sich freuen, dass er sie dort so unauffällig unterbringt. Und Gloria zwingt er zum Dienst in der *Burg*. Mehr als die Hälfte ihrer Einnahmen geht an ihn. Alles angeblich zur Ableistung dieser großen Schuld: der Summe, die er damals für die beiden gezahlt hat.« Raule fuhr sich erregt durch seine roten Haare, bevor er weitersprach: »In jüngster Zeit hat er immer mehr von Gloria gewollt, wenn Sie verstehen, was ich meine. Aber ich bin dazwischengegangen. Er hat behauptet, er hätte ein Recht auf sie. Ein vollständiges Recht, auf alles … Ihm sind vier Kinder weggestorben, im Kleinkindalter. Er hat seine Frau dafür verantwortlich gemacht.« Raule zögerte. »Er hat von Gloria ein Kind gewollt. Ihm war es sogar egal, dass es ein braunes Kind sein würde.« Er zog die Schultern hoch und sah Euler mit einem Anflug von Verzweiflung an. »Heute Abend bin ich hergekommen, um ihm zu sagen, dass ich ihn fertigmache, wenn er sie nicht in Ruhe lässt. Er hat alles abgestritten und sich verständig und umgänglich gezeigt. Er hat nachgegeben – so getan! – und mich zu seinem Schwitzbad eingeladen. Damit wir in aller Ruhe alles besprechen. Sieht so aus, als hätte er uns beide geschnappt. Aber weshalb? Und weshalb *Sie*?«

»Weil er uns umbringen will.«

In diesem Augenblick schob sich das vergitterte Karree zur Seite. Der stark behaarte Unterarm Marschalls streckte sich zu ihnen herein. Ein strenger Geruch ging von ihm aus. Marschalls Faust ballte sich, und seine Adern traten hervor.

»Was ist das für ein Gestank?« Raule verzog das Gesicht.

»Rinderdung«, sagte Euler. »Er hat sich damit einge-
schmiert. Um die Mücken anzulocken.«

»Was haben Sie da gesagt?«, fragte Raule verblüfft.

»Er trägt seit dreißig Jahren das *Virus* aus Afrika in sich.
Die Mücken sollen jetzt von seinem vergifteten Blut trinken. Um das Virus an uns weiterzugeben.«

Marschalls Stimme war zu hören: »Sie haben recht,
Professor, Sie haben wieder einmal recht. Sie sind wirklich ein Experte. Das letzte Universalgenie vielleicht?
Aber sagt man das nicht von Leibniz? *Ah!!*« Eine Mücke
saß auf Marschalls Unterarm. Eine zweite landete darauf.
»Saugt! Saugt es in euch auf!«, rief er wie irre. »Peter der
Große hat gedacht, verdorbene Melonen seien schuld, dass
seine Soldaten alle krank geworden sind, und er hat den
Truppen beim Feldzug in Persien verboten, Melonen zu
essen. Nein, es waren keine Melonen. Ach, wir sind doch
in bester Gesellschaft. Dante und Petrarca hat das Fieber
dahingerafft. Das ganze Römische Reich ist deswegen untergegangen. Aber nie zuvor hat ein Mensch es verstanden, die Krankheit gezielt einzusetzen, als Waffe.« Marschalls Gesicht schob sich in das offene Fensterquadrat. Es
wirkte verzerrt, die beiden Hälften passten kaum noch zueinander. »Ich sterbe bald, Professor. Wissen Sie das auch?
Meine Schübe … die Abstände werden kürzer. Das ist ein
Zeichen. Mein Körper wird älter … und schwächer. Nein,
nein, ich mache es nicht mehr lange. Jetzt gebe ich meinen
letzten Einsatz!«

»Vergessen Sie nicht, Marschall, Sie haben dem König
den Treueid geschworen.«

»Ja, sehr richtig, Professor. 1723 war das. Seitdem ist
es meine Pflicht, alles, was schädlich ist für den Staat,

mit all meinen Kräften abzuwenden. Ja, das Fieber lässt mich manche Dinge klarer sehen. Man wird dünnhäutiger. Weitsichtiger: ein Toter hier oder da – um viele andere Tote zu verhindern. So wie Christus für uns gestorben ist, hat Mahistre sein Leben für das Ganze gegeben. Und so geben jetzt auch Sie das Ihre, Professor. Ich ehre dieses Opfer und werde mich dafür einsetzen, wenn ich noch kann, dass Ihr Name scheinen wird wie die Sonne. Unsterblich, Professor, unsterblich … Gott hat den König auf Seinen Platz gesetzt. Das Ende der Monarchie wäre das Ende der Welt.« Die Augen des Ministers, die Euler anstarrten, schimmerten gelblich. Aus dem linken Mundwinkel rann der Speichel. »Heiß hier, nicht? Eine Hitze, die einen häuten kann. Wie in Afrika. So oft habe ich sie verflucht, die Demse, dort unten an der Küste. Nur für eines war sie gut: für die Mücke. Für das Fieber.« Marschall wedelte mit seinem Unterarm. Mittlerweile saßen dort mehr als ein Dutzend Mücken und saugten sein Blut. Laut lachte er auf. »Wenn die Tierchen die Krankheit von mir eingesogen haben, kopulieren sie wie verrückt. Und dann legen sie ihre goldenen Eier.«

»Dafür haben Sie den schwarzen Kasten unter dem Waschtisch anbringen lassen. In Zimmer Nummer 7. Für die Eier.«

»Korrekt, Professor, korrekt. Wenn sich jemand wäscht und genügend Wasser überläuft, legen die Mücken ihre Eier dort hinein. Schon fangen die Larven zu schlüpfen an. Auch eine schöne *Maschine*, finden Sie nicht?«

»Aber wie haben Sie die bereits infizierten Tiere von hier aus in den Stall des Hotels gebracht?«

»Das ist doch das Einfachste. Nach einer Blutmahlzeit schlafen meine Goldmückchen an der Decke oder irgendwo an der Wand, hier im Schwitzbad, und verdauen. Man kann sie mit einem Röhrchen absammeln. Und flugs per Kurier nach Wrietzen, wo der gute Raule sie – ohne einen Schimmer zu haben – in den Kasten unter der Stalldecke setzt … jenen Kasten, der zu Zimmer Nummer 7 hin offen ist, wenn Lulu – die ebenfalls keine Ahnung hat – den Lüftungsschlitz aufmacht.«

»Sie sagten mir, es sei für die Wissenschaft!«, rief Raule erbost.

»Eine wissenschaftliche Arbeit über die Verbreitung von Infekten, ganz richtig, lieber Raule. In praktischer Anwendung.« Laut lachte Marschall auf.

»Und allmählich ist es Ihnen gelungen, jene Mücken zu isolieren, die das afrikanische Fieber tatsächlich übertragen«, sagte Euler.

»Wieder Volltreffer, Professor. Es sind nämlich nicht alle. Sondern nur die, bei denen die Larven auf dem Wasser *liegen* und nicht darin hängen wie bei den meisten Stechmücken.« Marschall nickte zufrieden. Seine Physiognomie wurde von seinem starken Fieberanfall verzerrt. Da sprang Raule nach vorne, packte seinen Arm und hatte ihn, bevor Marschall sich wehren konnte, derart nach unten gebogen, dass der Minister aufschrie. Verzweifelt versuchte er, sich aus Raules Griff zu lösen, doch dieser hielt ihn wie eine Schraubzwinge umfasst: »Öffnen Sie die Tür«, rief er wutentbrannt, »sonst breche ich Ihnen die Knochen!«

»Brechen Sie doch, brechen Sie doch«, zischte Marschall und versuchte wieder freizukommen, doch Raule bog Stück für Stück weiter. Marschall schrie erneut vor

Schmerzen, dann jaulte er, und es folgte ein Krachen. Raule zog den Minister, der sich verzweifelt dagegenstemmte, immer weiter durch das enge Karreefenster in den gekachelten Raum hinein. Plötzlich war hinter Marschall jemand zu sehen. Es war der Diener, der Euler empfangen hatte. »Schnell, Herr!«, rief er und war so aufgeregt, dass er zunächst nicht begriff, was sich vor ihm abspielte. »Sie müssen kommen: Der Deich ist auseinandergerissen und die Oder darübergestürzt. Die Wassermassen drängen gegen die Schleuse und haben das Spanngebälk mit der Brücke abgehoben. Die Seitenwände sind weg. Jetzt stürzt alles rückwärts auf uns zu. Das ganze Dorf ist unter Wasser. Sabotage! Böse Menschen! Oh mein Gott. Wir müssen weg. Die Herrin hat schon angespannt. – Aber was ist hier los?«

»Helfen Sie mir, verdammt!« Marschall versuchte noch immer loszukommen. Raule hielt so fest er konnte, da riss sich der Minister, nun unterstützt von seinem Diener, frei. Noch einmal tauchte sein Gesicht in dem kleinen Holzkarree auf. Triumphierend rief er: »Alles wird in wenigen Minuten überschwemmt und von den Fluten vernichtet. Auch Sie, meine Herren. Und alle Beweise. Wer immer unsere Dämme sabotiert, jetzt wäscht er mich rein. Ich habe es immer gewusst: Der Herr richtet es zu seiner Zeit.«

Tiefschwarz lag der Himmel über dem Bruch, wie ein Lei-
chentuch. Da der Pegel hoch stand und noch immer stieg,
nahmen Oda und Rumi nicht den Hauptstrom, sondern
schlugen sich durch die Niederungen, hielten sich in Richtung Reetz, gerieten in die Bardaune, da das Raßsche Fließ
sie westlich abgetrieben hatte, und fuhren auf dem mächtigen Hahnengraben in Richtung Ranfft. Überall schäum-
te das Wasser, wo es auf Hindernisse traf. Derart schnell
bewegten sie sich, dass Rumi am Steuer innerhalb von
Sekundenbruchteilen reagieren musste, wenn Oda, die in
der Spitze des Buges stand und in die hellbraunen Fluten
blickte, ein Zeichen zum Ausweichen gab, wann immer
sie ein solches Hindernis entdeckte.

Als sie Gaul passierten, fingen die Blitze an. Über das gesamte Bruch regneten sie herab, bis an den Endmoränen-
rand, der schwarz nach unten abschnitt. Die Donner krach-
ten so laut, dass man zusammenfuhr. Doch es war nicht
das Wetter, das das Wasser in den letzten Minuten so hatte anschwellen lassen, es waren die Deichbrüche an breiter Front durch die *Biber*. Dann näherten sie sich Ranfft.
Mit einem Mal kam der Kirchturm ins Bild, ebenso Marschalls Forschungsstation, gegen deren Längsseiten das
Wasser drückte wie eine riesige Hand. Mit all seiner Kraft
hielt Rumi das Ruder gegen die Strömung: Weit traten
die Adern auf seiner Stirn hervor, und seine großen braunen Augen blickten voller Entschlossenheit. Er spürte, wie
seine Muskeln brannten, Energie verschlangen, noch war
der Steg mehrere Meter entfernt, da sprang Oda bereits,
schaffte es an Land und band das Seil in Windeseile fest.

Rumi stieg von Bord, stand knietief im reißenden Wasser und näherte sich der Forschungsstation, stemmte die Tür gegen die Strömung auf, da drückten die Fluten die gesamte Längswand des Gebäudes nach innen ein – glücklicherweise nicht auf einmal, sondern Stück für Stück, sodass Euler und Raule sich gerade noch nach draußen retten konnten. Rumi wies ihnen den Weg zum Boot, Oda löste die Leinen.

Raule ließ sich in die Kajüte fallen, wo er erschöpft auf einem der Betten liegen blieb. Leonhard Euler stand neben Rumi am Steuer, drehte sich um und blickte auf Ranfft zurück. Über ihnen war es taghell, da schlug ein Blitz herab und fuhr krachend in den Kirchturm ein. Vorne am Ufer rissen die Fluten die Forschungsstation hinweg, und während die Strömung die *Flins* mit sich und in hoher Geschwindigkeit in Richtung Freyenwalde trug, wo das Wasser sich allmählich beruhigte, leuchtete gespenstisch das Gutshaus in den Flammen des brennenden Turmgebälks.

Der Kammerdirektor Wilhelm von Schmettau erstellte einen Bericht, ausgeführt in Rumis schöner Handschrift. Die Ereignisse um den Tod des Ingenieurs Mahistre und alles, was danach folgte, wurden darin den Angaben Leonhard Eulers gemäß detailliert dargestellt.

Friedrich II. schwieg zu den Vorgängen und äußerte sich erst nach dem Tod von Samuel Marschall. Bis zum 11. Dezember 1749 überlebte der Staatsminister sein Fieber, das er sich dreißig Jahre zuvor an der Goldküste eingefangen hatte, dann raffte es ihn dahin. Belangt für seine Taten im Oderbruch wurde er sein Lebtag nicht, wenn auch die Gerüchte, was seine wahre Herkunft und sein Handeln betraf, nicht mehr verstummten, sodass sich der König genötigt sah, kurz nach Marschalls Tod eine Kabinettsordre zu erlassen. Darin verteidigte er seinen ehemals wichtigsten Minister und drohte jedem, der Marschall kritisieren wolle, Seinen königlichen Unmut an. Dessen Betätigungen hinsichtlich der Trockenlegung des Bruches lobte Friedrich hingegen explizit und stellte heraus, dass unter den vielen guten und ersprießlichen Diensten, welche der nunmehr verstorbene Etat-Minister geleistet habe, insbesondere die Bewallung der Oder hervorzuheben sei.

In Ranfft baute Marian Caroline von Marschall das Gut wieder auf, um die Zerstörung durch die *Biber* um Veit Maltschau ungeschehen zu machen. Ein gutes Stück der Eindeichung des Flusses übernahm sie auf eigene Kosten und ließ 1752 zu Ehren ihres verstorbenen Gatten eine neue, aus Feldstein gebaute Kirche einweihen. Wie ihr früherer Mann weigerte auch sie sich, Beiträge in die Deichkasse zu leisten, und beteiligte sich nicht an der großen, fortgesetzten Aktion des Königs, sondern machte ihr Land auf eigene Initiative urbar. Acht Jahre später empfing sie die ersten Kolonisten, allerdings nur sechs Familien anstatt vierunddreißig, wie die offiziellen Pläne für Ranfft vorgesehen hatten, und gründete das Dorf Neuranfft, während man Ranfft fortan Altranfft hieß.

Noch mehrere Jahre und vorangetrieben gegen den fortgesetzten Widerstand der Bruchbewohner dauerte der Bau jenes großen Kanals, des neuen Betts für die Oder. Am 2. Juli 1753 um 11 Uhr am Vormittag erfolgte im Rahmen eines Festaktes der Durchstich: Deich-Oberinspektor Simon von Haerlem, der das Bruch nie wieder verlassen sollte, ritt von der Eichhorster Mühle, die er als Quartier benutzte, nach Güstebiese und verkündete vor den zahllos Erschienenen: »So ist wohl kein Zweifel, dass alle bisherigen Feinde und Verleumder dieser über ihren Horizont sich erstreckenden Arbeit sich nunmehr schämen müssen, da sie das glückliche Resultat vor Augen haben, und dass solches anders ausgefallen ist, als sie vorher zu begreifen fähig gewesen – und auf so negative Art davon geurteilt haben.« Eigenhändig schaufelte Haerlem den letzten Sandhaufen weg, das Wasser stürzte in sein neues Bett und füllte es.

Noch lange kamen herausfordernde Zeiten für das Oderland, und über Jahrzehnte hinweg plagten Fieberepidemien die Menschen zwischen Güstebiese, Freyenwalde und Wrietzen. Erst allmählich, gefördert durch die Trocknung des Landes, reduzierten sich die Brutplätze der Stechmücken, und die schlimme Fieberkrankheit, von der man erst einhundert Jahre später als *Malaria* sprach, wurde immer mehr eingedämmt.

Viele schwere Überschwemmungen suchten die Menschen noch heim: Fluten, die alles unter Wasser setzten. Nicht wenige der Hinzugezogenen wollten der Gegend wieder den Rücken kehren, doch Friedrich befahl, dass es Kolonisten unter Strafe verboten war, die meliorierte Zone zu verlassen. Wer floh, galt als Deserteur.

Am 23. August 1758 nutzte Friedrich der Große mit seinen Truppen die Heerstraße bei Wrietzen, durcheilte ohne Verzögerung das trockene Bruch, überschritt die neue Brücke von Güstebiese und schlug am folgenden Tag die von seiner schnellen Anreise überraschten Russen in der mörderischen Schlacht von Zorndorf. Es war der Siebenjährige Krieg, und der König nutzte sein erschlossenes Terrain, requirierte seine Kolonisten zum Waffendienst. Auch wenn die Fontänen von Sanssouci nie funktionierten, weil er sich bis zuletzt weigerte, teure Bleirohre zu verwenden: Mit den Jahren verdoppelte der König Bevölkerung und Land und etablierte Preußen als europäische Macht.

Leonhard Euler blieb bis 1760 in Berlin. Als er dem Ruf Katharinas der Großen folgte und zur Akademie nach St. Petersburg zurückging, sagte Friedrich, dass es ihm nicht leidtäte, wenn Eulers Schiff sänke und mit der Person auch seine so immens komplizierten Kurven und Formeln. In der Zarenstadt – im Übrigen auf trockengelegtem Sumpf erbaut – verlor der Prinz der Mathematik auch das linke Augenlicht. Ausschließlich saß er von da an in jenem abstrakten Raum der herabregnenden Zahlenkaskaden, lebte in der Lösung der Gleichungen seines Lebens – und manchmal auch in der Erinnerung an jenen besonders heißen Sommer, in dem er die Sümpfe an der Oder bereist hatte.

Die Kultur der Wenden und Fischer des Bruches löste sich auf. Die alte verwunschene Welt von Radomeer, Veit, Bartok und Oda versank geradeso, als habe das Jäckelsche Loch alles verschluckt, wofür einst so gekämpft worden war. Rumi, der mit Euler nach Berlin zurückgekehrt war, sah Oda nie wieder. Oder vielleicht doch, eines Tages, in einer anderen Welt, die tiefer ist als der Tag, alle Gleichungen endgültig aufgehen lässt und die Seelen wieder vereint.

DANK

Bei diesem Buch, dessen Entstehung sich über zehn Jahre erstreckte, gibt es vielen zu danken – und viele, denen ich zu danken hätte, hat der Sumpf des Vergessens bereits unverzeihlich in die Tiefe gesaugt. Den allerersten Anstoß gab mir meine teure israelische Freundin und Schriftstellerkollegin Klil Zisapel, die mich in Kenntnis setzte, dass die Entstehung Deutschlands mit der Entwicklung seiner Wasserwege zusammenhängt. Daraufhin befuhr ich das Oderbruch in meinem Holzkajütboot *Aton* auf der alten Oder bis nach Wriezen. Mein wichtigster Kontakt vor Ort war Detlef Malchow, der mir sein privates Archiv zur Verfügung stellte und mit mir an den richtigen Stellen Oderfisch essen war. Dr. Doreen Walther, führende Entomologin, gab Rat, ebenso wie Dr. Helge Kampen, was die Stechmücken als potenzielle Mordwaffe betrifft. Auskunft über die Käfer des Oderbruchs erhielt ich von Peter Herbert, den mir Cordula Lillge aus Bad Freienwalde vorstellte, der ich ebenfalls von Herzen danke, ebenso wie Wladimir Velminski für wertvolle Hinweise zur Person des Leonhard Euler und Dr. Reinhard Schmook für seine präzisen Anmerkungen, was die Historie des Oderbruchs betrifft.

Für seine Tipps, was alle Fragen des Adels und des brandenburgischen Sklavenhandels angeht, möchte ich mich bei Dr. Dr. Julien von Reitzenstein bedanken. Hinweise in

Sachen preußischer Geschichte erhielt ich von Konstantin Sakkas. Vincent Platini sage ich mein Merci für die Übersetzung der Briefe des Mahistre und seiner Familie aus dem Französischen. Außerdem möchte ich mich bei Tim und Anne Templin bedanken, die mir in ihrem Haus im Bruch (zumal fußläufig zum gegenwärtigen Standort des *Feuchten Willis*) einen idealen Schreibtisch zur Verfügung stellten. Für literaturhistorische Auskünfte möchte ich Professor Klaus Müller-Salget danken sowie Dr. Peter Villwock vom Nietzsche-Haus in Sils-Maria, wo wichtige Passagen des Buches entstanden sind. Besonderer Dank gilt meinen Testlesern Sara Elmer, Sarah Waterfeld, Konrad Lauten und meinem Vater Dr. Wolfgang Ohler. Zudem gebührt mein Dank den Archivaren im Geheimen Staatsarchiv Preußischer Kulturbesitz in Berlin sowie den Gastgebern des unvergleichlichen Velaa Private Island. Nicht nur für die Titelidee danke ich meinem Agenten Matthias Landwehr, für die sorgfältige Begleitung meinem Lektor Lutz Dursthoff und wie stets für das große Landschaftsbild meinem Verleger Helge Malchow.